20대를 위한
심리학

청년 성장 프로젝트

20대를 위한
심리학

청년 성장 프로젝트

심은정, 조인효 지음

Σ 시그마프레스

20대를 위한 **심리학** 청년 성장 프로젝트

발행일 | 2018년 2월 28일 초판 1쇄 발행
2021년 3월 25일 초판 2쇄 발행
2025년 3월 5일 초판 3쇄 발행

저 자 | 심은정, 조인효
발행인 | 강학경
발행처 | ㈜ **시그마프레스**
디자인 | 강경희
편 집 | 류미숙

등록번호 | 제10－2642호
주소 | 서울시 영등포구 양평로 22길 21 선유도코오롱디지털타워 A401~402호
전자우편 | sigma@spress.co.kr
홈페이지 | http://www.sigmapress.co.kr
전화 | (02)323－4845, (02)2062－5184~8
팩스 | (02)323－4197

ISBN | 979-11-6226-048-7

* 책값은 책 뒤표지에 있습니다.
* 이 도서의 국립중앙도서관 출판예정도서목록(CIP)은 서지정보유통지원시스템
홈페이지(http://seoji.nl.go.kr)와 국가자료공동목록시스템(http://www.nl.go.
kr/kolisnet)에서 이용하실 수 있습니다. (CIP제어번호 : CIP2018004568)

캠퍼스를 바라보며 20대 대학생들의 젊음, 열정, 그리고 번뇌를 느껴 본다. 청년들은 신체적으로 인지적으로 아동이나 청소년의 미숙함을 벗어나 충분히 성장한 몸으로 보다 합리적이고 통합적인 사고를 한다. 이전 단계에 비해 스스로를 정서적으로 조절할 수 있는 능력도 발달한다. 하지만 이전에 비해 갑자기 늘어난 자율성과 학업 및 진로에 있어서의 중요한 결정들, 그리고 다양한 대인관계 속에서 내가 누구인가를 고민하며 방황하고 많은 스트레스를 경험하기도 한다. 20대를 위한 심리학 : 청년 성장 프로젝트는 저자들이 상담전문가로서 대학상담센터에서 이러한 대학생들을 상담하면서 이들의 고민과 번뇌에 대한 심리학적 탐색 및 도움을 대학 강의를 통해 제공하고자 하는 노력에서 집필된 책이다.

이 책은 특히 대학생의 심리사회적 성장을 조력하는 데 초점을 두었다. 오늘날 많은 사람들이 성공에 지대한 관심을 갖는다. 그리고 성공이라는 단어와 함께 우리는 화려한 스펙, 대기업 취직, 부의 축적 등을 떠올린다. 물질적인 성공이 강조되는 사회적 분위기 속에서 정작 더 중요한 비물질적인 가치, 자기 자신을 진정으로 이해하고 돌볼 수 있는 비결의 개발은 다소 덜 강조되고 있는 것은 아닌가 싶다. 자신의 정서를 잘 이해하고 이를 적절하게 활용하는 능력, 합리적으로 의사결정을 하는 능력, 사회적으로 책임감 있게 행동하는 능력, 스트레스에 건전하게 대처할 수 있는 능력, 의미 있는 대인관계를 형성하고 유지하는 능력, 이러한 능력을 키워 가는 것이 바로 심리사회적 성장이다. 이러한 성장은 성공에 비해 덜 가시적이지만 개인의 삶의 질을 높여주는 원동력이 된다. 20대는 다양한 도전과 불확실성 및 좌절을 경험하기도 한다. 진정으로 성공한 20대는 이러한 경험 속에서도 자신을 더 잘 알아가고, 자신을 돌볼 줄 알며, 남들과 편안하게 어울릴 수 있고, 인생의 참된 의미를 발견해 가는 사람, 즉 심리사회적으로 성장하는 사람일 것이다.

이 책은 2012년에 발간된 20대를 위한 심리학을 모체로 하였으며, 다수의 청년심리 관련 교재들을 참고로 하였다. 이전 교재를 집필할 때 함께 수고해 주었던 김은영, 변복수, 석미정, 최혜경 선생님께 특별한 감사의 말씀을 전한다. 이분들의 수고로 이 책의 토대가 완성되었다. 이 책이 나올 수 있게 도와주신 ㈜시그마프레스와 꼼꼼히 편집을 봐주신 류미숙 씨께도 감사의 말을 전한다. 새 교재는 세 가지 청년 성장 프로젝트 영역으로 '프로젝트 1 : 자기이해 심화', '프로젝트 2 : 대인관계 향상', '프로젝트 3 : 정신건강 증진'이라는 틀을 가지고 전개하였다. 이번 교재에서는 이전 교재로 수년간 강의를 하면서 개선되었으면 했던 부분들을 수정하고 보완하였다. 자기이해 영역에서는 대학생이 스스로의 심리를 잘 진단할 수 있도록 자기감정 이해와 자기사고 이해 내용을 추가하였다. 각 주제를 1주 강의로 다룰 수 있도록 내용 분배에 신경을 썼으며, 다소 오래된 자료들을 업데이트하고 최근 연구동향을 소개하고자 하였다. 프로젝트 3의 정신건강에서는 최근에 나온 DSM-5의 개정 내용을 반영하였다. 또한 다년간의 강의에서 학생들에게 호응도가 높았던 활동들을 위주로 '셀프 워크'와 '그룹 워크'를 재구성하였다.

4차 산업혁명 시대가 도래하여 앞으로 인공지능이 인간의 많은 일을 대신할 것이라는 예측이 나오는 시점에 인간의 창의성과 소통, 정서경험 및 사회적 유대는 어느 때보다 그 가치가 강조되고 있다. 이 책을 통해 청년들이 4차 산업혁명 시대에 꼭 필요한 인재로서 심리사회적 성장을 이루게 되기를 응원한다.

2018년 2월
저자 일동

프로젝트 01 자기이해 심화

프로젝트 02 대인관계 향상

9　우정과 친구관계

프로젝트 03　정신건강 증진

10　스트레스

14 섭식과 수면

project
01

자기이해 심화

20대의 자기이해

1. 청년기를 개념적으로 정리하고 그 특징을 이해한다.
2. 청년기의 발달과업을 알아보고, 자신의 성취 정도를 점검한다.
3. 청년으로서의 나를 이해하기 위한 마음자세를 함양한다.

다음은 김난도(2010)의 아프니까 청춘이다에서 20대 청년기를 설명하는 한 부분이다.

> 우리 인생에서 가장 찬란하게 빛나는 황금기는 언제일까? 설문조사를 벌인다면 아마 20대, 그중에서도 대학시절이 1위를 차지하지 않을까? 초중고생들의 지상 목표는 '대학 가는 것'이므로 당연히 대학시절에 한 표를 던질 것이고, 내 동년배들도 과거를 회상하며 "대학 다닐 때가 좋았지⋯⋯"하는 이들을 많이 봤다.
>
> 대학생, 스물에서 스물넷, 혹은 스물여섯, 일곱에 이르는 시기. 육체적으로 가장 건강하고 아름다운 데다 가장 지적이고 자유로운 조직인 대학의 울타리 안에서 생활한다. 미성년의 규제를 막 벗어난 달콤함을 만끽할 수 있고, 사회생활을 하며 부딪혀야 하는 성년의 씁쓸함도 유보할 수 있다. 아무리 변했다고는 하나, 아직도 캠퍼스엔 청춘의 낭만과 로망이 많이 남아 있다. 이런 이유에서, 물론 나도 대학시절이 인생의 황금기라는 데 한 표다. 어른들이 하는 말처럼, 대학생, 정말 좋을 때다. (pp. 127-128)

'청춘', '20대', '대학생' 하면 무엇이 떠오르는가? 여러분의 생활은 이 글에서 묘사하는 대학생 시기와 어떤 점에서 닮아 있는가? 어떤 점에서 다른가?

◀ 캠퍼스의 대학생
대학 캠퍼스에는
청춘의 낭만과 로망이 있다.

1 ▶ 청년기란

표준국어대사전에 따르면 청년기는 "대개 20대 전후의 시기"로 "이때부터 신체와 정신이 가장 왕성하게 발달한다."(국립국어원, 2017). 여기서 청년기는 청소년기를 포함하는 시기로, 아동기와 성인기 사이에 위치하는 것으로 이해된다. 실제로 오랜 기간 청년기와 청소년기를 동의어로 사용하기도 하였다. 하지만 오늘날의 20대 청년기는 10대 청소년기와 여러 면에서 다른 특징을 가지고 있을 뿐 아니라 인생 전체에서 갖는 의미도 다르기 때문에 구별이 필요하다. 학자들에 따라서는 20대를 성인초기라는 말로 구분하기도 하는데, 실제로 20대는 법적으로는 성인기에 해당한다. 하지만 20대 대부분의 시기를 대학생활 혹은 성인의 과업을 준비하는 데 보내는 젊은이들은 이러한 명칭으로 불리는 것에 대해 망설이기도 한다. 청년기에 대한 이해는 시대와 문화의 변화를 반영할 필요가 있다. 현대사회에서는 고등교육의 일반화, 평생교육의 증대, 초혼연령의 상승 등과 같은 사회적 변화로 인해 성인 이전기에서 성인기로 전환하는 과정의 시간이 많이 소요되고 있다. 따라서 이 책에서는 청년기를 고등학교 졸업 이후부터 시작하여 성인기의 대표적인 발달과업인 결혼과 직업세계로의 진입이 이루어기 직전까지의 시기를 청년기라고 명명하고자 한다. 이렇게 볼 때 20대는 전반적으로 청년기에 해당한다.

　　20대 청년기에 대한 이해를 돕기 위해 레빈슨(Daniel J. Levinson, 1920~1994)이 제시한 인생의 사계절 개념을 활용하고자 한다. 인생을 사계절로 비유할 때 현대적 의미의 청년기는 어떤 의미와 특징을 갖는지 살펴보자.

1) 인생의 사계절 : 성인초기 전환기

레빈슨은 인생의 주기를 봄, 여름, 가을, 겨울의 사계절로 비유하며, 전생애 발달과정을 성인 이전기, 성인초기, 중년기, 노년기로 구분하였다(Levinson et al., 1978; Levinson & Levinson, 1996). 성인 이전기는 아동기와 청소년기로 만물이 소생하는 봄처럼 신체적으로나 정신적으로 성장하는 시기이다. 성인초기는 그 성장이 절정에 이르는 여름과 같이 인생의 목표와 꿈이 실현되어 가는 시기이다. 중년기는 추수하는 가을처럼, 성취의 절정을 지나 이제까지 지나온 삶을 되돌아보고 잘못된 것을 수용하면서 삶의 균형을 찾아가는 시기이다. 노년기는 휴식과 재탄생을 준비하는 겨울처럼 지나온 삶을 정리하고 다가오는 죽음을 준비하면서 삶을 잘 마무리하기 위해 노력하는 시기이다.

레빈슨은 인생의 사계절인 봄, 여름, 가을, 겨울의 시기가 각각 대략 20년 정도 지속된다고 보았다. 각 계절은 안정적인 시기이나 계절이 바뀔 때 그 사이에 환절기가 오듯이 인생의 사계절도 한 시기가 마무리되고 다음 시기가 될 때 그 사이에 전환기가 찾아온다. 전환기는 현재의 인생구조를 재평가하면서 종결하고 그다음에 찾아오는 새로운 인생구조를 구축하기 위해 준비하는 시기로 갈등과 혼란이라는 불안정성이 특징적으로 나타난다. 하지만 이러한 불안정성은 변화와 성장을 촉진하는 동력이 되며, 과거와 미래를 이어주는 교량 역할을 한다. 우리는 이 시기에 현재의 삶에 대해 의문을 던져 보고 자기 내부와 외부세계의 새로운 변화를 모색한다. 그러한 과정 속에서 지나온 삶을 돌아보면서 새로운 인생주기를 맞이할 준비를 해 나간다. 인생의 주기는 안정기와 전환기가 순환적으로 반복되면서 궁극적인 조화를 향하여 나아가는 여정이라고 할 수 있다. 레빈슨은 인생의 구조를 4개의 안정기와 3개의 전환기로 설명하였는데, 이를 도식화하면 〈그림 1-1〉과 같다.

청년기는 인생의 사계절 중 어디에 위치할까? 레빈슨에 따르면 청년기는 성인초기 전환기(early adult transition)에 해당하는 단계로 성인 이전기와 성인초기 사이의 교량 역할을 하는 과도기에 해당한다. 이 시기에 청년들은 아동·청소년기의 발달과업을 마무리 짓고 성인 입문기로 이행할 준비를 하게 된다. 마무리 짓는다는 것은 어떤 대상과의 결별이나 분리를 의미하기도 하지만, 여기서는 완전한 종결이 아니라 관계의 본질이나 형

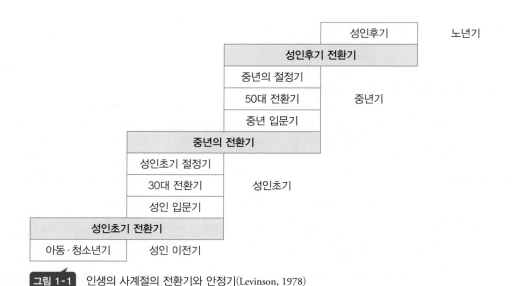

			성인후기	노년기
		성인후기 전환기		
		중년의 절정기		
		50대 전환기		중년기
		중년 입문기		
	중년의 전환기			
	성인초기 절정기			
	30대 전환기		성인초기	
	성인 입문기			
성인초기 전환기				
아동·청소년기	성인 이전기			

그림 1-1 인생의 사계절의 전환기와 안정기(Levinson, 1978)

태 변화가 특징적으로 나타난다. 예를 들어 아동·청소년기에는 부모님에게 경제적으로 모든 것을 지원받았고 심리적으로도 매우 의존적인 위치에 있었다면, 성인기가 되어서는 경제적으로나 심리적으로 보다 대등한 위치에서 관계를 재정립해 볼 수 있다. 이러한 변화를 위해 성인초기 전환기에는 성인 이전기의 발달과업이 잘 이루어졌는지 점검하고, 성인초기의 발달과업을 이루기 위한 준비를 해 나가야 한다. 레빈슨의 전통적 이론에서는 성인초기 전환기를 10대 후반에서 20대 초반으로 제한적으로 보았지만, 오늘날 사회문화적 여건을 고려할 때 성인초기 전환기는 10대 후반에서 20대 후반, 혹은 30대까지도 확장될 수 있다.

2) 성인이 되어 가는 시기

성인초기 전환기가 확대됨에 따라 그 특징을 새롭게 이해하고 설명해야 할 시대적 필요가 생겨났다. 미국의 심리학자 아넷(Jeffrey J. Arnett, 2000)은 'Emerging Adulthood', 즉 '성인이 되어 가는 시기'라는 용어를 통해 청년기를 구분할 것을 제안하였다. 그는 현대 산업화된 사회를 살아가는 젊은이들이 청소년기에서 성인으로 이행하는 과도기 속에서 청소년기나 성인기와는 뚜렷하게 구분되는 특징을 보인다는 것에 주목하였다. 이들은 아이를 기르고 있지 않고, 자기 집에 살지 않으며, 경제적으로 독립할 만큼 충분한 수입을 벌지 못한다. 아넷에 따르면 성인이 되어 가는 시기를 살아가는 청년은 독립성을 확장해 가면서도 여전히 삶의 다양한 가능성을 탐색한다는 특징을 보인다.

　실제로 20대 청년을 청소년 후기나 젊은 성인기로 부르는 것은 무리가 있다. 이 시기의 젊은이는 청소년이 아니다. 청소년은 신체적으로나 심리적으로 큰 변화를 겪으며 부모님께 경제적으로 거의 전적으로 의존하는 특징을 보인다. 이에 비해 20대 청년은 신체적으로 심리적으로 청소년기에 비해 안정적이며 아르바이트 등을 통한 경제활동에도 참여한다. 하지만 20대 청년을 완전히 성인이라고 하기에는 무리가 있다. 이들은 여전히 자신의 역할, 능력, 취미 등에 대해 탐색하며, 대다수가 부모님의 도움을 필요로 한다. 아넷(1994)은 미국 대학생을 대상으로 "스스로 성인라고 생각하는가?"라고 질문했다. 여기에 27%의 대학생만이 '예'라고 대답했다. 이를 20대 전반으로 확대하여 20~29세 젊은이에게 같은 질문을 했을 때도 여전히 46%만이 '예'라고 대답하였다. 나머지 대부분의 사람들은 어떤 측면에서는 '예'이지만 어떤 측면에서는 '아니요'라고 대답하였다. 저자가 한국의 대학생들을 상대로 비슷한 질문을 해본 결과, 대부분이 "어떤 면에서는 성인인데, 어떤 면에서는 아닌 것 같다."라고 답하였다. 이 시기를 지나는 청년들은 바로 이러한 과도기적 상태에 있다. 성인이라고 하기에는 교육의 완수를 이루지 못했고 결혼이나 직업에 대해서도 여전히 탐색하고 있기에, 이 시기를 성인이 되어 가는 과정의 시기로 보는 것은 매우 적절한 이해일 것이다. [셀프 워크 1-1]을 통해 자신은 어떠한 과도기적 특징을 보이고 있는지 점검해 보자.

3) 한국의 20대 청년기

아넷이 설명한 성인이 되어 가는 시기라는 개념은 우리나라 20대 청년들에게 잘 적용된다. 사실 아넷은 18세에서 25세 사이의 기간을 특히 성인이 되어 가는 시기로 강조하였는데, 우리나라에서는 20대 전반의 시기에 걸쳐 이러한 특징을 공유한다. 우리나라 청소년은 대학생이 되기까지 입시위주의 교육과 빽빽한 학업 스케줄 속에서 자율성을 제한받는다. 대인관계도 거의 정해진 틀 속에서 이루어지며 자신의 흥미와 취미를 추구하는 것에도 많은 제한을 받는다. 대학에 진학을 하면 청년은 갑자기 늘어난 시간적 여유, 자율적인 학업일정, 학습방법의 변화, 활동범주의 변화와 확장으로 다양한 혼란을 겪게 된다(홍성연, 2016). 법적인 지위가 성인으로 변경됨에 따라 이들의 혼란과 가치갈등은 심화된다. 대학 졸업이 취업을 보장해 주지 못하고 청년실업이 국가적 과제가 되고 있는 오늘날 한국의 사회경제적 현실은 20대 청년들에게 더 많은 고민을 안겨 주고 있다. 많은 대학생은 이러한 변화와 사회문화적 압력에 대한 적응력을 높이기 위한 수단으로 휴학을 결정하기도 한다. 특히 남학생은 군복무를 이유로 더욱 긴 유예기간을 갖기도 한다.

우리나라의 20대 청년은 성인이 되어 가는 시기의 과도기적 혼란과 불안정성 속에서 청년기를 보내는 편이다. 청소년기의 정체성 탐색을 강조했던 에릭슨(Erikson, 1968)은 산업화된 사회에서는 '연장된 청소년기'가 반드시 존재하며, 그 기간에 젊은 성인은 자유로운 역할실험을 통해 자신이 누구인지를 찾아가는 정체성 탐색의 시간을 갖기도 한다며 청년기의 심리사회적 유예를 설명하였다. 에릭슨이 말한 심리사회적 유예가 20대 청년에게 필요하다. 사회적·경제적 압박이라는 외부적 환경에 순응하기에만 급급하면서 자신이 누구인지에 대해 충분히 고민하지 않는 사람들이 있다. 하지만 자신이 누구인지에 대한 탐색을 소홀히 하고 사회적 관계나 자신의 정신건강을 돌보는 일을 등한시하다 보면 혼란과 스트레스가 오히려 가중될 뿐이다. 삶의 주체는 '나' 자신이고, 나를 충분히 이해하고 아는 가운데 내린 결정들이 나의 삶을 풍요롭게 해줄 수 있다. 이 시기에는 자신이 누구인지를 탐색하고 이해하고, 친밀하고 의미 있는 관계들을 만들어 가며, 자신의 정신건강을 돌보는 것이 어느 때보다 중요하다.

2 20대 청년기의 특징

20대 청년기가 갖는 청소년기와도 구별되고, 성인기와도 구별되는 발달적 특징은 어떤 것이 있을까? 아넷(2000)은 20대에는 정체성 탐색, 불안정성, 사이에 낀 기분, 그리고 자기집중이 특징적으로 나타난다고 설명한다. 이에 덧붙여 저자는 이 시기가 성장통의 시기라고 본다. 각각에 대해 살펴보며 20대 청년기의 특징을 정리해 보자.

1) 정체성 탐색의 시기

전 생애에 걸친 인간의 심리사회적 발달이론을 제시하였던 미국의 발달심리학자 에릭슨

(Erik H. Erikson, 1902~1994)은 정체성의 발달에 누구보다도 주목하였고, 심리사회적 발달이론을 통해 인생을 8단계로 구분하고 각 단계의 특징과 발달과업을 제시하였다. 이에 대한 자세한 내용은 제4장에 소개하였다. 에릭슨(1950, 1968)에 따르면 청소년기의 주요 과제는 '정체성 대 역할 혼란'이다. 즉, 청소년기에는 자신에 대한 여러 가지 가능성과 역할을 탐색하여 자신의 다양한 모습을 수용하고 이를 일관된 양식으로 통합하여 정체성을 확립하는 발달적 과제를 갖는다. 하지만 이 과정에서 충분한 탐색과 통합이 이루어지지 못하면 역할 혼란에 빠져 진학과 직업 선택 등에서 어려움을 겪게 된다. 에릭슨은 성인기를 성인초기(약 20~45세), 성인중기(약 45~65세), 성인후기(65세 이상)로 구분하였다. 그의 발달 모델에 따르면, 20대는 성인초기에 해당하며 이때는 '친밀감 대 고립감'이라는 심리사회적 과제를 주로 다루게 된다. 즉, 평생에 걸친 반려자를 찾고 그 사람과 깊이 있고 친밀한 관계를 유지해 가는 것이 필요하다. 이 과정에서 자신의 내적 갈등으로 인해 함께하는 시간을 충분히 즐기지 못하거나 대인 간 갈등을 잘 해결하지 못하면 고립되거나 자기몰두에 빠질 수 있다.

  에릭슨의 이론에서 청소년기 및 성인초기에 해당하는 발달과제가 20대 청년에게 적용될 수 있다. 대학입시 위주의 교육이 특히 강조되는 우리나라 상황에서 청소년은 자신에 대해 충분히 탐색하지 못한 상태에서 대학을 가게 되는 경우가 대부분이다. 그래서 비교적 부모의 간섭과 영향에서도 벗어나고, 성인의 의무와 책임에서도 어느 정도 자유로운 시기인 대학생 시기가 정체성 탐색의 최적기로 기능하게 된다. 청년은 다양한 동아리 경험, 아르바이트 경험, 여행 등을 통해 자신의 가능성을 실험해 보고 미래의 직업에 대한 준비를 하게 된다. 대학생 시기를 지나는 사람 중 상당수는 배우자 선택에 대해 에릭슨이 말한 성인초기에 해당하는 사람들처럼 심각하고 진지한 태도를 갖지 않는다. 성에 대해 개방적인 문화와 결혼비용에 대한 현실적 부담으로 인해 20대 청년은 다분히 오락적 측면에서 사랑에 접근하는 태도를 보이기도 한다. 많은 청년은 자신을 비혼족으로 분류하고 있으며, 2016년 기준으로 남녀의 평균 초혼 연령이 모두 30세를 넘어서고 있다. 20대는 사랑에서도 여러 가능성을 탐색하는 시기인 것이다. 이러한 탐색 속에서 자신을 돌아보기도 하고 관계의 능력을 키워 가며 관계 속에서 친밀감을 잘 유지할 수 있는 준비를 할 수 있다. 평생 함께할 친구 관계를 다져 가기도 하며, 연인 관계 경험을 통해 평생 함께할 반려자와의 관계를 준비하기도 한다.

  20대 청년은 아동기나 청소년기에 접하지 못한 새로운 세계관과 가치관에 노출되면서 이에 대해 혼란스러워하기도 한다. 대학교육이나 외부세계는 개인의 정치관, 종교관, 세계관에 도전하게 하며, 그 속에서 청년은 이전까지 당연시했던 자신의 관점에 대해 의문을 갖고 수정을 하거나 혹은 이전의 관점을 더 확고하게 다지는 과정을 거친다. 즉, 20대 청년들은 일, 사랑, 세계관 모든 측면에서 다양한 가능성을 탐색하며 정체성을 정립해 가는 여정을 밟는다.

2) 불안정성의 시기

탐색이 가능하다는 것은 선택의 기회와 가능성이 열려 있다는 긍정적 의미를 지닌다. 하지만 선택의 기회와 가능성이 열려 있을 때 사람들의 고민은 깊어지며, 아직까지 정착하지 못하고 있다는 측면에서 불안정성이 고조된다. 자유의 대가는 불안이라는 말이 있다. 앞으로 펼쳐질 인생이 이미 정해져 있다면 불안할 필요가 없을 것이다. 물론 그 이면에 있는 설렘도 없을 것이다. 앞으로의 인생이 어떻게 펼쳐질지에 대해 20대는 아직까지 알 수 없으며, 자신 앞에 놓인 수많은 선택 가운데 고민한다. 이때 자연스럽게 경험되는 상태가 불안정성인 것이다.

　미래에 대한 불확실성으로 인해 불안정성을 경험하면서도 청년들은 여전히 그들이 꿈꾸는 이상이 펼쳐질 '가능성'에 대한 기대를 저버리지 않는다(Arnett, 2000). 이들은 비관적이고 낙담되는 미래, 즉 하는 일은 따분한데 이직은 불가능하고, 결혼생활은 재미없고, 자녀들이 자신을 존경하지 않는 등의 미래를 상상하려 하지 않는다. 청년 대부분은 언제가 자신이 바라는 것을 이룰 수 있을 거라고 믿으며 좀 더 나은 미래를 향해 나아가고자 한다. 이러한 희망과 가능성이 있기에 이들의 불안정성은 그 자체로 가치를 지니는 것이다.

3) 사이에 낀 시기

앞에서도 언급하였듯이 이 시기의 청년은 스스로가 어떤 면에서는 아직 어른이 아니고, 어떤 면에서는 벌써 어른인 것 같다고 생각하며, 자주 '사이에 낀 기분(feeling in-between)'을 경험한다(Arnett, 2000). 이들은 연령으로도 아동·청소년기와 성인기 사이에 끼어 있으며, 스스로도 성인으로 가는 길목에 있다고 본다. 이 시기에는 책임감 수용,

독립적 의사결정, 재정적 독립과 같은 성인의 발달지표가 과정적으로 이루어진다. 성인도 이들을 대하는 데 혼란을 겪는다. 예를 들어 명절에 용돈을 줄 때 20대 자녀나 손자에 대해서는 주어야 할지 말아야 할지를 고민하게 된다. 그렇게 볼 때 청년이 사이에 낀 기분을 경험하는 것은 매우 자연스러운 일이며 정상적인 일이다.

4) 자기집중의 시기

자기중심성(ego-centrism)은 다른 사람의 관점, 필요, 입장을 고려하지 않고 자신의 관점, 필요, 입장에서 사고하는 행동의 특성을 의미한다. 발달심리학자 피아제는 자기중심성을 어린아이의 마음의 특성으로 어린이가 보이는 정상적인 정서적 미숙함을 설명해 준다고 보았다. 우리나라 발달심리학자 곽금주(2010)는 청년기의 자기중심성은 어린아이가 보이는 인지적·정서적 미숙함과 달리 자기 자신에게 집중하는 마음의 상태이며 정상적이고 건강한 발달의 요소라고 설명한다.

　많은 청년은 대학생이 되면서 이전까지 부모로부터 받았던 감시와 압박에서 벗어난다. 부모는 입시를 걱정하며 자녀의 생활을 관리하던 모습에서 자녀의 자율성을 한결 존중하는 모습으로 태도를 전환한다. 고등학교 때까지는 정해진 시간표와 학원 스케줄을 소화하며 제한된 환경 안에서 비교적 소수의 사람들과 지속적으로 상호작용을 하였지만, 대학교에 오면 비교적 자유롭게 시간표를 만들어 볼 수 있고, 원하는 아르바이트를 시도해 볼 수 있으며, 인간관계의 망도 확장해 볼 수 있다. 하지만 여전히 성인의 의무와 책임으로부터는 자유롭다. 아직은 회사와 같은 외적인 구속이나 가족 부양과 같은 타인에 대한 책임이 있는 것이 아니다. 따라서 청년기는 전적으로 자신에게 집중할 수 있는 시기이다. 이 시기에 자신에게 충분히 집중하는 것은 교육, 일, 결혼 등 인생의 결정적인 의사결정을 앞둔 청년이 자신을 위해 현명한 선택을 하는 데 필요한 자세이다.

5) 성장통의 시기

대학입시에 매달리는 식의 청소년기를 보내온 대다수의 청년은 20대가 되어서야 "내가 누구인가?"라는 질문에 대해 진지하게 본격적으로 고민을 한다. 이상과 모순이 공존하는 자신에 대한 이해의 통합, 부모님과의 관계 재정립, 본격적으로 시작되는 연애, 직업

세계로의 진입 준비 등 대학생은 심리적으로 복잡하고 혼란스럽다. 불안과 혼란 속에서도 20대는 자신을 잘 이해하고 싶어하며, 대인관계 기술을 향상시키기를 원하며, 직업관과 결혼관을 정립해 나가기를 원한다. 이들은 성장을 원하는 것이다. 성장을 위한 기본 토대는 자신에 대해, 그리고 자신을 둘러싼 타인과 세계에 대해 있는 그대로 받아들이고 수용하는 것이다. 이 과정에서 청년은 자신이 믿어 왔던 탁월한 재능이 그리 탁월한 것이 아니었음을 받아들여야 할 때도 있고, 자신을 있는 그대로 사랑해 준다고 믿었던 어떤 이와 이별하는 경험을 하기도 한다. 그래서 이 시기에 많은 젊은이는 마음의 고통을 경험한다. 하지만 이러한 고민과 아픔의 경험을 통해 자신과 세상을 좀 더 이해하고 알아가며 대처능력을 키워 간다면, 그 아픔은 심리사회적 성숙으로 이어질 것이다. 아픈만큼 성장한다는 말이 있듯이 청년은 이 시기를 인생의 어느 시기보다도 값진 성장통의 시기로 경험할 수 있을 것이다.

3 청년기의 발달과업

발달과업(developmental task)은 개인이 환경에 적응하기 위해 각 발달단계에서 달성할 필요가 있는 기술이나 능력을 의미한다. 노령화의 전문가이자 교육자였던 해비거스트 (Robert J. Havighurst, 1900~1991)에 따르면 발달과업은 신체적 성숙, 개인적 가치, 사회의 압력에 의해 생겨난다. 개인은 특정 단계에서 발달과업을 잘 성취하면 다음 단계의 발달과업을 원만히 수행할 수 있는 기초를 마련하게 되지만, 그렇지 못하면 앞으로의 발달과업을 수행하는 데 곤란을 겪을 수 있다. 예를 들어 영유아는 적절한 시기에 걷고, 말하고, 배변 훈련을 받으며, 학령기에는 읽고 쓰고 계산하는 등의 기술을 습득해야 하고, 성인이 되면 직업을 선택하고 책임감 있는 시민의식을 함양할 필요가 있다. 이러한 과업들은 적절한 시기에 성취되어야 하며, 이전 단계의 과업이 잘 성취되었을 때 다음 단계의 과업이 원활히 수행되는 것이다. 이 사회를 살아가는 일원으로서 자신과 사회에 적응하기 위해서는 각 단계의 과업을 잘 달성해 나가야 한다.

그렇다면 20대를 살아가는 청년들이 성인이 되어 가는 전환기 속에서 성취해야 할 발달과업에는 어떤 것이 있을까? 해비거스트(1972)는 인생을 유아기 및 초기 아동기(출생~6세), 중기 아동기(6~13세), 청소년기(13~18세), 성인초기(19~30세), 성인중기

(30~60세), 성인후기(60세 이후)의 6단계로 구분하고 각 단계의 발달과업을 제시하였다. 이 중에서 청소년기와 성인초기의 발달과업을 〈표 1-1〉에 제시하였다.

발달과업은 개인의 생물학적 능력과 사회적 규범 사이에서 정해지는 것이기 때문에, 그 구체적 내용이나 성취 시기는 사회나 문화에 따라 달라질 수 있다. 오늘날 우리나라의 20대 청년은 성인으로 가는 과도기적 단계에 있기 때문에 해비거스트가 제시한 청소년기의 발달과업 중 상당 부분이 이제는 청년기에 달성할 과업으로 이해될 수 있다. 〈표 1-1〉에서 직업세계로의 진입에 대한 준비는 전공을 선택하고 다양한 아르바이트를 경험할 기회를 갖게 되는 대학생이 매우 적극적으로 탐색하는 영역이 될 것이다. 하지만 성역할 수행 및 결혼에 대해서는 이전 세대와는 다소 다른 자세가 필요해 보인다. 사회문화적 변화는 전통적인 성역할 수행에 대해 의문을 제기하며, 남녀 모두에게 전통적으로 부여되지 않았던 성역할을 수행할 것을 도전받고 있다. 이러한 부분에 대해서 고민하고 자신의 가치관을 정립해 가는 것은 앞으로의 결혼생활을 포함한 전반적 대인관계에 중요한 영향을 미칠 수 있다. 오늘날 일부 청년은 제도화된 결혼에 대해 의구심을 보이며 결혼에 대해 부정적인 입장을 취하기도 한다. 결혼이든 비혼이든 자신의 입장에 대해 숙고하고 아직까지는 결혼이 규범이 되고 있는 사회 속에서 어떤 식으로 조화롭게 살아갈지 충분히 모색해 보는 자세가 필요할 것이다.

표 1-1 해비거스트의 청소년기와 성인초기의 발달과업

청소년기	성인초기
1. 동성이나 이성의 친구와 새롭고 보다 성숙한 관계를 형성한다. 2. 사회적 성역할을 습득한다. 3. 자신의 신체적 특징을 수용하고 신체를 효과적으로 활용한다. 4. 부모와 다른 성인들로부터 정서적으로 독립한다. 5. 결혼과 가정생활을 준비한다. 6. 경제적 직업활동을 준비한다. 7. 행동의 지침이 될 일련의 가치관과 윤리관을 습득한다. 이념을 개발한다. 8. 사회적으로 책임 있는 행동에 대한 바람을 가지고 이를 실천한다.	1. 배우자를 선택한다. 2. 사회적 성역할을 수행한다. 3. 배우자과 함께 생활하는 방법을 학습한다. 4. 가정을 꾸민다. 5. 자녀를 양육한다. 6. 가정을 관리한다. 7. 직업생활을 시작한다. 8. 시민으로서 의무를 수행한다. 9. 마음에 맞는 사회적 집단을 찾는다.

한국인의 발달과업을 평생 교육의 측면에서 조명한 김종서 외(1982)는 우리나라 청년들의 발달과업을 지적 영역, 정의적 영역, 사회적 영역, 신체적 영역으로 구분하여 제시하였는데, 그 구체적 내용은 〈표 1-2〉와 같다. 이러한 구분은 청년들이 자신의 발달과업을 정리하는 데 도움이 되는 생각의 틀을 제공한다는 면에서 유용하다.

좀 더 최근에는 이성진 외(2008)가 우리나라 일반 사람들이 가지고 있는 진로발달과업에 대한 암묵적 생각을 탐색하였다. 이들에 따르면 20대 전반은 자기탐색, 직업세계

표 1-2	우리나라 청년 발달과업
지적 영역	① 결혼과 가정생활에 대해 준비하기 ② 출산과 육아에 대한 지식 습득하기 ③ 직업을 선택하고 취직 준비하기 ④ 민주 시민으로서 사회생활에 필요한 지식과 기능 익히기 ⑤ 국가 현실이나 국제관계에 대한 바른 지식 배우기 ⑥ 급변하는 사회에 적응하기 위하여 각종 최신 정보 알기 ⑦ 상식과 견문 넓히기 ⑧ 합리적인 준거에 비추어 판단하거나 할 수 있는 능력 갖추기
정의적 영역	① 독립적으로 생활할 수 있는 태도와 자신감 갖기 ② 여가를 유용하게 활용하기 ③ 건전한 생활관 활용하기 ④ 전통적인 가치관을 생활에 조화시키기 ⑤ 높은 수준의 도덕적 판단 능력과 이에 따라 행동할 수 있는 태도 기르기
사회적 영역	① 적절한 결혼 대상을 찾고 원만하게 교제하기 ② 자기 가정 문화와 다른 가정 문화의 차이 이해하기 ③ 사회적으로 요구되는 행동을 책임 있게 수행하기 ④ 민주 시민으로서 권리를 행사하고 의무 수행하기 ⑤ 가족 구성원으로서 책임과 역할 다하기 ⑥ 사회단체에 참여하여 적극적으로 활동하기 ⑦ 원만한 대인관계 맺기
신체적 영역	① 체력과 건강 증진시키기 ② 공해와 오염의 해독을 알고 이를 막아내는 생활하기 ③ 의약품을 바로 알고 남용하지 않기 ④ 건강을 위한 규칙적인 생활하기 ⑤ 음주, 흡연에 대하여 올바르게 이해하기 ⑥ 성에 대한 바른 태도 갖기

(김종서 외, 1982)

의 이해, 직업기술능력개발, 학업수행이 주요발달과업이고, 20대 후반은 취업 및 직무수행이 중요한 과업이고, 결혼에 대한 준비를 서서히 시작하는 것도 이때의 과업으로 본다. 30대 이후로는 직무능력개발, 구직활동, 직장적응, 일상생활, 여가생활 등이 중요한 과업이다. 각 연령대에서 중요하다고 보고한 발달과업 10가지씩을 〈표 1-3〉에서 정

표 1-3 우리나라 성인 진로발달과업에 대한 인식

20대 전반	① 진로계획에 맞춰 공부한다. ② 내가 해야 할 직업을 선정한다. ③ 적성에 맞는 직업을 찾는다. ④ 열심히 공부해서 좋은 대학에 간다. ⑤ 전공 혹은 심화 과정을 잘 찾아본다. ⑥ 비전을 수립한다. ⑦ 직업에 대한 정보를 얻는다. ⑧ 직업을 결정한다. ⑨ 직업 선택에 따른 준비작업을 한다. ⑩ 직업 자아정체감을 확립한다.
20대 후반	① 책임 있는 직무수행을 한다. ② 취직을 한다. ③ 직업을 결정한다. ④ 주어진 업무에 충실히 임한다. ⑤ 직장을 결정한다. ⑥ 독립심을 키운다. ⑦ 직장에 적응한다. ⑧ 적금, 보험 등 경제계획을 세운다. ⑨ 대인관계를 넓힌다. ⑩ 취직을 준비한다.
30대	① 원만한 가족관계를 형성한다. ② 직장동료에게 신뢰를 준다. ③ 자기 직업에 대한 긍정적인 자세를 지닌다. ④ 일을 열심히 한다. ⑤ 직장에서 인정을 받는다. ⑥ 직장에서 신뢰와 인정을 받는다. ⑦ 안정된 직장생활을 구축한다. ⑧ 결혼을 한다. ⑨ 봉급을 잘 활용하여 저금을 한다. ⑩ 경제적 계획을 세운다.

(이성진 외, 2008)

리하였다.

이를 통해 우리나라 사람들은 20대 청년기에 직업세계에 대한 준비와 진입을 가장 중요한 과업으로 보고 있음을 알 수 있다. 각자의 인생설계를 구체화하면서 이 시기의 발달과업을 정리하고 이것을 성공적으로 수행하기 위해 노력하는 자세가 필요하다. 그룹 활동을 통해 자신이 생각하는 20대 청년기를 위한 발달과제를 대학생활을 중심으로 정리해 보자(그룹 워크 1-1).

4 청년기의 자기탐색

지금 스스로에게 "나는 누구인가?"라는 질문을 던져 보고 어떤 대답이 생각나는지 자유롭게 떠올려 보자(셀프 워크 1-2). "나는 누구인가?"라는 질문을 던지면 다양한 답변이 나온다. 어떤 사람은 키, 체격, 옷차림과 같은 신체물리적 특성을 언급하고, 어떤 사람은 외향성, 내향성과 같은 성격적 특성을 언급한다. 또 다른 사람은 자신의 희망·걱정·장래 계획과 같은 심리내적 상태를 설명하기도 하고, 자신의 능력·취미·특기와 같은 능력과 흥미 영역의 특징을 말하기도 한다. 그런가 하면 종교관, 정치관, 이성관과 같은 가치관을 이야기하는 사람도 있다. 이 모든 것이 나는 누구인가에 대한 답이 되며 자기이해의 한 측면이 된다. 때로는 자신에 대해 혼란스럽다는 표현을 하는데, 이러한 혼란 역시 자기이해를 구성하는 일부가 될 수 있다. 자기이해에는 자신의 지적인 면, 성격적인 면, 사회적인 면, 신체건강적인 면 등 자기 특성에 대한 다양하고 총체적인 이해가 포함된다.

청년기의 발달과업을 잘 달성하기 위한 선행조건은 자기탐색이다. 직업에 대해 혹은 사랑에 대해 잘 결정하기 위한 중요한 전제조건이 자기탐색인 것이다. 자기를 탐색해 보지 않은 상태에서 자신에 대해 가지고 있는 지식은 한계가 있을 수 있다. 어떤 사람은 자신이 내향적이라고 생각했는데, 과대표를 해보면서 자신의 외향성을 발견하게 되었으며 자기 안에 리더십을 발휘하는 것을 즐기는 측면이 있다는 것을 알게 되었다. 자신을 충분히 탐색해 볼 때 자기에 대한 진정한 이해가 시작된다. 학과를 결정하고 직업의 방향성을 찾아갈 때 자신의 적성, 능력, 가치관 등을 이해하는 것은 매우 중요하다. 친밀하고 의미 있는 대인관계의 형성은 자기이해를 기초로 자신을 수용하고 개방하며, 상대방에 대해서도 같은 마음자세로 있는 그대로 바라보고 수용하는 자세를 필요로 한다. 따라서 청년기의 자기탐색은 필수적으로 이루어져야 한다.

자기탐색을 위해 겸비해야 할 자세가 있다. 자아존중감을 높인다면서 자신의 장점만 과대포장하려는 경우가 있다. 그런가 하면 자신의 단점만을 고집스럽게 들춰 내면서 자신을 비하하는 경우도 있다. 두 모습 모두 자기탐색에 접근하는 바람직한 예가 아니다. 자기이해는 현실에 기초하여 객관적으로 이루어져야 하며, 자신의 장점뿐 아니라 단점까지 수용하는 균형 있는 자세를 수반하여 이루어져야 한다. 객관화와 자기수용의 바탕에서 자기를 탐색해 갈 때, 진정한 자기이해가 가능해진다. 이렇게 이루어진 자기이해는 개인에게 안정감을 제공하며 진로선택이나 대인관계와 같은 당면 문제를 해결하는 데 꼭 필요한 정보를 제공해 준다.

청년기는 객관화와 자기수용을 수반한 자기탐색이 가능한 시기이다. 신체적인 측면에서 충분히 성숙하였고 활력이 있는 시기이다. 뇌가 충분히 발달한 시기로 이전 시기에 비해 구조적으로 정서 및 사회적 정보를 더 잘 처리할 수 있다(Beck, 2012). 이들은 청소년기 때보다 충동적인 결정을 덜하게 되고 체계적으로 계획하고 평가하는 식의 사고 활동을 더 잘하게 된다. 이러한 인지적 특성 때문에, 많은 청년은 이 시기에 세계관을 결정하며, 자신과 다른 사람의 관점을 인정하고 존중할 수 있는 태도도 기르게 된다. 부모로부터 정서적 거리를 가질 수 있는 환경은 이제까지 의문을 갖지 않았던 자신의 정서반응이나 가치관에 대해 재정립하는 계기를 마련해 준다. 청년은 이전까지 당연히 옳다 혹은 그르다고 보았던 상황에 대해 다시 생각해 볼 수 있으며, 이것이 부모의 가치관을 답습한 것인지 혹은 자신이 진정으로 그러한 기준에 동의하는지를 검토해 볼 수 있다. 또한 특별히 즐겁거나 화나거나 슬프거나 두렵거나 하는 정서적 반응에 대해 성찰적 자세로 돌아보며, 자신의 삶의 주제를 발견하고 미해결된 상처를 치유하는 기회를 가지게 되기도 한다. 객관화와 자기수용에 기반하여 성찰적으로 자신의 다양한 측면을 탐색해 갈 때, 청년들은 자신에 대한 이해를 확장하며 심리사회적으로 성숙해 갈 수 있을 것이다.

심리사회적 성숙에는 실존적 관점이 도움이 될 수 있다. 청년들은 자신의 삶에 대한 책임감을 느낄 필요가 있다. 그 시작은 현재의 내 모습을 있는 그대로 직시하는 것이다. 또한 과거의 경험이나 환경이 오늘의 자신에게 어떠한 영향을 미치는지 살펴볼 필요가 있다(셀프 워크 1-3). 완벽하지 않았던 과거에 대해 애도할 수도 있다. 하지만 그 과거도 자신의 일부임을 수용하면서 현재와 미래를 맞이할 필요가 있다. 자신의 과거, 현재, 미래를 연결하며 미래를 변화시킬 주체가 자신이라는 것을 깨닫게 된다. 그리고 스스로 책임감을 수용해 가야 한다. 벌어진 현상에 대해 책임을 회피하려는 설명에 시간을 지나치게 할애하기보다는 스스로가 그 상황에 어떻게 기여했는지를 물으며 자신의 삶을 선택해 나가야 한다. 이러한 선택에는 불확실성과 의심이 동반되지만 이를 자연스러운 것으로 받아들이며 자신의 선택 이후 펼쳐지는 상황에 대해 열린 마음과 호기심으로 책임감 있게 받아들일 때 청년기는 인생의 어떤 시기보다도 찬란한 성장을 이루는 시기가 될 것이다. 앞으로 펼쳐질 인생의 도전과 어려움도 보다 당당하고 용감하게 헤쳐나갈 수 있을 것이다.

핵심요약

- 이 책에서는 청년기를 고등학교 졸업 이후부터 시작하여 성인기의 대표적인 발달과업인 결혼과 직업세계로의 진입이 이루어지기 직전까지의 20대 전반의 시기를 청년기라고 명명한다.
- 20대 청년기의 특징으로 정체성 탐색, 불안정성, 사이에 낀 기분, 자기집중, 성장통이 있다.
- 청년기의 많은 고민과 아픔을 통해 자신과 세상을 이해하고 알아가며 대처능력을 키워 간다면, 심리사회적 성숙이 이루어질 것이다
- 발달과업은 개인이 환경에 적응하기 위해 각 발달단계에서 달성할 필요가 있는 기술이나 능력을 의미한다. 최근 연구에서는 우리나라 사람들이 암묵적으로 20대 청년기에 직업세계에 대한 준비와 진입을 가장 중요한 과업으로 보고 있는 것으로 나타났다.
- 청년기의 발달과업을 잘 달성하기 위한 선행과제는 자기탐색이다. 자기탐색은 객관화와 자기수용의 자세가 바탕이 되어야 한다.

참고문헌

김난도(2010). 아프니까 청춘이다. 파주 : 쌤앤파커스.

곽금주(2010). 흔들리는 20대 : 청년기 생애설계 심리학. 서울 : 서울대학교출판문화원.

김종서, 남정걸, 정지웅, 이용환(1982). 평생교육의 체제와 사회교육의 실태. 성남 : 한국정신문화연구원.

이성진, 윤경희, 임은미, 김민규, 임진영, 여태철, 황매향(2008). 우리나라 성인의 진로발달과업에 대한 암묵지 탐색. 진로교육연구, 21(1), 1-17.

홍성연(2016). 대학 신입생 적응 지원을 위한 교육요구 분석. 교육종합연구, 14(1), 271-295.

Arnett, J. J.(1994). Are college students adult? Their conception of the transition to adulthood. *Journal of Adult Development*, *1*(4), 213-224.

Arnett, J. J.(2000). Emerging adulthood : A theory of development from the late teens through the twenties. *American Psychologist*, 55, 469-480.

Beck, M.(2012). Delayed development : 20-somethings blame the brain. Retreived from http://online.wsj.com/article/SB10000872396390443713704577601532208760746.html.

Erikson, E. H.(1950). *Childhood and society*. New York, NY : Norton.

Erikson, E. H.(1968). *Identity youth and crisis*. New York, NY : Norton.

Havigurst, R. J.(1972). *Developmental tasks and education* (3rd ed.). New York, NY : McKay.

Levinson, D. J., Darrow, C. N., Klein, E. B., & Levinson, M.(1978). *The seasons of a man's life*. New York, NY : Random House.

Levinson, D. J. & Levinson, J. D.(1996). *The seasons of a woman's life*. New York, NY : Ballantine Books.

[1-1] 나는 성인인가 다음의 각 영역에 대해 자신이 어떤 면에서 성인인 것 같은지, 어떤 면에서는 아닌 것 같은지 살펴보자. '성인이 되어 가는 나'에 대해 정리해 보자.

영역	예 (내가 성인이라고 생각하는 점)	아니요 (내가 성인이 아니라고 생각하는 점)
법적인 영역		
신체적 영역		
지적 영역		
경제적 영역		
정서적 영역		
사회적 영역		
기타		

[1-2] '나'에 대한 자유연상 나는 누구인가? 떠오르는 대로 자유롭게 적어 보자. 상대의 반응을 생각하지 말고 최대한 자신의 마음에 집중해 보자. '나' 하면 연상되는 단어, 이미지, 느낌을 자유롭게 떠올려 보자.

[1-3] **인생여정 그래프** 자신의 인생 여정을 그래프로 그려 보자. 인생의 중요한 사건을 1~3년 단위로 1~3개 정도 기록해 보자. 각 사건의 구체적 내용과 느낌, 그것이 자신의 삶에 미친 영향을 기록해 보자.

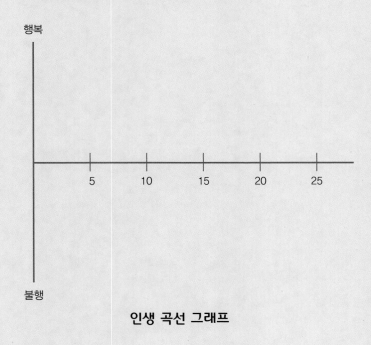

인생 곡선 그래프

[1-4] **나의 인생 스토리, 나의 역량과 강점** 이러한 여정을 통해 형성된 자신의 역량과 강점도 함께 정리해 보자.

[1-1] **대학생활 성공지표 만들기** 대학을 졸업할 때 어떤 것들이 이루어져 있으면 성공적인 대학생활을 보냈다고 말할 수 있을까? 본문에서 다룬 발달지표들을 복습한 후, 오늘을 살아가는 대학생으로서 무엇을 성공지표로 삼을 수 있을지 함께 논의해 보자. 성공지표는 가능한 한 구체적으로 작성해 본다. 예를 들어 "다양한 경험을 한다."보다는 "동아리 1개, 해외 경험 3번, 아르바이트 세 가지 이상을 해본다." 식으로 구체적으로 작성해 본다.

토론 주제	도출된 결론
내가 봤을 때 "참 대학생활 잘한다." 싶은 동기나 선배가 있는가? 그들의 특징은?	
대학생활을 통해 획득해야 할 지식, 기술, 역량, 태도, 습관, 경험 등에는 무엇이 있을까?	
나는 무엇을 나의 대학생활 성공지표로 삼을 것인가?	

조원들과 성공지표를 비교해 보고 의견을 나누어 보면서, 가장 중요하다고 생각하는 지표를 다섯 가지 정도로 정리해 보자.

1.

2.

3.

4.

5.

2 자아정체감

학습목표

1. 자기개념, 자아존중감, 자기효능감을 정의하고 각각의 형성과정을 통해 자기이해를 도모한다.
2. 자아정체감에 대해서 알아보고 보다 나은 자기를 위해 무엇을 해야 할지 생각해 본다.
3. 에릭슨의 사회심리학적 발달단계를 통해 연령에 따른 발달과업을 알아본다.
4. 마르시아의 정체감 범주의 개념을 이해하고 그에 따른 대처를 생각해 본다.

'오즈의 마법사'라는 영화에서 도로시, 양철통, 사자, 그리고 허수아비는 용한 마법사를 만나 자신이 원하는 것을 얻기로 하며 여행을 떠난다. 이 영화의 인물들은 대부분 자신이 마음에 들지 않았다. 그들은 자신의 정체성을 찾기 위해 여행을 떠났고 숱한 역경과 고난을 겪으며 마법사를 찾아냈다. 그중에서 사자는 동물의 왕다운 겉모습을 하고 있었지만 겁쟁이라서 마법사에게 용기를 얻고 싶어 했다. 결국 엉터리 마법사는 사자에게 용기가 생기는 가짜 약을 먹게 하였고 사자는 그 후로 용감하게 변하였다. 양철통은 심장을, 허수아비는 뇌를 얻었다. 하지만 실제로 그들은 마법이나 타인의 도움에 의해서가 아니라 자신들의 노력과 용기를 통해 자신들이 원하는 모습을 성취하였다.

청년기는 자신이 누구인지에 대한 자기이해와 자아정체감을 잘 정립하기 위한 자기탐색의 적정기라고 볼 수 있다. 이제껏 알고 있던 자신의 모습이 마음에 들지 않기도 하고 또 새로운 모습, 새로운 꿈을 이루기 위해 탐색을 시작하기도 한다. 이 시기의 갈등과 탐색은 자신의 존재를 새롭게 확인하고 정체감을 재정립하여 새로운 미래를 준비하기 위한 노력이라고 볼 수 있다. 자기탐색을 통해 정체감을 형성한 청년은 각자의 개성,

타인의 사고, 새로운 아이디어를 받아들이는 4차 혁명에 맞는 사람으로 성장할 잠재력을 갖게 될 것이다.

1 ▶ 자기개념

관점이 세상을 보는 방식이라면 자기개념(self-concept)은 자기 스스로를 보는 방식이다. 우리는 성인이 되어 가면서 다양한 상황에서 자기소개를 하는 기회를 갖게 된다. 그런 상황 때마다 많은 청년들은 생각해 보지 않았던 자기 자신에 대해 생각해 보며, 의외로 자기를 설명할 수 있는 단어가 많지 않음을 발견하고 당황하기도 한다. 나를 제일 잘 아는 사람은 '나'이다. 자기개념은 하나가 아니고 다양한 개념으로 구성될 수 있으며 상황에 따라 변하기도 한다. 하지만 자신을 객관적으로 평가하기란 쉽지 않다. 자기개념이 부정적인지 긍정적인지에 따라 자신의 유능성과 가치, 자기신뢰, 대인관계 등에 영향을 준다. 심리학자 로저스에 따르면, 개인은 모든 경험을 자기개념과 관련시켜 평가하는 경향이 있으며, 사람들은 자기개념과 일치하는 방식으로 행동하고, 일치하지 않은 경험과 감정은 위협으로 느껴 받아들이지 않는다고 하였다(이희영 외, 2017).

1) 정의

자기개념은 자기에 대한 인지적인 반응으로 자신의 신체적 특성, 개인적 능력, 성격적 특성, 가치관, 역할, 흥미, 사회적 지위 등을 포함한 '나'에 대한 지각과 판단을 의미한다(허혜경, 김혜수, 2002). 우리는 자신에 대해 의식하는 주체로서 나에 대한 자기개념을 형성해 나가며, 한편으로는 나를 관찰의 대상으로 어떤 사람이라는 자기개념을 형성해 나간다. 즉, 나를 다른 사람과 구별되는 독특한 존재로 인식하면서 자신에 대한 일관적이고 통합적인 자기를 인식함과 동시에 사회적 관계 속에서 타인이 자신을 보는 인식과 평가를 통해서 자기개념을 형성해 나간다. 자기개념은 여러 하위개념들로 나누어 볼 수 있는데, 신체적인 자기(눈이 작다, 다리가 길다), 사회적인 자기(인기가 많다, 수줍다), 정서적인 자기(짜증을 잘 낸다, 즐겁다), 지적인 자기(기억을 잘한다, 창의적이다) 등으로 구별해 볼 수 있다.

많은 심리학자들이 자기에 대한 개념을 정의하고 설명하고자 하였다. 융(Carl G. Jung, 1875~1961)은 '자기'가 성격의 핵심이고 성장의 중요한 요소라고 하였다. 다른 요소들이 '자기'와 잘 조직화되고 통합될 때 그 사람은 통일감, 조화감, 전체감을 갖게 된다. 융은 '삶이란 자기를 발견해 가는 '과정'이라고 하였고, 무의식 속에 깊이 내재된 자기를 찾는 것을 삶의 궁극적인 목표로 보았다. 융에게 자기실현이란 훌륭한 사람이 되는 것이 아니라 자기자신이 되는 것이다. 로저스(Carl R. Rogers, 1902~1987)는 모든 사람이 자기실현의 동기를 갖고 있는데, 타인으로부터 무조건적 긍정적 존중을 받으면 자기실현을 이룰 수 있다고 하였다. 에릭슨(Erik Erikson, 1902~1994)은 자아의 기능을 중요시 여기고 개인의 생리적 발달 수준이 자신의 연령에 따른 사회적 기대들과 결합하여 생기는 심리사회적 위기를 자아가 잘 해결해 나갈 때 심리적으로 건강해진다고 하였다. 특히 청년기는 인지발달과 함께 자아정체감이 발달하는 시기라고 말하였다. 자기심리학자(self-psychologist) 코헛(Heinz Kohut)은 인간은 누구나 자기애적 욕구를 가지고 있는데, 이 욕구는 타인에 의해서 만족되어야 하고, 부모와의 상호작용을 통해 '자기'가 획득된다고 주장하였다.

한편 스트랭(Strang, 1957)은 자기개념을 크게 네 가지로 나누었다. 첫째, 자신의 능력, 신분, 역할에 대한 전반적인 인식인 전체적 자기개념, 둘째, 순간적인 느낌의 영향을 받는 일시적 자기개념(예 : 학기말 시험 성적이 나쁘거나 부모로부터 심한 꾸중을 듣고 순간적으로 자신을 가치 없는 인물로 생각하는 것), 셋째, 타인이 자신을 어떻게 평가하느냐에 따른 사회적 자기개념, 넷째, 자신이 그렇게 되었으면 하는 이상적 자기개념으로 분류하였다. 만약 이상적 자기개념이 너무 낮으면 성취욕이 없고, 반면 너무 높으면 심한 좌절과 자기모멸에 빠지게 된다. 현실적인 자기개념은 자기수용과 정신건강으로 이어지고, 현실적 목표를 달성하게 돕는다.

2) 자기개념의 형성 과정

갓 태어난 신생아는 자신과 주변 세계를 구별하지 못한다. 자기개념은 1세경에 나타나서 청년기까지 지속적으로 발달한다. 찰스 다윈은 인간이 거울 속의 자신을 알아볼 때 자기 자각을 시작한다고 생각하였다. 실험에 의하면 생후 6개월의 영아들은 거울 속의 모습이 마치 다른 아이인 것처럼 손을 뻗었지만, 생후 15~18개월 아이는 자신의 코에 빨간 점을 거울에서 보고 자신의 코를 만졌다(Myers, 2016). 영아가 자신과 다른 사람이 분리되어 있다는 것을 이해하기 시작하는 것은 약 9~12개월이고, 분리된 자기의 개념이 비교적 명확해지는 것은 15~24개월경이다(이희영 외, 2017). 유아기의 자기개념은 매우 피상적이어서 자신에 대한 묘사를 자신이 좋아하는 행동으로 설명한다. 예를 들어 엄마에게 물을 떠 드린다, 동생과 재미있게 논다 등이다(정옥분, 2015).

심리학자 로저스는 아이가 태어나 성장하면서 자기개념을 형성해 나가는 과정에서 긍정적으로 수용 받고 싶은 욕구를 가지게 되고, 타인으로부터 무조건적 긍정적 존중을 받으면 자기실현을 이룰 수 있다고 하였다. 하지만 어려서부터 사랑과 칭찬을 받기 위

◀ 유아의 자기얼굴 인식
생후 15개월 즈음의 아이는
자기를 명확히 자각할 수 있다.

해 어른의 가치조건을 맞추다 보면 그 가치조건에 맞는 자기개념을 형성하게 된다고 하였다(셀프 워크 2-2). 그러면 자기개념과 경험 간에 불일치가 생겨나 불안을 경험하게 되고 불안이 삶의 위협으로 작용하게 된다(Rogers, 1965) 자기심리학에 의하면 부모가 영아 때부터의 자녀에게 자기애적 욕구를 만족시켜 줄 때 자녀는 처음에는 과장된 자기감을 가지게 되지만, 그 후에 과장된 자기감은 수정되고 현실적으로 전환되어 자아존중감으로 바뀐다고 하였다.

아동기에 이르면 기본적인 자기개념의 틀이 형성된다. 아동기에는 유아기와 달리 개인적인 특성으로 자신을 이해하기 시작한다. 즉, 나는 똑똑하다, 예쁘다 등이다. 아동 전기와 후기의 자기개념은 다른데 아동 전기의 어린이는 물리적 특성에 따라서 자신을 이해하고, 아동 후기의 어린이는 심리적 특성에 따라 자신을 판단하는 경향이 있다. 학령기가 되면 아동의 자기개념이 좀 더 상세하게 발전하고 확장되는데, 여기에는 자신의 성별, 소속집단, 심리적 특질 그리고 다른 아동과 비교한 유사성과 차이점을 포함한다. 즉, 자신의 유능한 분야와 그렇지 않은 분야를 구별하게 되고 어떤 면에서는 자신이 좋고 유능하지만 다른 면에서는 그렇지 않다고 지각하게 된다. 또한 이렇게 되고 싶다고 생각하는 이상적인 개념도 형성한다. 8~10세가 되면 자기상은 상당히 안정된다고 볼 수 있다(Myers, 2016).

청소년기에서는 자기개념이 현저히 발달하나 정서적으로 불안정하고, 이상이 지나치게 높으며, 이유 없이 반항하거나 독단적인 경향이 나타나기 때문에 자기개념이 불안정하다. 반면 청년기에는 자신과 사회를 조화시키고 이상과 현실을 타협시킴으로써 자기개념이 비교적 안정되게 된다. 청년기에 이르면 추상적인 사고의 발달로 인해 자기개념은 보다 현저히 발달하게 된다. 청년기의 자기개념은 복잡하고 추상적이며 심리적인 측면을 포함하고 있기 때문에 개인적 신념이나 동기에 대한 언급은 물론 대인관계에 대한 설명도 이루어진다. 자기개념의 발달은 사회적 환경과 경험의 영향을 받는다. 특히 자신에게 중요한 타인, 즉 부모, 교사, 친구의 평가나 애정, 수용 등이 자기개념 발달에 영향을 미친다.

3) 자기개념의 속성

자기개념은 일관성이 있고 긍정적으로 유지하려고 하며 자신과 타인에 대한 관점에 영향을 미치고 여러 조건에 의해 변화되는 등의 속성을 지닌다. 첫째, 사람들은 자신의 자기개념을 안정적이고 일관성 있게 유지하려는 특징이 있다. 이에 따라 자신을 조용한 성격이라고 믿는 사람은 살면서 조용했던 성격을 확인시켜 주는 상황이나 사건을 더 잘 기억하고 모호한 정보는 자기개념에 일관되게 해석하는 경향이 있다(김교헌 외, 2010). 둘째, 사람들은 자기개념을 긍정적으로 유지하려는 경향이 있다. 그러므로 일반적으로 성공은 내 탓이고 자신의 공헌을 과장하여 지각하며 미래를 낙관적으로 생각한다. 셋째, 자기개념은 자신과 타인에 대한 관점이나 감정 및 행동방식에 영향을 미친다. 마지막으로 자기개념은 변화될 수 있다. 즉, 자신의 신체적 변화, 인지능력의 변화, 타인, 역할 및 주요사건에 의해 변화되기도 한다. 어릴 때 키가 작았던 사람이 청년기에 키가 훌쩍 컸다면 자기개념이 긍정적으로 변할 수 있고 또한 높은 직급에서 일하다가 인지능력이 떨어지면 자기개념이 부정적으로 바뀔 수도 있다. 또한 내성적인 사람이 동아리의 장을 맡으면서 자신의 적극적인 면을 발견할 수도 있다. 자기개념은 청년기에도 계속 형성되고 있으므로 부정적인 자기개념이 있다고 하더라도 긍정적인 자기개념으로 전환시킬 수 있다.

4) 자기개념에 영향을 미치는 요인

한 개인의 자기개념의 형성에 미치는 영향은 다양하다. 그중에서 네 가지 요인을 알아보도록 하겠다(김교헌 외, 2010). 자기 지각의 첫 번째 요인은 자기관찰이다. 사람은 자신의 행동을 관찰하여 자신의 태도를 형성해 나간다(셀프 워크 2-3). 예를 들어 자신이 계획적이라고 생각하는 사람은 열심히 계획을 세우고 일관성을 유지하려고 한다. 자신이 동아리의 장을 맡게 된다면 스스로 리더십이 있다고 생각하게 되고, 누가 자신에게 친구가 많으냐고 물어봤을 때 많다고 대답한다면 자신이 사교적이라고 생각하게 된다.

두 번째 요인은 타인과의 비교이다. 그 자기개념은 상대적인 개념이라고 할 수 있다. 자신의 지능, 경제력, 외모의 조건은 타인과의 비교에서 달라질 수 있다. 그러므로 긍정적인 자기개념은 어떤 사람 혹은 집단과 비교하느냐에 따라서 달라질 수 있다.

세 번째 요인은 타인의 평가이다. 자기개념은 의미 있는 타인(significant others)에 의해 영향을 받는데 주로 부모와 또래의 영향을 받는다. 부모의 양육방식, 그리고 또래집단에서의 수용 여부에 따라 청년의 자기개념의 형성이 달라질 수 있다(셀프 워크 2-1). 내가 단점이 많을지라도 타인으로부터 사랑을 받는다면 긍정적인 자기개념을 형성하게 된다. 또한 청년기에 개인은 자신의 학업수행, 스포츠, 대인관계, 관심사 등을 또래집단과 비교함으로써 자신을 평가할 수 있게 된다(이옥형, 2006). 하지만 성인이 되고 나서는 타인의 평가를 무조건적으로 받아들이지는 않는다. 스스로 자신의 영향을 주는 평가를 선택할 수 있다.

네 번째 요인은 문화적 지침이다. 개인이 속한 문화에서의 기대, 계급, 성, 종교 등과 관련된 고정관념들이 자기개념에 영향을 미친다. 누군가가 희생을 했다고 하면, 그 행동은 개인주의 문화보다는 집단주의 문화에서 더 가치 있게 평가된다. 이러한 평가는 다시 개인의 자기개념에 영향을 미친다.

2 자아존중감

인간은 각각 고유한 자기가치를 지닌다. 청소년기에 들어서면서부터 청년들은 많은 환경의 변화에 따른 새로운 자기개념을 형성하게 되면서 자아존중감을 발달시킨다(Simmons & Blyth, 1987). 자아개념이 긍정적일 때 높은 자아존중감이 형성된다(Rosenberg, 1985). 자아존중감은 청년기에 자기개념과 자아정체성을 발달시키는 데 중요한 역할을 한다.

1) 정의

자아존중감(self-esteem)은 자신이 사랑받을 만한 가치가 있는 소중한 존재이고 어떤 성과를 이루어낼 만한 유능한 사람이라고 믿는 마음이다(위키백과). 자아정체성 형성에 자아존중감은 중요한 역할을 한다. 청년기에 자아정체감을 성취하기 위한 노력은 어떤 자아존중감을 가지고 있느냐에 달려 있다(셀프 워크 2-4). 즉, 자기개념은 자신의 존재에 대한 인지적인 반응이고 자아존중감은 자기 존재에 대한 느낌이다(Simon & Blyth, 1987). 자아존중감이 높으면 분노조절능력, 친밀감 수준, 관계만족 및 타인을 돌보는 능력, 창조적이고 생산적인 수행능력이 높고, 반면에 자아존중감이 낮으면 불안, 우울, 소외감 등 정서문제가 많고 거절에 취약하며 인정욕구가 강하다(김교헌 외, 2010).

2) 자아존중감의 발달

▲ 자아존중감
자아존중감은 자신이 사랑받을 만한 가치가
있는 소중한 존재라고 느끼는 것이다.

자아존중감의 형성에 어린 시절의 부모와의 관계가 중요한 역할을 한다. 자아존중감은 2세부터 시작되어 밥 먹기, 옷 입기, 대소변 가리기 등의 일상적 생활을 수행해 나가며 자신의 기본적인 능력에 대해 신뢰감을 바탕으로 발달해 나간다(이옥형, 2006). 이때 타인으로부터 중요하게 여겨지는 상호작용과 칭찬을 통해 그리고 작은 성취나 성공을 통해 자아존중감이 싹트게 된다. 삶에서 긍정적 경험이 많을수록 더욱 긍정적인 자아존중감을 형성한다. 유아들은 대체로 자신에 대해 긍정적이다. 8세가 되면 아동들은 외모나 학업성취, 또래관계나 교사를 통해 자아의 가치를 긍정적으로 혹은 부정적으로 형성해 간다. 아동기 중반에 들어서면 턱없이 높았던 자아존중감이 보다 안정되고 객관적이고 현실적으로 변해 간다.

사춘기에 들어서면서 일시적으로 자아존중감이 낮아지는데 자아의식이 높아지기 때문이다. 즉, 타인의 시선을 의식하고 비교하면서 자신에 대한 평가가 엄격해진다(이옥형, 2006). 에릭슨은 자아정체감과 더불어 자아존중감의 형성도 청년기의 중요한 발달과제로 보았다. 청년기에 겪는 큰 스트레스는 자아존중감에 부정적으로 영향을 미치기도 하는데, 특히 여성의 자아존중감이 낮아지게 된다. 청년 후기에 와서는 자아존중감이 다시 높아지게 된다. 청년기의 낮은 자아존중감은 여러 가지 적응 문제를 낳게 되는데, 주로 알코올중독, 우울장애, 섭식장애 등이다. 융이나 로저스, 매슬로 등의 심리학자들은 한 인간이 심리적으로 건강하고 성숙한 인격으로 성장하기 위한 필요조건으로 높은 수준의 자아존중감이 전제되어야 한다고 보았다. 이처럼 자신에 대한 긍정적인 평가를 내리거나 긍정적인 평가적 태도를 갖는 것은 건강한 인격으로 성숙하는 데 있어서 필수적이라고 할 수 있다.

3) 자아존중감 높이기

자기개념은 주관적이므로 자신을 어떻게 생각하느냐는 자신이 결정할 수 있다. 자신을 어떤 타인과 비교하느냐에 따라 자아존중감이 낮아질 수도 있고 높아질 수도 있다. 청년기에 자기보다 못한 사람과 비교를 할 때 자아존중감이 높아질 수도 있고, 자신의 목표를 낮춤으로써도 자아존중감을 높일 수 있다. 하지만 더 좋은 방법은 남과 비교하기보다 적절한 자신만의 목표를 세우고 이룸으로써 자아존중감을 높이는 것이다(김교헌외, 2010). 슈테파니 슈탈(Stefanie Stahl, 2016)은 자아존중감이 낮은 사람은 이상적인 자아의 모습과 실제 자아를 끊임없이 비교하고 자신이 설정한 목표를 채우지 못해 참담한 기분에 빠진다고 하였다. 그에 의하면 자아존중감을 형성하기 위해선 먼저 자신을 올바로 인식하고, 자신을 있는 그대로 받아들이고 행동을 취하는 주체가 되며, 자기감정 다루는 법을 배우는 것이라고 하였다.

자신의 장점이 무엇인가를 돌아보며 잘했다고 여겨지는 것을 생각하고 그 이유를 자신의 내면에서 찾아보는 것도 자아존중감을 증진시키는 데 도움이 된다. 어떤 문제가 생겼을 때는 피하기보다 정면 돌파로 해결하려고 할 때 자아존중감이 향상된다(이옥형, 2006). 또한 스스로 남에게 친절을 베푸는 행동을 하면 스스로를 관대한 사람으로 느끼게 되어 자아존중감 향상에 도움이 될 수 있다.

3 ▶ 자기효능감

자기효능감(self-efficacy)이란 앨버트 반두라(Albert Bandura)가 제시한 개념으로서 개인이 자신의 상황을 스스로 극복할 수 있고 주어진 일들을 성공적으로 수행할 수 있다는 신념이다(Bandura, 1993). 그는 인간의 행동을 결정짓는 것은 개인의 능력, 즉 자기효능감에 있다고 보았다. 자기효능감이란 자신이 어떤 일을 잘 해낼 수 있다는 개인적 신념이다(셀프 워크 2-5). 즉, 어떤 상황에서 적절한 행동을 할 수 있다는 기대와 신념으로, 얼마나 역량을 가지고 있느냐보다 역량을 어느 정도로 발휘할 수 있는가에 대한 스스로의 판단을 의미한다. 높은 자기효능감에 대한 믿음을 가진 사람들은 어려움에 직면했을 때 해결할 수 있다고 믿으며 새로운 일에 도전할 수 있다고 믿는다. 반두라는 성취경험, 대리경험, 언어적 설득, 정서적 각성에 의해 자기효능감이 형성된다고 보았다. 인간은 자기를 통제할 수 있는 능력이 있는데, 그중에서 자기효능감을 강력한 자기조절 과정의 하나로 보았다.

◀ 자기효능감
자기효능감은 자신이 어떤 일을 잘 해낼 수 있다는 자신에 대한 믿음이다.

반두라는 자기효능감의 평가요인 네 가지를 제시하였다(Bandura, 1986). 첫째는 실제로 어떤 과제를 계속 수행해서 성공을 많이 경험하는 것이다. 만약 계속 실패하면 자기효능감은 저하된다. 하지만 어느 분야에서 일단 자기효능감이 형성된 후에는 소수의 실패로 자기효능감은 저하되지 않으며 다시 시도를 하여 성공할 경우에는 자기효능감은 더욱 증진된다. 둘째는 다른 사람이 성공적으로 수행하는 것을 보는 대리경험의 경우이다. 셋째 요인은 개인이 남으로부터 잘할 수 있다고 격려를 받을 때이다. 격려는 더욱 노력을 하도록 격려하는 역할을 한다. 넷째 요인은 생리적 신호의 긍정적 해석이다. 몸의 피로나 긴장으로 인해 과제를 포기하지 않고 오히려 그만큼 중요한 과제를 하고 있다는 자세로 긍정적으로 받아들이고 열심히 노력하는 경우에는 자기효능감이 높아진다.

일반적으로 청년기에 자기효능감은 증가한다. 이 시기에 특정 영역에서의 반복된 성공 경험은 자기효능감의 증가로 이어지며, 이는 비록 실패를 경험하더라도 그 영역에서 자신의 성공을 예견할 수 있게 하여 그 영역에 계속해서 자신감을 갖고 도전할 수 있도록 해준다. 낮은 자기효능감이 형성된 청년은 심한 경우에 극단적인 무력감에 빠지게 되고, 어떤 일도 쉽게 포기하는 경향이 있다. 반면에 높은 자기효능감은 긍정적인 자기개념을 형성하고 도전적이고 어려운 목표를 선호하는 경향과 관련이 있다(Schunk, 1991).

4 ▶ 자아정체감

청년기에 이르면 지금껏 쌓아온 경험을 가지고 미래에 대한 꿈과 기대감을 갖게 된다. 자아정체감(self-identity)이라는 용어는 에릭슨이 심리사회적 발달단계를 설명하면서 처음으로 사용하였다. 에릭슨의 출생 배경을 보면 그가 왜 자아정체감에 큰 관심을 가졌는지 수긍이 된다. 그는 자신의 아버지가 누구인지 모르는 채 유대인 어머니 밑에서 자랐고, 유럽에서 태어났지만 미국에 이민 가서 이방인으로서의 삶을 살았다. 이러한 삶 속에서 그는 자신이 누구인지에 대해 끊임없이 물으며 자아정체감의 혼란을 경험하였고, 이것이 그의 이론에 큰 영향을 미친 것으로 보인다.

에릭슨은 청소년기를 정체감 위기의 시기로 보았고, 자아정체감의 발달과 성취를 청소년 시기의 주요 발달과업으로 생각했다. 청소년기에 들어오면 "나는 누구인가? 내가 하고 싶은 일은 무엇인가? 어떤 신념과 가치관을 가지고 살아가야 하는 것인가?"라는 질문을 하며 새로운 자기탐색을 통해 자아정체감을 형성해 나간다(Myers, 2016). 하지만 현재 우리나라의 청소년들은 에릭슨이 생존했던 시기의 청소년들과 시대적 상황이 많이 다르다. 우리나라 청소년들은 대학입시 때문에 바쁜 시간을 보내는 관계로 정체감 탐색을 할 수 있는 시간적 여유가 허락되지 않아 정체성 과제는 대학입학 이후로 미루어지는 경우가 대부분이다. 하지만 대학입학 이후에도 이 과정이 원만하게 이루어지는 것은 아니다. 에릭슨이 위기라고 표현했듯이 갑자기 자유를 갖게 된 청년들은 이 기간에 자신의 정체성을 찾는 것이 어렵다고 느끼고 방황하는 시간을 갖게 된다. 때로는 청년기 이전의 자신의 역할과 모습이 현재의 새로운 환경이나 가치관 등과 부딪히면서 혼란과 위기를 겪기도 한다. 하지만 이러한 갈등과 혼란은 자연스러운 것이며 다양한 상황 속에서 다양한 자기를 시도해 보는 경험을 하게 된다. 집에서, 학교에서, 아르바이트 현장에서 여러 모습의 자신을 시도해 보고 자기를 정의해 가는 과정을 통해 정체성을 형성한다. 혼란스럽지만 이 같은 과정을 창조적으로 겪어 낸다면 사회적 존재로서의 자신을 깨닫게 되고 새로운 환경에 대한 통합된 자기이해를 통해 명확한 자아정체감을 형성해 나갈 것이다. 이러한 과정 속에서 대학생의 경우 4학년이 되었을 때 그 과정을 겪지 못한 신입생 시절에 비해서 더욱 확실한 정체성을 확립한 자신을 발견하게 될 것이다.

1) 자아정체감의 정의

자아정체감은 자신에 관해서 통합된 관념을 가지고 있느냐에 대한 개념이다. 에릭슨(1968)은 청소년기 이전의 자기개념이나 역할이 청소년기에 이르러서는 새로운 갈등을 맞게 되는데, 그 갈등은 개인에게서보다 사회 환경의 기대나 윤리에서 온다고 하였다. 이 과정에서 개인은 "나는 누구인가?", "나는 무엇을 할 수 있는가?" 등의 실존적 질문을 하게 되고 그 질문에 대한 답을 해가는 과정이 자아정체감의 형성 과정이라고 할 수 있다. 이 과정에서 청년들은 영역별로 분화되어 있던 자기개념을 하나로 통합하게 되고, 이를 통해 사회적 존재로서의 자기이해를 새롭게 하게 된다.

에릭슨은 정체감을 심리사회적 정체감과 개별적 정체감으로 나누었다. 심리사회적 정체감은 자신이 속하고 있는 사회나 집단에 대한 소속감을 의미하는 정체감의 객관적 측면이다. 예를 들면 "나는 한국 사람이다." 또는 "나는 ○○대학교 학생이다."와 같은 소속감의 정체의식을 말한다. 개별적 정체감은 이런 집단 소속감 안에서도 나는 남들과 구별되는 존재라고 자각하는 주관적 측면이다. 에릭슨은 개별적 정체감을 다시 개인적 정체감(personal identity)과 자아정체감(ego identity)으로 구분하였다. 개인적 정체감은 시간이 지나도 변하지 않는 자신에 대한 자각을 일컫는다. 예를 들면 "나는 김 ○○이다."라든지 '나는 막내딸이다'라는 인식으로 자기동질성(self-sameness)과 자기연속성(self-continuity)으로 특징지을 수 있다. 하지만 시간이 지나면서 과거의 자신에 대한 자기의식이 새롭게 조정되기도 한다. 즉, 개인적 정체감에 비해 자아정체감은 좀 더 광범위한 개념으로 자기동질성과 연속성을 가지면서, 외적으로는 사회 환경의 요구와 내적으로는 자신의 욕구 및 가치를 자기 나름대로의 방식으로 재통합하여 자기 자신이 누구인가를 아는 것이다(허혜경, 김혜수, 2010).

자아정체감 속에는 개인을 과거-현재-미래로 연결시켜 주는 연속성과 동질성뿐 아니라 개인을 타인과 구별해 주는 독특성이 내포되어 있다. 즉, 자아정체감은 과거로부터 연속적으로 지녀온 자신의 욕구, 능력, 역할, 가치에 대한 인식이 현재의 사회적 환경과 새로이 상호작용하면서 새로이 통합되어 형성된 자기구조(self-structure)라고 할 수 있다.

2) 자아정체감의 의미

한마디로 나는 누구인가에 대한 통합적 대답이 자아정체감이다. 자기개념은 영역별로 분화되어 형성되는데, 자아정체감은 분화된 자기개념이 다시 하나로 통합되어 형성된다. 자신에 대한 다양한 측면에서 잘 이해하고 파악하는 것은 우리의 삶에 중요한 의미를 지닌다. 자아정체감은 우리에게 통합감, 연속감, 조화감, 실존감이라는 의미를 지닌다(셀프 워크 2-7).

(1) 통합감

자아정체감은 한 개인이 소유한 지위와 역할에 따른 다양한 '~로서의 나' 간의 통합감을 의미한다. 예를 들면 한 개인은 '○○○의 친구로서, 남자로서, 학생으로서, 한국인으로서, ○○과의 구성원으로서의 나' 등 수많은 나를 가지고 있다. 자아정체감이란 이렇게 다양한 지위와 역할을 수행함에 있어서 일관성이 있으면서도 통일성 있게 수행해 나가는 자아에 대한 실감을 의미한다.

(2) 연속감

자아정체감은 과거, 현재, 그리고 미래에 이르기까지 자아에 대해 일관되고 안정감 있는 시간적 연속감이다. 자기개념들 사이에서 일관성이 있을 땐 자기개념의 통합을 느낀다. 따라서 자아정체감이 잘 형성된 경우 우리는 자신의 행동에 대한 신뢰감을 가지며 같은 맥락에서 미래를 예측할 수 있다.

(3) 조화감

자아정체감은 자신이 지각하는 주체적 자아(I)와 다른 사람 눈에 비친 객체적 자아(me) 간의 조화감을 의미한다. 이러한 조화가 깨지는 경우 부적응 행동이 빚어지기 쉽다. 예를 들면 주체적 자아가 강한 경우 자신에게 몰입하여 도취되기 쉬운 반면, 객체적 자아가 지나치게 발달되면 타인의 눈치와 평가에 지나치게 연연하여 자아를 인식하게 된다. 그러므로 내가 나를 바라보는 견해와 타인이 나를 바라보는 견해 간에는 일관성이 있어야 한다.

(4) 실존감

자아정체감은 실존적인 자아상태를 의미한다. 실존적인 자아상태란 자신이 궁극적으로는 혼자라는 근원적 소외감을 가지는 존재이며 이러한 근본적인 소외감과 실존적 외로움 속에서 자신이 자기 인생의 책임자이며 주체자라는 인식을 가지는 것을 말한다. 따라서 자아정체감은 근원적 소외감을 극복하고자 책임을 수반하는 자기 선택을 하게 된다 (한상철, 이형득, 1995). 자아정체감의 형성은 실존적 선택과 책임의 연속의 결과이다.

우리가 자아정체감을 잘 형성해 나간다는 의미는 내가 보는 나의 모습(I)과 타인이 보는 나(me) 간의 차이를 잘 조화시키면서 과거의 나의 모습과 현재의 나를 연속적이며 일관적으로 통합해 나가며, 나아가 자신의 이해에 기초한 선택을 하고 그에 따른 책임을 수용해 간다는 것을 의미한다. 자아정체감의 형성은 정체감 탐색과 혼미의 경험을 통해서 이루어진다. 에릭슨은 그런 과정을 정체감 위기라고 하였다. 즉, 자아정체감의 형성은 인간이 태어날 때부터 시작되어 청년기에 인지능력의 발달로 실존적 질문을 할 수 있게 되고 독립심이 증진되면서 탐색과 혼란의 경험을 겪는 과정에서 중요한 문제로 대두되지만 청년기에 완성되거나 확립되는 것은 아니다. 에릭슨은 자아정체감은 일생을 통해 이루어야 하는 과제라고 주장하였다.

3) 에릭슨의 심리사회적 발달이론

에릭슨은 프로이트의 영향을 받았으나 프로이트와는 달리 인간의 자아가 부모와 사회적, 역사적 환경의 영향을 받으며 일생을 통해 계속해서 성장하고 발달한다고 주장했다. 그는 자아정체감을 전 생애를 통해서 이루어야 하는 발달과제라고 보고, 전 생애를 연령별로 8단계로 나누고 각 단계에 해당하는 발달과제를 제시하였다. 한 단계의 발달은 이전 단계의 발달을 기초로 이루어지지만 한 단계에서 긍정적인 발달이 이루어지지 않더라도 어느 시기가 지나면 다음 단계로 넘어간다.

전 생애의 단계마다 신체적 성숙이나 사회적 압력에 의해 생기는 갈등과 잠재적인 위기가 있는데, 개인이 그 위기와 갈등을 잘 해결하면서 발달과제를 어떻게 수행했는지에 따라서 긍정적인 결과 혹은 부정적인 결과를 얻게 된다. 가끔 인생에서 늘 좋은 일만 생기기를 바라며 힘든 일이 생길 때마다 고통스러워하는 사람들이 있는데, 이는 위기와 갈등을 회피하거나 잘 극복하지 못했을 때 그렇다. 발달단계의 위기는 오히려 긍정적인 결과를 낳게 하는 좋은 도구가 된다. 그런 의미에서 위기 자체는 부정적인 것이 아니지만, 각 발달단계에서 생기는 위기를 회피하거나 혹은 위기를 잘 극복하지 못할 때 부정적인 결과, 즉 부정적인 발달이 이루어진다(이옥형, 2006).

만일 발달단계의 각 단계에서 갈등을 잘 극복하면 그 단계의 덕목(virtues), 다른 말로는 잠재력(potential strength) 또는 생명력(vital strength)을 얻게 된다. 하지만 갈등과 위기의 극복으로 덕목만을 얻는 완벽하고 완전한 과정은 있을 수 없으며 단계마다의 갈등과 위기의 성공적인 해결의 결과가 반드시 긍정적인 측면만을 의미하는 것은 아니다. 최상의 해결책은 긍정적인 측면과 부정적인 측면이 균형을 이루는 것이다. 에릭슨은 특정 단계의 과업이나 위기의 완전한 해결이 다음 단계로의 진행에 필수요건이라고 보지는 않았다. 위기를 해결하든 해결하지 못하든 일정한 연령에 이르면 생물학적 성숙이나 사회적 압력에 의해 다음 단계로 진행하게 된다고 보았다. 그리고 새로운 단계에서는 새로운 갈등을 만나게 된다(정옥분, 2015). 예를 들어 학령기의 아동이 겪어야 할 발달 과제와 위기를 완수한 정도에서 다시 새로운 발달단계인 청소년기에 이르게 되며 이 시기의 새로운 사회 환경과 발달과업을 이루어야 하는 위기에 처하게 되는 것이다. 에릭슨이 제시하고 있는 전 생애발달 이론은 아래와 같이 요약할 수 있다.

(1) 신뢰감 대 불신감(유아기, 0~1세)

유아는 태어나서 1세까지 자신의 신체적인 욕구와 필요가 어머니의 사랑과 안정감 있는 태도로 채워질 때 이 세상을 신뢰하게 된다. 이때 생긴 기본적 신뢰는 유아의 자신에 대한 태도와 타인에 대한 태도를 결정짓게 된다. 적절하고 신뢰감을 주는 어머니의 태도는 유아에게 세상으로부터 일관성, 지속성, 그리고 동일성을 기대하도록 한다. 자아정체감은 바로 이런 기대로부터 시작된다. 반면 어머니가 친밀감을 주지 않고 일관된 행동을 보여주지 않으면 유아는 어머니와 세상에 대한 불신감과 두려움을 갖게 된다. 이 단계에서 위기는 어머니가 자신의 육체적 필요를 채워주지 못할 때가 생기는데, 이 위기를 긍정적으로 해결하게 되면 유아는 앞으로 인간관계에서 상호인정을 할 수 있고, 자신과 타인에 대한 신뢰가 생기며, 청년기에 이르러서는 시간조망을 할 수 있게 된다. 반면에 부정적으로 해결하게 되면 자폐적 고립감을 가지게 되고 시간 조망을 하기 어렵게 된다. 에릭슨은 이 단계의 갈등과 위기가 성공적으로 해결된 심리사회적 덕성을 희망이라고 보았다.

(2) 자율성 대 수치감(유년기, 1~3세)

▲ 자율성
3세 정도에 이루어지는 배변 훈련에 너무 엄격하지 않도록 해야 수치심이 생기지 않고 자율성을 키울 수 있다.

3세까지의 아동은 자기가 하고 싶은 것을 하려는 자율성(자신의 의지)을 발달시킨다. 이 시기의 아동은 "내가 할게."라는 자율성을 나타내는 말과 "아니야."라는 외적 통제에 대한 거부를 나타내는 말을 자주 한다. 이 시기의 갈등과 위기는 아동들의 내부에서 생기는 자기의지와 부모에 의한 사회적 규제 사이에서 일어난다. 이런 갈등상황에서 부모는 아동이 자기의지를 상실하지 않고 사회적 규제에 잘 적응할 수 있도록, 즉 긍정적인 결과와 부정적인 결과가 균형을 유지하도록 도와줘야 한다. 만일 부모가 아동을 너무 간섭하여 자유 활동의 기회를 빼앗거나 무시하면 아이는 환경과 자기 자신을 대하는 데 깊은 수치심과 회의감을 가지게 될 것이다. 이 단계에서 갈등과 위기를 긍정적으로 해결하게 되면 환경과 자신에 대한 자율성을 확보하게 되고 자기 의지를 가지게 된다. 그래서 이 단계에서 얻게 되는 심리사회적 덕목은 의지이다.

(3) 주도성 대 죄책감(아동기, 3~6세)

아동이 3~6세가 되면 자율성에서 더 나아가 스스로 어떤 활동을 계획하고 그것을 실천에 옮기는 능력을 갖추게 된다. 이 시기에 부모는 아이가 흥미 있는 계획을 세우고 수행할 때 아이와 같은 입장에서 참여함으로써 이러한 과정을 도와줄 수 있다. 그러나 아동에게 스스로 일을 완수할 기회를 주지 않게 되면 아동은 자신에 대한 죄책감을 갖게 된다. 반면 아동이 이런 위기를 극복하면 자신의 활동에 대한 주도성을 형성하여서 장래의 자기역할을 예견할 수 있으며 다양한 역할을 실험할 수 있게 된다. 그러나 주도성을 가지려는 경험이 좌절된다면 아동은 죄책감을 갖게 되고 자기역할의 획득을 억제하게 되며 역할고착의 상태로 머물게 될 것이다. 이 시기에 성공적인 발달과업으로 얻게 되는 덕목은 목적이다.

(4) 근면성 대 열등감(학동기, 6~12세)

이 시기의 아동은 학령기에 접어들면서 가족뿐 아니라 학교와 사회의 장으로 활동 영역이 확장된다. 이 단계에서 아동은 다른 사람의 활동을 관찰하고 참여하게 되며, 알려고 하는 호기심으로 그가 속한 문화의 기초적인 원리와 기술을 배우게 된다. 또한 의미 있는 일을 수행하고자 하는 열의를 가지고 일의 즐거움을 맛보면서 성취감을 발달시키게 된다. 그러나 그와 같은 시도에 실패하게 되면 아동은 부적절감이나 무가치감을 느끼면서 일에 대한 열등감을 가지게 된다. 다시 말해 아동이 위기를 긍정적으로 해결하면 자신감을 형성하고 자기의 일을 배우고 확인할 수 있게 되지만 위기를 부정적으로 해결하면 열등감을 형성한다. 이 단계의 심리사회적 덕목은 능력이다.

(5) 정체감 대 역할 혼란(청소년기, 청년기)

청소년기는 발달단계상 가장 중요한 단계로 본다. 이 시기의 청소년은 "나는 어떤 사람인가?", "인생을 어떻게 살아가야 하나?", "진리란 무엇인가?" 등에 대해 끊임없이 고민한다. 이러한 방황과 갈등 속에서 자기탐색에 대한 확신이 생겼을 때, 자아정체감 성취를 이루게 된다(김애순, 2010). 이 시기에 정체감을 형성하는 데 실패하면 역할 혼란 상태에 빠져 진학 및 직업 선택에 곤란을 경험할 뿐만 아니라 무력감과 혼란을 겪게 된다. 이 단계의 성공적 해결로 인해 얻게 되는 심리사회적 덕목은 성실이다. 청년들은 이상적인 가치체계를 추구하지만, 이상과 현실 사이의 모순을 발견했을 때 혼란을 경험하게 된다. 그러나 사회의 가치체계에 모순이 있음에도 윤리, 관습을 수용하고 지키려 할 때 성실성이 발달된다(Hilgard, 1979). 시대적 상황으로 오늘날 청소년기의 발달과업은 청년기로 연장되면서 유예되고 있다. 따라서 에릭슨이 말하는 정체감 대 역할 혼란이라는 발달적 위기는 현재 청년들의 당면과제라고 이해해도 좋을 것이다(셀프 워크 2-6).

(6) 친밀감 대 고립감(성인기)

청년기에 합리적이고 확고한 정체감을 형성한 사람은 타인과의 상호관계에 몰두하여 친밀감을 발달시킬 수 있다. 그러나 자아정체감이 혼미한 사람은 진정한 인간관계를 맺지 못하며 고립감과 자기몰두에 빠지게 된다. 진정한 의식이 얼마만큼 확고하냐에 따라 타인이나 자신과 진정한 친밀감을 추구할 수 있게 된다. 그러한 맥락에서 결혼생활은 자아정체감을 확실히 가지고 있는 부부에 의해 성공적으로 영위될 수 있다. 자아정체감이 확실한 부부는 서로를 충분히 존중하며 진실하게 상호작용을 하며 친밀감을 발달시켜 나간다. 이 단계의 성공적 해결로 얻게 되는 심리사회적 덕목은 **사랑**이다. 사랑은 타인에게 헌신하고 이 헌신을 지켜가는 능력이다.

(7) 생산성 대 침체감(중년기)

성인기에 친밀감을 형성하게 되면 다음 세대를 낳고 가르치고 자신의 가치와 능력을 전하는 생산성의 단계로 이행하게 된다. 또한 자신의 직업적인 성취나 업적을 통해 생산성을 발휘한다. 하지만 이러한 생산성이 잘 이루어지지 않을 경우 침체감에 빠지게 된다. 대부분의 사람들은 어느 정도 침체기를 겪지만 그러한 위기를 잘 극복하느냐 못하느냐가 이 시기를 잘 지내는 관건이 된다. 이 단계의 성공적 해결로 얻게 되는 심리사회적 덕목은 배려이다.

(8) 자아통합 대 절망감(노년기)

마지막 발달 단계인 노년기는 자신이 살아온 삶을 돌아보고 평가하는 단계이다. 비록 살아오며 후회나 실패도 있었겠지만 이를 수용하고, 자신의 한계를 인정하고, 생의 의미를 찾으려 할 때 자아통합이 이루어진다. 반면에 자신의 인생에 대해 후회나 부정적인 평가만 하게 된다면 절망감에 빠지게 된다. 이 단계의 심리사회적 덕목은 지혜이다.

4) 마르시아의 정체감 범주

에릭슨의 자아정체감 이론은 마르시아를 비롯한 다른 사람들에 의해 보다 정교화되었다. 마르시아(Marcia, 1993)는 대학생들을 대상으로 정체감을 조사하여 네 가지 정체감 범주를 구분하였다. 그 범주는 개인이 겪는 '위기' 여부와 정체성 형성을 위한 '관여' 여부에 따라 네 가지로 나뉜다. 여기서 말하는 위기란 직업 선택이나 가치관 등의 문제로 고민과 갈등을 경험하면서 의문과 방황을 하며 자기탐색을 하고 있는 상태를 의미하고, 관여는 직업이나 가치관 등에 대한 방향과 우선순위를 비교적 확실하게 설정한 후 그것을 성취하기 위한 활동에 능동적으로 참여하는 것을 의미한다. 마르시아가 제시한 대학생들의 네 가지 정체감 범주는 다음과 같다.

(1) 정체감 혼미

정체감 혼미(identity diffusion) 범주에 속한 대학생들은 위기도, 관여도 경험해 본 적이 없다. 정체감과 관련하여 혼란을 겪긴 하지만 어떤 결정도 내리려고 하지 않고 회피하는 유형이다. 이런 유형은 진지하게 자신이 누구인가를 탐색해 보려는 동기도 없고, 직업적 추구나 종교적·정치적 이념이나 가치관에 대해 의문이나 갈등을 느끼지도 않으며, 확고한 인생의 방향도 없어 이것저것 참여해 보지만 쉽게 중단하게 된다.

(2) 정체감 유실

정체감 유실(identity foreclosure) 유형은 자기탐색을 위한 위기를 경험한 적은 없지만 이미 어떤 대안을 설정해서 관여를 하고 있다. 비교적 일찍 가치관과 진로에 대한 결정을 내리고 사춘기의 갈등이나 혼란을 경험하지 않고 지나가는 유형이다. 이 경우 가치관이나 진로가 부모의 가치관과 권유를 그대로 내면화해서 따르는 경우가 많다. 그러므로 자신이 누구인가에 대한 정체감을 실험하거나 탐색해보지 않고 부모가 권유하고 선택해 준 삶을 택하는 경향이 있다.

(3) 정체감 유예

정체감 유예(identity moratorium) 유형은 자기탐색을 위한 위기 가운데 있지만 관여하고 있지 않은 상태이다. 정체감 위기 동안 극심한 불안에 사로잡히면서 가치관과 진로에 대해 적극적으로 고민하고 갈등하지만, 아직 어떠한 결정도 내리지 못한 상태를 의미한

◀ 청년기의 혼란과 방황
정체감 혼미를 느끼는 청년은 자신과 미래에 관심을 갖지 않으며 인생의 방향이 없어 무엇을 해야 할지 몰라 방황한다.

다. 이런 유형은 자신이 누구인지에 대한 탐색적 노력을 하지만 아직 확실한 결정과 선택을 하지 못해 적절한 활동에 관여하지 못하고 있다. 청년기에 이러한 지연은 복잡한 현대사회에서 자주 발생하며 보편적이라 볼 수 있다.

(4) 정체감 성취

정체감 성취(identity achievement) 유형은 위기와 관여를 모두 경험한 상태이다. 어린 시절부터 가지고 있던 이상, 가치 등과 새로 경험하는 정보와 자극 사이에서 고민과 갈등을 동반한 위기를 겪은 경우이다. 긴장과 고민을 거쳐서 주체적인 가치관을 확립하고 이것을 근거로 진로를 찾게 되는 유형이다. 내가 누구인가에 대해 탐색하면서 현실적으로 여러 가능성들을 고려한 후 선택한 삶을 추구하기 위해 노력하는 상태를 의미한다(이명조, 2012). 마르시아의 네 가지 자아정체감의 발달 범주와 예들을 〈표 2-1〉에 제시하였다.

위의 네 범주에 속한 대학생들의 행동 특성은 각각 다르게 나타났다. 정체감 성취와 정체감 유예 유형은 야망이 높고 스트레스가 심한 상황에서도 지적 수행 수준이 높

표 2-1　마르시아의 네 가지 자아정체감 발달 범주와 예

정체감 발달 범주	예	위기	관여
정체감 혼미	난 내가 원하는 것이 무엇인지 잘 모르겠어. 그리고 미래에 어떤 직업을 가져야 할지 모르겠고 그다지 고민도 하지 않아.	X	X
정체감 유실	우리 부모님은 전문직에 종사하고 계셔. 난 어려서부터 부모님의 권유대로 그분들이 하시는 일을 이어받아 할 거야. 그래서 난 진로에 대한 고민은 별로 없어.	X	O
정체감 유예	난 내게 맞는 진로가 무엇인지 고민하고 있어. 내 능력과 나의 관심 분야를 생각해 볼 때 공학계열이 잘 맞는데…… 내 적성에 맞는지 좀 더 탐색해 봐야겠어.	O	X
정체감 성취	나는 내가 원하는 것이 무엇인지 어려서부터 계속 생각해 왔고, 고민 끝에 내 적성에 맞는 국문학과에 진학했어. 나는 글을 쓰는 게 정말 흥미롭고 내 적성에 잘 맞아. 보람이 있어. 좋은 작가가 되기 위해 많은 경험도 하고 계속 노력할 거야.	O	O

앉으며, 부정적인 평가에도 자존심이 크게 상하지 않고 권위주의적 가치에 덜 복종적이었다(김애순, 2005). 이들은 자아존중감이 높고, 추상적이고 비판적인 사고를 하며, 실제적 자아와 이상적 자아의 차이가 크지 않으며, 높은 수준의 도덕적 추론을 한다(Dellas & Jernigan, 1990; Marcia, 1980). 특히 자아정체감 성취 유형은 자신을 지나치게 의식하지 않으며, 자신을 다른 사람에게 드러내 보이는 것을 주저하지 않는다(Adam, Abraham, & Markstorm, 1987).

반면에 정체감의 유실이나 정체감 혼미의 상태에 있는 청년은 적응 문제가 있고, 특히 정체감 유실 유형은 독단적이고 융통성이 없으며 아량이 없는 편이고 다른 사람과의 의견 차이를 위협으로 받아들인다(Frank, Pirsch, & Wright, 1990). 자신이 의지하고 인정받고 싶은 대상으로부터 거부당할까 봐 두려워하고, 가족이나 친구로부터 소외당한 자들 중에는 사이비 종교집단이나 중독에 빠져드는 사람도 있다(Marica, 1980). 이 네 가지 정체감 상태 중 정체감 유예와 정체감 성취는 청년이 겪을 수 있는 자연스러운 현상이며, 앞으로 확고한 정체감 확립을 이룰 것을 예측할 수 있다(그룹 워크 2-1).

청년기에 정체감 확립이 완성되지 않는 이유는 정체감 획득이 점진적 발달의 결과로 이루어 가야 하는 과제이기 때문이다. 위에서 살펴본 에릭슨의 8개의 발달단계는 궁극적으로 정체감 확립의 과정이며 청년기는 단지 자기탐색을 통하여 정체감 확립을 위한 중요한 과도기인 것이다. 따라서 자아정체감의 형성은 아동기 경험이 중요하며, 그 이후 발달단계를 거치면서 계속적으로 발달한다. 만약 청년기에 정체감 확립이 이루어지지 않았더라도 성인기에 성장 촉진을 위한 경험을 많이 한다면 계속적으로 정체감이 형성되어 갈 수 있다. 그리고 청년기 동안 정체감 성취를 이루었다면 성인기에 해야 할 역할을 더욱 잘 수행할 수 있다(장휘숙, 2004). 반면에 청년기 정체감 성취에 이른 사람도 삶의 과정에서 다시 정체감 위기를 겪을 수 있다(서봉연, 1988). 노년기에도 정체성의 위기를 맞기도 하는데 지나온 삶을 회고해 보면서 자신의 삶의 의미를 찾으려는 실존적 질문에서 비롯된다(Erikson, 1986). 이와 같이 청년기에서 성인기로 이행되는 과정에서도 정체감의 발달의 위치는 변화될 수 있다. 청년의 개인적 요인이 환경적 요인과 어떤 상호작용을 하느냐에 따라서 그 변화의 방향이 성취 혹은 퇴행이 될 수 있다.

현대사회는 점점 다양성의 사회로 바뀌어 가고 있고, 이전처럼 한 가지 직업으로 평생을 살아야 하는 시대는 저물어 가고 있다. 어느 직업이 유망한 직업인지 그리고 안정된 직업인지 불확실성 속에 있다. 100세 시대를 살아가는 사람들은 이제 직업을 몇 번씩 바꾸는 것이 보편적일 수 있으며 50대 이후에도 자신이 좋아하는 것을 탐색하며 살아갈 수 있다. 그러므로 현재의 막연함, 불안감, 결정을 못 내리는 우유부단함의 느낌에 불가항력을 느끼기보다는 인생의 단계마다 도전과 위기를 피할 수 없음을 받아들이고 그 위기에 맞서서 창조적인 대처를 해 나갈 때 자신의 발달을 이루어 갈 수 있다. 이러한 인식과 더불어 내가 겪고 있는 지금의 청년기는 전 생애적 발달관점에서 자아정체감의 성취라는 발달과제를 이루는 중요한 시기임을 인식하고 청년기를 의미 있게 보내도록 힘써야 할 것이다.

핵심요약

- 자기개념은 자기에 대한 인지적인 반응으로 나에 대한 지각과 판단을 의미한다. 청년기에는 추상적인 사고의 발달로 인해 자기개념이 현저히 발달하게 되며, 자아존중감과 자기효능감의 증진에 영향을 미친다.
- 자아정체감은 나는 누구인가에 대한 통합적 대답이다. 에릭슨은 청년기를 발달단계상 가장 중요한 단계로 보고 방황과 갈등 속에서 자기탐색에 대한 확신이 생겼을 때 자아정체감의 성취를 이룬다고 하였다.
- 마르시아는 위기와 관여의 여부에 따라 정체감 범주를 정체감 혼미, 정체감 유실, 정체감 유예, 정체감 성취로 구분하였다.

참고문헌

김교헌, 김경의, 김금미, 김세진, 원두리(2010). 젊은이를 위한 정신건강. 서울 : 학지사.

김애순(2010). 청년기 갈등과 자기이해. 서울 : 시그마프레스.

김영애(2009). 자기성장을 위한 성격심리학. 서울 : 김영애가족치료연구소.

노안영, 강영신(2006). 성격심리학. 서울 : 학지사.

이옥형(2006). 청년심리학. 서울 : 집문당.

장휘숙(2004). 청년심리학 제3판. 서울 : 박영사.

한상철, 이형득(1995). 인간이해와 교육. 서울 : 중앙적성출판사.

서봉연(1988). 자아정체감의 정립과정. 이춘재 등 저, 청년심리학. 서울 : 중앙적성출판사.

이명조(2012). 청년심리학 : 일과 사랑. 서울 : 한국외국어대학교출판부.

이상섭(1995). 문학비평 용어사전. 서울 : 민음사.

이옥형(2006). 청년심리학. 서울 : 집문당.

이희영, 성형림, 김은경, 박서원(2017). 인간심리의 이해. 서울 : 시그마프레스.

장휘숙(2004). 청년심리학. 서울 : 박영사.

정옥분(2015). 청년발달의 이해. 서울 : 학지사.

정옥분(2015). 청년심리학. 서울 : 학지사.

허혜경, 김혜수(2002). 청년발달 심리학. 서울 : 학지사.

Adams, G R., Abraham, K. G. & Markstorm, C. A.(1987). The relations among identity development, self-consciousness, and self-focusing during middle and late adolescence. *Developmental Psychology, 23*, 292-297.

Baumeister, R. F., Shapiro, J. P., & Tice, D. M.(1985). Two kinds of identity crisis. *Journal of Personality, 53*, 407-424.

Burger, J. M.(2000). *Personality* (5th ed). Belmont, CA : Wadsworth/Thomson.

Bandura, A.(1986). *Social foundations of thought and action : A social cognitive theory*. Englewood Cliffs, NJ : Prentice-Hall.

Bandura, A.(1993). Perceived self-efficacy in cognitive development and functioning. *Educational psychologist, 28*, 117-148

Dellas, M. & Jernigan, L. P.(1990). Affective personality characteristics associated with undergraduate ego identity formation. *Journal of Adolescence Research, 5*, 306-234.

Erikson, E. H.(1986). *Identity, youth, and crisis*. New York : Norton.

Hilgard, E.(1983). 현대심리학 개론[*Introduction to psychology*](이훈구 역) 서울 : 정민사(원전은 1979에 출판됨).

Marcia, J. A.(1993). Identity in adolescence. In J. Adelson(Ed.), *Handbook of adolescence psychology*. New York : Willey.

Myers.(2016). 마이어스의 심리학 개론[*Psychology*]. (신현정, 김비아 역). 서울 : 시그마프레스.

Rosenberg, M. (1985). Self-concept and psychological wellbeing in adolescence. In R. L. Leaky (Ed.), *The development of the self*. NY : Academic Press, 205-242.

Schunk (1991).

Simons, R. G., & Blyth, D. A.(1987). *Moving into adolescence : The impact of pubertal change and school context*. Hawthorne, New York : Aldine & de Gruyter.

Stipek, D. J., & MacIver, D.(1989). Developmental change in children's assessment of intellectual competence. *Child Development, 60*, 531-538.

Strang, R.(1957). *The adolescence views himself*. New York, NY : McGraw-Hill.

[2-1] **자기개념** 나는 누구인가? 자신에 대해서 생각나는 대로 적어 보고 어떻게 변화해 왔는지 생각해 본다. 또한 나의 자기개념에 영향을 주었던 특별한 사건이나 사람이 있었다면 적어 본다.

나의 신체	
나의 성격	
나의 대인관계	
나의 능력	
자기개념에 영향을 주었던 특별한 대상이나 사건	

[2-2] **실제자기와 이상적 자기** 로저스는 자기를 정확하게 파악하고 자기에 대해 편안하게 느낄 수 있어야 정신적으로 건강하다고 주장하였다. 자기를 이상적 자기(ideal self)와 지나치게 동일시하여 실제자기(real self)와 거리가 멀 때 결국 자신을 잃어버리거나 정신적 혼란을 느끼게 된다.

아래 단어들은 여러 성격의 특성을 나타나는 형용사들이다. 실제자기에 해당하는 수식어라고 생각한다면 첫 번째 '실제의 나' 칸에 동그라미 표시를 해본다. 두 번째 칸에는 다른 사람들이 말하는 당신의 특성들만을 골라 표시한다. 셋째 칸에는 최상의 당신, 즉 이상적인 자기를 나타내는 특성들을 찾아 표시해 본다.

표시를 다 했다면 3개의 영역에 서로 다르게 표시되어 있는 것을 추려 본다. 동그라미가 많거나 적은 것은 그리 중요하지 않다. 이 연습을 통해 우리는 극히 소수의 사람들만이 세 영역 모두에서 일치한다는 것을 발견할 수 있을 것이다.

형용사	실제의 나	다른 사람이 본 나	이상적인 나
유쾌한			
고집 센			
수다스러운			
책임감 있는			
멍한			
덜렁거리는			
인기 있는			
속물적인			
솔직한			
정직한			
흥분 잘하는			
미성숙한			
용감한			
자기연민의			
야심찬			
조용한			
개인주의적			
진지한			
다정한			
성숙한			
예술적인			
지적인			
유머 있는			
이상주의적			
이해심 많은			
따뜻한			
편안한			
감각적인			
섹시한			
활동적인			

(계속)

사랑스러운			
이기적인			
빈틈없는			
애정어린			

작업을 마치고 나서 어떤 생각과 느낌이 드는지 적어 본다. _____

_____

[2-3] 자기개념의 자가분석

(1) 현실적 자기의 평가

현재의 나에 대해서 평가해 보자. 다음의 자기요소에 있어서 자신이 어느 정도 우수하다고 생각하는가? 판단이 쉽게 안 될 때는 주변의 동료나 친구들과 비교하여 상대적으로 평가해 보자. 자신에게 해당하는 숫자에 표시를 하고 표시한 숫자에 이어 그래프를 그려 보자.

(2) 이상적 자기의 평가

이상적인 나의 모습에 대해서 평가해 보자. 다음의 자기요소에 있어서 자신이 어느 정도 우수하기를 원하는가? 우수하기를 원하는 정도에 따라 해당되는 숫자에 표시를 하고 표시한 숫자에 이어 그래프를 그려 보도록 한다.

> 나는 나 자신에 대해서 어떻게 평가하는가? 나의 현실적 자기와 이상적 자기의 괴리는 얼마나 되는가? 나는 현실적 자기의 어떤 측면에 대해서 높은/낮은 평가를 하고 있는가? 나는 이상적 자기의 어떤 측면에 대해서 높은 기대를 하고 있는가? 현실적 자기와 이상적 자기의 차이가 많이 나타나는 나의 측면은 무엇인가?

(김영애, 2009)

[2-4] **자아존중감** 다음은 자아존중감을 측정하는 설문지이다. 각각의 질문에 해당하는 숫자에 표시해 본다.

문항	전혀 그렇지 않다	상당히 그렇지 않다	보통 이다	상당히 그렇다	매우 그렇다
1. 나는 내가 다른 사람들처럼 가치 있는 사람이라고 생각한다.	1	2	3	4	5
2. 나는 좋은 성품을 지녔다고 생각한다.	1	2	3	4	5
3. 나는 나 자신에 대해서 긍정적인 태도를 가지고 있다.	1	2	3	4	5
4. 나는 나 자신에 대해서 대체로 만족한다.	1	2	3	4	5
5. 나는 자랑할 것이 별로 없다.	1	2	3	4	5
6. 나는 때때로 내가 좋지 않은 사람이라고 생각한다.	1	2	3	4	5

[채점 방법]
자신의 점수를 합산해 본다. 다만 5번과 6번은 역채점한다(예: 1점은 5점으로, 2점은 4점으로, 3점은 그대로 3점으로 4점은 2점으로, 5점은 1점으로 채점한다).

합산한 점수는 몇 점인가? _____점

[해석]
점수가 높을수록 자아존중감이 높다고 해석할 수 있다.

(계속)

채점 후 드는 생각은 무엇인가?

(Rosenberg, 1965; 김교헌 외, 2010)

[2-5] **자기효능감** 다음은 자기효능감을 측정하는 척도이다. 각각의 질문에 해당하는 숫
자에 표시해 보자.

문항	전혀 그렇지 않다	상당히 그렇지 않다	보통 이다	상당히 그렇다	매우 그렇다
1. 어떤 일이 처음에 잘 안 되더라도 나는 될 때까지 해본다.	1	2	3	4	5
2. 나는 어려움이 있을 때도 지속적으로 노력한다.	1	2	3	4	5
3. 나는 어려운 상황을 극복할 수 있는 능력이 있다.	1	2	3	4	5
4. 어떤 일을 시작할 때 실패할 것 같은 느낌이 들곤 한다.	1	2	3	4	5
5. 좀 실수를 하더라도 어려운 일을 좋아한다.	1	2	3	4	5
6. 나는 어려운 일이 생기면 당황해서 어찌할 바를 모른다.	1	2	3	4	5
7. 나는 일이 잘못되고 있다고 생각하면 빨리 바로잡는다.	1	2	3	4	5
8. 어렵거나 도전적인 일에 매달리는 것은 재미있는 일이다.	1	2	3	4	5
9. 나는 내가 할 수 있는 일과 그렇지 않은 일을 판단할 수 있다.	1	2	3	4	5

[채점 방법]
자신의 점수를 합산해 본다. 다만 4번과 6번은 역채점한다(예 : 1점은 5점으로, 2점은 4점으로, 3점은 그대로 3점으로 4점은 2점으로, 5점은 1점으로 채점한다).

합산한 점수는 몇 점인가? _____

[해석]
점수가 높을수록 자기효능감이 높다고 해석할 수 있다.

52   제1부 자기이해 심화

채점 후 드는 생각은 무엇인가?

[2-6] 에릭슨의 심리사회적 발달 성인용 척도-정체감 발달 정도 측정 다음은 에릭슨이 제시한 발달의 8단계 중 정체감 형성 대 역할 혼미에 관한 항목들이 있는 척도이다. 이를 통해서 이 단계를 성공적으로 이루어 가고 있는지를 측정해 볼 수 있다. 다음 각 질문을 읽고 해당 번호에 표시해 보자.

문항	전혀 그렇지 않다	거의 그렇지 않다	자주 그렇다	매우 그렇다
1. 내가 진정 어떤 사람인지 궁금하다.	1	2	3	4
2. 사람들의 나에 관한 생각들이 바뀌는 것 같다.	1	2	3	4
3. 내 인생에서 내가 무엇을 해야 할지 확신한다.	1	2	3	4
4. 어떤 것이 도덕적으로 옳고 그른지 불확실하다.	1	2	3	4
5. 내가 어떤 사람인지에 대한 대부분의 사람들의 의견이 비슷하다.	1	2	3	4
6. 내 방식의 삶이 내게 어울린다고 느낀다.	1	2	3	4
7. 다른 사람들은 나의 가치를 인정한다.	1	2	3	4
8. 나를 아주 잘 아는 사람들과 떨어져 있을 때 진정한 나 자신이 되는 자유로움을 더 느낀다.	1	2	3	4
9. 내가 하고 있는 일이 진정 가치로운 것은 아니다라고 느낀다.	1	2	3	4
10. 내가 살고 있는 지역사회에 나는 잘 적응하고 있다.	1	2	3	4
11. 나 자신에 자부심을 느낀다.	1	2	3	4
12. 내가 나를 바라보는 것과 타인이 나를 바라보는 것이 매우 다르다.	1	2	3	4
13. 무시되는 느낌이다.	1	2	3	4
14 사람들은 나를 인정하지 않는다.	1	2	3	4

(계속)

15. 삶으로부터 얻고자 하는 것에 대한 생각이 바뀐다.	1	2	3	4
16. 사람들이 나에 대해 어떻게 느끼는지 확실하지 않다.	1	2	3	4
17. 나 자신에 대한 느낌이 변한다.	1	2	3	4
18. 마치 연극을 하고 있거나 남들 눈에 띄기 위해 뭔가를 하는 듯한 느낌이 든다.	1	2	3	4
19. 내가 살고 있는 사회의 구성원인 것이 자랑스럽다.	1	2	3	4

[채점 방법]

점수를 계산하기 위해 먼저 1, 2, 4, 8, 9, 12, 13, 14, 15, 16, 17, 18번 문항에 표시한 점수를 역으로 환산한다. 이를테면 만약 위의 문항들에 4로 표시했다면 1로, 2는 3으로, 3은 2로, 4는 1로 바꾼다. 그 외의 문항은 그대로 두고, 전체 점수를 합산한다.

나의 점수는? _____

[해석]

50~63점　　　중간 정도의 발달 상태
63점 이상　　잘 발달된 상태
50점 이하　　덜 발달한 상태

채점 후 드는 생각은 무엇인가?

(Burger, 2000; 노안영, 강영신, 2006)

[2-7] 통합된 자아정체감 탐색 나는 누구인가에 대한 통합적인 대답이 자아정체감이다. 아래의 작업을 통해 현재의 나에 대하여 이해해 보자.

토론 주제	도출된 결론
과거에 나는 어떠했는가? 과거의 자신에 대한 느낌은 무엇인가? 현재 나는 어떤 사람인가? 현재 자신에 대한 느낌은 무엇인가?	
현재의 나를 색깔로 표현한다면 어떤 색인가? 그 색의 의미는 무엇인가?	

과거와 현재의 자아정체감을 비교해 보자. 어떤 부분이 남아 있으며, 어떤 부분이 변화되었는가?

계속 남아 있는 부분은 무엇인가?

변화된 부분은 무엇인가?

그룹 워크 02

[2-1] 자아정체감 범주

토론 주제	결과
현재 나의 자아정체감은 어느 범주에 속하는가?(마르시아)	
정체감 발달요인 가운데 성별이 내게 끼친 영향은 무엇인가?	
부모님이 내게 끼친 영향은 무엇인가?	
또래가 내게 끼친 영향은 무엇인가?	
기타 요인이 있다면 무엇인가?	
정체감 성취에 도움 될 전략은 무엇인가?	

3 자기감정 이해

학습목표

1. 감정의 중요성을 이해한다.
2. 감정의 종류를 알아보고 감정에 대한 인식을 확장한다.
3. 감정 억압의 기제를 살펴본다.
4. 감정 인식 및 조절 능력을 함양한다.

20 15년에 개봉했던 '인사이드 아웃'이라는 애니메이션은 평소 즐거운 기분을 주로 경험하는 주인공 라일리가 11세 때 아빠의 사업으로 샌프란시스코로 이사를 가면서 겪게 되는 심리적 어려움과 극복과정을 보여준다. 영화는 사람들의 머릿속에 존재하는 감정 컨트롤 본부에서 일어나는 일들의 역동을 통해 라일리의 정서세계를 흥미롭게 설명해 낸다. 라일리의 감정 컨트롤 본부에는 기쁨이, 슬픔이, 소심이, 까칠이, 버럭이라는 감정들이 있다. 기쁨이(즐거움)는 라일리를 즐거운 아이로 만들어 주고, 버럭이(분노)는 부당한 대우를 받았을 때 이에 대해 대응할 수 있도록 해준다. 까칠이(혐오)는 몸이나 마음에 해로운 것들이 들어오려고 할 때 이를 방해하는 역할을 하고, 소심이(공포)는 라일리를 위험으로부터 다치지 않게 보호해 준다.

라일리의 주요 정서인 기쁨이는 라일리가 평소 즐거운 기분을 유지하도록 하지만, 이사와 함께 마주하게 된 아직 가구도 잘 갖추어지지 않은 새집, 낯선 학교와 새친구들, 새로운 환경에 적응하느라 너무 분주하신 부모님 등 모든 상황이 기쁨이가 힘을 발휘하기에는 역부족이었다. 이 과정에서 다른 정서, 걸핏하면 아이를 주저앉아 울게 하고 무기력하게 하는 말썽장이라고 생각했던 슬픔이의 역할을 발견하게 된다. 슬픔이는 다른

◀ 인간의 감정

인간은 다양한 감정을
경험한다

사람과의 공감을 통해 사람 간의 유대감을 키워 주는 기능을 담당하고 있었다. 슬픔을 충분히 느낀 후에 기쁨이 올 때 그 기쁨은 더 풍성해졌다. 라일리의 가족은 어려움에 대해 함께 슬퍼하면서 사랑이 단단해졌고, 이를 기반으로 라일리는 새로운 환경에 적응할 힘을 얻어 이전의 밝은 라일리로 돌아갈 수 있었다. 우리가 슬픔을 느낄 때 우리는 정서적 어려움을 수용하고 털어낼 준비를 하게 되고 다른 사람의 아픔에 함께 슬퍼할 때 관계가 끈끈해진다. 우리가 경험하는 모든 감정은 나름대로의 의미와 역할을 지닌다. 혹시 당신은 감정의 어떤 측면을 억압하거나 무시하고 있지는 않은가?

1▶ 감정의 중요성

"감정은 중요하다!" 이 말에 대해 당신은 얼마나 동의하는가? 개인은 감정에 대한 나름대로의 태도를 가지고 있다. 기쁨, 분노, 슬픔, 두려움 등 감정의 종류에 따라 어떤 감정에 대해서는 억압하고 회피하지만 다른 감정에 대해서는 개방적인 자세를 취하는 등 감정에 따라 다른 태도를 발달시키기도 한다. 어떤 사람은 감정이 중요하다고 생각하고 자신의 감정을 돌보는 데 많은 에너지를 들이는가 하면, 또 어떤 사람은 감정에 신경 쓰는 것은 시간낭비라고 보고 합리적이고 논리적인 이성에 따라 살고자 노력한다. 어떤 사람은 특정 감정에 몰두하는 것이 위험하다고 생각한다. 예를 들어 헤어진 연인을 잊지 못해 눈물로 밤을 지새우고 밥도 잘 먹지 못하는 사람이라든지 분노에 차서 물건을 집어 던지고 욕설을 하는 사람에 대해 경계하며 감정을 위험하게 본다. 하지만 이러한 모습은 인간이 갖는 감정 자체의 문제라기보다는 감정을 사용하고 표현하는 방식의 문제일 수 있다.

심리학자들은 감정이 중요하다는 것에 대해 동의한다. 영국의 심리학자이자 정신과의사이자 정신분석가였던 존 볼비(John Bowlby, 1988)는 생애 초기 몇 년 간은 정서적 교류만이 유일한 소통 수단이 된다고 설명하면서 감정의 중요성을 강조했다. 알랜 쇼어(Allan Schore, 1994)는 '자기(self)'의 핵심은 정서조절 패턴에 있다고 했다. 감정이 없는 인간을 상상할 수 없듯이 감정은 우리 경험의 중요한 부분을 차지한다. 감정을 명확하게 경험할 때 자신에 대한 이해가 증가한다. 자신이 어떤 일에 기뻐하고, 어떤 일에 슬퍼하며, 어떤 상황에서 화가 나는지 등의 정보는 자신에 대해 많은 부분을 설명해 준다. 이러한 측면에서 우리가 어떻게 느끼는지는 우리가 누구인가에 대한 감각의 중요한 축을 이룬다(Wallin, 2010).

미국의 저명한 신경학자인 안토니오 다마시오(Antonio Damasio, 2005)는 뇌 손상을 경험한 환자의 사례를 소개하면서 이성에 의한 의사결정에 대해 이의를 제기한다. 그의 환자였던 엘리엇의 사례는 의사결정이 이성적 기능이 아닌 정서적 기능에 의해 이루어질 수 있다는 것을 보여준다. 엘리엇은 뇌에 종양이 생겨 뇌의 일부를 제거하는 수술을 받았는데, 그 과정에서 복내측 전전두엽 피질이 손상되었다. 이 부분은 감정과 사고를 종합하여 정서를 조절하는 영역이다. 수술 후 엘리엇은 겉모습이 너무 차분해 보인다는 점을 제외하면 매우 정상적으로 보였다. 지능도 수술 전과 같았고, 운동능력, 언어능력, 기억력도 전혀 저하되지 않았다. 다른 점이 있다면 감정을 못 느낀다는 것뿐이었다. 다마시오는 처음에 엘리엇이 감정을 느끼지는 못하지만 생각의 뇌가 매우 정상적이었기 때문에 일상생활을 영위하는 데 별 문제가 없을 것으로 예상했다. 하지만 그는 사업상의 중요한 결정뿐 아니라 식사장소를 정하거나 어떤 색깔의 펜을 사용할지 등의 사소한 결정도 못하게 되었다. 그는 결국 회사에서도 물러나고 아내와도 이혼을 하게 되었다. 이 사례를 통해 다마시오는 인간은 통계적 분석을 통해 의사결정을 하는 것이 아니며 감정이 없는 이성으로는 기능할 수 없다는 결론을 내렸다. 감정은 이성을 교란하는 요인이 아니라 적절한 판단과 결정을 내릴 수 있도록 안내하는 역할을 하는 것이다(최성애, 조벽, 존 가트맨, 2011).

감정은 몸과 연결되어 있어 몸을 통해 표현되는 경향이 있다(Damasio, 2005). 어떤 측면에서 감정은 경험의 좋음이나 나쁨을 신체 내 기관의 차원에서 평가하는 것이고, 이러한 평가에 기반하여 우리는 어떻게 행동할지를 결정하게 된다. 신체 내 기관에서 느껴지는 감각을 통해 우리는 특정 경험을 유쾌하게 혹은 불쾌하게 기억하기도 한다. 감정이 있기 때문에 우리는 평생에 걸쳐 경험하는 다양한 사건에 대해 의미를 부여할 수 있게 되고, 내적 가치 체계를 형성하게 되며, 앞으로 어떤 식으로 일을 진행할지를 선택할 수 있게 되는 것이다(Wallin, 2010).

감정은 우리 경험의 주요한 부분이며 자기이해의 통로이다. 자신이 경험하는 감정을 있는 그대로 수용하면 새로운 감정과 경험에 개방적이 된다. 어떤 감정은 경험하고 표현하기가 어렵게 느껴지고 때로는 고통스럽기까지 하다. 그렇다고 감정을 무시하거나 부정하거나 왜곡시키면 그 순간의 고통은 경감되는 것 같으나 그 감정은 사라지지 않고 더 집요하게 자신을 괴롭힐 수 있다. 감정에 대한 부정이나 억압이 쌓이면 스스로도 인식할 수 없는 이유로 고통받게 된다. 우리는 한 가지 주제에 대해서도 몇 가지 충돌하는 감정을 느낄 수 있다. 한 감정을 억압하거나 무시하기보다는 여러 가지 충돌하는 감정을 있는 그대로 받아들이는 자세가 필요하다. 정서경험에 대해 열린 마음으로 다가갈 때 자신에 대한 이해는 깊어지고 우리의 내면세계는 한층 더 풍부해질 것이다.

2 ▶ 감정의 억압 : 방어기제

감정을 열린 마음으로 인식하고 수용하는 것이 중요함에도 불구하고 때로는 감정을 무시하거나 회피하고 싶어진다. 어떤 감정은 너무 고통스럽고, 어떤 감정은 인식되는 순간 나 자신이 초라해지는 것 같다. 여러분은 특별히 경험하기를 꺼리는 감정이 있는가? 스스로 잘 인식하지 못하는 감정이 있는가? 성장하는 과정에서 자신도 모르는 사이에 억압하게 된 감정이 있는가?

1) 방어기제의 의미

방어기제(defense mechanism)는 감정 억압을 정신분석적 측면에서 이해할 때 유용한 개념으로서 우리가 불안, 죄책감, 갈등, 드러낼 수 없는 욕구로 인해 자아존중감에 위협을 받을 때 우리 자신의 자아존중감을 보호하려는 목적으로 이러한 여러 위협을 무의식적으로 억압하여 불안감을 감소시키는 마음의 반응 양식을 의미한다. 이는 고통스러운 감정과 갈등의 경험을 줄이려는 무의식적인 왜곡의 노력이라 할 수 있다. 위협적인 감정은 대개 불안이지만 때로는 감당할 수 없는 슬픔이나 다른 혼란스러운 정서가 되기도 한다.

정신분석의 아버지라 불리는 프로이트(Sigmund Freud, 1856~1939)는 1923년에 발표한 자아와 원초아(*The Ego and the Id*)에서 마음의 지정학적 모델(의식, 무의식, 전의식)을 성격의 삼원구조로 발전시키면서 인간의 마음이 원초아, 자아, 초자아라는 구성되어 있다고 제안하였다(Freud, 2010)(그림 3-1). 그의 이론에 따르면 원초아는 완전히 무의식적이며, 매우 충동적이고, 어린아이 같은 성격의 측면으로, 기본적 충동과 추동의 원천이 된다. 이것은 '쾌락 원리'에 따라 작동하여 즉각적 쾌락과 만족을 추구한다. 초자아는 성격의 도덕적 요소로 도덕과 양심을 중시하며, 상황의 특수성을 고려하기보다는 도덕적으로 옳은 것에 관심을 갖는다. 자아는 현실을 고려하는 성격의 합리적인 측면으로 쾌락을 추구하는 원초아와 도덕주의를 내세우는 초자아 사이에서 외부 현실을 고려하여 그들의 요구를 절충하려는 노력을 한다. 개인의 행동은 보통 이러한 자아의 노력을 반영한다. 원초아와 초자아의 요구가 매우 상충적이어서 균형을 찾아가는 중재가 잘 이루어지지 않으면 자아는 방어기제를 활용하여 현실을 어느 정도 왜곡하면서 고통스러운 갈등을 줄이려는 무의식적 노력을 하게 되는 것이다.

방어기제는 크게 두 가지 측면에서 적응적 기능을 수행한다. 우선 무의식적으로 강력하고 위협적인 감정을 피하거나 줄이는 것을 통해 현실 적응에 도움을 준다. 두 번째로는 개인이 불안과 슬픔, 혼란스러운 정서경험을 덜 경험하고 일관적이고 긍정적인 가치를 지닌 자기에 대한 감각, 즉 자아존중감을 유

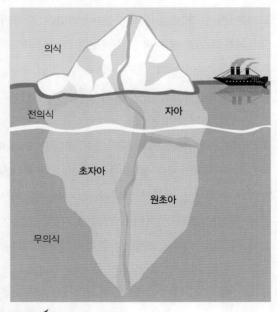

그림 3-1 성격의 삼원구조

지할 수 있게 한다. 이러한 긍정적 기능에도 불구하고 방어기제를 사용하는 것은 기본적으로 자신의 진정한 정서경험을 다소 차단하고 억압하는 것이라는 측면에서 부정적일 수 있다. 실제로 방어기제를 지나치게 자주 사용하거나 특정 방어기제만을 사용하게 되면, 현실을 왜곡하고 자신의 진정한 욕구를 무시하게 되어 다양한 심리적 부적응을 초래하게 된다.

2) 방어기제의 종류

개인은 다양한 방어기제를 통해 현실에 적응하고 자아존중감을 지키려는 노력을 하게 된다. 어떤 방어기제의 사용이 성공적이면 몇 번이고 반복해서 동일한 방어기제를 사용하게 될 수 있다. 그러다 보면 특정 방어기제가 그 사람의 성격의 일부가 되기도 한다. 다양한 방어기제의 종류를 살펴보면서 자신이 사용하는 방어기제에 대한 인식을 확장해 보자.

(1) 억압

억압(repression)은 의식에서 용납하기 힘든 생각, 욕망, 충동을 의식으로부터 쫓아버리고 멀어지게 하는 것을 의미한다. 억압은 자아의 기본적인 방어에 해당하며 많은 다른 방어기제의 기저에 작용한다. 프로이트는 억압을 가장 기본적이고도 중요한 방어기제라고 하였다. 자아는 억압을 통하여 위협적인 충동, 감정, 소원, 상상, 기억을 차단하여 인식하는 것을 막는다. 특히 죄의식, 창피, 수치심과 같은 경험은 자존심의 손상을 초래하므로 억압의 대상이 된다.

억압의 가장 흔한 예는 망각에서 찾아볼 수 있다. 망각에는 "무의식적 동기가 있다."라는 말이 있다. 예를 들어 어린 시절 심한 학대를 경험한 피해자들은 과거의 경험을 잘 기억하지 못하는 경우가 흔하다. 그것을 기억하면서 살아가는 것은 매우 고통스럽기 때문에 자신도 모르는 사이에 기억을 지우는 것이다. 만나고 싶지 않은 사람과의 약속을 잊어버리거나 약속장소에 늦게 나타나기도 하는데 이것도 억압의 예가 될 수 있다. 하지만 억압된 충동이나 기억은 완전히 사라지는 것이 아니기 때문에 저항이 약화되었을 때 의식화될 수 있다. 흔히 실언이나 꿈은 억압된 충동을 보여주는 통로가 된다.

(2) 부인

부인(denial)은 그 일이 일어났음을 받아들이지 않는 것을 의미한다. 즉, 의식화되면 감당할 수 없을 것 같은 생각, 욕구, 충동, 기억을 무의식적으로 차단해 버리는 것이다. 여기에는 "내가 이 사건을 인정하지 않으면, 이 사건은 일어나지 않은 거야."라는 비논리적인 신념이 작용한다(McWilliams, 2008). 대부분의 방어기제는 현실을 왜곡하는 것이지만, 부인은 왜곡을 넘어 현실 자체를 부정한다는 의미에서 원초적인 방어기제이다. 부정의 과정은 무의식적인 차원에서 일어나기 때문에 이차적 이득을 위해 의식적으로 하는 거짓말과는 구분된다.

부인의 예를 살펴보자. 사랑하는 아이를 갑작스러운 사고로 잃은 부모가 아이의 죽음을 인정하지 않고 아이의 방을 그대로 꾸며놓고 곧 아이가 올 것처럼 이야기할 수 있다. 교통사고로 인해 다리를 사용할 수 없는데 운전을 하겠다고 우기는 사람이나, 암으로 몸이 갈수록 수척해 가는데 자신은 암이 아니고 의사가 오진한 것이라고 우기는 환자도 부인의 방어기제를 사용하는 예이다.

(3) 투사

투사(projection)는 자기 내부의 것으로 용납하기 힘든 어려운 충동을 다른 사람의 것으로 돌리는 것을 말한다. 여기에는 안에 있는 것을 바깥에서 오는 것으로 오해하는 과정이 개입한다. 이렇게 되면 문제 있는 행동은 자기 것이 아니고 타인의 것이 되기 때문에 어려움이나 문제를 만들어 낸 것에 대해 타인을 탓할 수 있게 된다. "방귀 뀐 놈이 성낸다."와 같은 속담은 투사의 원리를 설명해 준다.

다른 많은 학생들이 자신에게 적대감과 불신감을 품고 있다고 생각하는 학생이 있다고 하자. 실제 그 학생은 자신도 자기를 받아들이지 않고 있으며 그 결과 다른 학생들에 대해서도 적대감과 불신감을 품고 있다. 하지만 이를 그대로 받아들이면 자신이 이상한 사람으로 느껴지기 때문에 무의식적으로 다른 학생들이 자기를 불신하고 적대적으로 대한다고 생각함으로써 자기가치를 보호하게 되는 것이다. 투사는 의처증이나 의부증을 설명하는 방어기제이기도 한다. 남편이 바람 피울까 봐 의심하는 아내는 사실 자신이 바람을 피우고 싶은 마음을 남편에게 투사한 것일 수 있다.

어떤 사람도 다른 사람의 마음에 들어가 볼 수는 없기 때문에 다른 사람의 마음을 이해하기 위해 자신의 마음의 경험을 대입해 보는 방식을 취하는 것이 필요할 수 있다. 사랑에 빠지는 사람들은 흔히 서로의 표정이나 행동을 자신을 향한 애정으로 투사하여 이해하면서 점점 사랑이 깊어진다고 한다. 다만 자신의 견딜 수 없는 특성을 타인의 것으로 돌리는 식으로 투사가 사용될 때 대인관계에는 오해와 손상이 초래된다.

(4) 퇴행

퇴행(regression)은 스트레스나 곤경에 직면했을 때 이에 대한 불안을 감소하기 위해 이전 발달단계의 습관으로 돌아가는 것을 의미한다. 퇴행은 성숙의 기준에서 볼 때 이미 성취한 유능성이 있음에도 불구하고 이전의 익숙한 상태에 매달리며 보호와 관심을 받고 싶어 하는 것이다. 대소변을 잘 가리던 네 살짜리 아이가 동생이 태어나자 이불에 지도를 그리는 경우가 퇴행의 대표적인 예가 된다. 그 밖에도 책임회피, 주의 끌기, 의존성 같이 미성숙하고 부적절한 행동이 퇴행에 해당한다. 어떤 사람들은 다른 사람들에 비해 퇴행을 더 많이 사용한다. 예를 들어 팀 과제가 많거나 시험이 코앞에 다가왔을 때 주로 아픈 것으로 반응하는 사람이 있다. 다시 말하지만 이러한 방어는 무의식적 과정이 개입된다. 만약 이 행동이 자신이 맡은 일을 회피하기 위해 의식적으로 고안해낸 것이면 이것은 꾀병이라고 불러야 한다. 같은 맥락에서 더 많이 위로받고 싶은 욕구를 자각하여 다른 사람의 포옹을 요청하는 경우는 퇴행이 아니다(McWilliams, 2008). 퇴행은 무의식적으로 이전의 발달단계로 돌아가는 경우를 말한다.

(5) 대치

대치(displacement)는 어떤 추동, 정서, 집착, 행동의 방향을 원래 대상 대신 그것을 표현해도 덜 위험한 대상에게로 옮기는 것을 의미한다. "종로에서 뺨 맞고 한강에서 눈 흘긴다."와 같은 속담은 대치의 원리를 설명해 준다. 예를 들어 한 학생이 학교에서 친구에게 놀림을 당하고는 집에 가서 어린 동생을 못살게 굴 수 있다. 집안일을 잘 도와주지 않는 남편에게 화가 나 있지만 남편에게 화를 못 내고 아이에게 짜증을 내는 경우도 이에 해당한다. 대치는 물리적인 대상을 향해 나타날 수도 있다. 자신의 도덕적 타락으로 무의식적 죄책감에 휩싸인 사람이 병균에 오염될까 봐 강박적으로 손을 씻고, 시내버스 손잡이도 장갑을 껴야 잡을 수 있는 것은 도덕적 불결에 대한 죄책감이 물리적 불결로 대치된 것으로 볼 수 있다. 정신분석에서는 공포증의 원리를 대치로 설명하기도 하는데, 이를테면 한 여성이 뱀을 두려워하는 것을 남성의 성기에 대한 두려움을 뱀으로 대치한 것으로 해석할 수 있다.

(6) 반동형성

반동형성(reaction formation)은 용납하기 어려운 충동을 덜 위협적인 것으로 만들기 위해 그 정반대로 방향을 돌려 표현하는 것을 말한다. 이때 겉으로 나타나는 태도나 언행은 마음속의 욕구와 정반대가 되지만, 개인은 자신의 진정한 욕구를 의식적으로 자각하지 못한다. 예컨대 10대 미혼모가 아기에 대해 원망과 적개심이 생기려 할 때 이를 느끼지 않으려고 억압하면서 오히려 아기에 대해 지나친 애정과 과보호를 표현할 수 있다. 스스로 친절한 사람이라고 믿고 싶어 하는 사람은 주변에 미운 마음이 드는 사람이 있을 때 오히려 그 사람에게 과도한 친절을 보이게 될 수 있다. "미운 아이 떡 하나 더 준다."는 속담은 이러한 반동형성의 원리를 보여준다.

　반동형성을 통해 보여주는 태도와 행동은 그와 반대되는 정동을 기초로 하기 때문에, 진정한 자신의 정동이 반동형성의 방어 사이로 새어나오기도 한다. 이를테면 어린 아동은 동생이 생기면 반기기도 하지만 엄마아빠의 애정을 한몸에 받던 자신의 자리를 빼앗긴 것이 억울하여 동생에 대한 미움을 경험하기도 한다. 아동은 동생을 예뻐하되 너무 꼭 안아 준다든지, 그네를 밀어 주면서 너무 세게 밀어 준다든지 하는 행동을 통해 본심을 보여주기도 한다.

(7) 합리화

합리화(rationalization)는 자신이 인식하지 못한 동기에서 나온 행동을 그럴듯하게 이치에 닿는 이유를 만들어 내어 설명하는 방어기제이다. 그 행동 속에 숨어 있는 실제 원인은 의식에서 용납할 수 없는 내용이므로 의식적으로 밀어내고 가장 도덕적이고 합리적인 설명을 가져다 붙이며 자신의 행동을 정당화하는 방식이다.

　이솝우화 중 여우와 포도 이야기에 나오는 '신포도 합리화'가 좋은 예이다(그림 3-2). 여우는 높은 가지에 매달린 포도를 따먹으려고 계속 뛰

그림 3-2　여우와 신포도

어오른다. 하지만 계속 실패하게 되자, "누가 딸 테면 따라지. 저 포도는 어차피 시단 말이야."라고 말한다. 이것은 사람들이 원하는 것을 얻지 못하게 되었을 때 실제로는 그다지 원하는 것이 아니었다고 결론짓는 합리화의 모습을 보여준다. 계속 관심을 보이며 따라다녔던 사람과 연인관계로 발전하지 못하게 되자 어차피 두 사람은 성격차이 때문에 사귀었어도 잘 안 되었을 거라고 결론 내리는 것도 합리화의 예가 될 수 있다.

이와 유사하지만 조금 다른 합리화로 '단 레몬 합리화'가 있다. 레몬은 원래 시고 맛이 없는데 자신이 가지고 있기 때문에 달고 맛있다고 생각하는 것이다. 어떤 나쁜 일이 일어났지만 결국 그렇게 나쁘지만은 않았다고 생각할 때가 여기에 해당한다. 학교에 빨리 가려고 노력했음에도 불구하고 지각을 하게 되자 "지각을 해보는 것이 인간적이고 좋아."라고 설명하며 자기 위안을 삼는 경우를 떠올려 볼 수 있다.

대학생은 지적 활동을 많이 하고 합리적으로 보이고 싶어 하기 때문에 합리화 방어기제를 자주 사용하는 편이다. 지나치게 다이어트를 하면서 건강을 위해 하는 것이라고 강조하는 것, 후배에게 화를 내고 그 후배가 잘되기를 바라는 마음에서 충고한 것이라고 설명하는 것, 공부하기 싫어하는 학생이 대학생 시절에는 무엇보다 다양한 경험이 중요하다고 하면서 공부에 시간을 별로 투자하지 않는 것 등 합리화는 다양하게 나타날 수 있다.

(8) 지식화

지식화(intellectualization)는 정서적인 주제를 지적인 주제로 전환하여 추상적으로 다룸으로써 불안을 회피하는 것을 말한다. 지식화를 하는 사람은 감정에 '관하여' 이야기하며, 이들의 정서표현은 대개 건조하다. 이들은 감정과 충동에 대한 불안 때문에 감정을 경험하는 대신에 특정 주제에 대한 생각을 늘어놓는 식으로 불안을 다룬다. 예를 들어 외로움을 많이 느끼는 사람은 인간의 실존에 대해 토론하면서 자신의 사무치는 외로움을 억제할 수 있다. 사랑하던 여자로부터 버림받은 남자는 현대 여성의 심리와 이성관계에 대해 지적인 분석을 하면서 자신의 고통과 상처를 회피할 수 있다. 청년의 추상적 사고능력의 발달은 지식화 방어에 영향을 주는데, 안나 프로이트(Anna Freud, 1969)는 지식화를 청년기에 특히 중요한 방어기제로 보았다(정옥분, 2005). 많은 사람들이 높은 스트레스를 경험할 때 충동적이고 반사적으로 반응한다는 점 때문에 주지화를 사용하는 개인은 자신이 한층 성숙하다고 우월감을 느끼기도 한다(McWilliams, 2008). 하지만 지나치게 지적이고 반정서적인 측면이 강화되다 보면 정서적으로 메마르고 즉흥적 농담이나 놀이의 즐거움을 놓칠 수 있다.

(9) 승화

승화(sublimation)는 사회적으로 용납할 수 없는 성적인 충동이나 공격적 충동을 사회적으로 인정되는 형태와 방법을 통해서 발산하는 것이다. 충동 에너지를 억압하거나 반대로 변형하게 되면 정신적 에너지를 과도하게 낭비할 수 있는데, 승화는 에너지를 발산한다는 측면에서 에너지를 낭비하지 않는다. 그 에너지가 사회적으로 유익하게 사용된다는 측면에서도 가장 바람직한 방어기제라고 할 수 있다. 노출하고 싶은 욕구를 행위예술로 표현하거나 자신의 공격성을 복싱이나 이종격투기 같은 형태로 표현하는 경우가 승화에 해당한다. 공격성이 용납되는 직업을 택해서 사회적으로 인정되는 방식으로 발산하는 경우도 충동을 승화한 것으로 볼 수 있다.

3) 청년기와 방어기제

인생의 중요한 전환기에 해당하는 청년기에는 불안이 높아지면서 방어기제의 필요성이 증대될 수 있다. 방어기제의 활용은 불안을 감소시켜 주지만, 방어기제를 너무 자주 사용하면 자신의 진정한 감정으로부터 멀어지게 되고, 이것은 다시 개인적 성장과 의미 있는 대인관계를 방해한다. 청년들은 자신이 주로 활용하는 방어기제가 무엇인지 확인해 보고, 방어기제 뒤에 숨어 있는 진정한 자신의 감정, 욕구, 충동이 무엇인지 이해할 필요가 있다(그룹 워크 3-1, 3-2). 이러한 노력은 자기이해의 심화를 가져오며 자신 및 타인과 진실하게 관계를 맺는 동력이 된다. 호기심 어린 자세로 자신의 내면을 진실하게 들여다보며 지적이고 창조적인 자원을 활용하여 문제가 될 수 있는 충동을 건설적으로 표현하고 해결해 나갈 때 건강한 자기 성장을 이루어 갈 수 있을 것이다.

3 ▶ 감정의 이해와 활용

감정의 중요성에 대한 이해가 확장되면서 인지적 능력을 가리키는 지능 대신 정서적 능력을 지칭하는 정서지능(emotional intelligence)이라는 용어가 등장했다. 정서지능은 자기 자신 및 타인의 감정을 인식하고, 다양한 감정을 구별하여 적절하게 명명하며, 판단과 행동의 방향성을 정할 때 정서적 정보를 활용할 수 있으며, 환경에 적응하거나 목표를 성취하기 위해 정서를 조절하거나 관리할 수 있는 개인의 능력을 의미한다(Coleman, 2008). 정서지능은 지각, 이해, 관리, 사용이라는 네 가지 능력으로 구성된다(Myers, 2016). 정서 지각하기는 사람의 얼굴이나 음악 또는 스토리에서 정서를 지각하는 능력을 의미하고, 정서 이해하기는 정서를 예측하고 그 정서를 변화시키거나 완화시키는 방법을 아는 것을 의미한다. 정서 관리하기는 다양한 상황에서 정서를 적절히 표현하는 방법을 아는 것이고, 정서 사용하기는 정서를 활용하여 적응적이거나 창의적인 사고를 하는 것이다. 정서지능이 높은 사람은 자신에 대한 이해가 높고, 압도하는 우울·불안·분노와 같은 감정에 휩쓸리지 않으며, 사교적이고, 비탄에 빠진 친구를 위로할 줄 알고, 인간관계의 갈등을 효과적으로 다룰 줄 안다. 정서지능이 높지 않은 사람은 불안이 높고 긍정적 정서를 덜 경험하는 특징을 보인다. 따라서 정서지능은 웰빙을 위해 꼭 필요한 요인으로 이해되고 있다(Ciarrochi & Scott, 2006).

에크만(Ekman, 1992)은 분노, 혐오, 공포, 행복, 슬픔, 놀람을 인간의 여섯 가지 기본 정서로 설명하였다. 각 정서는 강도 면에서 다양하게 경험될 수 있으며 기본 정서들이 조합되면서 더욱 다양한 정서로 체험될 수 있다. 예를 들어 놀람도 가벼운 경계에서 의아함, 놀람, 충격으로 강도가 커질 수 있으며, 기쁨과 놀람의 감정이 조합되어 경이라는 감정으로 경험될 수 있다. 당신은 자신의 감정을 얼마나 인식하고 표현하고 있는가? 〈표 3-1〉에 수록된 감정 단어 목록을 보면서 자신이 특별히 더 많이 경험하고 표현하는 감정은 무엇이며, 상대적으로 회피하거나 억압하거나 잘 느끼지 못하는 감정은 무엇인지 살펴보도록 하자. 평소에도 이러한 목록을 활용하여 자신의 기분을 설명하는 연습을 하면 정서인식 및 표현 능력이 향상될 수 있다.

정서를 효과적으로 다루지 못하는 사람의 특징 중 하나는 부정적 감정을 잘 다루지 못한다는 것이다. 개인의 정서에 대한 태도나 표현방식은 자신이 자라온 환경이나 부모의 양육방식, 가족들의 표현방식에 영향을 받는 편이다(셀프 워크 3-1). 자라는 과정에서 자신이 익숙하게 사용하게 된 감정을 억압이나 회피방식이 있을 수 있으며, 그것이 자신이 자주 사용하는 방어기제가 된다(셀프 워크 3-2). 부정적 감정이라고 해서 모두 나쁘기만 한 것은 아니며 정상적이고 건강한 측면이 있다. 예컨대 어느 정도의 우울은

표 3-1	감정 단어 목록	
	[고요한-편안한]	
느긋한	조용한	침착한
편안한	차분한	평화로운
	[기쁘고 행복한]	
신나는	유쾌한	명랑한
즐거운	의기양양한	황홀한
행복한	기분 좋은	기쁜
	[활기찬-활동적인]	
활기찬	힘이 넘치는	흥분한
	[유능한-능력 있는]	
용감한	대담한	영향력 있는
유능한	자랑스러운	책임감 있는
지혜로운	영웅적인	
	[배려하는-돌봐 주는]	
형제자매 같은	배려하는	인정 있는
환대하는	위로 되는	친절한
상냥한	마음 써주는	관대한
	[사랑받는-사랑하는]	
애정 어린	수용받는	사랑받는
헌신적인	보호받는	이해받는
원하는	필요로 하는	
	[불안한-두려운]	
겁먹은	초조한	불안한
안절부절못하는	긴장한	걱정하는
제정신이 아닌	두려운	공황 상태에 빠진
	[슬픈-우울한]	
상심한	비참한	쓸쓸한
슬픈	의기소침한	우울한
침울한	울적한	속상한

(계속)

[화난-적대적인]		
적대적인	성가신	비열한
반항적인	호전적인	짜증난
분개한	몰인정한	잔인한
가혹한	무자비한	열 받은

[피곤한-냉담한]		
지루한	피곤한	지친
기진맥진한	냉담한	

[혼란스러운-당황스러운]		
당황스러운	어리둥절한	멍해진
난처한	어쩔 줄 모르는	불확실한

[비난받는-수치스러운]		
버림받은	소외된	무시당하는
부끄러운	수치스러운	조롱받는

[불충분하고 약한]		
겁먹은	무력한	연약한
허약한	변변치 않은	무력한
무능한	무가치한	부적절한

(Hill, 2012)

'책임을 다하는, 생각이 많은, 체계적인, 정중한, 착실한'과 같은 강점과 연결되며, 어느 정도의 불안은 '양심적, 꼼꼼한, 조리 있는, 마음이 여린, 사려 깊은, 분석적인'과 같은 강점과 연결된다(Levak et al., 2015). 부정적 감정이 생겼을 때 이를 지나치게 억압하거나 회피하는 식으로 다루면 이것이 우울장애나 분노조절장애처럼 심각한 문제로 이어질 수 있다. 번즈(Burns, 1999)는 건강한 슬픔 대 우울장애, 건강한 분노 대 파괴적인 분노, 건강한 두려움 대 신경증적 불안의 특징을 〈표 3-2〉, 〈표 3-3〉, 〈표 3-4〉와 같이 구별하였다.

그 밖에도 건강한 후회와 신경증적인 죄의식, 건강한 자신감과 오만함 혹은 자만심을 비교해 볼 수 있다(그룹 워크 3-3). 번즈(1999)는 이러한 비교를 통해 자신의 감정이 건강한지 아닌지를 평가해 볼 수 있으며, 건강한 감정이라면 그 감정을 쉽게 수용하고, 다

표 3-2 건강한 슬픔 대 우울장애

건강한 슬픔의 특징	우울장애의 특징
1. 슬픈 감정은 느끼지만 이것 때문에 자아존중감이 상한다고 느끼지는 않는다.	1. 자아존중감이 상한다고 느낀다.
2. 부정적 감정은 혼란을 주는 사건에 대해 적절한 정도로 나타난다.	2. 부정적 감정은 그런 기분을 주는 사건에 비해 너무 지나칠 정도이다.
3. 그 감정은 어느 정도 시간이 지나면 사라진다.	3. 그 감정은 가벼워지지 않고 오래 지속될 수 있다.
4. 비록 현재는 슬프게 느낄지라도 미래에 대해 낙담하지는 않는다.	4. 사기를 잃고 미래에도 일이 결코 나아지지 않을 것이라고 믿는다.
5. 계속해서 삶에 생산적으로 참여한다.	5. 삶을 포기하고 친구와 직업에 대해서도 관심을 잃는다.
6. 부정적 생각은 현실에 기반한 것이다.	6. 부정적 생각이 얼핏 보기에는 타당해 보여도, 과장되어 있거나 왜곡되어 있다.

표 3-3 건강한 분노 대 파괴적인 분노

건강한 분노의 특징	파괴적인 분노의 특징
1. 분노 감정을 재치 있게 표현할 줄 안다.	1. 자신의 감정을 부정하지만 뿌루퉁하게 있거나(수동적 공격), 상대를 몰아 세우고 혹독하게 대한다(적극적 공격).
2. 상대와 의견은 달라도 상대의 눈으로 세상을 보려고 노력해 본다.	2. 방어적으로 논쟁하면서 상대가 하는 말이 타당하지 않다고 우긴다.
3. 상대에게 화가 나더라도 상대를 존중하는 방식의 언행을 보인다.	3. 상대는 비열하고 마땅히 처벌받아야 한다고 믿는다. 상대를 깔보거나 무례하게 대한다.
4. 생산적으로 행동하고 문제해결을 위해 노력한다.	4. 타협이나 해결을 포기하고 자신을 무력한 희생자로 본다.
5. 미래에는 더 현명해질 수 있도록 상황을 통해 배우려고 노력한다.	5. 어떤 새로운 것도 배우려 하지 않고, 상황에 대한 자신의 관점이 절대로 옳다고 느낀다.
6. 결국 분노를 가라앉히고 다시 행복을 느끼게 된다.	6. 분노 경험에 중독성이 생겨 가라앉힐 수 없게 된다.
7. 당면 문제에 자신이 기여한 부분은 없는지 살펴보기 위해 자신의 행동을 점검한다.	7. 상대를 비난하고 자신을 무고한 희생자로 본다.

(계속)

8. 자신이나 상대 모두가 타당한 생각과 감정을 가지고 있기 때문에 이해 받을 만하다고 믿는다.	8. 자신만이 전적으로 옳고 상대는 전적으로 그르다고 주장한다. 진리와 정의는 자기 편에 있다고 느낀다.
9. 자신의 입장만 고집하지 않아서 타인과 관계가 원만하고, 사람들과 친목을 도모한다.	9. 타인을 거부하고 회피하며 제외시킨다.
10. 자신과 상대 모두가 만족하고 어느 누구도 낙담하지 않을 만한 해결책을 찾는다.	10. 자신이 싸움이나 경쟁 중이라고 보고, 한 사람이 이기면 다른 사람은 패하게 될 것이라고 믿는다.

표 3-4 건강한 두려움 대 신경증적 불안

건강한 두려움의 특징	신경증적 불안의 특징
1. 사막을 걷다가 방울뱀을 보게 되는 것처럼 실제적인 위험이 존재한다.	1. 비행기 충돌 사고가 있을까 봐 항공여행을 피하는 것처럼 실제적인 위험이 없거나 위험을 과장한다.
2. 보통 오래 지속되지 않고 위협이 사라지면 함께 사라진다.	2. 무한정 불안이 지속될 수 있으며 생활의 한 방식이 될 수 있다.
3. 어떤 대처 행동을 취하려고 한다.	3. 두려워하는 것을 주로 피하며 활동이 마비될 수 있다. 예를 들어 사회적 상황에 대해 불안이 높은 사람은 데이트나 친구 사귀기를 기피한다.
4. 공포와 관련된 생각이 보통은 꽤 타당하다.	4. 불안이나 공포를 야기하는 생각들이 거의 항상 왜곡되어 있거나 부정확하다. 예를 들어 공황장애가 있는 사람은 자신이 곧 의식을 잃고 쓰러질 것이라고 생각한다. 그런데 이런 상태에서 심장은 빨리 뛰어 많은 양의 산소를 뇌에 보내기 때문에 실제로 쓰러지지 않는다.
5. 공포를 경험한다는 사실을 부끄러워하지 않는다.	5. 자신을 별난 사람 혹은 아웃사이더로 보며, 자신의 불안을 다른 사람에게 감추어야 하는 수치스러운 감정으로 생각한다.
6. 보이는 그대로이다. 숨겨진 동기가 없다.	6. 많은 경우 부부갈등이나 직장생활 불만 같은 문제를 다루려고 하지 않고 회피한다.

른 사람이 받아들일 수 있는 방식으로 표현하며, 그 감정에 대해 건설적인 방식으로 행동할 수 있다고 강조한다. 하지만 현재 경험하는 감정이 건강하지 못한 것이라면 자신

이 가지고 있는 부정적인 생각을 충분히 검토하고 수정하는 것을 통해 감정을 바꾸어 가는 것이 필요할 수 있다.

3 감정코칭

감정에 초점을 둔 관계 연구의 세계적인 권위자이자 전문가인 가트맨 박사(John Gottman, 1942~)는 감정코칭(emotion coach)이라는 신교육 개념을 개발하였다. 그는 감정코칭법을 부모와 아이에게 교육하여 부모와 아이의 관계를 개선하고 아이가 자신의 정서를 다룰 수 있는 능력이 향상되는 놀라운 효과를 보여주어 큰 반향을 일으켰다(최성애 외, 2011). 가트맨에 따르면 부모가 아이의 감정을 다루는 방식을 크게 네 가지로 나누어 볼 수 있다.

첫 번째는 축소전환형으로 감정을 좋은 것과 나쁜 것으로 나누어 부정적인 감정은 가능한 한 인정하지 않고 없애려고 하는 유형이다. 기쁨, 즐거움, 행복과 같은 감정은 좋은 감정이라 여기고, 두려움, 화, 분노, 슬픔, 외로움, 우울과 같은 감정은 나쁜 감정이라고 생각한다. 그래서 자녀가 부정적 감정을 보이면 그 감정을 대수롭지 않게 여기고 관심을 다른 곳으로 돌리려 한다. 가령 아이가 강아지를 보고 놀라 무서워하면 "별거 아니야."라고 말하고 "저기 다람쥐 간다." 식으로 관심을 다른 곳으로 옮기려 한다. 아이가 친구가 놀려서 속상해하면 "그런 일로 속상해할 필요 없어."라고 말한다. 때로는 아이의 감정을 무시하는 것에서 더 나아가 놀리기까지 한다. "그렇게 계속 울면 바보래요." 하며 간지럼을 태워 억지로 웃게 하려 하기도 한다.

두 번째는 억압형으로 이들은 축소전환형처럼 감정을 무시하는 것에서 나아가 감정이 잘못된 것이라고 비난하는 유형이다. 아이가 슬퍼하거나 짜증낼 때 "그럼 못써."하며 호통을 친다. 때로는 "뚝 그쳐! 계속 울면 여기 두고 간다." 식으로 협박하거나 체벌을 하려 들기도 한다. 이러한 부모는 아이의 부정적 감정은 매를 들어서라도 없애야 한다고 생각하고 이를 통해 올바른 행동을 가르칠 수 있다고 믿는다. 축소전환형이나 억압형으로 감정을 다루는 환경에서 자란 사람은 자신이 특정 감정을 경험하는 것이 잘못되었다고 생각하고 스스로도 자신의 감정을 축소전환하거나 억압하는 경향을 보인다. 자신의 감정을 무시하거나 비난하면 자아존중감이 낮아지고, 쉽게 불안해지거나 우울해질 수 있고, 이는 충동적으로 행동하는 성향으로 이어질 수 있다.

세 번째는 **방임형**으로 앞의 두 유형과는 달리 아이의 감정을 인정하고 허용한다. 좋은 감정과 나쁜 감정을 구분하지 않고 모든 감정을 다 받아주면서 동시에 행동에 대해서 제한을 두지 않는 유형이다. 감정에 대해서는 매우 허용적이나, 아이가 감정을 처리하고 문제를 해결해 가는 데에는 관심을 두지 않는다. 울면 실컷 울라고 하고, 화가 나서 친구를 때렸을 때도 "화가 날만 했네. 그래서 때렸구나!"하고 이해를 해주는 유형이다. 문제는 감정을 수용하면서 행동까지 정당화시켜 준다는 것이다. 이러한 환경에서 자란 아이는 행동의 한계를 알지 못하고 기분 내키는 대로 자기중심적인 행동을 하는 식으로 자랄 가능성이 크다.

마지막은 **감정코칭형**으로 아이의 모든 감정을 인정하고 공감한다는 면에서는 방임형과 같지만 행동에 있어서는 분명한 한계를 그어준다는 면에서 방임형과 구별된다. 친구와의 관계에서 화가 날 수는 있지만 그렇다고 욕을 하거나 때려서는 안 된다는 것, 병원에 가는 게 무섭고 싫을 수는 있지만 아픈 곳을 방치해서는 안 된다는 한계를 확실하게 정해 준다. 즉, 감정은 공감하되 행동에는 한계를 두는 것이다. 꼭 해야 할 부분은 아이에게 알려주지만 세부 전략은 아이가 선택할 수 있도록 도와준다. 예를 들어 "어제 친구랑 싸워서 학교에 가기가 싫구나. 그런데 ○○가 잘 배우면서 자라기 위해 학교는 꼭 가야 한단다. 어떻게 하면 ○○가 덜 싫은 마음으로 학교에 갈 수 있을까?" 식으로 아이에게 접근한다. 이런 식으로 감정을 다루어 주는 환경에서 자란 아이들은 자신이 느끼는 감정이 나쁘거나 이상한 것이 아니라고 느끼기 때문에 스스로가 소중한 존재라고 느끼며 친구들에게도 비슷한 방식으로 공감해 줄 수 있어 대인관계가 원만하다. 또한 아이 스스로 대안을 생각해 보는 과정에서 자기효능감과 자아존중감이 향상될 수 있다.

여러분은 어떤 식으로 감정을 다루어 주는 환경에서 자랐는가? 청년기를 지나고 있는 지금 스스로의 감정 및 가까운 친구나 연인의 감정을 어떤 식으로 다루고 있는가? 여러분 스스로도 다음의 7단계를 통해 자신에게 감정코칭을 해볼 수 있다.

① 감정이 있다는 것 알아차리기
② 감정에 이름 붙여주기
③ 그 감정이 왜 생겼는지 이유를 이해해 보기
④ 어떤 욕구가 좌절된 것인지 살펴보기
⑤ 행동의 한계를 고려하여 목표 정하기

⑥ 행동의 한계 내에서 자신의 욕구를 조금이라도 만족시킬 수 있는 방법 검토하기

⑦ 여러 대안 중에서 스스로 취할 행동 선택하기

여기서 행동의 한계를 정할 때 여러분은 이제 더 이상 어린아이가 아니기 때문에 누군가 한계를 정해 주는 것이 아니라 스스로의 판단에 따라 한계를 생각해 보고 정해야 한다. 이를 위해 자신의 가치관, 현실적 여건, 행동의 결과에 대한 충분한 검토를 통해 한계를 설정해 나가는 지혜를 발휘할 필요가 있다. 감정코칭의 방식으로 자신의 감정을 존중하면 스스로를 존중하는 태도가 길러지고, 자신의 감정을 해소하거나 다룰 수 있는 지혜도 함께 자라게 된다. 감정코칭의 실천은 자신에 대한 이해를 증진시키며, 대인관계의 유능감을 향상시키며, 좀 더 만족스러운 20대를 보내는 데 도움을 줄 것이다.

핵심요약

- 감정은 우리 경험의 주요한 부분이며 자기이해의 통로이다.
- 방어기제란 우리가 불안, 죄책감, 갈등, 드러낼 수 없는 욕구 등으로 인해 자아존중감에 위협을 받을 때 우리 자신의 자아존중감을 보호하려는 차원에서 무의식적으로 이러한 위협을 억압하여 불안감을 감소시키는 마음의 반응 양식을 의미한다. 방어기제의 종류에는 억압, 부인, 투사, 퇴행, 대치, 반동형성, 합리화, 지식화, 승화 등이 있다.
- 방어기제를 지나치게 자주 사용하거나 특정 방어기제에 대한 의존이 높으면, 현실을 왜곡하고 자신의 진정한 욕구를 무시하게 되어 다양한 심리적 부적응을 초래하게 된다.
- 정서지능은 지각, 이해, 관리, 사용이라는 네 가지 능력으로 구성되어 있다.
- 에크만에 따르면 인간의 기본 정서는 분노, 혐오, 공포, 행복, 슬픔, 놀람의 여섯 가지이며, 기본 정서들이 조합되어 다양한 정서로 체험될 수 있다. 부정적 감정이라고 해서 모두 나쁘기만 한 것은 아니며, 정상적이고 건강한 측면이 있다.
- 가트맨에 따르면 감정을 다루는 방식은 축소전환형, 억압형, 방임형, 감정코칭형의 네 가지로 구별할 수 있다. 감정코칭형은 상대의 모든 감정을 인정하고 공감하되 행동에 있어서는 분명한 한계를 그어 준다. 이러한 접근은 개인의 정서발달과 문제해결 능력 향상에 도움을 준다.

참고문헌

정옥분(2005). 청년심리학. 서울 : 학지사.

최성애, 조벽, 존 가트맨(2011). 내 아이를 위한 감정코칭. 서울 : 한국경제신문.

Bowlby, J.(1988). *A secure base : Parent-child attachment and healthy human development.* London : Routledge.

Burns, D.(1999). *Ten days to self-esteem.* New York, NY : Harper Collins.

Ciarrochi, J., & Scott, G.(2006). The link between emotional competence and well-being : a longitudinal study. *British Journal of Guidance & Counseling, 34*(2), 231-243.

Ekman, P.(1992). An argument for basic emotions. *Cognition and Emotion, 6*(3/4), 169-200.

Coleman, A.(2008). *A dictionary of Psychology (3rd ed.).* Oxford : Oxford University Press.

Damasio, A.(2005). *Descartes' error : Emotion, reason, and the human brain.* New York, NY : Penguin.

Freud, S.(2010). *The ego and the id.* Seattle, WA : Pacific Publishing Studio.

Gottman, J. & Silver, N.(2002). 행복한 부부, 이혼하는 부부[*The seven principles for making marriage work*] (임주현 역). 서울 : 문학사상(원전은 2000년에 출판).

Hill, C. E. (2012). 상담의 기술 : 탐색-통찰-실행의 과정[*Helping skills : Facilitating exploration, insight, and action*] (주은선 역). 서울 : 학지사(원전은 2009년에 출판).

Levak, R. W., Siegel, L., Nichols, D. S., & Stolberg, R. A.(2015). 긍정심리학적 접근 : MMPI-2 해석상담, 어떻게 할 것인가[*Therapeutic feedback with the MMPI-2 : A positive psychology approach*] (마음사랑연구소 역). 서울 : 마음사랑.

McWilliams, N.(2008). 정신분석적 진단 : 성격 구조의 이해[*Psychoanalytic diagnosis*] (정남운, 이기련 역). 서울 : 학지사(원전은 1994년에 출판).

Myers, D.(2016). 마이어스의 심리학개론[*Psychology, 11th ed.*] (신현정, 김비아 역). 서울 : 시그마프레스(원전은 2015년에 출판).

Schore, A. N.(1994). *Affect regulation and the origin of the self : The neurobiology of emotional development.* Hillsdale, NJ : Erlbaum.

Wallin, D. J.(2010). 애착과 심리치료[*Attachment in psychotherapy*] (김진숙, 이지연, 윤숙경 역). 서울 : 학지사(원전은 2007년에 출판).

[3-1] 감정세계 이해하기 각 질문(가~다)에 대해 최대한 솔직하게 답을 적어 보자. 준비
가 되면 친한 사람과 각자가 쓴 것을 공유하면서, 서로의 대답을 통해 상대에 대
해 더 이해하게 된 점을 나누어 볼 수 있다.

가. 당신이 어렸을 때 당신의 가족 내에서 다음의 감정은 어떤 식으로 표현되었는가?

- 화
- 슬픔
- 두려움
- 애정
- 타인에 대한 관심

나. 어린 시절에 당신 가족은 서로에 대해 감정이 상했을 때(예 : 부모님이 서로에 대해 못마땅한 것이 있
었을 때, 부모님 중 한 분이 실의에 빠지거나 상처받았을 때), 감정을 어떤 식으로 표현/처리하면서 그
상황을 다루었는가?

그것이 당신의 대인관계(친구관계, 연인관계, 부모님과의 관계, 형제관계)에서의 모습과 어떤 점에서
유사하고 어떤 점에서 다른가?

다. 슬픔, 화, 두려움, 자랑스러움, 사랑과 같은 감정을 표현함에 있어 당신 자신의 철학이 있다면 어떤 것
이 있을까?(예 : 슬퍼하면 안 된다) 이 중에 표현하기 힘든 감정은 어떤 감정인가? 당신의 친한 친구나
연인이 어떤 감정을 표현할 때 특히 힘들거나 버겁다고 느끼는가? 어떤 면에서 그 부분이 힘들까?

(Gottman & Silver, 2002)

[3-2] 상처와 방어기제 그리고 치유 다음 각 질문(가~마)에 대해 최대한 솔직하게 답을 적어 보자.

가. 개인적으로 특히 힘들다고 느꼈던 사건이나 시간은 언제였는가? 그때의 심리적 괴로움과 상처(상실감, 실망, 시련, 아픔)를 적어 보자. 스트레스와 압박이 심했던 순간들과 절망감, 무망감, 외로움의 시간까지 모두 생각해 보자. 어린 시절에 겪었던 상처, 상처가 되었던 대인관계, 수치심을 느꼈던 사건 등을 자유롭게 적어 보자.

나. 그때 자신이 경험한 감정 중 떠오르는 것들을 적어 보자.

다. 그 당시 어떤 마음가짐으로 상처를 이겨냈는가? 혹은 어떻게 그 어려운 시간을 견디어 냈는가?

라. 그런 상처를 다시 받지 않기 위해서 어떤 식으로 자신의 마음을 보호하였는가? 자신의 보호방식을 방어기제를 통해 설명해 볼 수 있는 부분이 있다면 설명해 보자.

마. 당신의 상처와 당신이 스스로를 보호하기 위해 만들어 낸 방식이 현재의 친구관계나 연인관계에 영향을 미치는 부분이 있다면 어떤 부분이 있는가? 더 친밀하고 성숙한 관계를 위해 어떤 감정을 더 인식하고 표현해 볼 수 있을까?

(Gottman & Silver, 2002)

[3-1] **일상생활 속 방어기제** 일상생활 및 대인관계에서 나는 주로 어떤 방어기제를 사용하는지 생각해 보자.

토론 주제	내용
내가 살면서 주로 쓰는 방어기제는 무엇인가?	
내가 그 방어기제를 사용한 실제 예를 하나 들어 보자.	
나의 방어기제 사용으로 인한 긍정적 결과가 있다면 어떤 것이 있는가?	
나의 방어기제 사용으로 인한 부정적 결과가 있다면 어떤 것이 있는가?	

[3-2] **방어기제 알아보기** 다음의 이야기 속에서 민호가 사용한 방어기제에는 어떤 것이 있는지 가능한 많이 찾아보자. 자신도 비슷한 방어기제를 사용한 적이 있는지 생각해 보고 그룹 나눔을 해보자.

민호는 학교에서 배트민턴 동아리 활동을 하고 있는 2학년 대학생이다. 이번에 신입생들이 동아리에 가입했는데, 그중에 소영이라는 친구가 특히 눈에 들어왔다. 자꾸 소영이가 보고 싶고, 함께 영화를 보러 가거나 놀이동산에 가는 상상이 되곤 한다. 하지만 소영이 앞에 서면 선배로서 점잖게 행동해야 한다는 생각에 사실 자신은 소영이에게 끌리는 것이 아니라고 스스로에게 말한다. 나아가 소영이에게 라켓을 제대로 잡지 못한다고 핀잔을 주고, 괜히 동아리방 청소를 시키는 등의 행동을 하게 된다.

그러던 어느 날 민호는 캠퍼스를 걷다가 멀리서 동아리 선배 영수 형과 소영이가 함께 걸어오는 모습을 보게 된다. 그들은 마치 연인처럼 다정해 보인다. 민호는 갑자기 화가 치밀어 오르는 것을 경험한다. 민호는 "영수 형은 지난 학기 성적도 좋지 않았고 성실한 스타일도 아닌데, 착한 신입생에게 접근하여서 사귀려고 하다니……"

(계속)

라는 생각에 화가 나서 근처에 있던 벤치를 발로 걷어찬다.

민호는 그날 밤 술자리로 향한다. 친구들과 술을 주고받고 하면서 화나던 마음도 가라앉는 듯했다. 평소보다 술을 많이 마신 민호는 심야에 귀가하려고 택시를 잡으려 한다. 그러던 중 택시기사가 승차를 거부하자, 평소라면 차분히 이야기할 것을 그날 따라 흥분을 감추지 못하고 자신을 태우지 않는 것이 부당하다며 소리치며 시비를 걸었다. 택시기사와 싸움으로 번질 뻔했으나, 다행히 곧 나타난 친구가 말려서 상황은 마무리되었다.

민호의 방어기제 :

[3-3] **건강한 후회와 신경증적 죄의식** 건강한 후회와 신경증적 죄의식은 같지 않다. 또한 건강한 자신감과 오만함 혹은 자만심은 같지 않다. 어떤 점에서 다른지 조원들과 논의하여 아래에 나열해 보자.

건강한 후회의 특징	신경증적 죄의식의 특징
1.	1.
2.	2.
3.	3.
4.	4.
5.	5.

건강한 자신감의 특징	오만함 또는 자만심의 특징
1.	1.
2.	2.
3.	3.
4.	4.
5.	5.

4 자기사고 이해

학습목표

1. 청년기의 지능과 사고능력의 중요성을 알아본다.
2. 청년기 사고의 발달 과정을 이해한다.
3. 비합리적 인지왜곡의 종류를 알아보고 적용해 본다.
4. 합리적인 사고기술을 배운다.

2016년 한국에서 있었던 세기의 대결을 기억하는가? 그것은 바로 온 세계가 지켜본 이세돌 9단과 인공지능 알파고와의 바둑 대결이었다. 이세돌은 한 번의 승리를 했지만 다른 네 번의 경기에선 돌을 던져야 했다. 바둑은 인간의 직관적 판단력이 중요한 종목이므로 많은 사람들이 이세돌이 이길 것으로 예상하였다. 그러나 대결은 생각보다 어려웠고 인공지능의 큰 승리라는 결과가 보도되면서 세간에 인공지능에 대한 관심이 고조되었다. 인공지능은 딥러닝이라는 새로운 방식으로 스스로 하는 학습을 통해 빠르게 발전하고 있고, 앞으로 인간의 지능을 사용하는 대부분의 영역을 인공지능이 대신할 것이라는 예측도 나오고 있다. 그럼에도 불구하고 인공지능이 부분적으로는 뛰어나지만 아직 인간의 지능을 능가하지 못하고 있다. 즉, 주어진 문제를 해결하는 능력은 인간보다 뛰어나지만 문제를 정의하고 결과에 대한 판단을 하는 것은 인간만이 할 수 있는 능력이다. 데이터가 없는 분야는 인공지능 스스로가 창조해 내기 힘들다는 것이다. 창의력은 인공지능이 갖고 있지 못하는 인간만이 갖고 있는 고차원적인 지능이다.

    청년기의 인지능력은 인간의 인지능력의 최고단계로서 자기개념을 통합하고 자아정체감을 형성하고, 친밀감을 형성하는 데 중요한 역할을 한다. 피아제를 비롯한 학자들

▲ 인공지능의 발달
인공지능의 급속한 발달로 인간의 영역이 도전을 받고 있다.

은 청년기 이후에는 인지발달이 거의 이루어지지 않는다고 하였으나 최근에는 청년기 이후에도 추론, 판단, 창의적 사고 등은 계속적으로 발달한다는 증거들이 나오고 있다. 인간의 이해와 판단력, 경험의 폭, 의사소통능력, 분별력 등은 연령이 증가할수록 점차 증가한다. 자신의 영역에서 오랜 시간 지식과 경험을 축적한 전문인들이 나이가 많은 초보자보다 유능하고 통찰력을 가지고 있는 것은 이런 지식기반을 가지고 있기 때문이다. 그러므로 청년기는 자신의 지적 잠재력을 가지고 새로운 지식과 정보를 습득하고, 또한 자신이 가진 지식과 정보를 어떻게 사용할지 고민하고 배워 나가면서 자신의 인지능력을 더욱 발달시켜 가야 하는 시기라 할 수 있다.

1 청년기의 지능과 사고능력

청년기는 자신의 적성 및 흥미에 맞는 직업을 선택하여 자신의 평생 할 일을 찾고 준비하는 시기이다.

대학생활에서의 다양한 활동 중에서도 특히 인지능력이 요구되는 학업의 중요성을 빼놓을 수 없다. 인간의 지적 능력을 **지능**(intelligence)이라고 하며, 전통적 관점에서 볼 때 지능은 학업의 승패 여부를 예측해주는 언어와 논리-수학적 능력 위주의 학문지능을 일컫는다. 즉, **일반지능**(general intelligence)은 모든 학습 영역에 걸쳐서 존재하는 한 가지 지능을 일컫는다(Myers, 2016).

하지만 최근에는 일반지능 외에 다양한 종류의 지능이 대두되고 있다. 그중에서도 스턴버그(Sternberg, 2011)가 제안한 **성공지능**(successful intelligence)은 현실에서의 성공과 관련되어 있어 청년기에 필요한 지능의 개념이라고 여겨지고 있다. 성공지능은 분석적 지능, 창의적 지능, 실천적 지능의 세 가지 측면으로 구성되고 분석적 지능은 앞에서 설명한 학문적 지능과 유사한 개념이다. 실천적 지능은 자신의 장점과 환경과의 균형을 유지하기 위한 활용, 적용, 실행 등과 같은 실제적 사고 능력을 이른다. 창의적 지능은 새로운 상황을 효과적으로 다루는 능력으로 설계, 상상, 추측 등이 포함된다. 유사어로는 상상력, 독창성, 창조성, 창의성, 직관, 발명, 모험적 사고, 창출, 탐구, 신기성, 영재성 등이 있다(이명조, 2012). 창의성은 참신하고, 남과 다른 방법으로 생각하고, 독특한 해결책을 생각해 낼 수 있는 능력이라고 볼 수 있다(정옥분, 2015).

성공을 위해서는 이 세 가지 능력이 균형을 이루어야 하는데, 한국의 초·중·고등 교육에서는 크게 강조되지 않았던 창의적 능력과 실제적 능력을 청년기에서 학업과 다양한 활동을 통해 성취해 갈 수 있다. 에디슨이 말하기를 창의성은 1%의 영감과 99%의 노력에 의해 이루어진다고 하였다. 이 말에서 영감이 아무리 뛰어나도 노력에 의해 이루어지지 않으면 의미가 없다는 교훈을 얻을 수 있다. 창의성은 소수의 천재가 아닌 모든 사람이 가지고 있는 특성이며 교육을 통해 개발될 수 있다(Torrance, 1959). 길포드(Guilford, 1967)는 창의적 사고가 지적 능력과 밀접하게 관련되어 있으며, 그중에서도 하나의 문제에 여러 가지 다른 해답을 할 수 있는 확산적 사고와 밀접한 연관이 있다고 보았다(그룹 워크 4-3). 청년기에는 확산적 사고의 능력이 발달하는 시기이므로 어떤 문제에 당면했을 때 포기하거나 다른 대상에 의존하지 않고 여러 대안을 찾아보려고 노력한다면 창의적인 능력이 증진될 것이다.

2 청년기 사고의 발달

1) 인지발달의 과정

피아제(Piaget, 1954)는 인간의 인지발달을 최초로 제안한 사람이다. 그는 자신의 아이들을 관찰하여, 아동이 연령에 따라 세상과 상호작용하면서 특정 유형의 사고를 가능하게 하는 인지가 단계적으로 발달해 가는 것을 발견하였다. 피아제에 의하면 인간의 인지발달은 도식, 적응, 동화, 조절의 단계를 거친다. 도식은 우리의 뇌에 사진처럼 이미지로 저장되는 모든 인지의 가장 기본적인 틀로서 사물이나 사건에 대한 전체적인 윤곽

표 4-1 피아제 인지발달 단계

인지발달 단계	단계별 기술	발달 현상
감각운동 단계 (출생~2세)	감각과 행위(보기, 만지기, 맛보기, 쥐기 등)를 통해 세상을 경험	• 대상영속성 • 낯가림
전조작 단계 (2~6, 7세)	단어와 이미지로 대상을 표상. 논리적 추리보다 직관 사용	• 가상놀이 • 자기중심성
구체적 조작단계 (7~11세)	구체적 사건에 대해 논리적으로 사고, 구체적 유추의 이해, 수리적 연산 수행	• 보존 개념 • 수학적 변환
형식적 조작단계 (12세~성인기)	추상적 추리	• 추상적 논리 • 성숙한 도덕 추리 잠재성

(Myers, 2016)

을 의미한다. 유아는 커가면서 수많은 도식을 만들게 되고, 이미 생성된 도식은 동화와 조절의 적응 과정을 통해서 변형되면서 새로운 도식을 개발하게 된다.

피아제는 평생의 인지발달을 연령별로 네 단계로 구분하고, 각각 감각운동 단계, 전조작 단계, 구체적 조작단계, 형식적 조작단계라고 명명하였다(표 4-1). 출생부터 2세까지 진행되는 감각운동 단계에서는 유아가 신체의 감각과 운동의 상호작용을 통하여 세상에서 일어나는 일들을 이해하고 배워 나간다. 그러므로 이 시기에는 신체를 많이 움직이고 많이 놀수록 인지가 발달한다. 6~7세가 되어 전조작 단계에 이르면 아동은 사물을 살아 있는 것으로 생각하는 물활론적 사고를 통해 장난감을 가지고 노는 가상놀이를 즐기고, 세상을 자기관점에서만 보는 자기중심성의 경향을 띤다. 이후에 **구체적 조작단계**에서는 7세 이후부터 11세의 아동이 구체적 물질을 보면서 보존을 이해하는 보존개념이 형성된다. 아동은 이러한 보존 개념을 통해 수학적 변형, 논리적 사고를 할 수 있게 된다. 이후 12세가 되면 추리능력은 상상의 세계와 상징을 수반한 추상적 사고의 능력을 포괄하도록 확장되는 형식적 조작단계에 들어선다. 청년기에는 형식적 조작사고가 발달하는 시기로 전 시기에 비해 진보된 사고를 하게 된다.

2) 형식적 조작단계

청년기에 해당하는 형식적 조작단계에 대해 좀 더 구체적으로 살펴보고자 한다. 형식적 조작이란 추상적 사고, 조합적 사고, 가설 연역적 사고, 그리고 사고과정에 대한 사고를 포함하는 정신적인 능력을 말한다(Piaget, 1954). 청년기에는 이전의 단계인 구체적 조작단계에서 더 발전하여 형식적 조작이 가능해지면서 고도의 추상개념을 사용할 수 있고, 가설을 설정하고 평가하며, 미래를 예측할 수 있는 지적 능력을 발달시키게 된다. 이 시기에는 또한 인간만이 가능하다는 사고에 대한 사고를 할 수 있는 능력이 생기기 시작한다.

(1) 추상적 사고

청년기에는 눈에 보이는 현상에만 제한되지 않고 상상으로 가능한 추상적 사고가 가능하다. 그로 인해 은유적인 표현이나 추상적인 개념을 잘 이해하고 사용할 수 있다. 또한 사회현상이나 종교적, 이념적인 문제에 대해서도 추론이 가능하다. 청년의 관심 영역은 대인관계, 정치, 철학, 종교, 사랑 등으로 확대된다(허혜경 외, 2016). 형식적 조작기에 인지가 잘 발달되면 청년은 자신의 전공분야에서 추론적 사고를 통해 자기의 영역을 창조적으로 개척해 나갈 역량이 생긴다.

(2) 가설 연역적 사고

구체적 조작단계에서 논리적 추리를 할 수 있었다면, 청년들은 현실에 토대가 없는 다양한 가상적인 상황을 가설로 세우고, 이 가설을 검증하면서 문제를 해결할 수 있고, 이러한 가설을 가지고 연역적 사고를 할 수 있다. 연역적 사고란 일반적인 것에서 특수한 것을 추론하는 것이며, 귀납적 사고는 특수한 것에서 일반화를 이끌어 내는, 즉 어떤 사태에 가설을 설정하고 실험을 통해서 체계적으로 검증해 내는 것이다. 가설적 사고는 특정 조건하에서 결과가 나오는 '만약 ~ 한다면' 사고를 뜻한다. 이러한 사고를 통해 청년들은 미래를 생각해 보고 계획을 세우고 또 어떤 상황에 대해 대안적인 해결을 할 수 있게 된다.

가설적 사고는 청년들이 자신과 타인의 생각을 객관화하고 논리적으로 평가할 수 있을 뿐 아니라 보다 복잡한 문제를 만났을 때는 다양한 해결 방안을 모색해 보고 최선의 해결책을 찾을 수 있도록 돕는다. 가설적 사고는 타인의 입장에서 상대가 어떻게 생각하고 느낄지를 이해하여 원만한 대인관계를 유지하게 하여 사회적 활동을 가능하게 한다(허혜경 외, 2016).

(3) 사고과정에 대한 사고

사고과정에 대한 사고를 메타인지(metacognition)라고도 하며 자신에 대한 인지적 과정이나 사고에 대하여 돌아보는 것을 이른다. 즉, 새로운 생각을 위하여 전에 한 생각을 되돌아보는 인지적 활동을 말한다. 인간은 자신의 생각과 감정, 행동 등을 돌아보며 반성하거나 새로운 방법을 모색할 수 있는 능력이 있다. 이러한 능력을 통해 청년들은 자신의 감정에 대해 생각해 보고, 자기성찰을 할 수 있게 된다. 또한 자신과 남이 자신을 어떻게 생각할까에 대한 사고를 통해 자아정체감을 형성해 나갈 수 있다.

3) 청년기 사고의 특징

청년기에 형성되는 추상적 사고의 발달은 긍정적인 면도 있지만 부정적인 면도 있다(Keating, 1980). 긍정적인 면은 청년들의 추상적 사고가 가능하므로 시간조망을 과거, 현재, 미래로 확장시킬 수 있고, 자신을 돌아보고 탐색하며 미래의 일들을 예측하고 자신의 삶을 계획할 수 있는 능력이 생긴다는 점이다. 또한 자신과 타인의 사고를 객관화하여 논리적으로 평가할 수 있게 된다. 어떤 복잡한 문제를 만났을 때 다양한 해결방안을 체계적으로 생각해 보고 최선의 해결책을 찾으려 한다. 이런 융통적인 사고가 장점이 되기도 하지만 여러 가능성에 대한 가설설정 능력은 이상주의로 확장되기도 한다. 청년들이 이러한 사고능력의 발달로 여러 가능성을 탐색하고 고민하고 갈등하고 방황하며 자아정체성을 형성해 가는 이유가 된다.

그러나 반대로 시간조망의 확대는 미래에 대한 기대와 함께 불안과 걱정으로 시간을 허비하게 될 수 있다. 청년들은 다양한 가능성과 대안을 모색하는 데 지나치게 시간을 보내면서 오히려 더 큰 혼란을 겪을 수도 있다. 또한 현실 상황에서 모순의 상황을 만나거나, 사회를 향한 분노로 인한 저항을 하게 될 가능성도 있다. 자신의 입장에 몰두하다 보면 타인의 감정이나 의도를 착각하는 자아중심성에도 빠질 수 있다. 자신과 타인의 의견이 다를 때 받아들이기 힘들고 이러한 태도로 말미암아 특히 윗세대와의 갈등이 증폭될 수도 있다. 이러한 현상은 타인의 마음을 추론할 수 있다는 생각에서 생기게 되는데, 이렇게 타인의 마음을 추론할 수 있다는 생각은 흔히 타인의 감정이나 의도를 잘못 지각하는 원인이 되기도 한다(Shaffer & Kipp, 2013).

4) 사회인지의 발달

사회인지(social cognition)란 사회적 관계를 이해할 수 있는 능력을 말한다. 즉, 타인의
감정과 생각, 그 의도와 사회적 행동 및 관점 등을 이해하는 능력을 말한다. 사회인지는
모든 대인관계의 기초가 되며 사회적 활동을 위해 꼭 필요한 능력이며 청년기의 주요
발달과업인 자아정체감과 친밀감을 획득하는 데 중요한 역할을 한다. 랩슬리(Lapsley,
1990)는 사회인지의 범위를 사람, 사회적 관계, 사회적 제도로 분류하였다. 청년기에는
사회인지가 사람과의 관계에서 확대되어 사회적 관계나 제도까지도 포함시켜서 발달하
게 된다. 즉, 타인을 판단하고, 타인의 감정과 생각을 이해하는 것 외에 도덕이나 사회
적 관습과 규범을 수용하며 자신의 사회인지를 발전시켜 나갈 수 있다.

청년기에 나타나는 타인에 대한 판단은 객관적이고 추상적이며 조직적인 경향을 보
인다. 또한 자기중심적인 사고에서 벗어나 점차 제3자의 입장에서 타인의 감정과 생각
을 객관적으로 추론할 수 있다. 이외에도 사회에서 합의된 도덕적 규칙을 존중하며 점
차 추상적인 도덕적 추론이 가능하며, 사회문화적 관습을 이해하여 수용할 수 있다. 아
동과 청년의 사회인지 능력의 차이를 정리하면 〈표 4-2〉와 같다.

표 4-2 아동과 청년의 사회인지 능력의 차이

영역	청년기 이전의 사고	청년의 사고
타인에 대한 지각	주관적, 자기중심적	구체적, 객관적, 추상적, 조직적
대인관계	타인의 관점에서 생각할 수 있는 능력이 있지만, 어떤 개인의 관점이 다른 타인에게 영향을 미칠 수 있다는 것을 잘 이해하지 못함	제3자의 관점에서 생각할 수 있음
도덕추론	도덕은 권위자에 의해 구체적인 법칙에 근거함	도덕은 사람 간의 합의에 근거하며 추상적인 원리에 기초함
사회적 관습	관습은 법칙이나 권위자의 지시에 근거함	관습은 여러 사람의 기대에 근거함

(허혜경, 김혜수, 2016)

3 청년기 인지의 오류

청년기 사고의 발달은 청년들을 여러 면으로 성장시켜 준다. 하지만 한편으로는 추상적 사고의 발달로 다양한 가능성을 모색할 수 있는 능력이 생기는 반면에 다른 한편으로는 자기중심적인 사고를 하게 되는 특징이 있다. 또한 타인의 마음을 추론하는 능력을 통해 자신의 관심사와 타인의 관심사를 동일시하거나 반대로 자신과 마찬가지로 타인도 자신에게 큰 관심을 쏟고 있다고 믿고 작은 실수에도 두려워할 수도 있다(Elkind, 1967). 이와 같이 사람은 성인이 되어서도 자신이 생각하는 것이 정확한 현실이고 진리라고 믿는 경향이 있다. 하지만 과연 인간의 사고는 현실을 정확하고 객관적으로 반영할 수 있는 것일까? 만약 청년이 자신의 생각은 항상 정확하거나 옳다고 믿고, 자신의 오류가 있는 주관적인 생각을 지속하고 있다면 이는 자기성장에 방해가 될 뿐만 아니라 대인관계 및 문제해결 등에도 큰 걸림돌이 될 수 있다.

인지행동 이론에 의하면 사람은 자신의 생각에 기초하여 느끼고 행동한다. 이 이론은 인간의 의식적인 사고가 중요하고 특별히 합리적인 사고의 과정이 중요하다고 강조한다(정옥분, 2008). 청년기에 합리화나 지식화 등의 방어기제 사용은 자아존중감을 지키기 위한 무의식적인 사고를 반영한다. 하지만 이러한 방어기제의 반복적인 과다 사용은 청년 자신의 정신건강과 다른 사람과의 원활한 관계의 형성을 저해하기 쉽다. 따라서 자신에게 있는 왜곡된 사고를 먼저 인식하는 것이 중요한 첫 단계이다. 그렇다면 인간은 어떤 과정을 통하여 지각하고 사고하는 것일까?

1) 인지적 정보처리 : 도식

청년기는 새로운 경험을 토대로 자신의 정체성과 관점을 형성해 나가는 시기이다. 인간은 낯선 정보를 접할 때 과거의 경험과 가치관을 통해서 형성된 개념과 도식(schema)을 바탕으로 그 정보를 조직화하고 해석하기도 한다. 하지만 우리 주변에는 너무도 많은 정보가 존재하고, 모든 정보를 처리하기에는 인지적 한계가 있기 때문에 주변의 정보를 아주 효과적으로 처리하는 전략을 사용한다.

지각은 뇌의 반응으로서 환경에서 일어나는 여러 자극 중에서 선택적인 정보를 취하고 이를 조직화하며 그것이 어떤 의미가 있는지 추론적 해석을 하는 과정이다(송재관,

김범준, 2008). 인간은 해석과정에서 자신 나름대로의 주관적인 판단기준을 가지고 평가하거나 판단한다. 그 어느 누구도 사건을 실제 있는 그대로 지각한다고 할 수 없고 그 판단기준이 객관적이라고 할 수 없다.

이러한 지각의 과정에서 도식은 어떤 사물이나 사람에 대해 지각할 때, 존재하지 않거나 누락된 정보를 제공해 주는 역할을 한다. 예를 들어 두꺼운 안경을 낀 사람을 처음 봤을 때 공부를 잘할 것이라고 예상하는 것은 그 전에 만났던 성적이 우수한 친구들이 도수가 높은 안경을 끼고 있었던 정보를 가지고 상대방을 지각했다고 볼 수 있다. 또한 유명상표의 재킷을 입고 있는 사람을 봤을 때는 돈이 많은 집안이라고 생각하고, 예쁜 여자를 봤을 때 남자친구가 있을 거라고 생각하는 것도 다 비슷한 예이다. 지각의 과정에서 이미 형성되어 있는 도식으로 인해 인간은 오류를 범하기 마련이다. 지각의 오류는 편견이나 선입견을 갖게 한다. 그러므로 청년기에 필요한 것은 자신의 사고의 틀에 갇혀서 자신의 관점만이 옳다고 고집하는 일종의 지각의 오류를 범할 수 있다는 것을 인정하고 사람에 따라 다른 해석을 가지고 있다는 것을 받아들이는 것이 중요하다(셀프워크 4-3).

2) 합리적 사고의 중요성

철학자 에픽테토스(Epictetus)는 사람의 주관적인 사고로 인한 고통을 언급하였다. 즉, 사람들은 사건 자체가 아니라 사건에 대한 생각으로 고통을 받는다고 말하였다. 인간의 불행과 부적응을 초래하는 주된 이유가 인지적인 요인에 있다는 것이다. 생각에 의한 고통이란 앞에서 말한 개인의 인지 도식에 의한 지각의 오류에서 온다고 볼 수 있다. 심리학자 엘리스(Albert Ellis)는 인간이 삶에 잘 적응해 가면서 살기 위해서 합리적 사고의 중요성을 강조하였다. 그에 따르면 합리적인 사고를 한다고 해서 감정이 무시되는 것이 아니라 반대로 오히려 풍부하고 건강한 감정을 가지게 된다. 엘리스는 감정과 사고의 밀접한 연계성을 말하면서, 건강하지 못한 감정은 비합리적인 신념에서 비롯된다고 믿었다(Ellis, 2001). 즉, 우리의 감정, 사고, 행동은 서로 얽혀 있고 분리될 수 없는 것으로 보았다.

청년기에 자신의 감정을 억압하고 방어기제를 너무 많이 사용하다 보면 비합리적 사고가 많아지게 되고 적절하지 못한 정서적, 행동적 결과를 초래할 수 있다. 하지만 형식적 사고가 생성되는 시기의 청년은 자신의 비합리적인 사고와 건강하지 못한 감정을 돌이켜 볼 수 있는 능력이 생기게 되면서, 자신의 비합리적인 사고를 논박하여 좀 더 합리적인 신념으로 변화시킬 수 있다. 또한 합리적 정서행동 이론에 따라 청년이 정서적 고통과 자기패배적인 행동을 줄인다면 잠재능력을 효과적으로 발휘하고 더 행복한 청년기를 보낼 수 있을 것이다. 다음은 엘리스가 말한 "나를 망치는 10가지 생각"이다 (Seligman & Reichenberg, 2014).

1. 불쾌하고 두려운 상황은 계속 피하면 언젠가는 사라진다. 그렇게 믿고 행동하라.
2. 내가 변화시킬 수 있는 것은 없다. 내 삶은 외부상황에 의해서 통제되고 있다.
3. 모든 사람은 나를 인정해 주어야 한다. 그렇게 되도록 반드시 만들어야 한다.
4. 실패나 거절은 최악의 사건이다. 나는 이런 끔찍한 일을 도저히 견뎌낼 수 없다.
5. 나는 모든 일을 100% 완벽하게 해야 한다. 완벽하지 못하면 죽어야 한다.
6. 나는 과거에 꾸물거리며 일을 망쳐 왔기 때문에 앞으로도 달라질 것은 없다.
7. 모험하지 마라. 인생에 행운이란 없다.
8. 세상은 항상 공정해야 한다. 그렇지 않으면 이 세상은 멸망해야 한다.
9. 문제에 대해서 생각만 하다 보면 영감이 떠오를 것이다. 그때를 기다리며 어떤 행동도 하지 마라.
10. 항상 다음과 같이 믿어라. 나는 이미 나이가 많다. 매사가 너무 어렵다. 나는 너무 나약해서 아무것도 할 수 없다.

3) 비합리적인 사고 찾기

이미 언급한 대로 대부분의 부정적인 감정은 논리적이지 않은 왜곡된 생각에서 비롯된다. 인지치료 학자 벡(Aaron Beck)은 생활에서 자동적으로 유발되는 자동적 사고가 있는데, 그 내용이 현실을 과장하거나 왜곡할 때 사람은 상실과 좌절을 겪게 된다고 하였다 (셀프 워크 4-1). 벡은 우울한 사람과 우울하지 않은 사람들의 생각의 방식에는 차이가 있으며, 사람을 우울하게 하는 것은 상황이 아니라 사고방식이라고 하였다(Beck et al., 1997). 청년기에는 사고의 능력이 향상되는 시기이므로 자기 안의 역기능적인 사고들을 의식할 수 있고, 합리적인 사고로 대체할 수 있다. 이러한 사고의 기술은 자기가 무엇을 할 수 있다는 능력이 있음을 믿는 자기효능감이 뒷받침될 때 훨씬 더 효과적이다. 만약 자동적 사고 안의 비합리적인 사고들을 인지하지 못하거나 그냥 방치해 둘 때 우울, 불안, 죄책감, 절망감, 좌절감, 분노 등의 감정이 유발되기 쉽다. 보통 자동적 사고는 시간을 가지고 합리적으로 판단한 결과가 아니고 의식 속을 빠르게 지나가기 때문에 잘 인식되지 않을 경우가 많으며, 뒤따르는 특정 감정만이 인식되는 경우가 많다. 청년들은 정체성을 탐색하는 과정에서 여러 경험을 통해 또한 친밀감 형성을 위해 넓은 인간관계를 형성하면서 많은 갈등을 겪게 되는데, 그 안에서 자신의 비합리적인 사고를 깨닫고 자신의 생각과 감정과 행동을 변화시킬 수 있다면 자아의 성장을 이룰 수 있다. 다음은 일반적으로 사람들이 가지고 있는 비합리적인 사고들의 종류이다(Burns, 1993). 평소에 청년 자신이 옳다고 확신했던 생각에도 의외로 많은 오류와 왜곡이 있음을 발견할 수 있을 것이다(셀프 워크 4-2).

(1) 흑백논리(polarized thinking, or black and white thinking) 사물을 절대적이고, 흑백의 범주로 본다. 청년기에 흑백사고 혹은 이분법적인 사고를 많이 하게 되면, 자신과 타인 그리고 세상을 넓은 관점에서 보지 못하고 자신의 시각의 틀 안에서 벗어나지 못하기 때문에 고통을 경험할 수 있다. 예를 들어 청년기에는 다양한 인간관계를 구축하는 시기인데 내 편 아니면 남의 편을 가른다거나 저 사람은 좋은 사람 아니면 나쁜 사람 이렇게 가른다면 흑백의 사고를 한다고 볼 수 있다. 이러한 이분법적 사고를 극복하기 위해서 어떤 사물이나 사건의 중간지대를 인정하는 통합적으로 보는 사고가 필요하다. 한 사람에 대한 평가도 긍정적인 측면과 부정적인 측면을 통합하여 있는 그대로 보는 시각을 키울 필요가 있다. 이러한 통합적 사고는 건전한 성격 형성 및 원만한 대인관계 유지에 기여할 것이다.

(2) 과잉일반화(overgeneralization) 한 번의 부정적 사건을 결코 끝나지 않은 실패의 한 형태로 본다. 한두 차례의 경험이 앞으로의 모든 상황에서도 그럴 것이라고 무리하게 결론을 내리고 관련 없는 사건에도 과도하게 일반화하는 경우이다. 예를 들어 좋아하는 연인에게 한 번 데이트를 거절당한 후, "나를 싫어하는 게 틀림없어. 앞으로 나는 평생 데이트를 못해 볼 거야."라고 생각하거나 자신이 한두 번의 시험에서 좋은 결과가 나오지 않는다고 자신의 미래의 전망이 밝지 못하다고 생각하는 경우이다.

(3) 색안경 끼고 보기(mental filter) 부정적 측면을 강조하고 긍정적 측면을 무시한다. 즉, 자신이나 타인을 평가할 때 부정적인 측면에 집착하여 전체의 모습을 보지 못하는 경우이다. 청년기의 긍정적인 관점은 세상을 긍정적으로 살아가게 하는 힘을 준다. 반면에 부정적인 관점으로 자신의 부정적인 면만 본다면 진취적인 삶을 살

아가지 못할 것이다. 예를 들어 자신이 좋은 성적을 받았음에도 더 좋은 성적을 받지 못한 것에 대해 비관한다거나 자신이 속한 공동체 안에서도 많은 좋은 면은 간과하고 소수의 안 좋은 점만을 부각하여 생각하는 경향이 있다면 우울한 청년기를 보내게 될 가능성이 크다. 예를 들어 한 대학생이 발제를 하고 발표한 후에 교수님께 내용은 아주 뛰어나지만 복잡한 문장이 있다는 평가를 받았을 때, 결과가 좋지 않다고 단정한다면 그 학생은 부정적인 면만 보았다고 볼 수 있다.

(4) **속단하기(jumping to conclusion)** 어떤 명확한 증거 없이 부정적으로 결론을 내린다. 속단하기에는 다음과 같이 독심술과 점쟁이의 두 가지 종류가 있다. 독심술(mind reading)은 사람들이 자신에게 부정적으로 반응한다고 가정한다. 독심술은 본인이 다른 사람들의 마음을 읽을 수 있다고 확신하고 심하게는 피해의식을 가질 수도 있다. 방어기제의 투사에 해당하며 청년기의 독심술은 자신의 활동반경을 점점 줄이게 될 가능성이 크다. 독심술이 있다고 생각된다면 상대방이 자신에게 부정적으로 대한다고 생각하더라도 과감히 용기를 내어 자신의 생각이 맞는 것인지 확인해 보는 과정을 통하여 극복해 가는 것이 좋다. 점쟁이(fortune-telling)는 일이 나쁜 쪽으로 변할 것이라고 예측한다. 이것도 독심술과 마찬가지로 자신의 앞일이 자신이 예측한 대로 일어나리라고 믿는 것인데, 설사 그런 환경이라도 극복해 보겠다는 마음으로 행동하는 것이 좋다.

(5) **과잉확대와 과잉축소(magnification or minimization)** 자신의 실수나 불완전성은 부풀리거나 과대평가하고, 자신의 장점이나 잠재력은 그 중요성을 축소시킨다. 반면에 타인의 실수는 과소평가하고 재능이나 장점은 과대평가한다. 예를 들어 청년이 자신의 어떤 작은 성취를 이룬 후에도 "그거야 당연히 해야 하는 거지, 누구나 다 하는 거지……."라고 생각하는 경우이다. 또한 한 여학생이 자신은 키가 작아서 남학생이 싫어한다고 생각하고 막상 자신의 상냥함과 좋은 성품은 과소평가한다면 과잉축소한다고 볼 수 있다.

(6) **감정적 추론(emotional reasoning)** 자신이 느끼는 막연한 감정을 사실의 증거라고 주장한다. 예를 들어 "나는 바보같이 느껴지므로, 나는 바보임에 틀림없다."고 아무 근거 없이 생각한다. 하지만 그렇게 생각하기 때문에 바보같이 느껴지는 경우가 많다. 그렇게 느껴지는 감정이 너무 강하기 때문에 다른 증거는 무시하거나 생각하지도 않고 받아들인다. 청년들의 경우 정확한 근거 없이 막연한 감정만으로

자신의 미래는 암울하다고 느끼거나 이성에게 매력 없이 비쳐질 것이라고 느끼는 경우도 감정적 추론에 의할 때가 많다.

(7) 당위적 진술(should statements) '~해야 한다'라는 당위적 진술로 자신과 남을 판단한다. 자신이나 다른 사람에 대해서 '~해야 한다'나 '~해서는 안 된다'라는 말을 사용하여 비판한다. 유능한 연주가가 남이 알아차리기 힘든 작은 실수 몇 번 외에는 고난도의 곡을 훌륭히 연주하고 나서 실수를 너무 많이 했다고 말하며 며칠 동안 너무 괴로워서 연습을 하지 않는 경우이다. 자신을 향한 당위적 진술은 좌절감과 죄책감이 따라오고 타인이나 세상에 대한 것은 분노와 좌절이 따른다. 예를 들어 자신이 어젯밤 그 빵을 먹지 말았어야 한다고 생각한다면 좌절감이 따를 것이다. 하지만 이러한 당위적 진술은 오히려 반항적으로 작용하여 반대로 하게 한다. 예를 들어 먹지 않아야 한다고 생각하면서 더 먹는 경우이다.

(8) 이름붙이기(labeling) 이름 붙이기는 '전부-아니면-전무'라는 생각의 극단적인 형태이다. "나는 ~을 실수하였다."라고 말하는 대신에, "나는 바보다." 또는 "나는 실패자다."라고 자신에게 말한다. 이 외에도 많은 이름붙이기가 있을 것이다. 이러한 생각은 분노, 불안, 좌절, 그리고 낮은 자존감으로 이끈다. 자신뿐 아니라 타인에게도 이름붙이기를 한다. 그 친구는 멍청이라는 이름붙이기는 타인의 행동이나 사고가 아니라 성격이나 그 사람 자체가 문제라고 느낀다. 타인을 향한 이름붙이기는 그 사람과 건설적인 의사소통을 통해 문제해결이 안 되겠다는 생각으로 적대감이나 절망을 느끼게 된다.

(9) 개인화와 비난하기(blaming) 모든 문제의 원인을 전적으로 자신 혹은 타인과 연관시켜서 비난한다. 자신이 전적으로 책임질 일이 아닌 일에도 자신을 비난하거나, 자신이 어떤 문제에 관여한 점들은 무시하고 다른 사람들을 비난한다. 아이가 좋지 않은 성적을 받아올 때 성적을 좋게 할 방법을 모색하는 대신 "내가 나쁜 엄마라서 그래!"라고 생각한다. 이러한 생각은 주로 죄책감과 부적절한 감정을 느끼게 한다. 또한 타인을 비난하기도 하는데, 모든 문제의 원인을 타인에게 돌리는 경우이다.

(10) 완벽주의 자신의 성취에 절대 만족감을 느끼지 못한다. 완벽주의가 강한 사람은 자신이 열심히 노력하였지만 결과가 조금이라도 좋지 않으면 좌절하고 좋은 결과를 얻었다 할지라도 더 잘해야 한다고 생각한다. 항상 스트레스를 받고 더 완벽한

| 표 4-3 | 병적인 완벽주의 대 건강한 완벽주의 |

병적인 완벽주의	건강한 완벽주의
스트레스를 느끼고 쫓기는 느낌을 가지며 실패에 대한 두려움으로 인해 동기가 생긴다.	창의적인 느낌을 가지며 열정 때문에 동기가 유발된다.
성취를 이루어도 결코 만족감을 주지 못한다.	자신의 노력 자체가 즐거움과 만족감을 준다
남들에게 사랑받고 존경받기 위해선 자신의 지성이나 성취 등으로 남을 감동시켜야 한다고 느낀다.	남들에게 좋은 인상을 주어 사랑과 우정을 얻는다고 생각하지 않는다. 사람들이 있는 그대로의 모습으로 자신을 수용한다고 느낀다.
자신을 항상 강해야 하고 감정조절을 잘해야 한다고 생각한다.	자신의 마음이 약해졌을 때에도 두려워하지 않고 자신의 감정을 다른 사람과 나눈다.

(Burns, 1993)

성취를 이루기 위해 노력한다. 예로 한 학생이 이전보다 성적이 많이 올라 90점을 받았다고 해도 100점을 받지 못했다고 만족하지 못하는 경우에 완벽주의 성향이라고 할 수 있다. 다음의 〈표 4-3〉은 병적인 완벽주의가 건강한 완벽주의와 어떻게 다른지를 명시하고 있다.

지금까지 10가지 기본적인 인지왜곡을 알아보았다. 인지치료 이론에서는 비논리적이고 자신을 파괴하는 부정적인 생각을 바꾸면 느끼는 방식도 바꿀 수 있다고 말한다. 왜곡된 사고들은 사실처럼 보이는 경향이 있기 때문에 많은 연습을 하지 않으면 바꾸기가 쉽지 않다(그룹 워크 4-1). 청년기는 사고가 성숙해 가는 시기이므로 자신의 왜곡된 사고를 인식하려고 노력하고 또 극복하려고 노력한다면 자신의 정체감 확립과 친밀감 형성에 큰 도움이 될 것이다.

4 합리적 사고의 기술

비합리적인 사고의 유형에 대해 알아보고 청년기에 나타나기 쉬운 예들을 살펴보았다. 청년기에 비합리적 사고를 지양하고 합리적인 사고를 통해 자신과 타인 그리고 세상을 건전하게 바라보려면 어떻게 해야 할까? 합리적인 사고는 자신의 감정에 있는 왜곡된 사고를 발견하고 수정하는 과정으로서 자신의 태도와 행동을 교정하는 데 도움을 준다.

1) 비합리적 사고의 교정

비합리적 사고를 교정하는 많은 기법이 있으므로 다양한 방법을 사용하여 부정적 사고를 바꿀 수 있다. 우리가 아플 때 여러 가지 종류의 약을 먹듯이, 사고의 교정도 한 가지 방법만이 진리일 수가 없고, 이 방법이 다른 방법보다 효과적이라고 할 수 없다. 아래의 기법들은 번즈가 제시한 부정적인 생각을 공격하는 여러 방법이다(Burns, 1989).

(1) 인지 왜곡 찾기

자신에게 있는 부정적인 감정을 써 본 후에 어떤 인지왜곡이 있는지 찾아보고 수정해 본다(표 4-4). 이 과정에서 제3절에서 제시한 기본적인 인지왜곡의 종류를 참고한다. 자신의 왜곡된 인지를 인식하는 과정은 문제를 더 긍정적이고 현실적인 방법으로 생각하기 쉽게 할 것이다.

(2) 증거 검토하기

부정적인 생각이 옳다고 추측하기 전에 그에 대한 증거를 찾아본다. 예를 들어 만약 나는 아무것도 잘한 것이 없다고 생각되면, 내가 잘했던 일들의 리스트를 적어본다(셀프 워크 4-4).

(3) 이중기준 방법

자신의 부정적인 생각들을 써내려 간 후에 자신과 비슷한 문제를 겪은 친구에게도 이렇게 말할 수 있는지 물어보고 그 친구에게는 무엇이라고 말할 것인지도 물어본다. 자신을 심하게 비난하기 전에 같은 문제를 당한 친구에게 보였던 위로의 표현을 자신에게 해본다.

(4) 실험적 기술

자신의 부정적인 생각을 증명할 실험을 해본다. 공황상태가 오는 동안 심장이 멎을 것 같을 때 뛰거나 계단을 여러 번 오르락내리락해 본다. 이것은 자신의 심장이 문제가 없다는 것을 증명해 줄 것이다.

표 4-4	인지적 오류별 적절한 치료적 질문

인지적 오류	교정을 위한 질문
흑백논리	그 결과(사람)에 대해 몇 점을 줄 수 있을까? 100점 말고 40점, 60점, 80점은 어떤 의미가 있는가?
감정적 추론	그런 면 외에 다르게 생각해 볼 수 있는 점은 없을까? 그런 생각에 대한 논리적 근거는 무엇인가?
개인화	다른 이유는 없을까?
과잉확대	과연 그럴까? 다르게 생각해 볼 수는 없을까? 실제로 어떤 결과가 있을 수 있을까? 그 상황에서 일어날 수 있는 최악의 결과는 무엇일까? 실제로 그런 결과가 일어날 가능성이 있는가? 있다면 얼마나 될까?
과잉축소	남들이 내 경우라면 무엇이라고 할까?
과잉일반화	그렇게 결론을 내릴 만한 근거는 무엇인가?
이름붙이기	그 결과를 다르게 볼 수는 없을까? 남들이 내 경우라면 무엇이라고 할까?

(5) 회색논리로 생각하기

이 기법은 흑백논리와 싸울 때 도움이 될 수 있다. 자신의 문제를 전부 아니면 무의 극단에서 생각하지 말고 0에서 100까지 점수로 매겨 본다. 만약 문제가 원하는 대로 잘 해결 안 된다 해도 완전한 실패로 여기지 말고 성공한 점은 어떤 점인지 써본다. 그리고 이 상황에서 무엇을 배울 수 있는지 생각해 본다.

(6) 실태조사 방법

나의 생각과 태도가 현실적인지 사람들에게 물어본다. 예컨대 발표 불안이 비정상적이고 수치스럽다고 믿는다면 여러 친구에게 그들이 발표 전에 긴장된 적이 있는지 물어본다.

(7) 어의적 방법

단순히 좀 더 객관적이고 덜 감정적인 언어로 대체해 본다. 특히 당위성 진술에 효과적인 방법이다. "이런 실수를 하지 말았어야 했다."라는 말 대신에 "이런 실수를 안 했으면 더 좋았을 텐데……"라고 말해 본다.

(8) 자기 책임에서 벗어나기

자동적으로 어떤 문제의 원인이 자신 탓이라고 비난하는 대신에 다른 원인들을 찾아본다. 자신을 비난하고 죄책감을 느끼는 데 에너지를 소모하기보다 문제를 해결하는 데 초점을 둔다.

(9) 비용-이득 분석

자신의 감정, 부정적 사고, 바람직하지 않은 행동에 대해서 이득과 손실을 적어 본다. 특히 나는 언제나 완벽해야 한다는 자기패배적인 생각의 수정에 효과적이다. 예를 들어 자신이 다른 사람과 관계를 잘 못하는 것이 다른 사람의 잘못이라고 생각한다면 그렇게 생각하는 장단점을 써본다. 장점은 좌절감을 느끼지 않아도 되고 자신이 강하다고 느낄 것이며 아무것도 고치는 노력을 안 해도 된다는 것이고 단점은 무기력감을 느끼거나 다른 사람에게 친근감을 느끼지 못하거나 관계의 개선이 일어나지 않는다는 것이다.

2) 대안적 사고 기록하기

자신의 고통스러운 사고에 대해서 대안적 사고를 만들어 내는 방법을 사용한다. 먼저 자신의 사고를 적고 그에 따른 질문을 적고 그리고 그 사고에 대응하는 대안적 사고를 적는다. 그 예는 〈표 4-5〉와 같다

3) 역할극

(1) 목소리의 객관화

역할연기는 부정적 사고를 전환하는 데 좋은 방법이다. 이 기법을 수행하기 위해서는 도와줄 사람이 필요하다. 그 사람은 나의 부정적 사고의 역할을 대신하게 된다. 예를 들어 "나는 바보야.", "나의 미래는 어둡다."라고 생각한다면 상대방으로 하여금 이러한 생각들을 나에게 얘기하도록 한다. 나는 친구에게 이야기하듯이 2인칭으로 얘기한다. 예를 들어 "너는 바보가 아니야. 너는 비록 그 일은 잘 못했지만 다른 일들은 잘했어. 그리고 너의 미래는 네가 노력하기에 달려 있어."라고 말해줄 수 있다(Burns, 1993). 이 기법은 자신이 이중의 기준을 자기고 있다는 것을 알게 해준다. 부정적 사고를 하는 사

표 4-5   대안사고 기록

사고	질문	대안적 사고
아무도 나와 데이트하지 않을 것이다.	모든 사람에게 물어보았는가?	몇 사람은 거절할 수도 있지만 아직 물어보지 않은 사람들이 많다.
나는 실패할 수밖에 없는 운명이다.	정말 모든 것에 실패했는가?	사람은 걸림돌을 만나기도 한다.
나는 이 우울증에서 절대로 회복될 수 없을 것이다.	이 치료가 우울증을 가진 사람들에게 도움을 주었을까?	유사한 문제를 가진 많은 사람들이 훨씬 좋아졌다.
사람들은 선량하지 않다.	아직 내가 선량한 사람들을 못 만난 것은 아닐까?	사람들을 만날 때 꼭 거절하지 않고도 조심할 수 있다.
사람들은 나를 보고 비웃을 것이므로 이 파티에 안 가는 것이 나을 것이다.	일어날 수 있는 최악의 사태는 무엇일까?	가끔 몇 사람은 나를 보고 비웃을 수도 있지만, 그들이 내가 꼭 신경 써야 하는 사람들일까?

(Brent, Poling, & Goldstein, 2016)

람들은 다른 사람에게는 현실적이고 관대한 기준을 갖지만 자신에게는 완벽하기를 기대하는 경향이 있다. 이 기법은 모든 사람에게 공평하고 관대한 기준으로 대하는 것을 가르치고 있다.

(2) 거울 기법

이 기법은 거울을 바라보며 자신에게 2인칭으로 말하는 방법이다. 좌절하고 있는 친구에게 용기를 내라고 말하듯이 자신에게도 같은 방법으로 격려한다. 예를 들면 "너는 가끔 불안해해. 하지만 다른 사람들도 모두 불안할 때가 있지. 너는 장점도 있고 단점도 있어. 그것이 인간적인 거야. 단점이 없다면 좋겠지만 단점이 있어도 고쳐 나가면 돼."라고 말할 수 있다.

(3) 역설적 수용

역설적 수용은 자기방어를 하지 않고 부정적인 생각과 싸우는 대신에 그 속에서 진실을 발견하고 동의하는 것이다. 이를 위해 상대방의 도움을 받을 수도 있고, 자신이 두 역할을 감당할 수도 있다. 예를 들어 상대방이 나에게 "너는 실패자고 친구도 없어."라고 말한다면 나는 "맞아. 나는 영화배우처럼 잘생기지도 않았고 아직 성취한 것은 많이 없어. 친구도 그리 많진 않지."라고 말한다. 이렇게 말하는 동안 자기비판에 대항하여 방어하지 않고 자신이 완전하지 않고 단점도 많고 실수도 많다는 사실을 받아들인다. 이 방법이 효과적인 이유는 현실적이기 때문이다. 인간은 대부분 많은 점에서 부족하다. 자신의 부족함을 감추는 대신 내적 평화를 가지고 받아들이게 되면 부담을 덜 느끼게 된다. 그리고 때로는 자유와 유쾌함을 느끼기도 한다. 역설적 수용은 자신의 부족함이나 실패를 받아들임으로써 성공을 할 수도 있다는 개념에 근거를 두고 있다(그룹 워크 4-2). 하지만 이러한 기법은 잘못 사용하면 오히려 자신을 더 해칠 수도 있음을 유의해야 한다.

청년기에는 신체적, 정서적 능력과 함께 인지적 능력이 양적, 질적으로 변화한다. 청년기의 인지발달은 자기개념을 통합하고 자아정체감을 형성하고, 친밀감을 형성하는 데 중요한 역할을 한다. 또한 청년기는 자신의 지적 잠재력으로 새로운 지식과 정보를 습득하여 자신이 알고 있는 것을 어떻게 사용할지 고민하고 배워 나갈 뿐 아니라 자신의 사고의 탐색을 통해 합리적인 생각을 함양해 나갈 수 있는 적기이다.

핵심요약

- 청년기의 지능은 학업의 승패 여부와 미래 직업의 준비와 성공을 위해 중요한 개념이다.
- 성공지능은 분석적 지능, 창의적 지능, 실천적 지능으로 구성되어 있으며, 청년기에는 학문지능보다 창의력과 실천능력이 강조되는 성공지능이 중요할 수 있다.
- 청년기의 사고는 형식적 조작단계에 속하며 형식적 조작사고는 추상적 사고, 조합적 사고, 가설 연역적 사고, 사고과정에 대한 사고의 특징이 있다.
- 청년기에 비합리적이고 왜곡된 사고는 고통을 가져다주고 삶에 적응하기 어렵게 한다. 합리적 사고를 위해서는 먼저 자신의 부정적인 감정에 있는 왜곡된 사고를 발견하고 수정하여 자신의 태도와 행동을 교정하는 것이 필요하다.

참고문헌

권석만(2016). 이상심리학 총론 : 이상심리와 정신장애의 이해. 서울 : 학지사.

김기정 외 역. 자신감에 이르는 10단계. 서울 : 학지사.

송재관, 김범준(2008). 인간심리의 이해. 성남 : 선학사.

이명조(2012). 청년심리학 : 일과 사랑. 서울 : 한국외국어대학교출판부.

허혜경 외(2016). 청년발달. 서울 : 학지사.

Adams, G. R., Abraham, K. G. & Markstorm, C. A.(1987). The relations among identity development, self-consciousness, and self-focusing during middle and late adolescence. *Developmental Psychology, 23*, 292-297.

Beck, A. T., Rush, J., Shaw, B. F., & Emery, G.(1997). 우울증의 치료[*Cognitive Therapy of Depression*]. (원호택, 박현순, 신경진, 이훈진, 조용래, 신현균, 김은정 역). 서울 : 학지사 (원전은 1973년에 출판).

Brent, D. A., Poling, K. D., and Goldstein, T. R.(2016). 우울과 자살 위기의 청소년 치료[*Treating Depressed and Suicidal Adolescent*]. (지승희 외 공역). 서울 : 학지사.

Burns, D. D.(1989). *The feeling good handbook*. New York : Plume

Burns, D. D.(1993). *Ten days to self-esteem*. New York : HarperCollins Publishers Inc.

Dellas, M. & Jernigan, L. P.(1990). Affective personality characteristics associated with undergraduate ego identity formation. *Journal of Adolescence Research, 5*, 306-234.

Elkind, D.(1967). Egocentrism in adolescence. *Child Development, 38*, 1025-1034.

Ellis, A. E.(2001). *Overcoming destructive beliefs, feelings, and behaviors : New directions for rational emotive behavior therapy*. New York : Brunner/Mazel.

Frank, S. J., Pirsch, L. A. & Wright, V. C.(1990). Late adolescences' perceptions of their relationships with their parents : Relationships among deidealization, autonomy, relatedness and insecurity and implications for adolescent adjustment and ego identity status. Journal of *Youth and Adolescence, 19*, 571-588.

Guilford, J. P.(1967). *The nature of human intelligence*. New York : McGraw-Hill.

Keating, D. P.(1980). Thinking process in adolescence. In J. Adelson (Ed.), *Handbook of adolescent psychology*. New York : Wiley.

Larson, J. H., Holman, T. B.(1994). Premarital predictors of marital quality and stability. *Family relations, 43*, 228-240.

Lapsley, D. K.(1990). Continuity and discontinuity in adolescent social cognitive development. " In R. Montemayor, G. R. Adams, & T. P. Gullotta (Eds.), *From childhood to adolescence : A transitional period?*(pp. 183-204). Newbury Park, CA : Sage.

Marcia, J. E. (1980). Identity in adolescence. In J. Adelson(Ed.), *Handbook of adolescent psychology*. New York : NY : Wiley.

Marcia, J. E., Waterman A. S., Matteson D. R., Archer, S. L., & Orlofsk, J. L., (1993). *Ego Identity : A Handbook for Psychosocial Research*. New York : Springer.

Minuchin, S.(1998). *Family Healing : Strategies for Hope and Understanding*. New York : Free Press. s

Myers,(2016). 마이어스의 심리학 개론[*Psychology*]. (신현정, 김비아 역). 서울 : 시그마프레스.

Piaget, J.(1954). *The construction of reality in the child*. New York : Basic Books.

Schunk, D. H.(1991). Goal setting and self-evaluation : A social cognitive perspective on self-refulation. In M. L. Maeher & P. R. Pintrincn (Eds.), *Advances in motivation and achievement*. Greenwich, CT:JAI.

Seligman L. & Reichenberg, L. W.(2014). 상담 및 심리치료의 이해[*Theories of counseling and psychotherapy*] (김영혜 외 역). 서울 : 시그마프레스 (원전은 2013년에 출판).

Sternberg, R. J.(2011). The theory of successful intelligence. In R J. Sternberg & S. B. Kauffman (Eds.), *The Cambridge handbook of intelligence*. New York : Cambridge University Press.

Shaffer, D. R. & Kipp, K.(2014). 발달심리학[*Developmental psychology : Childhood & adolescence*]. 송길연 공역(2014). 서울 : 시그마프레스.

Torrance, E. P.(1959). Current research on the nature of creative talent. *Journal of Counseling Psychology*, VI(4), 6-11

[4-1] **지각의 오류** 지각에는 오류가 있을 수 있다는 인식을 바탕으로 지각의 오류에 해
당하는 자신의 경험에 대해 생각해 보고 서로 나누어 보자. 자신에 대한 지각과
다른 사람들이 나를 지각하는 것과 얼마나 일치하고 있는지 살펴보고, 그 사이에
차이가 있다면 그것은 무엇이며 어디서 온 것인지 생각해 본다. 또한 타인과의
상황에 대한 지각의 오류에 대한 사례도 생각해 보고 나누어 본다.

토론 주제	내용
과거의 경험이나 가치관 등으로 인한 판단의 오류가 있었던 경험은 어떤 것이 있는가?	
나의 정서상태나 동기에 의해 현실을 그대로 인정하지 못한 경우가 있었다면 어떤 것이 있는가?	

내가 보고 지각하는 세상이 실제와 얼마나 다를 수 있는지에 대해 돌아보면서 느끼는 소감을 나누어 보자.

[4-2] 단축형 자동적 사고 척도 다음은 가끔씩 우리의 머릿속에 떠오르는 여러 가지 생각을 나열한 것이다. 다음의 문항을 읽고, 지난 한 주 동안에 얼마나 자주 이런 생각들이 떠올랐는지 표시하고 그 빈도에 따라 적당한 숫자에 ○표해 보자.

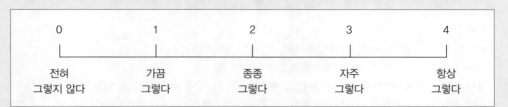

0	1	2	3	4
전혀 그렇지 않다	가끔 그렇다	종종 그렇다	자주 그렇다	항상 그렇다

셀프 워크 04

1. 살아가는 일이 너무 힘겹게 느껴진다.	0	1	2	3	4
2. 나는 쓸모없는 사람이다.	0	1	2	3	4
3. 나를 이해해 주는 사람이 없다.	0	1	2	3	4
4. 내가 해온 일을 계속할 수 없을 것 같다.	0	1	2	3	4
5. 나는 너무 나약하다.	0	1	2	3	4
6. 내 인생은 내가 원하는 대로 흘러가고 있지 않다.	0	1	2	3	4
7. 나 자신에 대해 매우 실망하고 있다.	0	1	2	3	4
8. 나는 새로운 일을 착수할 수 없다.	0	1	2	3	4
9. 다른 곳에서 살았으면 좋겠다.	0	1	2	3	4
10. 나 자신을 싫어한다.	0	1	2	3	4
11. 나는 가치 없는 인간이다.	0	1	2	3	4
12. 어디론가 사라져 버리고 싶다.	0	1	2	3	4
13. 내 인생은 엉망진창이다.	0	1	2	3	4
14. 나는 인생의 실패자이다.	0	1	2	3	4
15. 나는 결코 성공하지 못할 것이다.	0	1	2	3	4
16. 나는 무기력하다.	0	1	2	3	4
17. 나에겐 틀림없이 무언가 잘못되어 있다.	0	1	2	3	4
18. 미래에 대한 희망이 없다.	0	1	2	3	4
19. 가치 있게 느껴지는 것이 없다.	0	1	2	3	4
20. 어떤 일도 끝까지 해낼 수 없다.	0	1	2	3	4

(계속)

[채점]
20문항에 대한 응답에 해당하는 숫자를 모두 합한 것이 부정적 사고의 총점이 된다.

나의 총점은? _____

[해석]

0~10점	정상적 범위. 현재의 삶에 만족하거나 별 불만이 없는 상태
11~25점	약간 많음. 현재의 삶에 다소 불만족감을 느낌
26~40점	상당히 많음. 현재의 삶에 불만족감이 높으며 우울 증상이 나타날 수 있음
41점 이상	매우 많음. 상당히 심한 우울증의 가능성. 조속한 전문가와의 상의 요함

(권석만, 2016)

[4-3] 합리적 신념으로 전환하기 자신의 비합리적인 사고를 적고 어떤 종류의 인지왜곡인
지 써보고 합리적인 사고로 바꾸어 보자.

왜곡된 사고(왜곡의 종류)	합리적 사고
내가 아는 것이 부족하면 친구들이 싫어할 것이다 (과잉일반화).	친구 간에는 지식보다 신뢰와 우정이 중요하다. 지식의 양이 인격의 척도가 되는 것은 아니다.

[4-4] 왜곡 사고의 교정 : 증거 검토하기 왜곡의 증거 검토하기 기법은 부정적인 생각을 지지하거나 논박하는 경향이 있는 모든 사실을 평가한다. 다음의 네 가지 부정적 생각 중 어느 하나에 도전하기 위하여 이 기법을 사용해 보라.

1. 나는 전반적으로 일을 미루는 사람이다. 시간에 맞춰 해내는 일이 없는 것 같다. 나에게 무엇이 잘못되어 있지?
2. 나는 식욕을 조절할 수 없다. 나는 의지가 약하다.
3. 나는 우유부단하다. 나는 어떤 일이든 마음을 정할 수 없다.
4. 나는 손재주가 없다. 어떤 것 하나도 똑바로 할 수 없다.

위의 네 가지 생각 중 하나를 선택하라. 여러분은 어느 것을 선택하였는가? 그 생각 속에 있는 왜곡된 생각은 무엇인가? 왜곡된 생각 목록을 사용하여 아래에 써보자.

1. _____

2. _____

3. _____

4. _____

여러분이 선택한 생각이 왜곡되었다는 것을 증명하기 위해 증거를 검토하여 적어 보자.

_____

_____

_____

_____

_____

_____

_____

셀프
워크
04

[4-1] **인지적 오류의 사례** 다음 중 자신에게 있는 인지적 오류의 예를 찾아보고 나누어 보자. 그리고 어떻게 바꿀 수 있을 것인가 나누어 보도록 한다.

인지적 오류	사례
흑백논리	
과잉일반화	
색안경 끼고 보기	
속단하기	
과잉확대/축소	
감정적 추론	
당위성 진술	
이름붙이기	
개인화/비난하기	
완벽주의	

[4-2] **역설적 수용** 세 사람이 한 조로 구성한다. 자신의 부정적인 사고를 제시한 사람이 긍정적 생각의 역할을 담당하고 다른 한사람은 부정적 생각의 역할을 담당하고, 나머지 한 사람은 관찰자가 된다. 부정적 생각과 부정적 생각의 역할을 담당한 두 사람이 모두 자기방어를 실습할 수 있도록 역할을 바꾸어 가며 연습해 본다.

[4-3] **확산적 사고검사** 다음의 그림에서 빈 동그라미 안에 될 수 있는 대로 그림을 많이 그려 넣어 보자.

▲ 확산적 사고검사(정옥분, 2015)

[해석] 답변의 수와 독창성이 많을수록 확산적 사고의 수준이 높다고 볼 수 있다.

project
02

대인관계 향상

5 가족관계

학습목표

1. 가족의 다양한 형태를 이해한다.
2. 부모-자녀 관계가 청년기에 미치는 영향을 살펴본다.
3. 형제자매 관계가 갖는 의미를 이해한다.
4. 건강한 가족의 특징을 이해하고, 건강한 가족생활을 위한 함의를 도출한다.

'가족'하면 무엇이 떠오르는가? 가족과 관련된 고사성어를 알아보고, 가족에 대한 자신의 생각, 느낌, 이미지를 떠올려 보자.

- 가화만사성(家和萬事成) : 집안이 화목하면 모든 일이 잘 이루어진다는 뜻
- 천륜지락(天倫之樂) : 부모, 형제 등 혈족 간에 잘 지내며 즐거워하는 것
- 부화부순(夫和婦順) : 부부 사이가 화목함
- 의문지망(倚門之望) : 어머니가 아들이 돌아오기를 문에 의지하여 기다린다는 뜻으로 자녀가 돌아오기를 기다리는 간절한 어머니의 마음
- 부자유친(父子有親) : 가정윤리의 실천덕목인 오륜의 하나로, 부모는 자식에게 인자하고 자녀는 부모에게 존경과 섬김을 다하라는 말
- 부위자강(父爲子綱) : 아버지와 자식 사이에 지킬 떳떳한 도리
- 부전자전(父傳子傳) : 대대로 아버지가 아들에게 전한다는 뜻으로, 아버지의 성품이나 행동, 습관을 아들이 그대로 닮는 모습

▲ 행복한 가족
가족 내 온정과 화목은 우리의 삶을 윤택하게 한다.

- 신체발부 수지부모(身體髮膚 受之父母) : 신체의 모든 것은 부모로부터 받은 것이라는 뜻으로, 건강이 최고의 효도임을 강조한 말
- 구로지감(劬勞之感) : 자기를 낳아 길러주시느라 애쓴 부모의 은공을 생각하는 마음
- 형우제공(兄友弟恭) : 형은 아우를 사랑하고, 동생은 형을 공경한다는 뜻으로 형제간에 우애 있게 지냄을 뜻함
- 여족여수(如足如手) : 몸에서 떼어 놓을 수 없는 팔다리와 같다는 뜻으로 형제간의 두터운 정을 비유한 말
- 수족지애(手足之愛) : 형제간의 우애

가족은 개인의 생활에 있어서 가장 기본이 되는 공동체이다. 가족 내의 온정과 화목은 더할 수 없는 축복이자 행복의 근원이 되지만, 가족 내의 불화는 커다란 스트레스와 좌절의 근원이 되기도 한다. 부모-자녀 관계 및 형제자매 관계를 살펴보면서 건강한 가족생활에 대해 생각해 보자.

1 가족이란

표준국어대사전에서는 가족을 "주로 부부를 중심으로 한, 친족 관계에 있는 사람들의 집단, 또는 그 구성원"으로 정의하며 "혼인, 혈연, 입양 등으로 이루어진다."고 설명한다(국립국어원, 2017). 인류학자와 사회학자는 가족을 전 세계적으로 나타나는 보편적인 사회적 기관이며 인간의 삶에 필수적인 부분이라고 본다. 머독(Murdock, 1949)은 기능적 측면에서 가족을 접근하면서 가족을 "공동주거, 경제협력, 번식의 특징을 갖는 사회적 집단"이라고 정의했다. 그는 성관계, 경제적 협력, 번식, 아동의 사회화를 가족의 네 가지 주요기능으로 보았다. 머독의 정의는 전통적 가족의 개념에 잘 부합하는 측면이 있지만, 가족의 기능을 협소하게 정의하고 있어 전통적이지 않은 구조의 가족을 포

괄하지 못한다는 측면에서 비판을 받는다.

1) 가족의 형태

가족은 사회를 구성하는 중요한 기본 단위로 다양한 형태로 나타난다. 우리사회에서 가족은 가장 일반적으로 핵가족과 확대가족으로 구분된다. 핵가족은 남편과 아내, 그리고 그들의 미혼자녀로 구성된 가족을 의미한다. 이들은 상대적으로 부모의 친척이나 다른 관계에 대해서는 독립적인 위치를 갖는다. 이에 비해 확대가족은 같은 '핏줄'이 강조되며 친척관계가 관계망의 중심이 되는 가족형태를 의미한다.

이혼과 재혼이 빈번해지면서 혼합가족도 증가하는 추세에 있다. 혼합가족은 부모 중 한 명 또는 두 명이 모두 재혼하면서 이전 결혼을 통해 얻은 자녀를 새로운 가족 안에 함께 데리고 가서 구성한 가족을 의미한다. 부모가 특별한 사정으로 자녀를 양육하지 못하게 되어 조부모가 손자, 손녀가 함께 공동체를 이룬 조손가족과 이혼이나 사별 후 부모 중 한 명만이 아이를 양육하는 한부모 가족도 가족의 한 형태로 자리하고 있다(그림 5-1). 누군가와 공동체를 이루지 않고 혼자서 생계 등을 해결해 가는 1인 가구도 현대사회를 특징짓는 가족의 한 형태로 언급되고 있다.

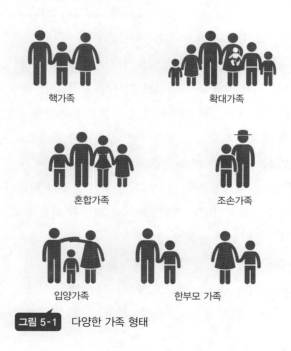

핵가족　　　　　　　　　확대가족

혼합가족　　　　　　　　　조손가족

입양가족　　　　한부모 가족

그림 5-1　다양한 가족 형태

그런가 하면 "가족이라고 다 가족인가, 가족 같아야 가족이지."라는 말이 회자되듯이 애정과 존경, 사회적 지지와 같은 정서적 기능의 측면에서 가족에 접근하는 경우도 있다. 특히 성적 소수자 사회에서는 선택 가족이라 하여 사회적 지지체계로서 전통적 가족의 역할을 해주는 사람들의 집단을 가족으로 본다. 이러한 명칭은 자녀를 낳고 길러준 생물학적 측면에 초점을 둔 원가족이라는 말과 구분되며, 가족의 이상적인 역할을 강조하는 용어이다.

이렇듯 현대 가족의 형태는 다양하다. 가족은 한 가지 형태로 고정되어 있는 것이 아니라 변화의 주기를 거쳐 역동적으로 변해 간다. 한 개인이 탄생하면 아동기, 청소년기, 성인기, 노년기를 거쳐 죽음에 이르기까지 인생주기를 지나듯이, 가족 역시 탄생부터 소멸의 일련의 과정을 거치게 된다. 즉, 결혼을 통한 가족의 형성기, 자녀 출산을 통한 가족 확대기, 장성한 자녀들이 분가를 하게 되면서 크기와 책임이 줄어드는 가족 축소기, 부부만 남아 살아가는 빈둥지기, 부부 중 한쪽이 사망하는 가족 해체기, 그리고 남은 배우자마저 사망하는 가족 소멸기를 거쳐 가족은 역동적으로 그 형태와 기능이 변화되어 간다.

2) 체계로서의 가족

가족상담 이론들은 가족을 하나의 체계로 접근한다. 가족을 개별적 특징을 지닌 개인들이 모여 이룬 하나의 집단으로 보기보다는 상호 유기적으로 관계하며 서로에게 영향을 주고받으며 역동적으로 얽혀 작동하는 체계로 이해하는 것이다. 한마디로 가족이론은 개인의 특징보다는 맥락의 중요성을 강조하며 상호작용에 초점을 둔다. 예를 들어 각 배우자의 행동은 상대 배우자의 행동의 맥락에서 그에 대한 반응으로 나타나는 것으로 본다. 부부갈등이 심화되면 아내는 계속 남편을 비난하고 남편은 그러한 아내를 무시하는 식의 경직된 방식으로 상호작용을 할 수 있다. 이렇게 부부가 만들어 낸 부정적 상호작용이 다시 부부관계를 악화시키는 주원인으로서의 역할을 하게 된다. 이와 같이 가족 내의 인과관계는 직선적이 아니라 순환적이다.

가족을 체계로 이해하게 되면 문제 아이는 없고 문제 가족만 있다. 문제를 보이는 구성원을 지명된 환자(identified patient, IP)라고 부르는데 지명된 환자는 가족체계의 역기능을 자신의 증상을 통해 표현하게 된다. 체계이론을 더 큰 맥락에 적용하면 역기능적인 가족은 사회의 문제를 반영하는 것이다. 우리나라에 외환위기가 발생했을 때 많은 가정이 경제적 문제를 이유로 이혼하기도 하였다. 이때 특정 가정의 이혼은 국가의 경제사회적 어려움을 반영하는 것으로 해석될 수 있다. 체계로서의 가족은 이해하기 어려울 수 있는 개인의 일련의 행동들을 이해하는 데 도움을 준다. 가족체계에 대한 이해를 통해서 유해하게 보이는 훈육이 어떻게 여러 세대에 걸쳐 전수되는지, 개개인이 전체 가족의 긴장을 낮추기 위해서 어떤 역할들을 맡게 되었는지, 특정 구성원 간의 특별한 연합은 어떤 목적에서 이루어졌는지 등을 이해할 수 있게 된다.

체계로서의 가족을 한눈에 이해할 수 있도록 하는 것이 가계도이다. 가계도는 가족관계 및 의학력을 그림으로 나타낸 것으로, 가족 간의 관계를 하나의 나무 형태로 시각화하여 세대에 걸쳐 나타나는 가족 간의 관계형태, 반복적 행동, 유전적 성향 등을 쉽게 알아볼 수 있도록 한 그림이다(그림 5-2). 불안정한 두 사람의 관계를 가족 내 다른 사람이 개입하여 불안을 낮추는 목적으로 맺어지는 관계를 삼각관계라고 한다. 가계도는 가족체계 내에 존재하는 주요 삼각관계를 식별할 수 있도록 도와주며, 그 삼각관계 유형이 세대를 걸쳐 어떻게 전수되는지를 보여준다. 가계도를 통해 가족 내 관계 역학을 이해하게 되면 관계의 변화를 위한 전략도 세워볼 수 있다. 자신의 가족을 적어도 3대에 걸친 가족관계를 가계도로 그려 보며 체계로서의 가족을 이해해 보자(셀프 워크 5-1).

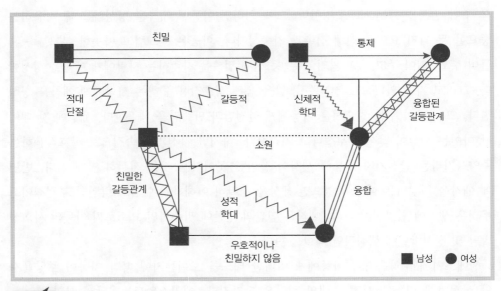

그림 5-2 가계도

2 부모-자녀 관계

인간은 태어나면서 가족의 여러 체계 중에서 부모-자녀 관계에 입문하게 된다. 어린아이는 부모의 전적인 돌봄과 양육을 필요로 한다. 아이가 부모와 맺은 관계방식은 이후의 대인관계의 원형이 되며, 나중에 자신의 자녀에 대한 양육태도의 기초가 된다. 자녀에게 부모는 절대적인 존재이며 그 영향력은 매우 크다. 청년은 자신이 부모와 맺은 관계를 돌아보고, 그 관계가 현재의 자신과 자신의 대인관계에 미치는 영향을 이해할 필요가 있다. 막연하게 알았던 것을 확실히 깨닫고 이해하는 경험인 통찰의 경험은 우리의 행동에 변화를 가져온다. 청년은 부모의 양육과 그 영향에 대해 분명하게 이해할수록 장점은 유지하고 단점은 개선해 갈 수 있게 될 것이다. 애착과 양육태도를 학습하며 자신의 부모-자녀 관계를 돌아보자.

1) 애착

애착(attachment)은 다른 사람과의 정서적 유대를 의미하는 말이다. 애착이론에 따르면 어린 아동은 흔히 보호자와 가까이 있으려 하고 헤어지면 불편함을 나타낸다. 진화론적 측면에서 볼비(Bowlby, 1969)는 이러한 아동의 애착 행동이 위험으로부터 아동을 보호해 주어 생존을 돕는다고 설명한다. 그에 의하면 아동이 애착을 형성하는 데 작용하는 중요한 두 가지 요인은 신체 접촉과 친숙성이다. 아동은 부드럽고 따뜻한 부모, 즉 흔들어 주고, 먹여 주고, 토닥거려 주는 등 신체 접촉을 자주하는 사람에게 애착을 형성한다. 그리고 자주 만나고 표정, 몸짓, 말을 통해 상호작용을 하는 사람에게 애착을 형성한다. 그 사람이 주는 친숙성은 아동에게 안전감과 만족감을 제공한다. 세상에 갓 태어난 아이는 세상이 낯설고 무섭다고 지각한다. 하지만 자신과 지속적으로 상호작용하는 주양육자라는 안전기지를 통해 세상이 살만한 곳이라는 것을 서서히 알게 된다. 반면에 애착을 형성하는 대상이 없으면 세상을 정확히 이해하기 어렵고 막연히 부정적이고 두려운 생각에 휩싸이게 된다. 애착은 인간의 생존에 필수적인 요소로써 아동의 사회성 발달 및 정서발달에 핵심적인 역할을 한다.

생애초기에 주양육자가 아동에게 어떠한 태도를 보이는지에 따라 아동이 주양육자와 형성하게 되는 정서적 유대의 성격은 달라진다. 에인스워드는 '낯선 상황(strange situation)'이라는 실험을 통해 애착의 유형을 분류하였다(Ainsworth et al., 1978). 이 실험에서 엄마와 유아(11~17개월 사이)는 낯선 놀이방에 들어간다. 시간이 조금 지났을 때 낯선 성인이 방에 들어가고, 잠시 후 엄마는 방을 떠난다. 시간이 좀 더 지난 후 엄마는 다시 방에 들어온다. 유아가 엄마와 분리될 때 보이는 반응과 재결합 시 보이는 반응에 의해 아동의 애착 유형은 분류된다. 애착 유형은 크게 안정 애착과 불안정 애착으로 나뉘며, 불안정 애착은 다시 회피형, 양가형, 혼란형으로 구분된다.

(1) 안정 애착

주양육자가 일관성 있고 수용적인 태도로 민감하게 아동의 필요에 반응해 주면 아이는 안정 애착(secure attachment)을 형성한다. 이들은 양육자가 곁에 있을 때 자유롭게 놀이방을 탐색하는 모습을 보인다. 양육자가 떠나면 속상한 표현을 하고, 재결합 시에는 양육자를 반가워하고 양육자가 달래주면 금방 안정되는 모습을 보인다. 이렇게 안정된 애착을 형성한 아이는 성장 후에도 타인을 신뢰하고, 상대에게 지나치게 의존하지 않으며, 친밀하고 안정적인 대인관계를 형성해 간다. 이들은 다른 사람에게 접근하는 것을 어렵게 느끼지 않으며, 타인에게 편안하게 의존하며 동시에 타인이 자신에게 의존하는 것을 잘 받아들인다. 유기에 대한 두려움이 적기 때문에 대인관계에서 편안하고 안정된 정서를 보인다. 나아가 안정 애착 유형의 아이들은 정서적으로 열려 있고, 언어적 의사소통이 유창하며, 자신을 성찰하는 기능이 잘 발달한 특징을 보인다(Wallin, 2010).

(2) 불안정 애착

회피형 애착

아동의 애착 행동에 대해 주양육자가 지속적으로 거부적이거나 통제적인 반응을 보일 경우, 아동은 회피형 애착(avoidant attachment)을 형성하게 된다. 이는 아동이 거절하고 통제하는 부모로부터 상처를 덜 받기 위해 스스로 애착 대상과 연결되고자 하는 충동과 거리를 두는 전략을 취하면서 나타나는 애착 형태이다. 아동은 양육자와 분리될 때 고통을 나타내지 않으며, 재결합 시에는 양육자를 무시하는 모습을 보인다. 이들의 양육자는 흔히 이들의 정서적 욕구는 만족시켜 주지 않았지만 물질적 욕구는 만족시켜 준 경우가 많다. 그러다 보니 회피형 애착을 형성한 사람은 부모에 대해 자신의 필요를 충분히 채워주었다며 이상화하여 보고하기도 한다. 이들은 자신의 애착 욕구나 취약성을 부인하고 과도하게 자기의존적인, 즉 독립적인 것처럼 보이는 모습을 유지한다.

양가형 애착

양가형 애착(ambivalent attachment)을 보이는 아동의 주양육자는 비일관적인 양육 태도를 보인다. 주양육자는 때로는 아동의 애착 행동에 대해 수용적이고 민감하게 반응하지만, 때로는 거부적이고 회피하는 반응을 보이는데, 이러한 비일관성은 지속적으로 반복된다. 아동은 양육자에 대해 예측 불가능하다고 느끼게 되고, 자신의 정서를 과장하여 높은 강도로 고통을 표현하는 것을 통해 애착을 유지하고자 하는 전략을 취하게 된다. 낯선 환경에 놓였을 때 아동은 엄마가 곁에 있을 때조차 환경을 탐색하는 것을 꺼리며, 엄마와 분리되었을 때 심한 고통을 보인다. 막상 엄마가 돌아왔을 때는 접근할지 말지에 대해 혼란스러워하여, 때로는 화를 내기도 하고 때로는 수동적 태도로 엄마에게 다가가지 못하기도 한다. 이들은 스스로 정서를 조절하는 능력이 부족하며, 친밀함을 상실할 가능성에 대해 계속 집착하여 장황하게 고통을 호소하는 방식으로 타인과 상호작용한다. 따라서 때로는 불안과 두려움 때문에 친밀한 관계 형성을 주저하거나, 때로는 상대방이 부담스러워할 만큼 지나친 애정으로 접근하여 결국 상대방이 떠나게 되는 경험을 하게 된다.

혼란형 애착

에인스워드는 원래 안정 애착, 회피형 애착, 양가형 애착의 세 가지의 애착 유형을 발견하였는데, 그녀의 동료인 메인 박사에 의해 마지막 네 번째 유형인 혼란형 애착(disorganized attachment)이 추가되었다(Main & Solomon, 1990). 이 유형의 부모는 흔히 아동에게 겁을 주는 행동을 보인다. 아동은 세상에 대해 느낀 위협을 해결하려고 부모에게 접근한다. 이때 부모는 오히려 아동을 위협하거나 스스로 겁을 먹거나 해리된 행동을 보인다. 그러면 아동은 자신이 경험한 공포에 대해 해결책이 없다고 느끼게 되고 애착 전략은 붕괴된다. 이 유형은 흔히 학대를 경험한 아동에게서 나타난다. 아동은 부모와의 관계에서 안식처가 공포의 근원이 되는 해결할 수 없는 모순을 경험하고 이에 위험을 느껴 붕괴된 애착 전략을 갖게 된다. 이들은 성장과정에서 부모와 역할을 바꾸어 부모를 돌보는 행동을 하기도 하고, 부모에게 오히려 공격적이고 가혹하게 행동하거나, 부모의 존재를 아예 무시하기도 한다. 이들은 어린 시절의 외상경험을 부인하면서 살아가는 편인데, 부인된 경험이 건드려지면 갑자기 압도되고 혼란스럽고 넋이 나간 것 같은 상태에 놓이게 되기도 한다.

애착 관련 연구들은 부모와 형성한 애착의 특징이 아동의 또래 관계는 물론이고 정서발달 및 인지발달에도 영향을 미치며, 나아가 성인이 되었을 때의 진로와 연애에도 영향을 미친다는 것을 일관성 있게 지지한다(예 : 이소희 외, 2002; 이은희, 2011; 이현덕, 홍혜영, 2011; Kochanska, 2001; Moss & St-Laurent, 2001). 즉, 영아시절 양육자와의 관계를 통해 형성한 애착은 이후 한 개인의 전인발달에 핵심적 역할을 하는 것이다. 20대 청년 역시 자신이 영아시절에 형성한 애착에 영향을 받는다. 영아시절에 형성한 일차 애착 유형을 바탕으로 성인이 된 이후 이에 부합하는 성인 애착을 형성한다. 이를 토대로 개인은 자신과 타인에 대한 표상을 갖게 된다(Main, Kaplan, & Cassidy, 1985). 특히 연애에 있어서 대학생은 어린 시절에 형성한 애착 유형에 상응하는 사랑을 하는 경향을 보인다(Hazan & Shaver, 1987). 안정적인 애착을 형성한 청년은 정서적으로 편안한 마음으로 부모로부터 자율성을 획득하고, 스스로 진로를 잘 결정해 가며, 또래 및 선후배와 건강한 관계를 형성하고, 적절한 수준의 자아존중감을 보인다. 전반적으로 이들은 대학생활에 비교적 잘 적응한다(이은희, 2011; Armsden & Greenberg, 1987; Kenny & Rice, 1995). 반면 불안정 애착 관계를 형성한 청년은 자아존중감이 낮고, 대인관계에서 분노 혹은 소외감을 자주 경험하며, 의사소통에 어려움을 보이고, 또래에 비해 더 위험한 행동(비행, 성행동, 음주, 인터넷 중독 등)을 한다. 이들은 불안정 애착이 학업적 자기효능감 및 진로결정 수준에 미치는 부정적 영향으로 인해 대학생활 적응이 어려울 수 있다(이은희, 2011; 홍계옥, 강혜원, 2010).

어린 시절에 형성된 애착 유형은 성인이 되어서도 유지되는 편이지만, 애착의 비연속성에 대한 연구들은 최소 23%에서 최대 50%의 애착 유형이 성장 과정에 따라 변화된다고 보고한다(Moller, McCarthy, & Fouladi, 2002; Pearson et al., 1994; Waters et al., 2000). 최근 국내 대학생 대상의 연구(서미경, 정남운, 2016)에서는 애착의 연속성이 63%, 비연속성이 37%로 나타나 애착은 생애에 걸쳐 안정적이면서 동시에 능동적으로 변화하는 특성임을 보여주었다. 어린 시절 불안정 애착이었던 사람이 성인이 되어 안정 애착을 획득하게 된 경우 긍정적인 관계 경험, 종교 경험, 글쓰기 및 독서, 명상, 상담을 통한 자기 성찰, 직업적인 보람 등이 그러한 변화의 원인으로 보고되었다. 대학생 시기에 자신의 애착 유형을 인식하고, 이로 인한 긍정적·부정적 영향을 이해하고, 새로운 관계 경험이나 정서 경험을 시도하는 것은 매우 의미있는 일이며 보다 안정적인 애착을 만들어 가는 데 기여하는 경험이 될 수 있다(셀프 워크 5-2).

2) 양육태도

부모가 자녀와 관계를 맺는 또 다른 방식은 양육태도이다. 양육태도는 부모의 입장에서 자녀를 양육하는 데 사용하는 전략을 의미한다. 부모는 아이의 요구에 대해 얼마나 들어줄 것인지, 아이의 행동에 대해 얼마나 규제할 것인지에 대해 나름대로의 태도를 가지고 있다. 미국의 심리학자 바움린드(Baumrind, 1971, 1991)는 부모가 아이의 필요에 대해 반응하는 정도인 반응성(responsiveness)과 부모가 아이에게 좀 더 성숙하고 책임 있는 행동을 기대하는 요구성(demandingness)이라는 두 차원을 사용하여 양육태도를 구별하였다. 양육태도는 원래 반응성과 요구성 정도에 따라 권위주의적 양육, 허용적 양육, 권위적 양육이라는 세 가지로 제시되었는데, 여기에 맥코비와 마틴(Maccoby & Martin, 1983)은 반응성과 요구성이 모두 부재한 방임적 양육을 추가하여 네 가지 양육태도를 제안하였다. 네 가지 양육태도를 〈표 5-1〉에 제시하였다.

(1) 권위주의적 양육태도

권위주의적 양육은 엄격하고, 체벌적인 훈육을 주로 하는 양육방식이다. 부모는 자신의 권위를 내세우고 이들은 자녀들이 따라야 할 규칙을 제공하지만, 그 규칙에 대한 설명이나 피드백은 별로 제공하지 않는다. 이들은 자주 매를 든다든지 호통치는 식으로 아이들을 훈육한다. 아이들이 규율에 의문을 제기하면 "엄마(아빠)가 그렇게 해야 한다고 했으니까!" 식으로 대답한다. 이렇게 양육된 아이들은 사회적 유능감이 부족할 수 있는데, 이는 아이가 스스로 자신에게 맞는 선택을 하기보다는 부모가 정해 주는 대로 살아가기 때문이다. 권위주의적 부모 밑에서 자란 아이들은 순응적이고, 순종적이고, 조용

표 5-1	양육태도		
		높은 요구성	낮은 요구성
높은 반응성		권위적	허용적
낮은 반응성		권위주의적	방임적

하지만, 그리 행복하지 않을 수 있다. 이들은 자주 우울감과 자기비난을 경험한다. 아이들은 자라면서 수동적 적개심을 보이는 경우가 많다.

(2) 허용적 양육태도

허용적 양육은 아동의 자유와 자율성을 매우 존중하며 규칙에 대한 이유와 설명을 제공하는 것이 특징인 양육방식이다. 이러한 방식을 취하는 부모는 요구적이지 않으며, 규율을 강요하지 않으며, 아동의 요구에 즉각적으로 반응해 주려고 한다. 이들은 아동 스스로가 결정할 수 있도록 하면서, 자신은 아동의 친구처럼 조언을 주는 역할을 하고자 한다. 허용적 양육 속에서 자라나는 아동은 정서적으로는 행복한 편이다. 하지만 적절한 통제가 부재했기 때문에 아동 스스로 한계를 잘 설정하지 못한다. 이들은 미성숙하고 충동성을 잘 통제하지 못하며 무책임한 경향을 보이기도 한다.

(3) 권위적 양육태도

권위적 양육은 권위를 사용하되 아이들의 필요와 상황에 따라 융통성을 발휘한다. 이것은 바움린드가 '딱 적당하다'고 설명한 양육방식이다. 권위적 부모는 자녀의 감정과 능력에 대해 인식하고 있으며, 자녀가 자율성을 행사하도록 하면서 동시에 행동에 대한 적절한 한계를 정해 준다. 부모는 아동이 성숙하며, 독립적이고, 연령에 부합하는 적절한 행동을 하기를 기대한다. 부모는 칭찬이나 격려와 같은 정적 강화를 주로 사용하면서 처벌은 드물게 사용한다. 잘못된 행동에 대한 처벌은 일관성 있게 시행되며, 처벌 시에는 그 이유에 대한 설명을 제공한다. 부모-자녀 간 대화는 주고받는 식으로 상호적으로 이루어지며, 통제와 지지는 균형을 이룬다. 권위적 양육 속에서 자란 아이들은 독립적이고 자신감과 책임감이 있고 사회적으로 유능한 편이다.

(4) 방임적 양육태도

방임적 양육은 부모가 정서적으로 부재하거나 때로는 실제로 부재한 경우를 의미한다. 부모는 아동에 대한 기대가 거의 없고 아동의 필요에 대해서도 잘 반응하지 않는다. 아동의 생존을 위해 필요한 최소한의 것은 제공하되 개입이나 상호작용은 거의 없다. 이러한 부모 밑에서 자란 아동은 자기 통제력과 독립심이 부족하며, 다른 아동의 비행 행동에 대한 피해자가 되기 쉽다. 이들은 사회적 유능성, 학업적 수행, 심리사회적 발달 모든 부분에 있어서 문제를 보이는 편이다.

유교문화를 기반으로 한 전통적인 한국사회에서는 조부모나 부모의 권위가 강조되었으나, 현대사회로 오면서 확대가족에서 핵가족으로의 구조적 변화와 민주적 관계에 대한 사회적 강조로 인해 부모의 자애로움이 강조되고 있다. 권위주의적 양육 환경에서 어린 시절을 보냈던 부모는 현대의 민주적 사회적 분위기 속에서 어린 시절에 충족되지 않았던 욕구에 대해 보상심리로 더욱 허용적인 양육태도로 아이들을 대하려는 경우가 많다. 하지만 아동의 욕구를 지나치게 충족시켜 주려는 노력은 방임으로 이어질 수 있다. 지나치게 허용적인 분위기 속에서 자란 아동은 책임감 없는 자유를 행사하고 자기중심적이고 충동적인 모습이 되기 쉽다. 그런가 하면 아동이 어릴 때는 허용적인 양육태도로 자녀를 대하다가, 제멋대로 행동하는 자녀의 모습에 당황하여 권위주의적 양육으로 태도를 전환하는 부모도 있다. 부모가 일관성 없는 양육태도를 보이면 아동은 정서적 혼란을 겪게 되고 부모 스스로도 자신의 양육 능력에 대해 의구심을 갖게 된다. 특정 양육방식에 대한 선호가 있으면 그러한 선호가 어떤 배경에서 형성되었는지 이해하고, 그 양육방식이 아동에게 미치는 영향을 충분히 검토할 필요가 있다. 청년은 자신의 부모가 어떤 식으로 자신을 양육했으며, 이러한 양육방식이 자신의 심리사회적 발달에 어떠한 영향을 미쳤는지 인식하면서 스스로 책임감을 겸비한 자율적인 사람이 되도록 노력해야 할 것이다.

3 ▶ 형제자매 관계

형제자매 관계는 가족관계의 하위영역의 하나지만 부모-자녀 관계와는 달리 같은 세대에 속해 있는 구성원들로 이루어진다. 같은 세대라는 면에서는 친구관계와 유사할 수 있지만, 형제자매 관계는 친구관계에 비해서 어느 정도의 위계가 존재한다. 형제들은 우애를 나누기도 하고 갈등을 겪기도 한다. 이들은 서로에게 충고자나 안내자의 역할을 하며, 때로는 경쟁과 질투의 상대가 되기도 한다. 형제 및 자매는 같은 세대이므로 학교문제, 친구문제, 이성문제 그리고 부모와의 관계에서 금지된 주제 등에 관해 적절한 조언을 주고받을 수 있는 가족 구성원이다. 특히 손위형제는 동생들의 역할모델이 되기도

그림 5-3 형제자매 관계

하고 때로는 대리부모 역할을 한다. 일반적으로 형제들은 어린 시절에 시간을 많이 공유하는 편이며 개인의 일생에 있어 가장 오래 지속되는 관계가 되는 편이다.

1) 일생에 걸친 형제자매 관계

형제자매 관계는 일생에 걸쳐 역동적으로 변해 간다(Dunn, 1985). 엄마가 아기를 임신한 것을 알게 되면서 손위 형제는 동생을 맞을 준비를 하게 된다. 18개월만 되어도 아동은 가족의 규칙을 이해하고 서로를 어떻게 위로할지 어떻게 친절하게 대할지 깨닫는다. 3세가 되면 아동은 형제자매와의 관계 속에서 자신을 평가할 수 있으며 가족 내 환경에 어떤 식으로 적응해 가야 할지 알게 된다. 애착이론은 아동과 주양육자의 관계를 설명하지만, 아동이 손위형제를 위로의 대상으로 경험하면 손위형제와도 긍정적인 애착을 형성할 수 있다. 특히 주양육자가 부재할 때 이러한 형제자매 간 애착은 아동에게 안정감과 지지를 제공하는 주공급원이 된다. 손위형제가 공격적이거나 무관심하게 행동하면 부정적인 애착이 형성될 수 있으므로 주의가 요구된다(Stewart & Marvin, 1984). 아동기에는 형제 간 경쟁이 계속될 수 있으며, 이것이 부모에게는 커다란 스트레스가 될 수 있다.

학령기에 접어들면서 아동은 가족 밖으로 관계망을 확대하면서 형제자매와 보내는 시간이 줄어들 수 있다. 손아래형제에게는 손위형제가 학교에 가서 친구들과 시간을 더 보내게 되는 것이 박탈감으로 다가올 수 있다. 하지만 자신이 학교에 가게 될 때는 손위형제로부터 적절한 조언을 얻는 등 새로운 환경에 적응하는 데 도움을 받을 수 있다 (Bryant, 1992).

청소년기가 되면서 형제자매는 서로에게 정서적 지지를 제공하는 경우가 많지만 때로는 갈등이 증가하고 정서적으로 멀어지기도 한다. 형제간 성별이 다른 경우 청소년기에 멀어지는 경우가 많으며, 동성인 경우에는 청소년기 초기에 친밀감이 약간 상승했다가 후기로 가면서 다시 약간 낮아지는 편이다(Kim et al., 2006). 청소년기에 이르면 친구관계가 더욱 강조되고 각자의 생활양식이 생겨나는데, 이것이 이 시기의 거리감을 설명해 주는 것으로 보인다. 하지만 이 시기의 가까운 형제관계는 학교에서 친구를 사귀지 못하는 데서 오는 부정적인 영향을 어느 정도 완충시켜 주어 청소년들의 사회적 발달에도 긍정적 영향을 끼친다(East & Rook, 1992).

청소년기에 형제자매 간 친밀감이 어떤 양상을 보였든지 간에 청년기나 성인초기에는 형제자매 간 친밀감이 다시 증가하는 편이다. 성인기에 형제자매는 각자의 직업, 취미, 관계망을 갖기 마련이지만, 그럼에도 불구하고 형제자매 관계를 잘 유지하는 경우가 많다. 근접성이 형제자매 관계에 특히 영향을 미치는 중요한 요인으로 작용하는데, 형제자매가 근처에 사는 경우에는 서로 방문을 자주하는 편이다. 성별도 관계 유지에 중요한 역할을 한다(White & Riedmann, 1992). 흔히 자매간 관계에서 서로 연락을 가장 많이 주고받으며 가장 좋은 관계를 유지한다. 다음으로 이성관계의 형제자매가 좋은 관계를 유지한다. 하지만 형제간에는 연락을 안 하는 편이다. 성인기 형제자매들은 서로에게 직접 연락을 하는 경우도 있지만, 부모나 친척을 통해 간접적으로 서로의 안부를 묻기도 한다. 형제나 자매의 삶의 사건들은 이들의 관계를 강화시키거나 약화시키는 요인이 될 수 있다(Connidis, 1992). 결혼, 사는 지역의 변화, 아이의 탄생과 같은 생애 주요 변화들이 이들의 관계에 긍정적 혹은 부정적으로 영향을 미치는 요인으로 작용한다. 이혼이나 사별, 가까운 가족 구성원의 죽음은 이들로 하여금 서로를 더 의지하고 지지하게 한다.

2) 형제자매 간 경쟁

형제자매 간에 경쟁과 질투가 발생하는 경우가 많다. 이들은 부모의 관심을 얻기 위해 또한 세상에서 인정을 받기 위해 서로 경쟁을 한다. 형제자매 간 경쟁은 아동의 연령이 비슷하고, 같은 성별일 때, 혹은 한 아동이 영재일 때 특히 강렬할 수 있다(Rimm, 2002). 연령상으로는 10세에서 15세 사이에 형제자매 간 경쟁이 최고조에 이른다(McNerney & Usner, 2001). 때로는 성인기 이후에도 경쟁이 계속될 수 있다. 이들의 경쟁과 협력은 부모의 차별적 애정 정도, 출생순위, 성격, 기타 경험에 따라 다르게 나타나는데, 특히 부모의 태도가 중요한 역할을 한다.

부모의 입장에서 자녀들은 외모, 성격, 행동거지, 지능이나 학력에서 차이를 보이므로 자연히 어떤 자녀에게 다른 자녀보다 사랑과 관심이 더 갈 수 있다. 어떤 부모는 전통적인 남아선호 사상으로 인해 단지 아들이라는 이유로 딸보다 더 많은 사랑과 돌봄을 제공하며 편애한다. 최근에는 딸에 대한 선호가 많아지면서, 특히 아들이 많은 집안에 태어난 딸의 경우에는 딸이라는 이유만으로 더 많은 사랑과 돌봄을 받기도 한다. 부모의 차별적 애정으로 인해 단지 성별을 이유로 상대적으로 존중받지 못하고 배척당한다고 느끼게 되면 어린 자녀는 마음에 상처를 입는다. 어린 자녀의 입장에서 부모의 사랑과 인정은 절대적으로 중요하므로 부모의 마음을 얻기 위한 경쟁은 치열할 수밖에 없다. 능력과 성격 면에서 서로 다른 자녀에게 부모가 차별적인 애정이나 관심을 주거나 혹은 차별적 역할을 부여하게 되면 형제자매 간의 갈등의 골이 깊어질 수 있다.

형제자매 간의 서열에 따른 역할기대와 역할수행의 괴리도 갈등의 요인이 될 수 있다. 가족 내에서는 형제간 서열에 따라 다른 역할을 기대하는 편이다. 형이나 오빠, 누나 혹은 언니는 연장자로서 동생을 보살피는 역할이 주어지는 반면, 동생은 손위형제를 따르는 역할이 주어진다. 형제자매는 가족 내에서 자신과 다른 형제자매의 역할에 대해 나름대로의 기대와 소망을 갖는다(그룹 워크 5-1). 가정 내의 크고 작은 일에서 주도적인 역할이 주어진 손위형제가 무관심하거나 방관적일 때 동생은 이에 대해 불만을 갖게 된다. 때로는 손위형제가 지나치게 일방적으로 가족의 문제에 개입하거나 결정하고 동생의 의사를 무시하면 동생은 이에 대해 불만을 갖고 반항할 수 있다. 손위형제 입장에서는 자신의 결정에 잘 따라주지 않는 동생이 괘씸할 수 있다. 이러한 과정에서 형제자매는 서로에 대해 시기, 질투, 적개심, 우월의식과 열등의식, 피해의식 등을 경험하게 된다.

부모는 자녀를 비교하는 것을 지양하고 특정 역할을 지정하지 않는 방법을 통해 형제자매 간 경쟁심을 줄일 수 있다(Stepp, 2011). 각 자녀에게 특별한 관심을 주고, 함께 협동해서 하는 작업을 격려하며, 한 아이를 다른 아이들의 역할모델로 삼지 않고, 편애를 보이지 않으면 자녀 간의 불필요한 경쟁심이 완화된다. 특히 부모가 전체 한가족으로서 함께하는 활동에 시간과 노력을 투자하면, 자녀는 형제자매를 자신의 일부로 인식하고 가족에 대한 소속감이 고취된다. 하지만 형제자매 간 경쟁심을 완전히 제거하기는 힘들다(Rimm, 2002). 심하지 않은 어느 정도의 경쟁심은 건강할 수 있으며 서로의 발전을 촉진할 수 있다. 따라서 차별은 지양하되 어느 정도의 경쟁심은 자연스럽게 받아들이고 자녀들 각자가 개성을 표현할 수 있도록 격려하는 자세가 필요하다.

4 건강한 가족생활

건강한 가족생활은 개인에게 안전감과 안정감, 보살핌을 제공하며, 행복하고 적응적이며 성공적인 삶의 자양분이 된다. 부모에게 자녀양육은 한편으로는 즐거운 일이지만 다른 한편에서는 큰 도전거리이다. 자녀에게 부모를 따르는 것은 안정감을 제공하기도 하지만 심리적으로 짐처럼 버겁게 느껴지는 일이 될 수도 있다. 가족생활 속에는 다세대에 걸쳐서 전해 내려오는 가족 안의 규칙들, 외부 환경과의 상호작용, 구성원 각자의 개성이 복잡하게 얽혀 상호작용하며 개인의 삶에 영향을 미친다. 때로는 구성원들의 좋은 의도에도 불구하고 역기능적인 가족생활이 이루어지기도 한다. 그렇다면 건강한 가족은 어떤 특징을 가지고 있을까? 여기서는 브래드쇼의 설명을 바탕으로 건강한 가족의 특징을 살펴보고, 가족이 건강하게 기능하도록 하려면 어떠한 가족 구조 및 체계가 필요한지를 알아보고자 한다.

1) 브래드쇼의 FUNCTIONAL

잘 기능하고 건강한 가족의 특징을 브래드쇼(Bradshaw, 1996)는 '기능적(FUNCTIONAL)'이라는 단어를 가지고 다음과 같이 정리하였다.

(1) 다섯 가지 자유의 표현(Five Freedoms Expressed) 건강하게 잘 기능하는 가족은 인간의 다섯 가지 자유를 보장할 수 있어야 한다. 다섯 가지 자유는 다음과 같다.

① 과거의 일이나 미래의 일 보다는 지금-여기에서 일어나는 것을 보고 듣고 지각할 수 있는 자유

② 생각해야만 하는 어떤 것이 아니라 생각나는 것을 생각할 수 있는 자유

③ 느껴야만 하는 어떤 감정이 아니라 느껴지는 것을 느낄 수 있는 자유

④ 궁금할 때 알고 싶은 것을 물어볼 수 있는 자유

⑤ 안전을 선택하며 항상 조심하기보다는 자기 자신을 위하여 위험을 무릅쓸 수 있는 자유

이러한 자유가 보장되는 가정에서는 구성원들이 완벽해야 한다는 요구를 받지 않으며 이로 인한 압제를 경험하지 않는다. 이들은 보고, 듣고, 느끼고, 생각하고, 상상하고, 원하는 것을 있는 그대로 편안하게 표현할 수 있다.

(2) 친밀감의 증진(Unfolding Process of Intimacy) 앞서 언급한 다섯 가지 자유가 보장될 때, 가족 구성원들은 서로의 생각과 감정을 있는 그대로 존중하려고 노력하게 된다. 자신을 자유롭게 표현하다 보면 갈등이 생기기도 하지만 이들은 갈등을 위협으로 지각하지 않는다. 갈등이 있다는 것은 친밀감의 표시이며 가족이 건강하다는 증거이다. 기능적인 가족은 갈등을 함께 해결해 나가고 서로의 진실한 모습을 수용한다. 그 과정에서 구성원 간에 친밀감이 깊어지게 된다.

(3) 차이점 협상(Negotiating Differences) 가족 구성원은 각자 다르다. 특히 부부는 다른 가정환경과 경험 속에서 자라서 서로 매우 다른 태도, 대화 방식, 행동 규칙들을 보일 수 있다. 기능적인 가정은 이러한 차이를 '맞고 틀리다'의 관점이 아니라 '서로 다르다'의 관점에서 접근하고 해결을 위해 협상한다. 이들에게는 상대에게 기꺼이 협력하고자 하는 마음이 있으며 동시에 공정한 싸움도 기꺼이 해보고자 한다.

(4) 분명하고 지속적인 대화(Clear and Consistent Communication) 역기능적인 가족은 지레짐작이 많다. 이들은 상대방의 눈치를 보는 것을 통해 특정인에게 맞추기를 기대한다. 가령 집안의 최고 권력자가 아버지인 집안에서는 서로 눈치를 통해 아버지의 기분을 맞추고자 노력할 수 있다. 이들은 굳이 말로 하지 않아도 알아서 서로의 필요를 채워줄 수 있어야 한다고 생각한다. 하지만 이러한 지레짐작은 오해를 낳기 쉽다. 분명하고 지속적인 대화가 있을 때 사람들은 서로에 대해 분명하게 알 수 있다. 이러한 대화는 독립적인 개체로서의 상대방의 인격을 존중해 주는 행위이며 상대와 친밀감을 추구하고 증진시키는 노력이다.

(5) 신뢰(Trust) 역기능적인 가족의 주요 정서는 수치심이다. 부모는 다섯 가지 자유가

박탈된 환경에서 자랐을 가능성이 높으며, 자신의 필요, 자신의 생각, 자신의 소망이 억압되는 가운데서 자연스럽게 "내가 뭔가 잘못된 것 같아. 나는 흠이 있는 것 같아. 나는 부모님의 시간과 관심을 받을 가치가 없어."와 같이 자신의 존재가 잘못된 것 같은 느낌, 즉 수치심을 가지고 있을 가능성이 크다. 이들은 자신의 수치심을 보상하기 위해 자녀에게 완벽을 강요하며 자신의 기대에 부응하지 못하는 자녀에게 파렴치한 행동을 한다. 이러한 행동을 통해 그들은 자녀에게 수치심을 심어준다. 반면 기능적인 가족은 개인의 감정, 사고, 욕구를 정확하게 표현하는 것을 중요하게 생각한다. 즉, 정직한 것에 가치를 둔다. 정직은 스스로 책임지는 것으로 수치심을 막아준다. 정직한 상호작용 속에서 구성원들은 서로를 신뢰하게 된다.

(6) **개별성(Individuality)** 기능적인 가족은 독특함과 고유함을 인정하고 존중한다. 자신이 남들과 구별되는 점, 독특한 면에 대해 인정받는 경험이 많은 사람에게서 높은 자아존중감이 발달할 수 있다. 개별성은 자신의 생각, 감정, 필요, 욕구 사이의 차이를 구별할 줄 아는 능력에 기초하며, 개별성을 존중하는 가족은 서로의 다름 속에서도 연결감을 유지할 수 있다.

(7) **개방성과 유연성(Open and Flexible)** 역기능적 가족은 구성원들에게 개인의 감정이나 욕구와 상관없이 고정되고 경직된 특정 역할을 부여하는 경향이 있다. 어떤 아이는 아빠가 일중독이어서 집에 있지 않아 엄마의 정서적 배우자가 되기도 하며, 알코올 중독자가 있어 수치심이 가득한 가족에서는 명예가 필요하기 때문에 한 아이가 영웅이 되기도 한다. 가족 내 온정이 결여되면 어떤 아이는 정서적으로 돌보는 사람 역할을 부여받기도 하며, 가족 내에 표현되지 않은 분노와 고통이 있다면 어떤 아이는 희생양이 되어 모든 분노와 고통을 행동으로 표출할 수도 있다. 이러한 기능들은 가족체계의 균형을 유지하기 위해 생겨나는 것이나 개인의 진정한 표현을 억제하고 특정 역할을 암묵적으로 강요한다는 점에서 문제가 된다. 기능적인 가족에서 역할들은 개방되어 있고 유연하다. 개인은 두려움 없이 일시적으로 어떤 역할을 맡기도 하지만, 그 역할만 고정적으로 맡도록 강요받는 것이 아니라 어떤 순간에 돌봄을 제공하는 역할을 했다면 다음 순간에는 돌봄을 제공받는 역할을 하는 식으로 역할 선택이 자발적이며 유연하다.

(8) **충족된 욕구(Needs Fulfilled)** 기능적인 가족들은 앞서 언급한 특징들로 인해 자신

의 욕구가 잘 채워지는 것을 경험한다. 가족 내 구성원들은 서로의 욕구를 채울 수 있도록 협조한다.

(9) **책임지기(Accountability)** 기능적인 가족은 행동에 대해 책임을 질 줄 안다. 엄마와 아빠는 서로를 사랑하며 자기 훈련이 잘 되어 있다. 이들은 서로의 가치를 침범하면 죄책감을 갖고, 절제할 줄 알며, 실수했을 때 이를 배움의 기회로 삼으며, 갈등이 있더라도 소리를 지르거나 저주하는 행동이 아닌 건강한 의사소통으로 사랑의 행동을 하려고 노력한다. 이들은 가족의 문제뿐 아니라 개인의 문제도 부정하지 않고 기꺼이 인식하며 책임 있는 자세로 해결을 모색한다.

(10) **개방적이고도 유연한 법칙(Laws are Open and Flexible)** 역기능적 가족은 역기능적인 규칙을 많이 가지고 있다. "모든 감정과 개인적인 행동은 항상 통제되어야 한다.", "실수를 해서는 안 된다.", "항상 옳아야 한다."와 같은 완벽주의적이고 고정적이며 융통성 없는 규칙들이 주를 이룬다. 건강한 가족도 규칙을 가지고 있고, 이를 중요하게 생각하며 구성원들에게 이행에 대한 책임을 부여한다. 하지만 건강한 가족은 실수를 허용하며, 필요시 규칙에 대한 협상에 열려 있다는 점에서 차이를 보인다. 가족체계는 각 구성원의 안녕을 위해 존재한다는 전제를 바탕으로 이를 위해 규칙들을 준수하고 필요시 재조정한다.

이렇듯 건강하게 기능하는 가족은 다섯 가지 표현의 자유를 가지고, 각자의 개별성을 존중하며, 함께 경쟁하고 타협하며, 각자의 행동에 책임을 지되, 서로의 욕구가 충족될 수 있도록 돕는다.

2) 건강한 가족의 구조 및 체계

건강하고 기능적인 가족이 되려면 그 구조와 체계에 있어서 자기분화, 삼각관계의 해소, 위계질서라는 요소들이 필요하다. 이들은 가족치료 이론에서 사용하는 핵심개념들이다.

(1) 자기분화

자기분화(differentiation of self)는 타인과 정서적 접촉을 유지하면서 독립적으로 자신의 정서기능을 유지하는 능력을 일컫는다(Kerr & Bowen, 1988). 이는 다세대 가족치료자인 보웬(Murray Bowen, 1931~1990)의 핵심개념으로, 개인이 경험하는 사고와 감정을 분리할 수 있는 정신내적 능력이자 자신과 타인 사이를 구별할 수 있는 대인 간 능력을 의미한다(정문자 외, 2012). 이것은 개인이 타인이 아닌 자신만의 방식으로 기능하는 것을 배우는 과정이라 할 수 있다. 다음의 고슴도치 이야기를 살펴보자.

> 매우 추운 어느 날 밤 고슴도치들은 추위를 피하려고 떼 지어 몰려들었다. 그러나 추위를 피하기 위해 가까이 붙을수록 뾰족한 가시에 서로 찔려 고통스러웠다. 아파서 멀리 떨어지면 견디기 힘든 추위가 엄습했다. 고슴도치들은 붙었다 떨어지기를 여러 번 반복했다. 그러던 끝에 마침내 너무 아프게 찔리지 않으면서도 추위도 견딜 만한 적당한 거리를 알게 되었다. 그리고 그 거리를 '품위' 혹은 '예의'라고 부르게 되었다.
>   (Kerr & Bowen, 2005, p.72 : 정문자 외, 2012에서 재인용)

보웬은 분화되지 않은 개인의 상태를 미분화 가족 자아군(undifferentiated family ego mass)이라는 개념으로 설명하였는데, 이는 온 가족이 감정적으로 한 덩어리가 되어 있는 상태를 의미한다. 가족 구성원들이 정서적으로 지나치게 가깝기 때문에 상대에 대한 정서적 반응성이 높고 상대방을 불편하게 하는 것을 통해 자신의 감정을 표현하기도 한다. 자신과 다른 의견을 가진 구성원을 비난하거나 관계를 단절하고 스트레스 상황에서 이러지도 저러지도 못하는 모습을 보이는 것은 분화능력이 부족하기 때문이다. 건강한 가족은 구성원들 각자가 높은 분화 수준을 유지한다.

(2) 삼각관계의 해소

삼각관계(triangles)는 주로 두 사람이 불안으로 인해 갈등이 생길 때 삼자를 개입시켜 불안이나 긴장을 해소하는 가족 내 삼인체계의 정서적 역동을 의미한다(김용태, 2000). 예컨대 독립적인 생활을 하려는 남편과 사랑받고자 하는 욕구가 강한 아내 간에 갈등이 있을 때, 아내는 특정 자녀와 강한 애착을 형성하여 자신의 욕구를 채우면서 부부 간의 긴장감을 완화시킬 수 있다. 자녀가 부모를 끌어들일 수도 있는데, 이를테면 형제자매 간에 관계가 좋지 않으면 엄마나 아빠를 끌어들여 삼각관계를 형성할 수 있다. 일반적으로 가족의 분화 정도가 낮을수록 삼각관계를 형성하고자 하는 노력은 강렬해진다. 반면에 구성원들의 분화 수준이 높으면 삼각관계를 만들지 않고 긴장과 불안을 다룰 수 있다. 가령 형과 동생이 싸울 때 엄마가 화를 내지 않고 어느 편도 들지 않으면서 공정한 태도로 각자에게 이야기하면, 둘 사이의 고조된 감정이 차차 가라앉을 수 있다. 건강한 가족은 부모 사이의 갈등에 아이를 끌어들이지 않고, 자녀들 사이의 갈등에서 한쪽 편만을 들지 않는다. 즉, 삼각관계에 의존한 문제해결이 최소화된 특징을 보인다.

(3) 위계질서

위계질서(hierarchy)는 가족 내에 구성원 사이의 권력을 둘러싼 질서를 의미하는 개념이다. 가족은 각 구성원이 적합한 위치를 가지고 효율적인 권력관계를 이룰 때 건강한 가족으로 기능할 수 있다. 가족 내 권력은 권위(결정권자가 누구인가) 및 책임(누가 그 결정을 수행하는가)과 관련이 있다. 가족이 건강하게 기능하면 부부체계 내에서 부부 간에 안정된 연합이 이루어져서 부부관계의 규칙을 포함하여 전체 가족을 책임지는 위치를 가진다. 또한 부모체계의 일부로서 부모체계의 역할을 감당하며, 자녀체계는 자기들 나름대로의 규칙을 갖되 부모의 통제와 감독 아래 있도록 해야 한다(그림 5-4).

　부모가 자녀보다 더 큰 권위와 책임을 맡거나, 한 구성원에 대항하기 위해 두 사람 간에 동맹을 만든다면 위계질서에 문제가 생긴다. 특히 세대 간 경계를 무너뜨리면서 동맹 관계를 맺는 것은 가족체계의 위계질서를 어지럽게 한다. 우리나라의 대표적인 가족 문제 중 하나인 고부갈등은 아들(남편)이 아내보다 어머니와 지나치게 가까운 관계를 맺고 의사결정을 어머니와 상의하는 상황 때문에 생겨난다. 최근에는 자녀의 의견을 존중한다는 명목하에 자녀의 의사결정을 존중하는 것을 넘어서 어려서부터 자녀에게 무엇을 배울지, 무엇을 먹을지, 어디를 갈지 등 많은 것을 결정하게 하는 경우가 있다. 자녀의 의견을 존중하고 독립적 의사결정을 돕는 방향으로 양육하는 것은 필요하지만, 어린 나이에 의사결정 능력이 미숙한 상태에서 결정을 하게 하고 그에 따른 책임을 감당하게 하는 것은 아이에게 필요 이상의 짐을 지우는 것이다. 따라서 부모

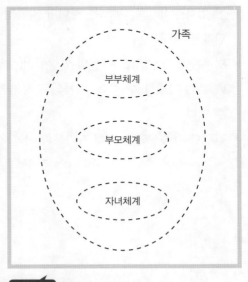

그림 5-4 건강한 가족체계

가 중요한 결정들을 내리고 적절한 가이드라인을 주면서 그 안에서 자녀의 나이에 맞는 적절한 크기의 의사결정을 연습해 가도록 하는 것이 필요하다.

건강한 가족생활을 이루어 가는 것은 한 개인의 성숙과 안녕을 위해서, 나아가 더 큰 공동체의 안정과 번영을 위해서도 꼭 필요한 부분이다. 자기분화, 삼각관계의 해소, 위계질서라는 세 가지 원리를 기억하고, 이를 바탕으로 원가족 관계 및 자기 모습을 점검해 가는 것은 현재와 미래의 건강한 가족생활에 값진 토대가 될 것이다.

핵심요약

- 가족은 형성기, 확대기, 축소기, 빈둥지기, 해체기, 소멸기를 거치며 그 형태와 기능이 변형되어 간다.
- 애착은 다른 사람과의 정서적 유대를 의미한다. 주양육자가 일관성 있고 수용적인 태도로 민감하게 아동의 필요에 반응해 주면 아이는 안정 애착을 형성하지만, 주양육자가 지속적으로 거부적이거나 통제적이거나(회피형) 비일관적인 경우(양가형), 혹은 아동을 위협하는 경우(혼란형) 아동은 불안정 애착을 형성하게 된다.
- 부모의 반응성과 요구성 정도에 따라 권위주의적 양육, 허용적 양육, 권위적 양육, 방임적 양육으로 구별된다. 이 중에서 권위적 양육은 바움린드가 '딱 적당하다'고 설명한 양육방식으로, 부모는 자녀가 자율성을 행사하도록 하면서도 행동에 대한 적절한 한계를 정해 준다.
- 형제자매 간 경쟁은 아동의 연령이 비슷하고, 같은 성별일 때, 혹은 한 아동이 영재일 때 특히 강렬할 수 있다. 이들의 경쟁과 협력에 특히 부모의 태도가 중요한 역할을 할 수 있다.
- 건강한 가족생활을 위해 자기분화, 삼각관계 해소, 위계질서가 필요하다.

참고문헌

김용태(2000). 가족치료 이론. 서울 : 학지사.

서미경, 정남운(2016). 애착 유형의 비연속성에 관한 연구 : 획득된 안정애착과 현재의 불안정애착 간의 내적작동모델 비교. 인간이해, 37(1), 67-85.

이소희, 노경선, 손석한, 옥정, 김광일(2002). 청소년의 애착 상태와 문제행동과의 관계-내재화 및 외현화 문제행동을 중심으로. 신경정신학회, 41(2), 274-282.

이은희(2011). 대학생의 불안정 애착 및 자아정체성이 진로미결정에 미치는 영향. 한국심리학회지 : 건강, 6(2), 401-425.

이현덕, 홍혜영(2011). 중학생의 애착과 인터넷 중독 성향 간의 외로움의 매개효과. 청소년학연구, 18(10), 271-294.

정문자, 정혜정, 이선혜, 전영주(2012). 가족치료의 이해, 2판. 서울 : 학지사.

홍계옥, 강혜원(2010). 대학생의 부모애착, 학업적 자기효능감이 대학생활적응에 미치는 영향. 영유아교육연구, 13, 133-144.

Ainsworth, M. D. S., Blehar, M. C., Waters, E., & Wall, S.(1978). *Patterns of attachment : A psychological study of the strange situation*. Hillsdale, NJ : Earlbaum.

Armsden, G. C. & Greenberg, M. T.(1987). The inventory of parent and peer attachment : Individual differences and their relationship to psychological well-being in adolescence. *Journal of Youth and Adolescence, 16*, 427-453.

Baumrind, D.(1971). Harmonious parents and their preschool children. *Developmental Psychology, 4*(1), 99-102.

Baumrind, D.(1991). Effective parenting during the early adolescent transition In P. A. Cowan & E., M. Hetherington (Eds.), *Advances in family research* (Vol. 2). Hillsdale, NJ : Erlbaum.

Bowlby, J.(1969). *Attachment and loss* (vol. 1). New York, NY : Basic Books.

Bradshaw, J.(1996). *The family*. New York, NY : Basic Books.

Bryant, B. K.(1992). Sibling caretaking : Providing emotional support during middle childhood. In F. Boer & J. Dunn (Eds.), *Children's sibling relationships : Developmental and clinical issues* (pp. 55-69). Hillsdale, NJ : Lawrence Erlbaum Associates.

Connidis, I. A.(1992). Life transitions and the adult sibling tie : A qualitative study. *Journal of Marriage and Family, 54*, 972-982.

Dunn, J.(1985). *Sisters and brothers : The developing child*. Cambridge : Harvard University Press.

East. P., & Rook, K.(1992). Compensatory patterns of support among children's peer relationships : A test using school friends, nonschool friends, and siblings. *Developmental Psychology, 28*, 163-172.

Hazan, C. & Shaver, P. R.(1987). Romantic love conceptualized as an attachment process. *Journal of Personality and Social Psychology, 52*(3), 511-524.

Kenny, M. E. & Rice, K. G.(1995). Attachment to parents and adjustment in late adolescent college students : Current status, application, and future consideration. *The Counseling Psychologist, 23*(3), 433-456.

Kerr, M. E., & Bowen, M.(1988). Family evaluation. New York, NY : Norton.

Kim, J., McHale, S. M., Osgood, D. W., & Crouter, A. C.(2006). Longitudinal course and family correlates of sibling relationships from childhood through adolescence. *Child Development, 77*, 1746-1761.

Kochanska, G.(2001). Emotional development in children with different attachment histories : The first three years. *Child Development, 72*(2), 474-490.

Main, M., Kaplan, N., & Cassidy, J.(1985). Security in infancy, childhood, and adulthood : A move to the level of representation. *Monographs of the Society for Research in Child Development, 50*(1/2), 66-104.

Main, M. & Solomon, J.(1990). Procedures for identifying infants as disorganized/ disoriented during the Ainsworth strange situation. In Greenberg, M. T., Cicchetti, D., & Cummings, E. M. *Attachment in the preschool years : Theory, research, and intervention*(pp. 121-160). Chicago, IL : Univeristy of Chicage Press.

Maccoby, E. E. & Martin, J. A.(1983). Socialization in the context of the family : Parent -child interaction. In Mussen, P. J. & Hetherington, E. M. *Manual of child psychology, Vol. 4 : Social development*(pp. 1-101). New York, NY : John Wiley & Sons.

McNerney, A. & Usner, J.(2001). Sibling rivalry in degree and dimensions across the lifespan. *The Nature of Human Nature : Student Research Feedback and Peer Review Database : http://jrscience.wcp.muohio.edu/humannature01/FinalArticles/ SiblingRivalryinDegreeand.html*

Moller, N. P., McCarthy, C. J., & Fouladi, R. T.(2002). Earned attachment Security : It's relationship to coping resources and stress symptoms among college students following relationship breakup. *Journal of college student development, 43(2)*, 213-230.

Moss, E. & St-Laurent, D. (2001). Attachment at school age and academic performance. *Developmental Psychology, 37*(6), 863-874.

Murdock, G. P.(1949). *Social structure*. Oxford : Macmillan.

Pearson, J. L., Cohn, D. A., Cowan, P. A., & Cowan, C. P (1994). Earned-and continuous security in adult attachment : Relation to depressive symptomatology and parenting style. *Development and Psychopathology, 6*, 359-.373.

Rimm, S. B.(2002). The effects of sibling competition. Retrieved 10 October 2017 from www.sylviarimm.com/sibling.htm

Stepp, G.(2011). Parenting issues : Playing favorites. Retrieved 11 October 2017 from www.vision.org/visionmedia/parenting-issues/family-favoritism/43568.aspx

Stewart, R. B., & Marvin, R. S.(1984). Sibling relations : The role of conceptual perspective taking in the ontogeny of sibling caregiving. *Child Development, 55*, 1322-1332.

Wallin, D. J.(2010). 애착과 심리치료[*Attachment in psychotherapy*] (김진숙, 이지연, 윤숙경 역). 서울 : 학지사(원전은 2007년에 출판).

Waters, E., Merrick, S., Treboux, D., Crowell, J., & Albersheim, L.(2000). Attachment security in infancy and early adulthood : A twenty-year longitudinal study. *Child Development, 71(3)*, 684-689.

White, L. K., & Riedmann, A.(1992). Ties among adult siblings. *Social Forces, 71*, 85-102.

[5-1] **가계도** 우리 가족의 가계도를 그려 보자. 〈그림 5-2〉를 참고로 가족 구성원 간 관계의 특징도 가능한 한 자세히 표현해 보자.

우리 가족의 가계도 그리기
▶ 가계도를 통해 알게 된 우리 가족의 상호작용 또는 관계양식의 특징은?
▶ 가족관계 안에서 개선하고자 하는 부분이 있는가? 개선 방안은 무엇인가?

[5-2] **나의 애착 유형** 부모와 나의 관계를 점검해 보자. 이것이 현재 나의 대인관계에 미치는 영향에는 어떤 것이 있는지 살펴보자. 우선 나는 어떤 애착 유형인지 살펴보자.

• 다음은 어린 시절에 아버지에 대해 귀하가 느끼거나 생각하는 바를 알고자 하는 질문들입니다. 어린 시절(초등학교 졸업 이전/약 12세 이전)의 기억을 되살려 보면서 자신의 생각과 일치하는 정도에 따라 표시해 주십시오. 지금 돌아보면 그게 아니라고 생각될 수 있지만, 여기에서는 어린아이였을 당시의 느낌이 중요합니다. 각각의 문항을 주의 깊게 읽고, 자신에게 해당되는 정도에 따라 전혀 아니었다(1)에서 매우 그랬다(7)에 표시해 주십시오.

내가 어렸을 때	전혀 아니었다	아닌 편이었다	약간 아니었다	보통이었다	약간 그랬다	그런 편이었다	매우 그랬다
1. 나는 아버지와 자연스럽게 가까워질 수 있었다.	1	2	3	4	5	6	7
* 2. 나는 아버지와 어느 정도 거리를 유지하기를 원했다.	1	2	3	4	5	6	7
3. 나는 아버지와 함께 시간을 보내고 싶었다.	1	2	3	4	5	6	7
* 4. 나는 아버지로부터 독립된 시간이 필요했다.	1	2	3	4	5	6	7
* 5. 나는 아버지와 충분한 시간을 보내지 못했다.	1	2	3	4	5	6	7
6. 나는 고민이나 걱정거리를 아버지와 나누었다.	1	2	3	4	5	6	7
* 7. 나는 대부분의 일(걱정, 관심 등)을 혼자 마음속에 담아 두었다.	1	2	3	4	5	6	7
8. 아버지는 나를 잘 알고 이해하셨다.	1	2	3	4	5	6	7
* 9. 나는 아버지가 나를 무시할까 봐 걱정했다.	1	2	3	4	5	6	7
10. 나는 아버지와 인간적인 유대관계를 맺고 있었다.	1	2	3	4	5	6	7
*11. 나는 아버지와 신체 접촉(쓰다듬기, 두드리기 등)을 별로 하지 않았다.	1	2	3	4	5	6	7
12. 나는 아버지가 나를 진정으로 대해 준다고 믿었다.	1	2	3	4	5	6	7
*13. 아버지는 나를 제대로 이해하지 못했다.	1	2	3	4	5	6	7
14. 나는 내가 필요로 할 때 아버지가 나를 위해 있어 주리라 믿었다.	1	2	3	4	5	6	7
*15. 나는 아버지가 진정으로 믿고 의지할 만하다고 느끼지 않았다.	1	2	3	4	5	6	7
16. 나는 아버지로부터 사랑받고 있다고 느꼈다.	1	2	3	4	5	6	7

셀프 워크 05

- 다음은 어린 시절에 어머니에 대해 귀하가 느끼거나 생각하는 바를 알고자 하는 질문들입니다. 어린 시절(초등학교 졸업 이전/ 약 12세 이전)의 기억을 되살려 보면서 자신의 생각과 일치하는 정도에 따라 표시해 주십시오. 지금 돌아보면 그게 아니라고 생각될 수 있지만, 여기에서는 어린아이였을 당시의 느낌이 중요합니다. 각각의 문항을 주의 깊게 읽으시고, 자신에게 해당되는 정도에 따라 전혀 아니었다(1)에서 매우 그랬다(7)에 표시해 주십시오.

내가 어렸을 때	전혀 아니었다	아닌 편이었다	약간 아니었다	보통이었다	약간 그랬다	그런 편이었다	매우 그랬다
1. 나는 어머니와 자연스럽게 가까워질 수 있었다.	1	2	3	4	5	6	7
* 2. 나는 어머니와 어느 정도 거리를 유지하기를 원했다.	1	2	3	4	5	6	7
3. 나는 어머니와 함께 시간을 보내고 싶었다.	1	2	3	4	5	6	7
* 4. 나는 어머니로부터 독립된 시간이 필요했다.	1	2	3	4	5	6	7
* 5. 나는 어머니와 충분한 시간을 보내지 못했다.	1	2	3	4	5	6	7
6. 나는 고민이나 걱정거리를 어머니와 나누었다.	1	2	3	4	5	6	7
* 7. 나는 대부분의 일(걱정, 관심 등)을 혼자 마음속에 담아 두었다.	1	2	3	4	5	6	7
8. 어머니는 나를 잘 알고 이해하셨다.	1	2	3	4	5	6	7
* 9. 나는 어머니가 나를 무시할까 봐 걱정했다.	1	2	3	4	5	6	7
10. 나는 어머니와 인간적인 유대관계를 맺고 있었다.	1	2	3	4	5	6	7
*11. 나는 어머니와 신체 접촉(쓰다듬기, 두드리기 등)을 별로 하지 않았다.	1	2	3	4	5	6	7
12. 나는 어머니가 나를 진정으로 대해 준다고 믿었다.	1	2	3	4	5	6	7
*13. 어머니는 나를 제대로 이해하지 못했다.	1	2	3	4	5	6	7
14. 나는 내가 필요로 할 때 어머니가 나를 위해 있어 주리라 믿었다.	1	2	3	4	5	6	7
*15. 나는 어머니가 진정으로 믿고 의지할 만하다고 느끼지 않았다.	1	2	3	4	5	6	7
16. 나는 어머니로부터 사랑받고 있다고 느꼈다.	1	2	3	4	5	6	7

▶ 본 연구에서는 하잔과 세이버의 성인애착척도(Adult Attachment Scale; Hazan & Shaver, 1992)를 전효정(1994)이 번안하고, 이현미(1996)가 수정한 16문항을 사용하였다. 이 척도는 7점 척도로 전혀 아니었다 1점에서 매우 그랬다 7점이다(*는 역채점). 애착점수의 점수 범위는 부모 각각 16점에서 112점까지이며, 높을수록 애착이 잘 형성했음을 의미한다.

- 아버지와의 애착점수 _____점
- 어머니와의 애착점수 _____점

셀프
워크
05

질문	내용
어린 시절 나와 부모님 사이에는 어떤 애착유형이 형성되었던 것으로 보이는가?	
부모님(혹은 주양육자)의 양육태도는 어떠했는가?	
현재 나의 성인애착은 어떤 유형인가? 어린 시절 그대로인가, 변했는가? 그 사이 애착에 영향을 미친 사건에는 어떤 것이 있는가?	
어린 시절 애착, 부모님의 양육태도, 성인애착이 현재 자신의 성격 및 대인관계에 미치는 영향이 있다면, 어떤 것이 있는가?	

[5-1] **출생순위와 형제자매 관계** 첫째 모여라! 둘째 모여라! 셋째 모여라! 외둥이 모여라!

토론 주제	도출된 결론
나의 출생순위는 몇 남 몇 녀 중 몇 째인가?	
나의 성격이 출생순위에 영향을 받은 긍정적인 면이 있다면 어떤 것이 있을까?	
나의 성격이 출생순위에 영향을 받은 부정적인 면이 있다면 어떤 것이 있을까?	
다시 태어난다면 나는 몇 째로 태어나고 싶은가?	
그 이유는 무엇인가?	

활동을 돌아보며 우리 가정에서 출생순위에 따라 주어진 차별/특혜/처우 등에 어떤 것이 있었는지 깨닫게 되는 부분이 있는지 살펴보자. 그것이 나의 형제자매 관계에 미친 긍정적·부정적 측면을 평가해 보고, 나는 어떤 부모가 될지 생각해 보자.

chapter

6 남녀 차이

학습목표

1. 출생 이후 성역할의 발달에 대하여 알아본다.
2. 사회정서적인 면, 인지능력, 성격, 그리고 의사소통 방식에서의 남녀 차이를 이해한다.
3. 청년기의 성역할 고정관념, 성역할 스트레스, 성역할 정체감에 대해 이해한다.
4. 전통적인 성역할에서 변화하여 새롭게 대두된 성역할 개념에 대한 이론들을 알아본다.

예로부터 사람은 태어나면서부터 성별에 따라 다른 역할과 행동을 하도록 기대를 받아 왔으며 성별에 따라 다른 대우를 받아 왔다. 그렇다면 남성과 여성의 특성은 타고 나는 것일까, 아니면 만들어지는 것일까? 한국의 문화에서는 불과 얼마 전까지만 해도 집에서 밥을 하고 요리를 하는 것은 여성의 역할이었다. 하지만 최근 대중매체에서 남성들이 요리를 하거나 아빠들이 육아하는 모습을 보여주는 드라마나 예능 프로그램들이 많아지고 있으며, 이러한 모습에 대해 많은 사람, 특히 여성들이 열광하고 있다. '2014년 통계로 본 서울 남성의 삶'에 따르면 실제로 가사와 육아를 전담하는 남성 전업주부가 10년 새 2.5배 증가했

▲ 전통적 성역할의 변화
최근 한국에서도 육아와 가사를 분담하는 아빠들이 점차 늘고 있다.

다(여성신문, 2015). 대중매체에서 보여주는 남성의 모습들은 우리나라의 성역할 고정관념이 변화되고 있음을 보여주고 있다. 이러한 현상은 여성의 사회적 진출이 활발해지면서 그전에 가지고 있었던 가부장적인 남성상에 대한 사회의 인식이 변화되고 있음을 반영한다.

1 성역할의 발달

남성다운 것과 여성다운 것의 의미는 오랜 생활과 전통을 통해 문화권마다 형성되어 왔으며, 전통적인 사회에서 성역할(sex role)은 생물학적 성을 근거로 남녀에게 요구되는 서로 다른 사회적 역할을 말한다(이상섭, 1995). 아이는 태어나 자라면서 어느 순간이 되면 자신이 남자인지 여자인지 구별하게 되며, 그 후에 자기의 성에 따른 역할을 하도록 격려 받으며 그 역할을 수용해 가게 된다. 그렇다면 언제부터 아이는 자신의 성을 구별하게 될까? 아이의 연령이 18개월에서 3세 사이에 남자 또는 여자라는 구별의 말을 하기 시작하며 아동기에 들어서서는 사물이 아닌 것들도 성별과 연관 짓기도 한다(Giles & Heyman, 2005).

3세부터는 성별에 적합한 놀이를 하기 시작하는데, 아이들은 친구를 모방하기도 하고 칭찬하기도 하면서 점점 더 그 놀이를 많이 하게 된다. 하지만 성별에 맞지 않는 놀이, 예를 들어 남자아이가 공주인형을 가지고 놀면, 또래 친구들은 그 아이를 놀리거나 무시하기도 한다(Fagot, 1984). 4세가 되면 아이들은 자신의 성이 변하지 않는 것을 깨닫게 되고, 6~7세의 아이들은 성역할의 기준을 어겨서는 안 되는 규칙이라고 여기는 성인과 같은 개념을 가지게 된다(Biernat, 1991). 이 시기에는 성에 따른 자신의 선호도를 행동으로 표현하기도 한다. 예를 들어 여자아이들은 공주 같은 드레스를 입거나 장신구로 치장하기를 즐긴다. 그러나 8~9세가 되면 이전보다 융통성 있게 변하며 성역할 기준들이 반드시 지켜야 하는 의무는 아닌 것을 깨닫게 된다(McHale et al., 2001). 그러다가 10~11세가 되면 성역할 고정관념은 성인 수준에 도달하게 된다.

2 ▶ 남녀 차이

남녀 차이에 관한 다양한 주장이 있지만 여기서는 남성과 여성에게 존재하는 생물학적인 차이 및 심리학적인 차이를 바탕으로 그에 따른 다양한 특성을 만나 보도록 한다(그룹 워크 6-1).

1) 인지적 차이

남녀 간 지능의 평균에는 큰 차이가 없지만 하위능력에서 성차가 있다(이옥형, 2006). 기억력, 개념숙달과 추론, 창의성 등 많은 영역에서 남녀가 거의 유사한 수행능력을 보이나, 몇 가지 측면에서는 남녀의 성차가 발견된다. 성 차이가 있는 영역은 언어능력과 기억능력, 그리고 공간능력 등이다. 여자는 언어능력과 기억력이 뛰어난 반면 남자는 공간능력이 일반적으로 우수하다.

언어능력의 차이는 학령기 이전에서도 나타난다. 아동의 인지습득 능력에 관한 실험(EBS 다큐프라임, 2011)에서 학령기 이전의 여아가 남아에 비해 말을 더 빨리 시작하고, 발음도 분명하며, 구사하는 단어 수가 많고, 문장의 길이가 더 긴 것을 사용한다는 것을 보여주었다. 이런 차이는 학령기에 들어서면서 확실해진다. 여아는 남아에 비해 발음, 언어전달 능력, 어휘의 유창성, 언어유추 능력, 문장이해와 창작력, 언어기억 등에서 더 우수한 능력을 보인다. 이러한 남녀 간의 차이는 학령기에서 성인기에 이르기까지 점점 더 벌어지며, 여성들은 다방면에서 남성에 비해 언어적 우월성을 나타낸다.

기억에 관해서는 초등학생을 대상으로 한 실험에서 얼굴재인 능력과 위치기억 과제에서 여아가 남아에 비해 기억능력이 우수한 것으로 나타났다. 그러나 일반적으로 공간추론 능력에서는 남성이 여성에 비해 우수한 것으로 나타났다(김애순, 2010; 채규만 2006). 지도를 보고 모르는 곳을 찾아가거나, 물건을 조립하는 등의 공간을 많이 사용하는 면에서는 남성이 여성보다 우수하다. 인지능력에 있어서의 남녀 차이를 정리하면 〈표 6-1〉과 같다.

초기 학자들은 인지능력의 성 차이를 뇌의 좌우반구 기능분화(cerebral lateralization) 때문으로 보았으나, 최근의 학자들은 남녀의 인지적 능력 및 행동 특성이 다른 이유를 뇌의 구조와 활성화의 차이에서 찾고 있다(손영숙, 2003). 하지만 최근에 와서 성역할에

| 표 6-1 | 인지능력에서의 남녀 차이 |

지능(IQ)의 전체 평균	하위능력 및 남녀 차이	
남녀 차이 없음	언어능력	• 어휘력, 발음, 의사전달력, 언어유창성, 창작능력 등에서 여성이 남성보다 우수함 • 11세 이후 여성이 더 우수함
	수리능력	• 기하, 측정, 문제해결에서 남성이 여성보다 우수 • 12, 13세부터 남성이 더 우수해짐
	시공간능력	• 미로찾기, 숨은그림찾기 등에서 청년 초기 이후 남성이 더 우수
	학습능력	• 난독증, 학습부진 등에서 남아가 여아보다 4~5배 더 많음

(이옥형, 2006)

대한 구분이 점점 유동적이 되고 남녀에게 교육의 기회가 동일하게 제공되고 성역할의 편견이 사회적으로 줄어들면서, 인지능력의 성차는 점점 감소되고 있는 추세이다(이옥형, 2006). 결론적으로 남녀의 성 차이에 대한 심리학적 증거들과 뇌의 차이는 다만 집단 평균일 뿐이며 남녀의 성차보다는 개인차가 더 크다고 볼 수 있다.

2) 성격의 차이

태내에서부터 남아는 활동성이 높은 편이다. 아동기에 남아는 여아보다 훨씬 더 거친 놀이를 하면서 여아에 비해 높은 공격성을 보인다. 청년기에 반사회적 행동과 폭력범죄에 가담할 가능성은 남자가 여자보다 10배 정도 더 높다(Shaffer, 2013). 그러나 신체적 공격이 아닌 언어적 공격성은 오히려 여성이 더 높다(Oetzel, 1996). 또한 공격적인 행동에 대해 보상을 받거나 공격적인 행동에 대해 비밀이 보장될 때는 여성도 남성과 같이 신체적 공격성을 보인다. 이러한 양상은 남녀의 공격성의 차이에 생물학적인 요인보다는 사회적인 요인이 더 크게 작용할 가능성을 시사한다. 하지만 많은 문화권에서 남녀의 공격성의 양상이 비슷하게 나타나는 것을 볼 때 생물학적 요인인 남성 호르몬인 테스토스테론이 이러한 남녀 차이에 기여하는 바가 있다고 볼 수 있다(Rohner, 1976).

의존성은 아동의 경우 남녀의 차이가 없었으나, 성인의 경우는 여성이 남성보다 높게 나타난다(Maccoby & Jacklin, 1974). 사회지향성은 성인이나 청년 대상의 연구에서는

표 6-2 　성격 및 사회성에서의 남녀 차이

	남녀 차이
공격성	• 남성이 여성보다 더욱 높은 공격성(신체적)을 보임 • 언어적 공격에서는 여성이 남성보다 더욱 공격적이었음 • 공격적 행동에 보상이 있거나 비밀이 지켜지면 여성들도 남성들과 똑같은 공격성을 보였음 • 여성들은 공격성을 비여성적인 것으로 간주하여 불안이나 죄책감으로 인해 평소에 공격성을 덜 보이는 것으로 분석됨 • 상이한 문화권에서 공통적으로 발견된 점으로 보아 생물학적 요인에 기인되는 것으로 보임
의존성	• 아동들은 남녀 간에 차이가 없었음 • 성인 중에는 여성들의 의존성이 더 높았음 • 여성들이 양육과정에서 성역할 기대에 일치하도록 양육되었기 때문이라고 추측됨
사회지향성	• 성인과 청년 중에서는 여성들이 남성들에 비해 사회적 관계 지향성이 높았음 • 최근 연구결과에서 뚜렷한 성차를 발견하지 못함
정서	• 정서 표현력에서 여성이 높게 나타남 • 공포와 욕구불만 연구에서는 뚜렷한 차이가 나지 않아, 여성이 남성보다 정서적인지 아닌지는 모호함
자아개념	• '성취 가능성'이나 '성공 가능성'과 관련된 영역을 제외하고는 여성도 남성과 유사하게 긍정적인 자아개념을 형성

(이옥형, 2006)

여성이 남성에 비해 높지만, 아동의 경우에는 뚜렷한 성차가 발견되지 않는다(Oetzel, 1996). 정서 부분에서는 정서 표현력은 여아가 높게 나타나며, 여아는 부모나 교사 등 권위적 인물에게 남아보다 더 순종적인 모습을 보인다. 또한 여아는 공포, 욕구불만, 소심함이 더 많고, 남아는 위험 감수성이 더 높다. 하지만 다른 정서에서는 유의미한 차이가 없는 것으로 보고된다. 자아개념에서 '성취 가능성'이나 '성공 가능성'과 관련된 영역을 제외하고는 여성도 남성과 유사하게 긍정적인 자아개념을 형성하고 있다(허혜경, 김혜수, 2002). 종합해 보면 일반적으로 두 성 간에 심리적인 차이는 다수의 사람들이 생각하는 것만큼 그렇게 크지 않으며, 기존의 남녀 차이에 대한 고정관념은 몇 가지 측면을 제외하고는 근거가 희박하며, 남녀의 성차보다는 개인차가 더 큰 것으로 보인다. 성격 및 사회성에서의 남녀 차이를 정리해 보면 〈표 6-2〉와 같다.

3) 사회정서적 차이

남성의 뇌와 여성의 뇌의 차이를 살펴보면 남성은 체계화하기에 적합하도록, 그리고 여성의 뇌는 공감하기에 적합하도록 되어 있다. 실제로 여성은 남성에 비해 타인의 감정을 인지하고 해석하는 능력이 뛰어나다. 공감하기란 다른 사람의 마음을 읽고 이에 정서적으로 민감하게 반응하는 성향을 이른다. 여성은 직접적인 언어적인 표현이 없더라도 표정, 몸짓, 감정표현과 같은 비언어적인 단서를 통해 상대의 감정을 잘 읽어내고 이것을 바탕으로 상대의 성격을 판단하기도 한다. 로젠탈(Rosenthal, 1979)은 피험자들에게 배우의 정서 상태를 알아맞히도록 하는 실험을 했는데, 연구결과 여성이 남성보다 배우들의 정서 상태를 더 정확하게 파악하고 알아맞히는 것으로 나타났다. 또한 정서의 비언어적 단서에 대한 민감성을 측정하는 검사에서도 여성이 남성보다 행위자의 정서를 더 정확하게 판단했고, 이 같은 결과는 세계 여러 연구에서도 반복적으로 검증되었다(Baron-Cohen, 2007; Buck et al., 1972; Rosenthal et al., 1979).

타인이 생각과 의도를 추론하는 능력에서도 여아가 3세 무렵부터 남아를 앞서는 경향을 보인다. 예를 들어 가상의 상황에서 사람의 속마음이 어떠할지 물어보면 여아가 겉모습과 다른 주인공의 속마음을 잘 알아맞히며 타인의 기분을 상하지 않게 하려고 내색하지 않는 방법을 알고 있다. 여아들은 또한 주어진 상황에서 적절한 말들을 어떻게 해야 하는지 더 잘 판단한다(Baron-Cohen, 2007; Baron-Cohen et al., 1999).

고통을 지각하는 남녀의 차이를 알아보는 실험에서 남성은 비슷한 물리적 고통의 강도에 대해 참을성을 더 많이 보인 반면 여성은 높은 강도의 고통을 보고하였다. 또한 여성들이 심리적 고통에 대해서도 남성들보다 더 민감하게 반응하는 것으로 나타났다. 공감능력에서도 성차가 발견되는데, 생후 12개월 된 여아도 다른 사람의 고통에 대해 슬픈 얼굴을 하고, 동정을 유발하는 소리를 내거나 위로하는 행동을 하는 반면, 남아는 그런 행동을 덜 보인다. 같은 장난감이 주어졌을 때도 여자아이들은 여럿이 공유하여 가지고 노는 경향을 보인 반면, 남자아이들은 서로 그것을 차지하려고 경쟁적이 되어 싸웠다. 즉, 여자아이에 비해 남자아이는 덜 공감적이며 더 자기중심적이다(Pitcher & Schultz, 1983).

사회성에 있어 여성은 남성보다 더 관계 지향적인데 이런 경향성은 생후 13개월 된 영아에게서도 나타난다. 생후 13개월 된 남자아이는 여자아이에 비해 엄마와 떨어져서 노는 경향을 보이며, 엄마와 덜 접촉하고 대화의 빈도도 낮은 것으로 나타났다. 또한 남성에 비해 여성의 우정은 더 친밀하고 호혜적인 경향이 있는 반면, 남성은 힘과 정치, 경쟁 등에 가치를 둔다. 성인을 대상으로 한 조사에서도 여성은 친구관계에서 가장 중요한 가치로 공감을 꼽는 반면, 남성은 공통의 관심사를 꼽았다(Baron-Cohen & Wheelwright, 2004).

4) 의사소통 방식의 차이

의사소통 방식은 사람마다 다양하지만 남녀 간의 차이가 존재한다. 일반적으로 여자는 대화하기를 좋아하고, 스트레스를 받으면 그에 대해 누구와 대화를 나누어야 마음이 풀어진다고 알려져 있다. 그러나 남자들도 여자 못지않게 말을 많이 하고, 남의 말에 잘 끼어들며, 특히 말하는 도중에 새로운 주제를 제시하기를 좋아한다(채규만, 2006). 랫-펠리그리니(Leet-Pellegrini, 1980)의 연구에서 남성은 과장적인 대화를 즐기고, 여성은 과시하는 듯한 대화를 좋아하지 않으며 오히려 회피하려는 경향을 보였다. 그의 연구에 따르면 여성은 과시하는 행동에 대해서 부정적인 견해를 가지고 있으며, 과시를 힘이 있는 것으로 인식하지 않는 것으로 나타났다. 또한 여성이 사전지식이 많고 적음과 관계없이 발언 기회를 남성에게 더 많이 빼앗기는 경향을 보였다.

대화의 목적에 대해서도 남녀의 차이는 나타난다. 여성은 일반적으로 대화를 통해 공감과 위로를 얻고 싶어 하지만 남성은 일반적으로 문제 상황에 대한 해결책을 제시하려는 경향이 있다. 남성은 정서적 표현을 하는 것에 익숙하지 않기 때문에 대화를 통해 공

◀ 남녀의 대화방식
남성과 여성의 의사소통의 방식에는 차이가 있고, 때로는 갈등의 원인이 된다.

감과 위로를 얻고 싶어 하는 여성의 욕구를 적절히 충족시켜 주지 못하는 경우가 많다. 그래서 '여자어'라는 신조어도 생겼다. 여자어란 여자가 사용하는 특수한 완곡어법을 말한다. 특성상 남자가 알아듣기 어려운데 이는 돌려서 말하기 위해 선택하는 단어가 말의 실제 의미와는 다르게 선택되는 경우가 많기 때문이다(나무위키, 2017). 예를 들어 여성이 데이트하는 남성에게 '오늘 나 피곤했어.'라고 말한다면 위로를 받고 싶은 마음으로 한 말인데 남성은 그 말을 듣고 오늘은 이만 헤어지고 집에 가서 푹 쉬라고 말한다면 여성은 매우 서운할 것이다. 이 차이는 남성의 두뇌는 해결 지향적이고 여성의 두뇌는 과정 지향적이기 때문에 나타난다(Pease & Pease, 2000). 갈등이 있을 때 여성은 자신의 감정을 말로 표현하고 싶어 하는 반면, 남성은 침묵하는 경향을 보이는데 이러한 차이가 의사소통 방식의 차이로 나타난다.

3 성역할에 관련된 개념

성은 문화적 의미를 지니는 성(gender)과 생물학적 의미를 지니는 성별(sex)로 구별된다. 공항에서 출입국증명서를 쓸 때 'SEX'라는 칸에 무엇을 쓸 것인가? 때로는 이 단어를 오해하여 황당한 답을 하는 실수가 벌어지기도 한다. 성별(sex)은 남성이나 여성의 생물학적 영역을 나타내는 말이며, 성(gender)은 남성 또는 여성의 사회문화적 영역을 의미한다. 이 시기에 성에 대한 인식은 청년들의 정체감 발달과 사회적 관계 형성에 있어서 매우 중요한 위치를 차지할 뿐 아니라 문화적 의미의 성역할(gender role)에 대한 인식의 기초가 된다. 성역할 사회화는 한 개인이 그가 속한 사회가 규정하는 성에 적합한 행동, 태도 및 가치관을 습득하는 과정을 이르며, 이 성역할 사회화 과정을 통해 남성성 또는 여성성이 발달한다. 하지만 성역할에 대한 정의는 계속적으로 빠르게 변화하고 있다. 특히 한국에서는 유교문화가 약화되면서 성역할이 점차 서구화되어 가는 추세이다. 청년기에 성역할 고정관념이 증가하는 성역할 집중화가 일어나는 이유는 생물학적·사회적·인지적 요인의 변화 때문으로 보인다.

1) 성역할 고정관념

전통적으로 남성과 여성은 성별로 고유한 특성의 차이가 있다고 보았다. 남성과 여성은 출생 후 아동기와 청소년기를 통해 서로 다른 성역할 사회화 과정을 거친다. 이러한 과정에서 남성과 여성에게 서로 다른 성역할 고정관념이 형성된다. 성역할 고정관념(gender role stereotype)이란 남녀에 따라 이상적인 성역할을 다르게 규정하고, 이를 확고하게 지니고 있는 것을 말한다.

성역할 고정관념은 여러 방식으로 습득되는데 부모, 또래관계, 형제관계, 그리고 타인을 통한 관찰을 통하여 이루어진다. 부모는 부모 자신의 성역할 고정관념에 따라 남아와 여아에게 다른 환경을 제공한다. 예를 들어 남아에게는 파란색 계통의 옷을 입히거나 장난감도 총이나 자동차 등을 사주고, 여아에게는 분홍색 계통의 옷을 입히고 장난감도 소꿉놀이, 인형, 장신구 등을 사준다. 또한 부모는 남아가 씩씩한 행동을 하면 칭찬을 해주고, 반면에 여아는 고분고분하거나 의존적인 말이나 태도를 보이면 칭찬해 주는 경향을 보인다. 부모의 이러한 행동은 자신도 모르는 사이에 성역할 고정관념을 무의식적으로 아이에게 전수한다.

또한 성역할 고정관념은 또래관계나 형제관계에 의해서도 발달된다. 또래관계에서 친구와 놀이를 하면서 친구의 행동을 모방하거나 동일시하면서 성역할을 습득한다. 형제관계에서 나이가 많은 형제는 동생들에게 많은 영향을 미친다(Berk, 2009). 동성 형제가 있는지, 외동아이인지에 따라서도 성역할이 다르게 형성된다. 남자 형제가 있는 남아들

◀ 성역할 사회화
성역할의 습득은 어린 시절부터
모방을 통해 이루어진다.

은 남성적인 행동을 많이 보이고 반면에 여자형제가 있는 남아의 경우에는 남성적 행동을 적게 보인다(Rust et al., 2000). 이러한 형제 관계의 영향력은 학령기에도 지속되며, 형제 순위, 터울, 성별이 서로에게 중요한 영향을 미친다.

성역할 고정관념은 관찰학습으로도 형성된다. TV, 비디오, 책이나 만화영화 등에서 남성이 거칠고 단호한 모습을 보여주고 여성은 순종적이고 보완적인 역할을 하는 의존적인 인물로 표현되는 경우가 많다. 이러한 모습을 계속 보게 되면 아이들은 그 성역할을 학습하게 된다(Tepper & Cassidy, 1999). 하지만 부모가 보여주는 성역할이 비전통적인 경우 그 자녀들은 다른 아이들에 비해 성역할에 대한 고정관념의 정도가 적다(Hoffman, 2000). 예를 들어 어머니가 직장을 다니고 아버지가 집안일을 적극적으로 돕는 경우 아이들은 남녀의 전통적 성역할 구분에 대해 덜 학습하게 된다.

이와 같이 남성과 여성은 그 문화에 맞는 적합하다고 규정된 행동, 의견, 감정을 습득하며 아동기와 청년기를 지나며 서로 다른 성역할 사회화 과정을 거치게 된다. 성역할 고정관념은 오래전부터 개인의 마음과 사회 속에 서서히 형성되어 오면서 자녀양육방식, 직업의 선택, 결혼관계, 대인관계, 사회적 처우, 정책 수립 등 다양한 방면에서 영향을 끼쳐 왔다. 이러한 고정관념은 남녀차별을 조성하고, 남녀 모두의 삶에서 스트레스의 원천이 되며 남녀 모두의 삶을 왜곡할 수 있다. 여성은 불평등과 억압을 호소하고 있고, 남성은 책임이 무겁고 구속받는다고 하소연하고 있다(조형, 1988). 과연 현대인의 성역할 스트레스는 어느 정도인지 살펴보자.

2) 성역할 스트레스

성역할 고정관념은 어느 한쪽이 아닌 남성과 여성 모두에게 성역할과 관련된 스트레스를 제공한다. 우리나라의 경우, 과거 오랫동안 남성 중심의 유교적 가부장적인 전통사회를 거치면서 남성은 남성다움을, 여성은 여성다움을 지녀야 한다는 성역할 고정관념이 강하게 형성되어 왔으며, 이러한 영향은 많이 약화되었지만 지금도 여전히 남아 있다(이옥형, 2006). 여성은 고정화된 성역할과 사회적 기대에 의해 착한 여자 콤플렉스, 외모 콤플렉스, 슈퍼우먼 콤플렉스 등의 심리적 스트레스를 겪고 있다. 한편 남성은 사내대장부 콤플렉스, 만능 콤플렉스, 온달 콤플렉스 등에 따른 도전에 의한 많은 스트레스를 받고 있다. 앞에서 언급했듯이 성역할 고정관념으로 인해 여성들이 받는 스트레스가 억압과 불평등이라면 남성들이 받는 스트레스는 책임과 구속이라고 할 수 있다. 현대에 와서 남성 역시 남성이라는 이유로 가사와 양육 이외의 사회적 책임을 주로 떠맡아 남성 역할을 수행해야 하며, 이러한 역할을 수행하지 못했을 경우 상당한 사회적 제약과 스트레스를 받게 된다. 성역할 고정관념은 여성뿐 아니라 남성에게도 스트레스를 준다고 볼 수 있다(그룹 워크 6-2).

여성이 남성보다 열등하다는 고정관념에 의해 여성은 종종 남성보다 덜 유능하게 여겨지고, 덜 교육받아야 하는 것으로 기대되며, 학문이나 직업 활동에서 남성보다 상대적으로 더 기회를 박탈당하거나, 성공에 대한 기대치를 낮게 잡게 된다(이옥형, 2006). 이러한 관점은 여성에게 제약을 가하여 자신이 희망하는 교육이나 직업을 자유롭고 소신 있게 선택할 수 없게 한다. 그뿐만 아니

▲ 유리천장
여성에게는 아직도 보이지 않는 사회에서의 차별과 장벽이 존재한다.

라 결혼생활에서는 자신의 의지나 선택과 상관없이 출산과 육아, 가사노동 등의 관습적 역할을 주로 떠맡게 되어 자아를 실현할 기회를 제한받게 된다. 취업에서도 여성이라는 이유로 입사에 제한을 받거나 승진에서도 불공평한 처우를 경험하며, 어려움을 극복하고 사회생활을 하게 되더라도 기가 센 여자라는 왜곡된 이미지로 굳어지는 불공평한 경험을 한다.

여성들에게 작용하는 차별을 표현하는 용어로 유리천장(glass ceiling)이라는 말이 있다. 유리천장이란 위로 올라가려 할 때 보이지 않는 장벽을 비유적으로 표현한다. 주로 직장에서 여성들이 좋은 자리로 오르지 못하는 것을 이르는데, 회사의 정책에는 그런 차별이 없지만 분명히 보이지 않는 차별이 존재하고 있음을 뜻한다. 2017년에 영국의 이코노미스트가 세계 여성의 날을 맞아 발표한 OECD 국가별 유리천장지수(glass-ceiling index)를 발표했는데 한국은 최하위를 기록했다. 이 지수는 고등교육 격차, 경제활동 참여비율, 임금 격차, 보육비용, 고위직 여성비율, 의회 내 여성비율, 남녀 육아휴직 비율 등의 지표들을 종합하여 산출했다. 이런 차별로 발생하는 직장 내 크고 작은 성범죄, 폭력적 회식 문화, 불균등한 육아휴직과 가족 휴가 등으로 인해 여성뿐만 아니라 남성도 같이 스트레스를 받고 있다.

남성의 경우 단지 남자로 태어났다는 사실 때문에 여성의 관점에서는 특혜를 받는 것처럼 보이지만 남성의 입장에서는 무거운 기대감과 책임감을 경험하는 경우가 많다. 앞에서 말한 대로 남성은 가족부양과 사회적 책임을 떠맡아야 한다는 중압감과 성공해야 한다는 압박감을 상대적으로 많이 경험한다. 따라서 자신의 역할을 제대로 수행하지 못할 경우 상당한 사회적 제약과 스트레스를 받게 된다. 남성의 입장에서 볼 때 여성은 능력 면에서 부족함이 있어도 사회적으로 수용되는 경우가 있지만, 남성의 경우는 능력이 부족하면 무능하거나 부적절한 인물로 평가받는 경우가 여성에 비해 훨씬 많다. 이런 것들이 남성 입장에서는 또 다른 성역할 고정관념으로 인한 스트레스 요인이 된다. 이렇듯 남녀 모두 표현되는 양식은 다르지만 자신의 성역할 고정관념으로 인해 경험하는 스트레스가 많은 것으로 나타나고 있다.

3) 성역할 정체감

성역할 정체감(gender role identity)은 성역할 사회화 과정에서 개인이 속한 사회의 역할 규정과 개인의 역할 수행의 연결과정에서 형성된다(김영희, 1986). 성역할 정체감은 그 사회가 전통적으로 규정한 남성성과 여성성을 개인이 동일시하거나 개인의 성격 및 행동 특성으로 내면화 한 정도로 정의된다(임용자, 1994). 인간은 남성과 여성 중 하나의 생물학적 성별(sex)을 가지고 태어나며, 한 개인에 대한 사회적 기대로서의 성(gender)과 이에 대한 자신의 자각과 인식인 성정체감(gender identity)을 가지게 된다. 사회는 남성과 여성이 각기 다른 특징의 심리적 요소들을 지니고 있다고 믿으며, 이에 따른 남성과 여성에 대한 성 고정관념을 형성한다. 또한 사회는 그 구성원들이 남성과 여성이라는 역할에 맞는 적절한 사고, 정서, 행동이 뒤따르기를 기대한다. 이와 같이 사회가 요구하고 기대하는 역할에 동일시하는 정도에 따라서 자신의 성역할 정체감을 형성하게 된다(셀프 워크 6-1).

4 ▶ 성역할 인식의 변화

오랫동안 성역할의 인식이 고정되어 존재해 왔다. 하지만 오늘날 문화적 다원화 과정에

서 성에 대한 고정관념이 변화되고 있고, 성
역할의 구분들은 점점 모호해지고 있다. 초
창기의 심리학자들도 이러한 변화에 기여하
였다. 분석심리학자의 창시자 융(Carl Jung)
은 사람의 육체는 남성과 여성으로 구분되
지만, 사람의 본질은 양성적이라는 것을 주
장하였다. 융은 한 사람의 정신 속에는 자신
과 반대되는 성적 요소인 아니마와 아니무
스를 가지고 있는데, 아니마는 남성의 무의식
에 있는 여성적 심리요소이고, 아니무스는 여

▲ 아니마와 아니무스
남성에게서 여성성이, 여성에게도 남성성이 존재한다.

성 안의 남성적 심리요소를 말한다. 그는 집단 무의식의 원형의 하나인 아니마와 아니
무스가 사람들의 정신 또는 기억에 과거로부터 계속 전수되어 온다고 보았다(Seligman
& Reichenberg, 2014). 아니마와 아니무스는 자신 안의 부분이기도 하고 타인에게 투사
되기도 한다. 전통적인 특성인 남성의 공격성, 성취 지향성, 통제성 안에는 감정적인 아
니마가 있으며, 여성의 수동성, 배려, 양육태도, 협동성 안에는 논리적이고 진취적인 아
니무스가 존재한다. 만약 한 청년이 어떤 이성에게 한눈에 반했다면, 그 청년 자신 안
에 무의식적으로 존재하고 있는 아니마와 아니무스를 경험하고 있다고 볼 수 있다. 융
은 사람이 남성과 여성에 머물러 있지 않고 남성은 자신 안의 여성적 요소를, 여성은 남
성적 요소를 인식하거나 이러한 요소와 연결될 때 성장이 이루어진다고 하였다(이부영,
2001) 자신의 성역할을 강하게 동일시하는 사람은 자신의 아니마와 아니무스를 인식하
지 못하고 있다는 의미이다.

　여성 심리학자 길리건(Gilligan, 2016)은 1980년대에 남성 위주의 윤리개념에 대항하
여 새로운 도덕성 발달이론을 내놓았다. 콜버그(Kohlberg, 1984)의 도덕성 발달이론에 의
해 구분된 6단계에서 최고의 단계인 6단계에 도달한 사람들은 거의 남성들이었고 여성
들은 3단계에 머무르는 경우가 많았다. 콜버그의 이론에서 1·2단계의 도덕성은 처벌을
피하거나 보상을 받기 위해 도덕적 행동을 하는 것이고, 3단계는 순응적이고 수동적인
태도를, 4단계는 사회질서를 지키기 위한 행동을 하는 수준을 의미한다. 5·6단계는 인
간의 기본 권리와 자신의 신념을 반영한 최고의 윤리적 태도를 가진 수준이다. 콜버그
이론은 여성을 열등하고 남성에 비해 낮은 수준의 도덕성 개념을 가지고 있는 존재로

만든다. 하지만 길리건은 콜버그의 주장에 반박하여 여성이 열등한 단계에 있는 것이 아니라 다른 목소리, 다른 가치관을 가지고 있는 것이라고 주장하였다. 즉, 여성의 도덕성은 관계 지향적이기 때문에 남성의 도덕성과 차이가 있음을 주장하였다. 그녀에 의하면 여성은 원래 타인에 대한 배려가 있고 정의보다는 관계를 중요하게 생각하는 도덕적 사고를 중시하며 자신을 희생해서라도 인간관계를 유지하고자 하는 대 인간 배려 지향이 나타난다고 보았다. 콜버그의 도덕성이 정의를 강조하였다면 길리건은 관계 지향성을 강조하였다. 따라서 콜버그의 3단계는 길리건의 발달단계에서 최고의 단계, 즉 배려를 강조한 자신과 타인을 위한 배려의 단계에 해당한다. 길리건은 여성의 성역할인 돌봄을 열등한 관계로서의 태도로 만들어 여성의 무력함을 초래하여 여성을 도덕적인 존재로 살 수 없도록 한다는 점에서 큰 위험을 내재한다고 보았다(이윤정, 2003).

한편 벰(Bem, 1993)은 남성성과 여성성을 양극의 차원이라기보다 두 가지의 분리된 차원이며, 한 인간에게 남성성과 여성성이 동시에 존재할 수 있다고 주장하며 심리적 양성성의 개념을 제시하였다. 그는 남성과 여성 모두에게 있어서 전통적 성역할 기대에 대한 강한 동일시가 부정적인 심리결과를 초래한다는 증거를 제시하면서 성역할에 관해 정형적인 남성성과 여성성이 대립적이고 상대적 개념이 아닌 공존의 개념이라고 하였다(Bem, 1975). 그에 의하면 심리적 양성성이란 한 사람에게 사회적으로 인정된 고정적인 여성적 특성과 남성적 특성이 결합되어 공존한다는 것을 의미한다. 이 관점에서 볼 때 사람은 누구나 타고난 성별과 관계없이 여성적 특성과 남성적 특성을 공유할 수 있다. 이런 양성적 시각은 전통적 여성성 혹은 남성성의 개념이 사회적으로 형성된 고정관념을 반영하는 것일 뿐이며 실제로는 심리적 양성성을 지닌 사람이 여러모로 심리적 강점을 지닌다는 인식에서 출발하였다. 이 관점에서는 심리적 양성성을 바람직한 남성적 특성과 여성적 특성이 한 사람 안에 공존하는 것으로 보고, 심리적으로 양성적인 사람은 남성적인 혹은 여성적인 사람보다 성 고정관념과 관계없이 상황에 따라 효과적인 행동을 취하기 때문에 바람직하고 적응적인 것으로 가정하였다(정진경, 1990). 예를 들어 한 여성이 적극적이고 독립적이라고 해서, 여성성을 잃은 것이 아니라 여성이 적극적이고 독립적이면서도 동시에 여성 특유의 모성애도 유지할 수 있다고 본다. 마찬가지로 남성도 관계중심적이고 감정적이면서도 남성 특유의 자신감을 유지할 수 있는 것이다.

청년기에는 성에 대한 인식과 성역할 정체감이 강화되는 시기이다. 생활 속에 그릇된 성역할 고정관념은 한 개인의 개성과 능력을 발휘하지 못하게 하고 자아실현의 기회도 감소시킨다. 그러므로 청년기에 바람직한 성역할 및 양성 평등의식을 갖게 될 때 성역할에 대한 편견에서 벗어나 남녀 간에 발생되는 갈등 없이 조화롭게 함께 사는 사회가 만들어질 것이다.

핵심요약

- 성역할은 생물학적 성을 근거로 남녀에게 요구되는 서로 다른 사회적 역할을 뜻한다. 6~7세가 되면 어른과 같은 성역할 개념을 가지게 된다.
- 남녀는 많은 영역에서 차이를 보이지만 남녀의 성차는 집단의 평균일 뿐이며 개인차가 더 크다.
- 성역할 사회화는 한 개인이 자신의 사회가 규정하는 성에 적합한 행동, 태도 및 가치관을 습득하는 과정을 이른다.
- 성역할 고정관념은 남녀에 따른 이상적인 성역할을 다르게 규정하고 이를 확고하게 지니고 있는 것을 말한다.
- 성역할 정체감은 사회가 전통적으로 규정한 남성성과 여성성을 개인이 동일시하거나 개인의 성격 및 행동 특성으로 내면화한 정도이다.
- 벰은 남성성과 여성성은 양극의 차원이 아니라 심리적 양성성이라는 개념을 제시하였다.
- 청년기는 성에 대한 인식과 정체감이 강화되는 시기이므로 바람직한 성역할 정체감을 형성하는 것이 중요하다.

참고문헌

김남숙(1997). 한국 성역할 검사의 수정점수 및 분류기준 산출. 충북대학교 석사학위논문.
김애순(2010). 혼돈의 20대, 자신을 말하다. 서울 : 시그마북스.
나무위키. https://namu.wiki
다큐프라임(2011). 아이의 사생활 5부 : 나는 누구인가. 2011. 6. 10일 방송.
손영숙(2003). 그 여자의 뇌, 그 남자의 뇌. 한국심리학회 2003년 하계 학술대회 발표 논문집. 서울 : 한국심리학회.
여성신문(2015. 6. 10). http://www.womennews.co.kr/news/83947

이명조(2012). 청년심리학 : 일과 사랑. 서울 : HUFS Books.

이옥형(2006). 청년심리학. 서울 : 집문당.

이윤정(2003). 보살핌 윤리가 갖는 의미에 관한 연구 : 캐롤 길리건의 논의를 중심으로. 이화여자대학교 석사학위논문.

임용자(1994). 성역할관련요인이 여대생의 진로결정에 미치는 영향. 홍익대학교 박사학위논문.

정진경(1990). 한국 성역할 검사(KSRI). 한국심리학회지 : 사회. 5(1), 82-92.

조형(1988). 남성지배 문화-오늘의 위기. 또 하나의 문화, 제4호. 고양 : 청하.

채규만(2006). 성행동 심리학. 서울 : 학지사.

허혜경, 김혜수(2002). 청년발달 심리학, 서울 : 학지사

Baron-Cohen, S.(2007). 그 남자의 뇌, 그 여자의 뇌[*The Essential Difference : Men, Women and the Extreme Male Brain*]. (김혜리, 이승복 역). 서울 : 바다출판사(원전은 2003년에 출판).

Baron-Cohen, S., O'Riorda, M., Stone, Jones, R., & Plaisted, K. (1999). Recognition of faux pas by normally developing children and children with Asperger Syndrome or high-functioning autism. *Journal of Autism and Developmental Disorders, 29*, 407-418.

Baron-Cohen, S., & Wheelwright, S.(2004). The empathy quotient (EQ). An investigation of adults with Asperger syndrome or high functioning autism, and normal sex differences. *Journal of Autism and Developmental Disorders, 29*, 409-418.

Bem, S. L.(1974). The measurement of psychological androgyny. *Journal of Consulting and Clinical Psychology, 42*, 155-162

Bem, S. L.(1975). Sex role adaptability : one consequence of psychological androgyny. *Journal of Personality & Social Psychology, 31*, 634-643.

Bem, S. L.(1993). *The lenses of gender*. New Haven, CT : Yale university Press.

Berk, L. E.(2009). *Child Development*. Boston : Pearson.

Biernat, M.(1991). Gender stereotypes and the relationship between masculinity and femininity : A developmental analysis. *Journal of Personality and Social Psychology*, 61, 351-365.

Buck, R., Savin, V., Miller, R. E., & Caul, W. F.(1972). Nonverbal communication of affect in humans. *Journal of Personality and Social Psychology, 23*, 362-371.

Fagot, B. I. (1984). The child's expectations of differences in adult male and female interactions. *Sex Roles, 29*, 199-208.

Hoffman, L. W.(2000). Maternal employment : Effects of social context. In R. D. Taylor & M. C. wand (Eds.), *Resilience across Contexts : Family, Work, Culture, and*

Community. Mahwah, NJ : Erlbaum.

Giles, J. W. & Heyman, G. D.(2005). Young children's beliefs about the relationship between gender and aggressive behavior. *Child Development, 76*, 107-121.

Gilligan, Carol(2016). *In a different voice; psychological theory and women's development*. Havard University Press.

Kohlberg, L.(1984). *The psychology of moral development : Essays on moral development (Vol. II)*. San Francisco : Harper & Row.

Leet-Pellegrini, H. M. (1980). Conversational dominance as a function of gender and expertise. In H. Giles. W. P. Robinson, & P. M. Smith (Eds.), *Language : Social Psychological Perspectives*. NY : Pergamon.

McHale, S. M., Updegraff, K. A., Helms-Erikson, H., & Crouter, A. C.(2001). Sibling influences on gender development in middle childhood and early adolescence : A longitudinal study. *Developmental Psychology, 37*, 115.

Maccoby, E. E. & Jacklin, C. N.(1974). *The psychology of sex difference*. Stanford : Stanford University Press.

Rohner, R. P.(1976). Sex Differences in aggression : Phylogenetic and enculturation perspectives.

Rosenthal, R., Hall, J. A., DiMatteo, M. R., Rogers, P. L., & Archer, D.(1979). *Sensitivity to Nonverbal Communication : The PONS Test. Baltimore*, MD : Johns Hopkins University Press.

Oetzel, R. M.(1996). Sex role. In E. E. Maccoby(Ed.). *The Development of sex differences*. Stanford : Stanford University Press.

Pease, B., & Pease, A.(2000). Why men don't listen & women can't read maps : How we're different and what to do about it. New York, NY : Welcome Rain.

Pitcher, E. G., & Schultz, L. H.,(1983). *Boys and Girls at play; The Development of Sex Roles*. NY : Praeger.

Rust, J., Golombok, S., Hines, M., Johnston, K., Golding, J., & the ALSPAC Study Team.(2000). The role of brothers and sisters in the gender development of preschool children. *Journal of Experimental Child Psychology, 77*, 292-303.

Seligman L. & Reichenberg, L. W.(2014). 상담 및 심리치료의 이해[*Theories of counseling and psychotherapy*] (김영혜 공역). 서울 : 시그마프레스.

Tepper, C. A., & Cassidy, K. W.(1999). Gender differences in emotional language in children's picture books. *Sex Roles, 40*, 265-280.

[6-1] **성역할 정체감 검사(BSRI)** 이 질문지는 다양한 개인적 특성들을 나열한 것이다. 아래의 특성과 자신의 특성이 일치하는 정도를 아래의 일곱 가지 점수 중에서 선택하여 표시해 보자. 나의 성격과 전혀 일치하지 않을 경우 (1)에서부터 매우 일치할 경우 (7)까지 점수 중 선택한다.

문항	나의 성격과 전혀 일치하지 않음			나의 성격과 가끔 일치	나의 성격과 거의 항상 일치		
1. 믿음직스럽다*	1	2	3	4	5	6	7
2. 섬세하다**	1	2	3	4	5	6	7
3. 융통성 있다***	1	2	3	4	5	6	7
4. 과묵하다*	1	2	3	4	5	6	7
5. 어질다**	1	2	3	4	5	6	7
6. 성숙하지 못하다***+	1	2	3	4	5	6	7
7. 남성적이다*	1	2	3	4	5	6	7
8. 친절하다**	1	2	3	4	5	6	7
9. 생각이 깊다***	1	2	3	4	5	6	7
10. 강하다*	1	2	3	4	5	6	7
11. 온화하다**	1	2	3	4	5	6	7
12. 염세적(비관적)이다***+	1	2	3	4	5	6	7
13. 자신감이 있다*	1	2	3	4	5	6	7
14. 부드럽다**	1	2	3	4	5	6	7
15. 이해심이 많다***	1	2	3	4	5	6	7
16. 털털하다*	1	2	3	4	5	6	7
17. 상냥하다**	1	2	3	4	5	6	7
18. 옹고집이 있다***+	1	2	3	4	5	6	7
19. 박력이 있다*	1	2	3	4	5	6	7

20. 감정이 풍부하다**	1	2	3	4	5	6	7
21. 성실하다***	1	2	3	4	5	6	7
22. 독립적이다*	1	2	3	4	5	6	7
23. 깔끔하다**	1	2	3	4	5	6	7
24. 심술궂다***⁺	1	2	3	4	5	6	7
25. 씩씩하다*	1	2	3	4	5	6	7
26. 따뜻하다**	1	2	3	4	5	6	7
27. 부지런하다***	1	2	3	4	5	6	7
28. 야심적이다*	1	2	3	4	5	6	7
29. 인정이 많다**	1	2	3	4	5	6	7
30. 부주의하다***⁺	1	2	3	4	5	6	7
31. 근엄하다*	1	2	3	4	5	6	7
32. 다정다감하다**	1	2	3	4	5	6	7
33. 솔직하다***	1	2	3	4	5	6	7
34. 의욕적이다*	1	2	3	4	5	6	7
35. 차분하다**	1	2	3	4	5	6	7
36. 독선적이다***⁺	1	2	3	4	5	6	7
37. 신념이 강하다*	1	2	3	4	5	6	7
38. 알뜰하다**	1	2	3	4	5	6	7
39. 겸손하다***	1	2	3	4	5	6	7
40. 의지력이 강하다*	1	2	3	4	5	6	7
41. 유순하다**	1	2	3	4	5	6	7
42. 불안정하다***⁺	1	2	3	4	5	6	7
43. 대범하다*	1	2	3	4	5	6	7
44. 민감하다**	1	2	3	4	5	6	7
45. 진지하다***	1	2	3	4	5	6	7
46. 집념이 강하다*	1	2	3	4	5	6	7
47. 순종적이다**	1	2	3	4	5	6	7
48. 신경이 날카롭다***⁺	1	2	3	4	5	6	7

(계속)

49. 의리가 있다*	1	2	3	4	5	6	7
50. 꼼꼼하다**	1	2	3	4	5	6	7
51. 분명하다***	1	2	3	4	5	6	7
52. 지도력이 있다*	1	2	3	4	5	6	7
53. 얌전하다**	1	2	3	4	5	6	7
54. 화를 잘 낸다***+	1	2	3	4	5	6	7
55. 결단력이 있다*	1	2	3	4	5	6	7
56. 여성적이다**	1	2	3	4	5	6	7
57. 활발하다***	1	2	3	4	5	6	7
58. 모험적이다*	1	2	3	4	5	6	7
59. 싹싹하다**	1	2	3	4	5	6	7
60. 불건전하다***+	1	2	3	4	5	6	7

주 * : 남성성, ** : 여성성, *** : 긍정성, ***+ : 역채점을 의미함   (Bem, 1974)

▶ 성역할 정체감 검사의 문항 구성

하위유형	문항 수	문항 번호
남성성*	20	1, 4, 7, 10, 13, 16, 19, 22, 25, 28, 31, 34, 37, 40, 43, 46, 49, 52, 55, 58
여성성**	20	2, 5, 8, 11, 14, 17, 20, 23, 26, 29, 32, 35, 38, 41, 44, 47, 50, 53, 56, 59
긍정성***	20	3, 6+, 9, 12+, 15, 18+, 21, 24+, 27, 30+, 33, 36+, 39, 42+, 45, 48+, 51, 54+, 57, 60+

(***+는 역채점, 1점은 7점으로, 2점은 6점, 3점은 5점, 5점은 3점으로 6점은 2점으로 7점은 1점으로 전환하여 채점한다.)

▶ 조절계수를 이용하여 개인별 교정점수 구하기

남성성 교정점수 (_____점)	남	남성성 점수의 평균 + 0.316(조절계수)
	여	남성성 점수의 평균 − 0.166(조절계수)
여성성 교정점수 (_____점)	남	여성성 점수의 평균 − 0.314(조절계수)
	여	여성성 점수의 평균 + 0.236(조절계수)

[해석] 분류기준점 : 남성성 척도 4.47점, 여성성 척도 4.29점

양성성	남성성 교정점수가 4.47점을 넘고, 여성성 교정점수도 4.29를 넘는 경우
남성성	남성성 교정점수만 4.47을 넘는 경우
여성성	여성성 교정 점수만 4.29를 넘는 경우
미분화	모두 분류기준점에 도달하지 못하는 경우

(김남숙, 1997)

셀프
워크
06

[6-1] 남녀 차이

토론 주제	내용
남녀 관계에서 사회정서적 차이를 경험한 것이 있다면?	
인지적 차이에 대한 경험은?	
성격 및 사회성 차이에 대한 경험은?	
의사소통 방식의 차이점은?	
자신을 가장 힘들게 한 차이점은 무엇인가?	
차이점을 극복한 방법은?	
극복하려 시도한 방법 중 실패한 경험은?	

[6-2] 성역할 고정관념, 성역할 스트레스, 성역할 정체감

토론 주제	내용
성역할 고정관념은 무엇인가?	
성역할로 인한 스트레스에는 무엇이 있는가?	
자신의 성역할 정체감은 어떤가?	

7 성과 사랑

학습목표
1. 사랑의 개념을 이해하고, 청년기 사랑의 특징을 살펴본다.
2. 사랑이론에 따른 사랑의 요소와 유형을 이해한다.
3. 청년기의 성행동, 피임, 동거를 학습하고, 책임 있는 성행동에 대해 생각해 본다.
4. 실연에 나타나는 심리과정을 정리하고 건강한 실연극복 방법을 모색해 본다.

사랑에 빠져 있는가? 다음은 일반인이 생각하는 낭만적 사랑의 특징이다(Fisher, 2004). 다음 목록을 보며 스스로 사랑에 빠진 적이 있는지 혹은 지금 사랑에 빠져 있는지 점검해 보자.

그 사람(대상)은 유일하고 중요한 존재이다.

그 사람에게 모든 관심을 기울이게 된다.

그 사람은 특별한 존재이며, 그 사람이 지닌 긍정적인 면이 매우 대단하게 느껴진다.

그 사람에 대해 끊임없이 생각하게 된다.

그 사람 때문에 격렬한 에너지를 느끼며 심장박동수가 증가하고 잠을 잘 못 이루곤 한다.

그 사람에 대해 공감이 잘되고 정서적으로 결합하고 싶다.

그 사람도 나를 사랑하는지, 내 마음을 아는지 궁금하고 그 사람이 보내는 암시에 예민해진다.

그 사람을 위해 헤어스타일, 버릇, 습관, 가치관의 변화를 고려하며 때로는 실행에 옮기기도 한다.

그 사람을 향한 성적 결합 및 독점 욕구를 느낀다.

이러한 사랑의 형태를 낭만적 사랑이라 부른다. 사랑에는 다양한 형태가 존재한다.

1 ▶ 청년기의 사랑

연애와 사랑은 대부분의 청년들에게 중요한 관심사가 된다. 사춘기 이후의 신체적·심리적 변화와 함께 찾아오는 호르몬의 변화와 성욕의 고조는 청년으로 하여금 자연스럽게 연애에 눈을 돌리게 한다. 대학입시위주의 교육 속에서 이성에 대한 자연스러운 관심을 억압하면서 지냈던 청소년기를 지나 대학이라는 관문에 들어선 대학생은 이성에 대한 호기심을 적극적으로 표현하고 사랑이라는 감정에 몰두하기도 한다. 이전까지 연애에 대해 감시하고 억압하는 역할을 했던 부모도 청년기의 자녀에 대해서는 연애를 격려하며 오히려 연애를 하지 않으면 걱정한다.

앞에서 살펴보았듯이 에릭슨은 성인초기의 중요한 과업을 친밀감 형성으로 보았다. 부모로부터 심리적으로 분리되어 고유의 정체감을 형성한 사람은 한 사람과 친밀하고 배타적인 특별한 유대감을 형성해 갈 수 있다. 청년기의 연인은 자신의 삶에 강한 영향력을 미치는 '의미 있는 타인'이며, 연애경험은 자아개념 발달에 긍정적으로 혹은 부정적으로 영향을 준다. 즉, 연애는 성인으로서의 관계 형성 및 정체감 발달에 큰 영향을 미치는 경험이다. 건전한 연애관계는 자신과 타인에 대한 이해를 심화시키고, 대인관계 기술의 전반적 향상과 인격의 성숙을 돕는다. 하지만 원만하지 못한 연애관계는 정서적 불안을 고조시키고 심리적 문제를 야기한다.

우리나라의 많은 대학생은 제약이 많던 청소년기 교육환경에 있다가 갑자기 자유로운 환경에 노출되면서 올바른 지식과 적절한 태도를 확립하지 못한 채 연애관계를 시작하는 경우가 흔하다. 이들은 '운명처럼 찾아올' 사랑을 막연히 동경하기도 하고 소설, 영화, 드라마에 감정이입을 하면서 그러한 사랑을 이상화하기도 한다. 매체가 제시하는 편파적인 사랑의 모습을 동경하는 과정에서 때로는 진정한 사랑이라는 실체로부터 멀어지기도 한다. 사랑에 대한 개념을 충분히 정립하지 못하고, 사랑의 감정에 대한 막연한 동경은 있지만 사랑을 어떻게 잘 발전시키고 유지할 수 있을지에 대해서는 무지한 상태에서 연애에 접근하는 경우가 일반적이다. 대학시절에 경험하게 되는 사랑, 이별, 성과 관련된 경험은 대학생활뿐 아니라 이후의 배우자 선택, 결혼, 자녀양육에도 직간접적으로 영향을 미치기 때문에 대학생 시기에 사랑과 성에 대해 충분한 지식을 갖추고 지혜롭게 접근하는 것은 매우 중요하다.

1) 사랑의 정의

표준국어대사전에서는 사랑을 "어떤 사람이나 존재를 몹시 아끼고 귀중히 여기는 마음, 또는 그런 일", "남녀 간에 그리워하거나 좋아하는 마음, 또는 그런 일", "성적인 매력에 이끌리는 마음, 또는 그런 일"로 정의하고 있다(국립국어원, 2017). 사랑을 심리 내적 상태로 보기도 하고, 그것이 행동적으로 표현되는 부분을 강조하기도 한다. 첫 번째 정의에서 알 수 있듯이 사랑은 꼭 연인 간에 적용되는 것이 아니며 매우 아끼고 소중히 여기는 마음이 있다면 다른 대상에도 적용될 수 있다. 하지만 여기서는 특별히 연인 관계에 초점을 두고 사랑을 이해해 보고자 한다.

사랑에 대해서 철학자, 문학가, 심리학자 등 다양한 분야의 사람들이 다양한 방식으로 접근하며 그 실체를 이해하고자 하였다. 그중에서 몇몇 심리학자들의 견해를 살펴보면, 먼저 지그문트 프로이트(Sigmund Freud, 1955)는 사랑을 승화된 성욕으로 보았다. 그는 생존, 성장, 창조성을 추구하는 삶에 대한 에너지인 리비도(libido)가 특정 대상에게 많이 흘러가게 된 상태가 사랑에 빠진 상태라고 설명하였다. 실존주의 철학자이자 심리학자인 에리히 프롬(Erich Fromm, 1956)은 사랑은 불안과 외로움이라는 인간의 실존 문제를 해결하는 방안이라고 보았다. 그는 사랑은 두 사람을 하나로 묶는 융합이지만 동시에 각자가 개성을 지닌 존재로 유지되는 것이 중요하다고 주장하였다. 사랑은 '빠지는 것'이 아니라 '참여하는 것'이며, '받는 것'이 아니라 '주는 것'이라고 하면서 능동적이고 성숙한 사랑을 강조하였다.

인본주의 심리학자 에이브러햄 매슬로(Abraham Maslow, 1954)는 D-사랑과 B-사랑이라는 두 가지 구별되는 사랑의 종류를 제시하였다. D-사랑은 결핍사랑(deficiency love)으로 우리가 자신 안에서 찾는 결핍이 동기가 되어 그 결핍을 채우기 위해 상대방으로부터 끊임없이 요구하는 사랑의 형태이다. B-사랑은 존재사랑(being love)으로 자아실현, 즉 스스로의 성장 동기에 의해 유발되는 사랑이다. 이는 요구하고 갈구하는 것이 아니라 주는 데서 즐거움과 행복감을 경험하는 유형의 사랑이다. 프롬이나 매슬로가 제시하는 사랑은 쾌락적이거나 충동적이거나 순간적으로 고조되는 정서적 경험이 아니며, 자신과 상대방 모두를 성장시키며 서로의 발전을 위해 노력하는 모습을 강조하는 상호 발전적이고 성장 지향적인 사랑이다.

2) 낭만적 사랑의 이해

사랑하면 사람들은 주로 낭만적인 사랑을 떠올린다. 어린 시절의 풋풋한 첫사랑, 가슴저리는 짝사랑, 로미오와 줄리엣의 열정적인 사랑과 같이 설레고 떨리며 뜨겁고 격렬한 감정이 뇌리를 스쳐간다. 낭만적 사랑을 하는 사람은 사랑하는 상대에 대해 집착하고 몰두하며, 그 사람과 늘 함께하고자 하는 강렬한 욕망을 느낀다. 상대에 대해 끊임없이 생각하며 그 사람을 보거나 생각하면 애정이 솟아나는 기분과 더불어 신체적 흥분을 느낀다. 또한 상대로부터 독점적인 관심과 애정을 갈구하기 때문에 상대의 관심이 타인에게 향하면 강렬한 질투심을 느낀다. 상대방의 거부에 대해 두려워하며 이별을 하게 되면 깊은 슬픔과 절망감을 경험하게 된다(Pope, 1980). 이렇게 강렬한 감정이 개입되는 사랑을 낭만적인 사랑이라고 한다. 낭만적 사랑에는 연인 간의 독점적이고 배타적인 관계와 매우 강한 애착감정 및 성적 갈망이 개입된다. 상대방이 자신을 사랑한다고 확인하게 되었을 때는 기쁨과 환희가 넘치지만, 상대방이 자신을 거부하거나 떠날 수 있다고 지각하게 되면 고통과 쓰라림으로 매우 아파한다.

낭만적 사랑이 사랑의 이상향일까? 낭만적 사랑의 심리상태를 세 가지 관점에서 이해해 볼 수 있다(권석만, 2011). 첫 번째는 낭만적 사랑을 정상적이며 아름다운 심리적 체험으로 보는 관점이다. 이러한 관점에 따르면 낭만적 사랑은 인간 내면의 본성적 발현으로 애정욕구가 활발하게 표현되고 충족되는 상태이다. 인생의 특정한 시기에 특별한 인연이 있어야만 경험할 수 있는 삶의 축복이 바로 낭만적 사랑인 것이다. 이러한 관점을 취하는 사람들은 낭만적 사랑을 이상적 사랑이자 진정한 사랑으로 여기기 때문에 이러한 정서적 경험이 결여되면 관계를 종료하는 것을 고려한다.

두 번째는 낭만적 사랑을 비정상적인 신경증적 상태로 보는 관점이다. 낭만적인 사랑은 매우 불안정한 심리상태로, 이러한 상태에 지나치게 몰두하거나 이러한 상태가 지속되면 학업과 같은 일상생활의 기능에 문제가 생길 수 있다고 보는 것이다. 타인에 대한 지나친 집착, 의존, 성적 충동을 보이는 사람은 사랑을 위해 자기를 포기하기도 한다. 이러한 모습은 일견 간절하고 애틋해 보이지만, 결국 자기조절 능력의 부족과 인격적 미숙을 반영한다고 볼 수 있다.

마지막으로 낭만적 사랑을 사회문화가 만들어 낸 상상의 소산물로 보는 관점이 있다. 현대의 많은 매체들은 낭만적 사랑을 소재로 하고, 이것을 특별하고 가치 있는 것으로 미화시키는 경향이 있다. 사회문화적 분위기 속에서 연인들은 사랑이 낭만적이어야 한다고 학습하며, 자신들의 경험을 그렇게 만들어 가려고 노력한다. 실제로 일부 학자들은 이것이 다른 문화에서 발견되지 않는 서양 문화에 의한 발명품이라고 설명한다(Sternberg, 2014). 하지만 또 다른 연구자들은 낭만적 사랑이 사회문화로 인해 생겨난 것이 아니라 인간 경험의 보편적 측면이라고 주장한다. 얀코비악과 피셔(Jankowiak & Fischer, 1992)의 연구에 따르면, 166개의 문화 중 147개(88.5%)에서 낭만적인 사랑의 증거를 발견하였다. 남은 19개의 문화에서 모인 데이터에서는 사람들이 낭만적인 사랑을 경험했는지를 보여주는 정보를 발견할 수는 없었는데, 그렇다고 그 문화에서 낭만적인 사랑이 부재한 것으로 결론을 내리기에도 정보가 충분하지 않았다. 전반적인 연구결과는 낭만적인 사랑은 거의 세계적으로 보편적일 수 있음을 보여주는 것으로 해석된다.

인생에서 낭만적 사랑은 언젠가 경험할 수 있는 축복일 수 있지만, 낭만적 사랑의 정서적 강렬함만을 추구하게 되면 사랑이 불안정해질 수 있다. 미디어를 통한 낭만적 사랑의 지나친 강조는 사랑에 대한 편향된 시각을 기르게 할 수 있다. 따라서 청년은 낭만적 사랑에 대한 다양한 관점을 통합하여 균형 있는 시각으로 사랑에 접근할 필요가 있다.

3) 사랑과 뇌

열정적인 사랑에 빠져 있는 사람의 뇌에서는 어떤 일이 일어날까? 사랑에 빠진 경험을 생물학적으로 설명할 수 있다. 헬렌 피셔와 동료들(Aron et al., 2005; Fisher, Aron, & Brown, 2005)은 사랑에 빠진 사람에게 그저 아는 사람의 사진과 연인의 사진을 보여주며 뇌 활동의 차이를 살펴보았다. 실험을 통해 두 사진을 보았을 때 공통적으로 활성화되는 부분을 제외하고 연인을 보았을 때 특히 활성화되는 부분이 복측피개영역(vental tegmental area, VTA)과 미상핵(caudate nucleus) 부분임을 밝혔다(그림 7-1). 복측피개영역은 많은 도파민을 생산하는 세포가 있는 부분으로 쾌락, 자극, 동기와 관련된 뇌의 보상 시스템 부분이다. 미상핵은 대뇌반구의 기저핵(basal ganglia)에 위치한 본능의 중추이자 이성적 판단 없이 활성화되는 부분이다. 미상핵이 활성화되면 사람은 이성보다 본능에 충실하게 된다. 사랑에 빠진 연인이 주변 사람들의 시선을 의식하지 않고 과도한 애정 표현을 하는 것은 이러한 기제로 설명될 수 있다. 미상핵에서도 일부 도파민이 분비된다. 복측피개영역과 미상핵의 활성화로 도파민의 분비는 매우 활발해진다. 도파민은 흥분, 쾌감, 주의집중을 일으키는 신경전달물질로 사람들의 에너지를 상승시키며, 더 자주 미소 짓게 하고, 눈이 반짝이게 하고, 활기차게 걷게 하고, 얼굴에 홍조를 띠게 하며, 더 행복하다고 느끼게 해준다. 이로 인해 사랑에 빠진 연인들은 세상이 아름답다고 느끼고, 상대의 장점만을 보게 된다.

피셔(Fisher, 1998, 2004)에 따르면 노르에피네프린과 세로토닌과 같은 신경전달물질도 사랑에 관여할 수 있다. 노르에피네프린은 심박 반응을 활성화시키고 혈압을 증가시키는 역할을 하는데, 실제로 사랑에 빠진 연인들은 스킨십이 있을 때 심박 반응이 더욱 활성화된다. 또 낮은 세로토닌 활성화는 강박증상과 관련이 있는데, 사랑에 빠진 사람이 강박적으로 상대에 대해 집요하게 생각하는 것은 이와 관련이 있을 수 있다.

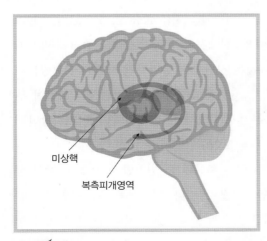

미상핵

복측피개영역

그림 7-1 복측피개영역과 미상핵

열정적인 사랑이 계속 지속되는 것은 아니다. 열정적 상태를 유지하는 것은 에너지가 매우 많이 소모되는 일이며 일상생활을 방해하기도 한다. EBS에서 방영된 '사랑은 900일간의 폭풍'(2014. 1. 1.)에서는 연애 100일째와 300일째의 연인들의 뇌를 비교했다. 300일이 되어 가는 연인의 뇌에서는 미상핵이 더 이상 반응하지 않았고, 대신 이성적 대뇌피질 주위로 뇌의 활성화가 옮겨갔다. 스킨십을 할 때 심장 반응도 둔화된 것으로 나타났다. 피셔는 열정적 사랑이 평균 18개월에서 30개월 정도 지속된다고 설명한다. 열정적 사랑의 경험은 매우 강력하고 에너지가 크게 소모되는 경험이기 때문에 평생 열정적인 사랑에 빠져 사는 것은 불가능하다. 열정적 사랑의 경험을 소중하게 여기되 그것이 지나가는 것도 자연스럽게 받아들일 필요가 있다. 안정적이고 편안한 감정 역시 또 다른 사랑의 모습일 수 있다.

2 사랑이론

학자들마다 사랑에 접근하는 방법도 다르고 사랑을 설명하는 방식도 다르다. 여기서는 사랑의 구성요소와 유형을 구분하는 대표적인 세 가지 이론을 중심으로 다양한 사랑의 형태를 정리하고자 한다.

1) 스턴버그의 사랑의 삼각형 이론

스턴버그(Sternberg, 1986)의 사랑의 삼각형 이론에 따르면, 사랑은 세 가지 요소로 구성되며 그들의 조합에 의해 사랑의 형태가 결정된다.

(1) 사랑의 3요소

스턴버그의 이론에 따른 사랑의 3요소는 '친밀감', '열정', '헌신'이다. 각각은 사랑의 중요한 속성을 설명한다.

친밀감(intimacy)은 상대와 가깝고, 연결되어 있으며, 함께하고 있는 느낌을 의미한다. 이것은 서로 잘 이해하고 있고, 함께 무언가를 공유하고, 원활하게 의사소통이 이루어질 때 생겨나는 감정으로, 사랑의 정서적 요소에 해당한다. 친밀감은 만남의 횟수와 교제기간에 비례하여 서서히 증가하다가 그 증가 정도가 차츰 둔화되는 양상을 보인다. 친밀감은 사랑의 따뜻한 측면이다.

열정(passion)은 낭만, 신체적 끌림, 성적 결합으로 이끌어 가는 추동에 해당한다. 이것은 사랑의 생리적·동기적 요소로 열정의 경험을 불러일으킨다. 열정이 가득한 연애는 낭만적 감정, 더할 나위 없는 행복감, 상대에 대한 끊임없는 갈망을 경험하게 한다. 하지만 불안, 우울 같은 혼란스러운 정서를 동반하기도 한다. 열정은 초기에는 급속히 발전하지만 이후 관계가 안정적이 되면서 점차 줄어드는 편이다. 열정은 사랑의 뜨거운 측면이다.

헌신(decision/commitment)은 상대를 사랑하며 그 사랑을 장기적으로 유지해 가겠다는 결단이다. 즉, 특정 대상을 사랑하겠다는 결심이자 그 사랑관계를 지속시키기 위해 어떤 개입을 하고 책임을 지는 것을 의미한다. 헌신은 상대에 대한 약속이자 스스로의 결단이다. 헌신은 사랑의 인지적 요소이자 차가운 측면에 해당한다.

(2) 다양한 사랑의 형태

스턴버그(Sternberg, 1986)에 따르면 사랑의 요소들의 결합 방식에 따라 다양한 형태의 사랑이 가능하다. 우선 세 가지 요소가 모두 부재하면 무사랑(nonlove)이다. 이는 일상적 상호작용만을 하며 사랑이 개입되지 않는 것이다. 우리의 많은 일상적 관계들이 여기에 해당할 수 있다. 두 번째는 좋아함(liking)으로 친밀감만 있는 사랑을 말한다. 상대방을 향한 열정이나 헌신은 없으나 정서적으로 따뜻하고 친밀한 우정 같은 감정이 특징적으로 나타난다. 마치 친구 같은 관계이다. 세 번째는 도취적 사랑(infatuated love)으로 첫눈에 반하는 것 같은 사랑의 형태이다. 상대에 대한 친밀감이나 헌신 없이 뜨거운 열정만 있는 상태이다. 뜨거운 감정이 갑자기 일어나면서 사랑이 시작되고, 또 갑자기 그 감정이 사라지면서 사랑이 끝나기도 한다. 심장박동이 빨라지거나 땀이 나거나 호르몬 분비가 많아지는 등의 신체적 반응을 통해 열정을 확인하기도 한다. 네 번째는 공허한 사랑(empty love)으로 친밀감과 열정이 결여된 채 헌신만 있는 사랑을 의미한다. 이러한 사랑은 정서적 개입이나 신체적 끌림을 상실한 채 오랜 기간 계속된 정체된 관계에서 나타난다. 사랑 없이 결혼생활을 유지하는 부부도 여기에 해당한다. 공허한 사랑은 관계가 끝나 갈 때 나타나기도 하지만, 과거의 중매를 통한 결혼관계에서는 관계의 시작부분에서 나타나기도 하였다.

다섯 번째는 낭만적 사랑(romantic love)으로 친밀감과 열정이 합쳐진 사랑이다. 이 유형에 해당하는 커플은 서로에게 육체적으로 끌릴 뿐만 아니라 정서적으로도 결합되어 있다. 미래에 대한 계획이나 결혼 약속 같은 확신은 아직 없는 상태이다. 결혼을 생각하기에는 시기상조라고 느끼는 청년기의 많은 연인이 이러한 유형의 사랑을 한다. 여섯 번째는 우애적 사랑(companionate love)으로 친밀감과 헌신이 합쳐진 형태이다. 서로 간의 오래된 헌신적인 우정은 있으나 열정이 부재하거나 식어 버린 상태이다. 결혼한 지 오래된 부부의 모습에서 종종 찾아볼 수 있는 사랑의 형태이다. 이들은 뜨거운 열정은 더 이상 느끼지 않지만 서로를 잘 알며 소위 말하는 의리를 지키고자 한다. 일곱 번째는 얼빠진 사랑(fatuous love)으로 상대에 대한 열정과 헌신은 있으나 친밀감은 결여된 상태이다. 할리우드식 사랑이라고도 불린다. 어느 날 갑자기 만나 사랑에 빠지고 만난 지 한두 주 만에 결혼을 약속하고, 그다음 달에 결혼하는 식으로 관계가 전개되는 커플을 떠올려 볼 수 있다. 열정은 순간적으로도 타오를 수 있지만 친밀감이 형성되는 데는 시간이 걸린다. 따라서 얼빠진 사랑을 하는 경우 금방 식는 냄비처럼 오래가기 힘들 수 있다.

마지막으로 완숙한 사랑(consummate love)이 있다. 이는 완전하고 완성되어 있는 형태의 사랑으로 사랑의 3요소(친밀감, 열정, 헌신)를 모두 충분히 갖춘 사랑이다. 상대에 대해 잘 알고 있고, 상대에 대한 뜨거운 감정과 함께 현재와 미래의 관계에 대해 확고하게 결심이 선 형태의 사랑이다. 많은 연인이 이러한 상태에 이르기를 원한다. 이 상태에 도달한다고 해서 그것이 계속 지속되는 것은 아니다. 때로는 의도치 않았으나 부지부식간에 이 상태에서 벗어나 있을 수 있기 때문에 성숙한 사랑을 유지하기 위해서는 많은 노력이 필요할 수 있다. 사랑의 삼각형을 그려 보면서 현재 자신의 사랑을 점검해 보자. 그리고 더욱 성숙한 사랑을 위해 노력할 부분이 어떤 것이 있는지 살펴보도록 하자(셀프 워크 7-1).

2) 리의 사랑유형 이론

캐나다의 사회학자 리(Lee, 1977)는 문학 및 비문학에 사용된 사랑을 묘사한 4,000개 이상의 용어를 수집하여 이를 바탕으로 사랑의 유형을 여섯 가지로 구분하였다. 그는 먼저 일차적 사랑으로 사랑의 3원색에 해당하는 세 가지 사랑의 유형을 설명한 후, 일차적 사랑 간의 조합을 통해 이차적 사랑 세 가지를 설명하였다. 그가 제시한 사랑의 유형

표 7-1	사랑의 유형	

일차적 사랑(사랑의 3원색)	이차적 사랑
낭만적 사랑(에로스)	소유적 사랑(매니아 : 에로스 + 루두스)
유희적 사랑(루두스)	실용적 사랑(프라그마 : 스토르게 + 루두스)
동료적 사랑(스토르게)	헌신적 사랑(아가페 : 에로스 + 스토르게)

은 〈표 7-1〉과 같다.

(1) 사랑유형의 특징

각 사랑의 유형을 살펴보면 우선 낭만적 사랑 유형의 사람들은 사랑하는 사람과 가까이 있으려고 하는 욕구를 특징적으로 나타낸다. 개인의 마음속에는 사랑하는 상대의 구체적 모습이 그려져 있는데, 그 모습은 육체적으로 이상적인 미를 지녔다. 따라서 이들에게는 상대의 미모, 신체적 매력이 사랑에 빠지는 데 중요한 역할을 한다. 이들은 연인과 신체적으로 가까워지기를 바란다. 성적인 매력과 열정이 이들의 사랑을 충만하게 한다. 낭만적 사랑을 하는 사람은 첫눈에 반하는 것을 믿는다. 낭만적 사랑은 속도가 빠르고, 이성보다는 감정의 지배를 받으며, 서로와의 만남을 운명이라고 생각한다.

유희적 사랑은 놀이 같은 사랑 혹은 게임 같은 사랑으로 불린다. 이 유형의 사랑을 하는 사람에게 사랑은 즐거움을 위한 도구 같은 것이며, 소위 '밀당'을 통해 긴장감과 스릴을 즐긴다. 이들은 연인이 다른 사람과 만나는 것에 대해 허용적이며 스스로도 연애 관계에 있어 다원적으로 접근한다. 즉, 배타적인 사랑을 지양하며 서로에게 속박당하는 것을 싫어한다. 이들은 다수의 사람과 사랑을 나눌 수 있다고 생각한다. 때때로 어느 정도 상대에게 몰두할지를 스스로 조절한다. 질투의 감정을 꺼리며, 질투는 사랑의 묘미를 감소시킨다고 생각한다.

동료적 사랑은 서서히 쌓이는 애정과 동료애에 바탕을 둔 사랑의 유형이다. 이들의 사랑은 아주 친한 친구와의 관계에서 경험되는 끈끈한 우정 같은 느낌이다. 서로에 대해 편안함을 느끼고, 비슷한 점을 많이 공유하며, 서로 간에 감추는 것 없이 속사정을 드러낼 수 있는 관계이다. 이들의 사랑은 뜨겁고 강렬하지는 않지만, 은은하고 서로를 배려하며 정다운 느낌이 있다. 동료적 사랑을 하는 사람은 자신의 감정을 그 순간에 알아차리지 못하고 시간이 한참 흐른 후에 상대를 향한 사랑을 깨닫기도 한다.

소유적 사랑은 집착, 질투, 강렬한 정서를 특징으로 한다. 상대에 대해 매우 몰두하며 상대가 계속해서 사랑을 확인시켜 주기를 바라고 요구한다. 연인을 완전히 소유하고자 하며, 자신도 연인에게 속박되는 것이 사랑이라고 여긴다. 흥분과 절망, 헌신과 질투같이 강렬하고 상반되는 감정을 자주 경험한다. 특히 사랑의 초기에는 상대의 사랑을 확인하려고 하

우정 같은 사랑

며 상대에게 버림을 받을까 봐 불안해한다. 그만큼 상대의 필요에 예민하게 반응하고 맞추려고 노력하기도 한다. 자신의 사랑에 대해 상대적으로 보답이 불충분하게 느껴지면 사랑이 증오로 돌변하기도 한다.

실용적 사랑은 연인으로서의 관계 발전 대상이 되는 대상에 대해 인구동태적 통계를 의식적으로 고려하는 형태의 사랑이다. 실용적 사랑을 하는 사람은 연인으로 발전 가능성이 있는 후보들에 대해 교육, 직업, 종교, 나이, 가정배경, 외모 등 수많은 인구학적 특징들을 점검하며 자신과 어울리는 사람을 찾는다. 이들은 많은 영역에 조건을 정해 놓고, 사람을 만날 때 그 조건에 부합하는지 체크해 간다. 그래서 '쇼핑리스트'적인 사랑이라고 불리기도 한다. 사랑은 교환가치가 있을 경우 성립되는 하나의 비즈니스로 서로에게 기여할 것이 있을 때 성사된다. 이들은 황홀한 로맨스나 가슴 설레는 연애를 추구하지 않는다. 오히려 분별력 있고 의리 있는 동료적 사랑을 추구하는 편이다.

헌신적 사랑은 상대에게 무언가를 돌려받기를 바라지 않고 사랑을 주는 이타적인 형태의 사랑이다. 이들은 조건 없이 좋아하고, 돌보아 주고, 용서해 주고, 베풀어 준다. 이들은 상대의 필요를 채워주기 위해 자신의 권리나 이익을 포기하는 희생적인 모습을 보이곤 한다. 이들에게 사랑이란 순간적인 감정이 아니라 필요한 사람에게 베풀어야 한다는 의무에 기반한 것이다. 헌신적 사랑은 기독교에서 말하는 아가페의 사랑과 유사한 특징을 공유한다.

일련의 연구(Hendrick & Hendrick, 1986, 1987; White, Hendrick, & Hendrick,

2004)에 따르면 열정적 사랑은 수용성, 성실성, 외향성, 자존감과 정적 상관이 있으나 신경성과는 부적 상관이 있다. 동료적 사랑은 수용성과 자존감과는 상관이 없으나 그 외에는 열정적 사랑과 유사한 특성을 보인다. 유희적 사랑은 긍정적 정서성과는 정적 상관이 있으나, 자기노출, 수용성, 성실성과는 부적인 상관이 있다. 실용적 사랑은 성실성과 정적인 상관이 있고 경험에 대한 개방성과는 부적 상관이 있다. 소유적 사랑은 신경성과 정적 상관이 있고 자존감과는 부적 상관이 있다. 헌신적 사랑은 앞서 진술한 개인적 특성들과 전혀 상관이 없는 것으로 나타났다. [그룹 워크 7-1]을 통해 자신의 사랑유형을 알아보고 동료들의 사랑유형과 어떤 면에서 비슷하고 어떤 면에서 다른지 살펴보자.

(2) 사랑유형과 커플관계

우리나라 대학생을 대상으로 한 유연희(2015)의 연구에 의하면 대학생들 사이에서는 동료적 사랑이 가장 높은 빈도를 보였고, 그 뒤를 이어 실용적 사랑, 유희적 사랑, 이타적 사랑, 낭만적 사랑, 소유적 사랑 순으로 나타났다. 다른 이전 국내 연구들에서는 남성은 낭만적 사랑과 이타적 사랑이 상대적으로 높은 편이었고, 여성은 실용적 사랑과 동료적 사랑이 높은 것으로 보고되었다(박선영, 2001; 이민재, 2000; 한송이, 2009). 기혼남녀를 대상으로 한 사랑의 유형에 따른 결혼 만족도 연구(박성애, 하정, 2013)에 따르면 결혼 만족도가 가장 높은 집단은 낭만적 사랑 유형이었으며, 동료적 사랑과 헌신적 사랑에서도 결혼 만족도가 높은 것으로 나타났다. 이러한 결과들을 살펴볼 때 연인 간에 서로에 대한 정서적 교류와 열정적 감정, 그리고 헌신이 있을 때 사랑이 주는 보상이 큰 것으로 보인다. 하지만 커플관계가 집착이나 질투 혹은 거래와 같은 특징들이 주를 이룰 때 그 관계는 상대적으로 불안정하며 만족도가 낮아지는 것으로 보인다.

3) 애착이론에 근거한 사랑

사랑을 설명하는 대표적인 생물학적 접근은 영국의 심리학자 존 볼비(John Bowlby, 1907~1990)의 애착이론에 근거한다. 볼비가 제시한 애착이론에 따르면 주로 유아와 주양육자 사이의 관계양상에 따라 애착유형을 구별할 수 있다. 하잔과 셰이버(Hazen & Shaver, 1987)는 볼비의 애착유형을 토대로 낭만적 관계에 적용할 수 있는 성인 애착 유형

표 7-2	성인 애착 유형

질문	대답
다음 중 자신의 감정에 가장 부합하는 기술은 어떤 것인가?	1. 나는 다른 사람들과 친해지는 것이 쉬운 편입니다. 그들을 마음으로 의지하고 또 그들이 나를 의지하는 것에 대해 편안하게 받아들입니다. 나는 그들이 나를 떠나게 되는 것이나 누군가 나와 매우 가까워지는 것에 대해 자주 걱정하지는 않는 편입니다.
	2. 나는 다른 사람과 친해지는 것이 좀 불편합니다. 사람들을 전적으로 신뢰하는 것이 힘들고, 내가 그들에게 의지하는 것도 불편합니다. 누군가 나와 너무 친해지려고 하면 불안합니다. 종종 내 애인은 내가 편하다고 느끼는 정도보다 더 가까워지기를 요구하는 것 같습니다.
	3. 나는 다른 사람들이 내가 원하는 것만큼 친하게 다가오지 않는다고 느낍니다. 나는 내 애인이 정말로 나를 사랑하는지 의심하고 나와 함께 있고 싶지 않을까 봐 걱정합니다. 나는 누군가와 완전히 하나가 되고 싶습니다. 그런데 때로는 이런 바람 때문에 사람들이 나를 부담스러워하고 피하는 것 같습니다.

(Hazan & Shaver, 1987)

을 〈표 7-2〉와 같이 제시하였다.

하잔과 셰이버는 그들의 척도를 신문에 게재하고 독자들이 응답한 결과를 바탕으로 참여자들의 유형을 세 가지 유형으로 분류하였다. 첫 번째 대답에 해당하는 것은 안정 애착 유형으로 참여자의 56%가 여기에 해당되었다. 두 번째는 회피 애착으로 참여자의 25%가, 세 번째는 불안정 애착으로 참여자의 19%가 이에 해당되었다. 안정 애착에 속하는 사람들은 그들의 관계가 따뜻하고 지지적이라고 지각하고 관계가 오래 지속될 것에 대한 믿음을 보고하였다. 회피 애착 유형의 사람들은 연인과 정서적 유대감이 적은 것으로 지각하였고 관계의 지속성에 대해서도 의심을 보였다. 불안정 애착의 사람들은 연인에 대해 열정과 집착을 경험하지만 질투와 불신도 함께 경험하는 경향이 있었다.

볼비는 인간의 관계적 행동에 있어서 애착 시스템, 보살핌 시스템, 성적 시스템의 세 가지 시스템이 작동한다고 가정하였다(Sternberg, 2014). 애착 시스템은 위험으로부터의 보호와 안전을 위해 자신을 걱정해 주는 사람을 찾고 그 사람과의 근접성을 추구한다. 보살핌 시스템은 자신이 걱정하는 사람에 대해 보호를 제공하고자 하며 공감과 도움행동을 통해 타인에게 접근한다. 성적 시스템은 한 사람의 유전자가 다음 세대로 전달될 수 있도록 다른 사람을 성적으로 유혹하거나 성관계를 하도록 설득하는 역할을 한다. 인간은 이러한 세 가지 시스템을 기반으로 환경에 적응하기 위한 전략을 구상한다. 우리가 환경과 파트너에 적응하고 안전감과 안정감을 획득하기 위해 만들어 낸 전략이 애착 유형과 연결된다.

회피 애착은 비활성화 전략을 사용하여 파트너와의 친밀감을 회피하고 강박적으로 자기를 의존한다. 이들은 상대방의 욕구나 고통을 무시하고 도움이 필요한 상대와 오히려 거리를 둔다. 성적인 부분에 있어서도 상대의 성적 욕구를 거부하거나 성행위를 원하는 파트너에 대한 반응이 부족할 수 있다. 이와 상반되게 불안정 애착은 과다활성화 전략을 사용한다. 이들은 애착에 있어서 상대의 관심을 강력히 요구하고 거부로 해석될 수 있는 행동에 대해 과민하게 경계한다. 보살핌에 있어서는 도움이 필요한 상대의 욕구를 과장하거나 강압적으로 보살피며, 성관계에 있어서도 강압적인 성관계를 시도하거나 상대의 거부 표시에 대해 과민하게 반응한다. 이러한 성인 애착 유형은 어린 시절 형성된 부모와의 애착 유형과 일관성을 보이는 편이지만 삶의 중요한 사건들에 의해 어느 정도 변화되기도 한다. 청년은 자신의 애착 유형과 전략을 이해할 때 보다 건강한 연인관계를 도모할 수 있을 것이다.

3 청년기의 성행동

연인 간의 사랑을 이야기할 때 빼놓을 수 없는 요소 중 하나가 성행동이다. 물론 사랑이 성행동을 반드시 동반해야 하는 것은 아니고 성행동이 사랑과 동의어라는 것도 아니다. 하지만 커플의 사랑에 있어서 손잡기, 포옹, 키스, 애무, 성교의 성행동은 서로 간의 애정과 친밀감의 표현이 되고 서로의 욕구를 충족시키는 데 중요한 역할을 한다. 하지만 자신의 욕구만을 고려하며 상대방의 욕구에 대한 배려 없이 행해진 성행동은 관계에 부담을 주며 서로에게 큰 상처를 남길 수 있다. 따라서 성에 대한 올바른 지식과 주체의식을 가지고 성행동에 접근하는 자세가 요구된다. [셀프 워크 7-2]를 통해 자신의 성지식을 점검해 보자.

1) 성태도

개인마다 성행동에 대한 허용범위가 다를 수 있다. 성에 대한 심리행동적 태도는 크게 세 가지로 분류할 수 있다. 첫 번째는 전통적 도덕성에 근거한 성태도로 성에 대한 절제와 규제를 강조하고 결혼생활을 기반으로 한 성행위만을 인정하는 태도이다. 이러한 태도를 가지면 성적으로 보수적이며 동료 대학생들이 보이는 다소 자유로운 성행동에 대해 거부적인 입장을 보인다. 두 번째는 새로운 도덕성에 근거한 태도로 전통적 관습이나 윤리보다는 서로 간의 애정과 개인의 자유의사를 강조한다. 즉, 성에 대해 낭만적인 의미를 부여하고 서로의 애정이 전제된다면 성관계를 할 수 있다고 보는 입장이다. 이들은 성이 사랑의 경험을 더 의미 있고 풍요롭게 해준다고 지각한다. 세 번째는 반도덕성에 근거한 태도로 성행동에 대한 어떤 전제나 규제도 거부한다. 이들은 성행동을 자유롭게 허용할 때 개인의 불안, 좌절, 긴장이 줄어들고 행복감과 만족감이 증가한다고 생각한다(유연희, 2015). 따라서 자신의 성적 욕구에 충실하며 원나잇과 같은 성행동에 대해서도 편안하게 수용한다.

대학생 1,000명을 대상으로 한 정민자(2011)의 연구에 따르면 대학생은 손잡기(96.3%), 키스(90.2%), 포옹(94.7%), 성교(34.7%)와 같은 성행동을 경험해 본 것으로 나타났다. 오늘날의 청년들은 이전 세대에 비해 영화나 TV 혹은 인터넷과 같은 매체를 통해 성과 관련된 영상물 및 정보에 쉽게 노출되고 있다. 그만큼 성에 대해 개방적인 태도를 가지고 성행동에 접근하는 사람들도 늘어나고 있다. 손잡기, 포옹, 키스와 같은 성행동은 거의 모든 커플 관계에서 나타나고 있는 추세이며, 성관계 경험도 과거에 비해 증가하고 있는데 앞으로는 더욱 증가할 것으로 예상된다.

2) 성관계와 피임

오늘날의 대학생은 빠르고 손쉽게 성에 노출되는 환경에 놓여 있고 성에 대한 태도도 더욱 개방적이 되고 있다(천성문 외, 2013). 실제로 저자가 강의하는 심리학 관련 교양 수업에서 대학생을 대상으로 혼전 성관계에 대해 찬성 여부를 물은 결과 90% 이상의 학생들이 혼전 성관계에 대해 허용적인 태도를 보고했다. 이러한 허용적 태도에도 불구하고 자신의 의지와 상관없이 이루어진 성행위나 무분별한 성행위는 윤리적, 신체적, 심리적으로 여러 가지 위험한 결과를 초래할 수 있다. 따라서 자신의 성관련 태도를 충분히 의식하고 파트너와도 충분히 공감대가 형성된 가운데 성행위를 선택하는 것이 중요하다. 우리나라 헌법 제10조에서는 인권 보장의 차원에서 성적 자기결정권을 명시하고 있다. 성적 자기결정권은 각자가 스스로 정립한 성적인 관점을 바탕으로 사생활에서 스스로 내린 결정에 따라 상대방을 선택하고 성관계를 가질 수 있는 권리를 의미한다. 성은 인간으로서 누릴 수 있는 기본적인 권리로 청년은 성에 접근함에 있어 자신의 성에 대해 주인의식을 가지고 싫으면 거부할 수 있다는 자신감을 가져야 한다. 자신의 의사에 반하여 강요된 성행위는 범죄라는 사실도 기억할 필요가 있다.

책임 있고 안전한 성관계를 위해 중요한 조치가 피임이다. 피임은 아이를 원하지 않는 커플에게 임신과 낙태라는 신체적으로나 심리적으로 매우 부담스러운 경험을 예방해 준다. 또한 성병이나 감염으로부터 보호해 주는 역할을 한다. 우리나라 전국 대학생을 대상으로 실시된 한 연구에 따르면, 성경험이 있는 대학생 중 성관계 시 콘돔을 '항상' 하는 경우는 14.8%, '때때로' 하는 경우는 25.9%, '거의 하지 않음'과 '평생 사용한 적이 없음'은 합하여 55.3%로 나타났다(손애리, 천성수, 2005). 즉, 대학생 대부분이 안전하지 못한 성행동을 하고 있는 것으로 나타났다. 최근 1년 사이 애인 외의 상대와 성관계 (2차적 성경험)를 가졌는지의 여부에 대해 성경험이 있는 대학생의 36.2%가 그렇다고 하였다. 또한 응답자의 17.6%(남학생의 성 상대자 18.4%, 여학생 13.4%)가 원치 않는 임신을 경험하였고, 응답자의 21.9%(남학생의 성 상대자 20%, 여학생 22%)가 낙태를 경험한 적이 있다고 보고하였다. 이러한 통계결과를 통해 많은 청년들이 안전하지 않은 성행동을 하고 있음을 알 수 있다. 피임에 대한 충분한 사전 지식을 갖추고 책임감 있는 자세로 성관계에 접근할 때 스스로를 보호하고 원치 않는 결과를 방지할 수 있다.

피임 방법은 다양하기 때문에 개인의 취향, 생활양식, 과거 경험 등을 바탕으로 선택할 수 있다. 대표적인 피임법으로는 경구피임법, 기구 및 주사제, 콘돔, 살정제가 있다. 배란일 파악을 통한 피임이나 질외사정을 활용하는 경우도 있으나 그런 방법은 정확도가 떨어지고 임신 가능성을 배제할 수 없기 때문에 실패율이 높은 것으로 알려져 있다. 모든 방법이 나름대로의 이점과 부작용이 있기 때문에 이러한 부분들을 점검하고 피임법을 충분히 숙지한 후 피임을 철저히 실시해야 할 것이다.

3) 동거

동거(cohabitation)는 혈연관계나 친족 관계가 아닌 두 성인이 결혼식이나 혼인신고 없이 공동의 주거를 가지고 함께 생활하는 것을 의미한다. 아직 우리사회의 동거 인구에 대한 명확한 통계는 없지만, 최근 수년간 청년들 사이에서 동거는 꾸준히 증가하는 추세에 있으며 심지어 일부 대학가에는 동거촌도 생기고 있다. 온라인에는 동거인을 찾는 동거카페가 유행한다고 매체들은 전하고 있다(TV조선 집중취재, 2012. 10. 21.).

그림 7-3 동거의 시작

(1) 동거의 형태

동거의 이유는 다양한데 이연주(2008)는 동거의 이유에 따라 동거의 형태를 크게 네 가지로 분류하였다. 첫 번째는 예비동거(precursor to marriage)로 궁극적으로 결혼하고자 하는 의사가 있으나 결혼 전에 동거를 통해 서로 잘 맞는지를 확인하고자 하는 경우이다. 개인주의의 확산과 이혼의 증가와 같은 환경적 변화가 예비동거의 토양이 되고 있다. 예비동거에 찬성하는 사람은 동거를 통해 서로의 성격을 잘 파악할 수 있고 동거를 하다가 서로 맞지 않아 헤어져도 이혼이라는 오명에서 자유로울 수 있다는 점에서 이러한 형태의 동거에 찬성한다. 두 번째는 대안동거(alternative to marriage)로 결혼을 성립시킬 만한 여건이 안 되어 결혼의 대안 혹은 차선책으로 동거를 선택하는 경우이다. 이러한 형태의 동거는 특히 법적인 제도 안에서 그 관계를 인정받을 수 없는 커플에 의해 선호된다. 세 번째 대체동거(substitute for marriage)로 결혼 대신 동거를 선택하는 것이다. 대체동거를 선택하는 사람들은 결혼을 여성을 억압하고 남성에게 과다한 부양의 의무를 지게 하는 등의 부정적인 측면이 많은 구시대적 제도라고 여긴다. 이들은 제도적 억압에 저항하면서 커플로서 자신들의 관계를 돈독히 하고자 동거를 선택하는 것이다. 네 번째는 편의동거(cohabitation for convenience)로 결혼과 같은 장기적인 관계를 약속하지 않고 주로 경제적인 편의를 위해 동거하는 경우이다. 이것은 결혼의 대안이라기보다는 독신생활의 대안이라고 할 수 있다.

(2) 대학생과 동거

최근 우리나라 대학가에서는 대안동거나 편의동거가 많이 나타나고 있다. 동거를 하면 주거비를 절약할 수 있고, 성적인 스트레스를 해소할 수 있고, 마음이 맞지 않으면 헤어짐이 용이할 수 있다는 측면에서 선호된다. 하지만 우리나라는 전통적으로 성적으로 남성 위주의 보수 성향이 강한 편이라 여자가 동거했다고 하면 부정적으로 보는 시선이 아직은 더 많이 존재한다. 이것이 결혼에 있어서 결격 사유로 작용하기도 한다. 또한 동거는 서로에 대한 책임감이 결혼에 비해 상대적으로 적기 때문에 생활비 지출, 가사 분담 등 여러 가지 측면에서 역할분배가 분명하지 않을 수 있고, 갈등에 대해 적극적으로 해결하기보다는 이별을 선택하기 쉽다는 단점이 있다(채규만, 2006). 게다가 동거관계에서는 재정 관리를 개인별로 각자 하는 경향이 있고, 성관계의 배타성이 결혼관계보다 약하다는 한계가 있다(Bachrach, Hindin, & Thomson, 2000).

결혼에 대한 예행연습으로 동거를 선택하는 경우, 동거는 사실 상당히 불안정한 장치라고 할 수 있다. 이혼의 위험을 낮추어 줄 것이라는 기대와 달리, 결혼 전에 동거를 경험한 사람들이 동거를 경험하지 않은 사람들에 비하여 이혼할 확률이 더 높은 것으로 보고되고 있다(채규만, 2006). 결혼 전 동거를 경험한 부부는 50% 이상 이혼을 경험하는 것으로 나타났다. 단, 여성이 다른 남성과 성관계를 경험하지 않은 상태에서 동거남과 결혼한 경우에는 이혼 위험이 적은 것으로 나타났다(Teachman, 2003). 하지만 높은 이혼율은 동거 자체의 문제라기보다는 동거를 하는 사람의 성격적 특성에 영향을 받는 것으로 보인다. 동거를 선택하는 사람들은 독립적인 삶을 선호하고, 더 자유방임적이며, 비전통적인 성향이 강하다고 한다. 이들은 비종교적이고, 성적인 면과 윤리적인 면 모두에서 더 개방적인 경향이 있다. 이들은 한 관계에 헌신하겠다는 결단이 적은 사람들로 이혼을 선택하는 것이 상대적으로 쉬울 수 있다. 따라서 동거가 유행하니까 호기심으로 해보자는 자세보다는 동거의 장점과 단점, 자신의 가치관을 충분히 검토해 보고 동거에 접근할 필요가 있다.

4 ▶ 실연

사랑을 하다 보면 한때 영원할 것 같았던 열정과 행복감이 사라지고 사랑했던 연인과 헤어져 각자의 길을 가게 될 때도 있다. 연인관계는 때로는 서로의 합의에 의해, 때로는 한 사람의 일방적 요구에 의해, 때로는 지리적 이별이나 사고와 같은 외부적 요인에 의해 중단될 수 있다. 어떤 요인에 의한 것이든 실연은 사랑이 해체되고 종결되는 것을 의미한다. 많은 불확실성과 다양한 만남 속에서 대학생에게 실연은 일반적인 경험일 수 있다. 누군가와 이별하는 경험은 인생 어느 시점에나 있을 수 있지만, 연인관계의 배타적 친밀감은 강렬하고 특별하기 때문에 연인 간 이별이 특히 아프고 힘든 사건이 되기도 한다. 여기서는 실연의 이유와 심리적 반응을 살펴보고, 실연을 성숙하게 극복하는 방안을 모색해 보고자 한다.

1) 실연의 이유와 반응

정민자(2011)가 대학생 1,000명을 대상으로 실시한 연구에서는 889명이 실연 경험이 있음을 보고하였다. 실연의 이유에 대해 가장 많은 사람(329명, 37%)이 성격차이(서로 소홀, 미흡, 이해 부족, 다툼, 오해)를 꼽았다. 환경차이(지역, 군대, 이사)(243명, 27.3%)와 권태기(178명, 20%)도 상당수 보고하였다. 새로운 사랑(80명, 9.3%)과 학업문제 또는 부모님 반대(29명, 3.3%)를 응답한 경우도 있었다. 이를 통해 이별 이유가 물리적인 부분도 있지만, 성격차이, 권태기, 새로운 사랑과 같은 심리적인 요인이 주요한 이유가 된다는 것을 알 수 있다. 이러한 결과는 일단 사랑이 시작되면 사랑은 그냥 유지되는 것이 아니며, 서로 간에 이해하고, 오해를 풀고, 낭만적 열정을 살려 가는 노력이 필요하다는 것을 시사한다.

실연을 경험하면 상실감, 죄책감, 분노감, 자신감 저하, 무력감, 세상에 대

그림 7-4 | 이별의 표지판

| 표 7-3 | 실연 후 반응 |

정서적 반응	인지적 반응	행동적 반응
• 슬픔, 우울감 • 미련, 후회 • 분노, 적개심 • 배신감, 복수심	• 주의산만, 집중력 저하 • 지적 업무수행능력 감소 • 판단력·기억력 저하 • 종결된 사랑에 대한 상념 • 자신에 대한 부정적 생각 회의 • 사랑에 대한 절망감 • 삶을 무의미하게 여김	• 일상생활의 의욕과 흥미 저하 • 활동성 저하 • 학업·직업 활동에서 기능저하 • 대인 회피 또는 칩거 • 과도한 음주나 무절제한 생활 • 식욕저하, 불면 • 두통, 소화불량, 생리불순 • 건강 문제 • 자학적 행동(자해, 자살) • 폭력 • 충동적 연애나 결혼

(권석만, 2013)

한 불신, 또 다른 만남을 저해하는 부정적 시각과 같은 여러 가지 문제가 발생할 수 있다 (Monroe et al., 1999). 실연 후 나타날 수 있는 정서적·인지적·행동적 반응을 정리하 면 〈표 7-3〉과 같다.

실연이 부정적인 결과만을 초래하는 것은 아니다. 오히려 긍정적인 변화를 동반하여 심리사회적 성장으로 이어지기도 한다(김은미, 이종연, 2015). 개인은 힘든 경험을 통해 자신이 가지고 있던 자원을 발견하기도 하고, 자신과 타인 및 인생에 대한 통찰력이 증 가하여 삶의 철학이 한층 깊어질 수 있다. 이는 대인관계를 새롭게 발전시키는 전략으 로 이어지기도 한다. 타시로와 프레이저(Tashiro & Frazier, 2003)에 따르면 연인과 이별 을 경험한 대학생들은 자신감과 독립심이 증가하고, 감정조절능력이 향상되며, 학교나 가족에게 관심 수준이 높아졌다. 이들은 관계에 대한 안목이 넓어지는 등의 긍정적인 성장을 경험한 것으로 보고하였다. 신수빈(2012)의 연구에서도 대학생들은 실연 경험 이후 자신의 행동을 되돌아보게 되면서 이전보다 긍정적인 태도를 갖게 되거나 이전보 다 힘든 일을 더 잘 이겨낼 수 있는 자아강도가 강해졌음을 보고하였다. 그러므로 실연 은 인생에서 피해야 할 부정적 사건이 아니라 자신과 주변을 돌아보고 삶을 성찰해 가 는 계기가 될 수 있다.

2) 실연의 극복

대학생들에게 실연을 어떤 식으로 극복하는지를 조사한 결과 상당수가 "시간이 약이다.", "일에 몰두한다.", "새로운 사랑을 찾는다.", "문화·여가 생활을 즐긴다.", "술을 많이 마신다." 등으로 응답한 것으로 나타났다(정민자, 2011). 실연은 아픈 경험이다. 하지만 사랑의 실패를 인생의 실패나 자기가치의 상실로 연결시키지 않도록 하는 것이 중요하다. 대체로 실연으로 인한 상처가 회복되는 기간은 6개월 이내라고 한다. 김중술(1994)은 실연에 대한 건강한 극복 과정을 다음의 3단계로 설명하였다. 첫 번째 단계는 **충격과 고통의 단계**로 슬픔, 분노, 후회, 배신감 등을 경험하는 단계이다. 상실에는 다양한 감정이 수반된다. 자신이 상대에게 이별을 통보하였든 통보받았든 혹은 두 사람이 상호 합의하였든 간에, 함께 많은 것을 공유했던 대상을 상실하는 것에는 이에 수반하는 슬픔이 자연스럽게 따라온다. 동시에 상대가 나를 떠난 것 같은 기분에 분노를 느끼기도 하고, 두 사람 사이의 문제를 상대의 탓을 했다가 자신의 탓을 하면서 분노와 후회를 번갈아 가며 경험할 수도 있다. 배신감을 느끼기도 한다. 힘들었던 관계를 종결한 것으로 인한 안도감과 같은 긍정적 감정도 경험할 수 있다. 이 모든 감정이 자연스럽고 정상적인 반응이며, 모든 감정을 열린 마음으로 인식하고 경험하면서 치유의 단계로 나아갈 수 있다. 두 번째 단계는 **치유의 단계**로 아픔과 상처를 이겨내기 위해 주변에 도움을 요청하기도 하고 새로운 일에 몰두하면서 스스로 재정리하려고 노력한다. 두 사람이 함께하는 시간이 많았던 생활에서 혼자 하는 생활로 전환하는 것은 재적응이 필요한 과정이다. 이전에 연인에게 의지했던 부분을 친구와 함께하게 될 수도 있고, 어떤 활동을 포기하고 새로운 활동을 시작하게 될 수도 있다. 이는 모든 치유의 단계에서 나타나는 재적응의 과정이다. 치유의 단계를 잘 밟아가게 되면 마지막 **성숙의 단계**로 나아갈 수 있게 된다. 성숙의 단계에서 개인은 자기반성과 사랑에 대한 새로운 시각을 바탕으로 인격적인 성숙을 이룬다. 사랑에 대한 비현실적 기대를 조절하기도 하고, 새로운 관계의 기술을 학습하기도 하며, 자신에 대한 이해를 넓히기도 한다. 이러한 변화는 성장으로 이어져 개인의 내면을 풍요롭게 하고 보다 친밀하고 의미 있는 관계맺기를 촉진한다. [그룹 워크 7-2]를 통해 자신과 동료들의 실연 경험을 돌아보자. 여기서는 실연의 극복 방법을 다음과 같이 다섯 가지로 정리한다.

1. 다양한 정서반응(상실감, 자존심의 손상, 허탈감, 배신감 등)을 자연스럽고 정상적

인 반응으로 수용하라.

2. 실연으로 아파하고 있다는 사실을 받아들이고, 실연의 상처를 충분히 아파하고 표현하라. 상처는 그 고통을 충분히 느끼고 표현할수록 빨리 치유됨을 기억하고, 친구, 선후배, 상담자와 지난 사랑의 추억, 현재의 아픔, 후련함 등을 털어놓도록 한다.

3. 기분 전환을 도모하라(예 : 취미생활, 여행).

4. 지난 사랑의 과정을 점검해 보라. 사랑에 대한 비현실적 기대와 환상은 없었는지, 서로 간의 갈등양상과 해결방식은 어떠했는지, 정직하고 효과적인 의사소통은 있었는지를 검토해 보도록 하라.

5. 사랑도 중요하지만 나 자신을 돌보는 일은 더욱 중요하다는 것을 기억하라. 학업, 진로, 대인관계에 있어서 지속적인 성장을 도모하라.

핵심요약

- 청년기 연애경험은 성인으로서의 관계 형성 및 정체감 발달에 중요한 영향을 미친다.
- 프로이트는 사랑을 승화된 성욕으로 보았고, 프롬은 불안과 외로움이라는 인간의 실존의 문제를 해결하는 방안이라고 보았다. 매슬로는 D-사랑(결핍에 근거한 사랑)과 B-사랑(성장 동기에 기반한 사랑)을 구별하였다.
- 낭만적인 사랑의 경험에는 뇌의 복측피개영역과 미상핵 부분의 활성화가 관여한다.
- 스턴버그의 사랑의 삼각형 이론에 따르면 사랑은 친밀감, 열정, 헌신이라는 세 가지 요소로 구성된다. 사랑의 3요소를 모두 충분히 갖춘 사랑이 완숙한 사랑이다.
- 리는 사랑을 낭만적 사랑, 유희적 사랑, 동료적 사랑, 소유적 사랑, 실용적 사랑, 헌신적 사랑의 여섯 가지로 유형화하였다. 우리나라 대학생들 사이에서는 동료적 사랑의 빈도가 가장 높았다.
- 하잔과 셰이버는 성인 애착을 안정 애착, 회피 애착, 불안정 애착으로 구별하였다.
- 청년기의 건강한 성행동을 위하여 성에 대한 올바른 지식과 주체의식을 가지고 성행동에 접근하는 자세가 요구된다.
- 연인관계에서의 친밀감은 매우 강렬하고 특별하기 때문에 실연은 충격과 고통을 동반한다. 하지만 삶을 성찰해 가는 자세로 접근하면 성장으로 이어진다.

참고문헌

권석만(2013). 젊은이를 위한 인간관계 심리학. 서울 : 학지사.

김은미, 이종연(2015). 연인과의 이별을 경험한 대학생의 애착과 자아탄력성이 이별 후 성장에 미치는 영향 : 의도적 반추와 문제중심대처를 매개변인으로. 상담학연구, 16(1), 147-174.

김중술(1994). 사랑의 의미. 서울 : 서울대학교출판부.

박선영(2001). MBTI성격유형에 따른 사랑의 구성요소와 사랑유형분석. 울산대학교 석사학위논문.

박성애, 하정(2013). 기혼남녀의 자아상태와 사랑유형에 따른 결혼만족도. 상담학연구, 14(2), 931-949.

손애리, 천성수(2005). 전국 대학생의 성의식, 첫 성경험 및 성행동에 대한 성차. 보건과 사회과학, 16, 73-100.

신수빈(2012). 대학생들의 이별 후 성장에 관한 질적연구분석. 아주대학교 석사학위논문.

유연희(2015). 대학생의 사랑유형과 성 태도에 관한 연구. 울산대학교 가정학 석사학위논문.

이민재(2000). 성인 전기의 사랑 유형과 자아 존중감, 신뢰감 및 관계 만족도. 이화여자대학교 석사학위논문.

이연주(2008). 동거와 한국가족 : 전국조사에서 나타난 동거자의 특성. 한국인구학, 31, 11-100.

정민자(2011). 대학생의 사랑경험 조사 분석. 한국생활과학지, 20(4), 759-775.

채규만(2006). 성행동심리학. 서울 : 학지사.

천성문, 남정현, 김정남, 전은주, 곽미용(2013). 성심리의 이해. 파주 : 양서원.

한송이(2009). 미혼남녀의 사랑유형과 자아존중감, 관계만족도, 신뢰도와의 관계. 명지대학교 석사학위논문.

Aron, A., Fisher, H., Mashek, D. J., Strong, G., Li, H., & Brown, L. L.(2005). Reward, motivation, and emotion systems associated with early-stage intense romantic love. *Journal of Neurophysiology, 94*(1), 327-337.

Bachrach, C., Hindin, M. J., & Thomson, E.(2000). The changing shape of ties that bind : An overview and synthesis. In L. J. Waite (ed.), *The ties that bind : Perspectives on marriage and cohabitation* (pp. 3-16). New York, NY : Aldine de Gruyter.

Fisher, H.(1998). Lust, attraction, and attachment in mammalian reproduction. *Human Nature, 9*(1), 23-52.

Fisher, H.(2004). *Why we love : The nature and chemistry of romantic love.* New York, NY : Henry Holt.

Fisher, H. Aron, A., & Brown, L. L.(2005). Romantic love : An fMRI study of a neural mechanism for mate choice. *The Journal of Comparative Neurology, 493*(15), 58-62.

Freud, S.(1955). Certain neurotic mechanism in jealousy, paranoia, and homosexuality. In S. Freud (ed.), *Collected papers (vol.2)*. London : Hogarth Press. (Original work published 1922).

Fromm, E.(1956). *The art of loving*. New York, NY : Harper & Row.

Hazan, C. & Shaver, P. R.(1987). Romantic love conceptualized as an attachment process. *Journal of Personality and Social Psychology, 52*(3), 511-524.

Jankowiak, W. R., & Fischer, E. F.(1992). A cross-cultural perspective on romantic love. *Ethology, 31*, 149-155.

Lee, J. A.(1977). A typology of styles of loving. *Personality and Social Psychology Bulletin, 3*(2), 173-182.

Maslow, A. J.(1954). *Motivation and personality*. New York, NY : Harper & Row.

Monroe, S. M., Rohde, P., Seeley, J. R., & Lewinsohn, P. M.(1999). Life events and depression in adolescence : Relationship loss as a prospective risk factor for first onset of major depressive disorder. *Journal of Abnormal Psychology, 108*, 606-614.

Pope, K. S.(1980). Defining and studying romantic love. In K. S. Pope (Ed.), *On love and loving* (pp.1-26). San Francisco, CA : Jossey-Bass.

Sternberg, R. J.(1986). A triangular theory of love. *Psychological Review, 93*, 119-135.

Sternberg, K. (2014). 사랑의 심리학 101[*Psychology of love 101*] (이규미, 손강숙 역). 서울 : 시그마프레스(원전은 2013년에 출판).

Tashiro, T., & Frazier, P. (2003). "I'll never be in a relationship like that again" : Personal growth following romantic relationship breakups. *Personal Relationships, 10*, 113-128.

Teachman, J. (2003). Premarital sex, premarital cohabitation, an the risk of subsequent marital dissolution among women. *Journal of Marriage and the Family, 65*, 444-455.

[7-1] **사랑의 삼각형** 나의 사랑의 삼각형은 어떠한가?

사랑에 대해 내가 생각하고 느끼는 정도를 1~9점으로 답하세요. 각 문항에 자신의 생각이 매우 긍정적일수록 9점(매우 높음)에, 전혀 그 렇지 않다고 느낄수록 1점(매우 낮음)에 답하세요. 중간 값은 그 문장이 당신의 관계를 중간 정도로 묘사하고 있음을 의미합니다.	매우 낮음-중간-매우 높음 (1)　　(5~6)　　(9)
1. 그(녀)와 함께 있으면 따뜻하고 편안하다.	1 2 3 4 5 6 7 8 9
2. 그(녀)와 함께 있을 때 가장 행복하다.	1 2 3 4 5 6 7 8 9
3. 우리의 관계가 내 인생의 마지막까지 지속되기를 기대한다.	1 2 3 4 5 6 7 8 9
4. 그(녀)에게 모든 것을 이야기할 수 있다.	1 2 3 4 5 6 7 8 9
5. 내게는 그(녀)와의 관계가 가장 중요하다.	1 2 3 4 5 6 7 8 9
6. 어떤 어려운 일이 있어도 우리 관계를 유지하겠다.	1 2 3 4 5 6 7 8 9
7. 그(녀)를 행복하게 해주고 싶다.	1 2 3 4 5 6 7 8 9
8. 우리의 관계는 매우 낭만적이다.	1 2 3 4 5 6 7 8 9
9. 그(녀)에 대한 나의 헌신은 나에게 하나의 원칙과 같다.	1 2 3 4 5 6 7 8 9
10. 우리는 서로를 잘 이해하고 존중한다.	1 2 3 4 5 6 7 8 9
11. 지금의 그(녀)가 없는 나의 삶은 상상도 할 수 없다.	1 2 3 4 5 6 7 8 9
12. 그(녀)에 대한 나의 사랑을 확신한다.	1 2 3 4 5 6 7 8 9
13. 그(녀)는 나를 정서적으로 상당히 지지해 준다.	1 2 3 4 5 6 7 8 9
14. 그(녀)를 열렬히 사랑한다.	1 2 3 4 5 6 7 8 9
15. 그(녀)를 앞으로도 사랑하기로 마음먹었다.	1 2 3 4 5 6 7 8 9
16. 내가 도움이 필요할 때 그(녀)가 도와줄 것이다.	1 2 3 4 5 6 7 8 9
17. 하루에도 여러 번 그(녀)를 생각한다.	1 2 3 4 5 6 7 8 9
18. 그(녀)와 관계를 지속할 것을 약속했다.	1 2 3 4 5 6 7 8 9
19. 그(녀)가 도움을 필요로 할 때면 나는 언제든지 돕겠다.	1 2 3 4 5 6 7 8 9

(계속)

20. 그(녀)를 보는 것만으로도 가슴이 설렌다.	1 2 3 4 5 6 7 8 9
21. 우리의 관계는 신중하게 결정한 것이다.	1 2 3 4 5 6 7 8 9
22. 지금의 그(녀)는 내 삶에서 매우 중요하다.	1 2 3 4 5 6 7 8 9
23. 그(녀)는 신체적으로 매우 매력적이다.	1 2 3 4 5 6 7 8 9
24. 인생의 가장 힘든 순간에도 그(녀)의 옆에 있을 것이다.	1 2 3 4 5 6 7 8 9
25. 내 삶의 모든 것을 그(녀)와 기꺼이 공유할 의향이 있다.	1 2 3 4 5 6 7 8 9
26. 지금의 그(녀)가 가장 이상적이다.	1 2 3 4 5 6 7 8 9
27. 우리의 관계는 견고하다고 확신한다.	1 2 3 4 5 6 7 8 9
28. 그(녀)와 말이 잘 통한다.	1 2 3 4 5 6 7 8 9
29. 우리의 관계에는 '마법' 같은 것이 있다.	1 2 3 4 5 6 7 8 9
30. 나는 항상 그(녀)에 대해 강한 책임감을 느낀다.	1 2 3 4 5 6 7 8 9
31. 그(녀)와 정서적으로 가깝다.	1 2 3 4 5 6 7 8 9
32. 우리의 관계는 매우 활력이 넘친다.	1 2 3 4 5 6 7 8 9
33. 나는 그(녀)를 사랑하기로 결심했다.	1 2 3 4 5 6 7 8 9
34. 그(녀)를 정서적으로 상당히 지지한다.	1 2 3 4 5 6 7 8 9
35. 낭만적인 영화나 책을 볼 때면 그(녀)를 생각하게 된다.	1 2 3 4 5 6 7 8 9
36. 그(녀)와 헤어지는 것은 상상할 수도 없다.	1 2 3 4 5 6 7 8 9

(권석만, 2000; Sternberg, 2016)

위의 문항을 다음과 같이 점수를 더하고 평균을 내도록 한다.

[척도 채점법]

친밀감 $(1+4+7+10+13+16+19+22+25+28+31+34)/12 =$

열 정 $(2+5+8+11+14+17+20+23+26+29+32+35)/12 =$

헌 신 $(3+6+9+12+15+18+21+24+27+30+33+36)/12 =$

일반적으로 8~9점은 매우 높음, 7~8점은 높은 편, 6~7점은 약간 높은 편, 5~6점은 중간 정도, 5점 이하는 낮음으로 생각할 수 있다. 이 세 가지 점수를 가지고 사랑의 삼각형을 그려 보자. 당신의 연인도 삼각형을 그리도록 하여 서로 비교해 보자. 삼각형 간에 차이가 있는가? 이러한 차이가 사랑의 관계에 어떠한 영향을 미치고 있는가? 어떤 부분에서 노력이 더 필요한가?

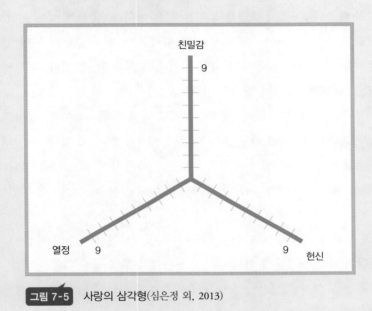

그림 7-5 사랑의 삼각형(심은정 외, 2013)

[7-2] **성지식 점검하기** 다음의 질문에 O 또는 X로 대답해 보자.

Q1.	성기가 작은 남성은 정상적인 성관계를 할 수 없다.	O X
Q2.	남성의 성기 크기나 모양은 여성의 성적 쾌감에 영향을 주는 중요한 요인이다.	O X
Q3.	여성은 처음으로 하는 성관계에서 언제나 출혈과 고통을 경험한다.	O X
Q4.	일단 발기가 되면 사정을 해야 한다. 사정을 안 하면 병이 될 수 있다.	O X
Q5.	자위행위는 남자가 하는 것이고, 여자는 하지 않는다.	O X
Q6.	성경험이 있으면 성기 색이 변하고 다리가 벌어지며 몸매도 달라진다.	O X
Q7.	질외사정을 하면 임신이 되지 않는다.	O X

(천성문 외, 2013)

셀프
워크
07

위의 질문에 대해 답을 했는가? 각각에 대한 설명은 다음과 같다.

Q1. 여성들이 성기가 큰 남성을 선호한다고 생각하는 것은 오류이다. 성기의 크기에 대해 자랑스러워할 것도 부끄러워할 것도 없다.

Q2. 여성들이 경험하는 성적 만족도는 성기의 크기나 모양보다는 서로 얼마나 합의가 되었는지 또한 서로를 얼마나 배려하고 있는지에 달려 있다.

Q3. 첫 성경험 때 모든 여성이 출혈을 보이는 것은 아니다. 출혈이 있는 사람도 있고, 없는 사람도 있다. 여성이 성관계에 대한 심리적·신체적 준비가 되어 있으면 질에서 분비물이 나와 큰 고통이나 출혈 없이 성관계를 할 수 있다. 하지만 긴장되고 두려운 상태이면 출혈이 생기기 쉽다.

Q4. 발기란 혈액이 음경 내로 몰려 음경이 커지고 단단해지는 것이다. 성적으로 흥분될 때 발기가 되기도 하고 아무런 이유 없이 발기가 될 수도 있다. 사정되지 않은 정자는 체내에 다시 흡수되며 사정을 못했다고 해서 병이 되는 것은 아니다.

Q5. 자위행위는 남녀 모두에게 자신의 몸에서 스스로 즐거움을 찾는 한 방법이 될 수 있다.

Q6. 성경험의 유무가 몸매에 드러나는 것은 아니다. 엉덩이나 가슴의 처짐, 유두나 성기의 색깔 변화는 호르몬에 의한 것이지 성관계 유무에 의한 것이 아니다.

Q7. 남성이 사정을 하려면 산성인 요도를 중화시켜야 하는데, 그러기 위해 알칼리성의 쿠퍼선액이 사정 전에 나와 요도를 중화시킨다. 그런데 이 쿠퍼선액에 소량의 정액이 들어 있다. 따라서 질외사정으로도 임신이 가능하다.

[7-1] **사랑유형** 다음은 사랑에 대한 다양한 태도가 제시되어 있다. 각 문항에 대해 1(매우 동의하지 않음)에서 5(매우 동의함) 사이의 점수를 부여하라.

문항	동의 정도
1. 보통 제일 먼저 나의 관심을 끄는 것은 그 사람의 외모이다.	1 2 3 4 5
2. 깊이 사귀고 싶지 않은 사람이라도 어떤 상대가 나의 데이트 신청에 응하는지를 시험해 보는 것은 재미있는 일이다.	1 2 3 4 5
3. 우리는 긴 우정 후에야 비로소 사랑하고 있음을 알게 되었다.	1 2 3 4 5
4. 진지하게 관계를 발전시키려 할 때 그(녀)의 배경을 중요하게 고려한다.	1 2 3 4 5
5. 우리 관계가 잘 풀리지 않으면 소화가 안 되고 다른 일에 집중하기 힘들다.	1 2 3 4 5
6. 그(녀) 생각에 온통 정신이 집중되어 다른 것을 생각하는 것이 힘들다.	1 2 3 4 5
7. 그(녀)와 나 사이에는 스킨십 등 화학작용이 많이 일어난다.	1 2 3 4 5
8. 우리는 만나자마자 서로에게 끌림을 느꼈다.	1 2 3 4 5
9. 나는 그(녀)와 사귀는 동안 다른 누군가와 연애를 한 적이 있다.	1 2 3 4 5
10. 나의 인생 설계를 토대로 파트너를 선택하게 된다.	1 2 3 4 5
11. 그(녀)가 바람을 피울까 봐 항상 걱정된다.	1 2 3 4 5
12. 그(녀)의 행복이 나의 행복보다 더 중요하다.	1 2 3 4 5
13. 나와 다른 사람들 사이에 있었던 일을 그(녀)가 알게 된다면 매우 속상해할 것이다.	1 2 3 4 5
14. 우리의 관계는 우정에서부터 천천히 발전하였다.	1 2 3 4 5
15. 연애관계를 발전시키기 전에 결혼을 염두에 두며 좋은 부모가 될지 등을 고려하게 된다.	1 2 3 4 5
16. 나는 그(녀)의 목표 달성을 돕기 위해 기꺼이 희생을 감수하겠다.	1 2 3 4 5
17. 그(녀)를 고통받게 하느니 내가 고통받겠다.	1 2 3 4 5
18. 가장 좋은 연애는 편안하고 정겹게 오래 지속되는 관계이다.	1 2 3 4 5

각 하위척도에서 높은 점수를 받으면 당신은 당신의 파트너에 대해 특정 사랑의 태도를 더 많이 가지고 있는 것으로 볼 수 있다.

낭만적 사랑 : 문항 1, 7, 8	소유적 사랑 : 문항 5, 6, 11
유희적 사랑 : 문항 2, 9, 13	실용적 사랑 : 문항 4, 10, 15
동료적 사랑 : 문항 3, 14, 18	헌신적 사랑 : 문항 12, 16, 17

서로의 사랑유형을 나누어 보자. 각 사랑의 태도가 갖는 장단점을 비교해 보자.

_____

_____

[7-2] **실연과 극복** 다음은 실연에 관한 주제들이다. 함께 자신의 경험을 나누어 보자.

토론 주제	내용
실연을 경험한 적이 있는 가? 실연 직후 그리고 실연 이후 시간이 지나면서 어떠 한 정서적·인지적·행동적 반응들이 있었는가?	
실연의 아픔을 극복하는 방 법은 무엇이었는가? 그 방 법이 도움이 되었던 부분과 도움이 되지 않았던 부분에 는 어떤 것이 있는가?	
실연을 통해 배운 점이 있다 면 무엇이 있는가?	
내가 '솔로'라면 솔로라서 좋은 점은 무엇인가?	

8 결혼과 부부관계

학습목표

1. 배우자 선택의 조건과 선택이론을 알아보고 자신이 생각하는 결혼 설계를 해본다.
2. 부부관계에서의 상호작용과 심리역동에 대해서 배운다.
3. 부부갈등의 원인과 상황에 대해서 살펴보고 행복한 결혼생활의 유지 방안을 모색해 본다.
4. 이혼 과정과 이혼 전후에 경험하게 되는 심리적 · 환경적 변화와 그 영향들을 살펴본다.

백세 시대가 열렸다. 부부에게 상징으로 사용되었던 백년해로라는 말이 현실로 다가오고 있다. 하지만 결혼을 미뤄 두고 싱글라이프를 즐기고 싶어 하는 젊은이들이 점점 늘고 있다. 혼밥, 혼술이 늘고 자신만의 문화를 즐기기도 한다. 그럼에도 여전히 대부분의 청년들이 사랑에 빠지고 결혼의 결실을 맺는다. 디즈니 만화영화를 보면 대부분의 결말이 남녀가 우여곡절 끝에 사랑의 결실을 맺어 해피엔딩이다. 하지만 그 영화들이 해피엔딩인 이유는 그 이후의 결혼생활이 나오지 않기 때문이라는 우스갯소리가 있다. 결혼식에서는 보통 부부는 평생 아내는 남편만을 남편은 아내만을 아끼고 사랑하겠노라고 맹세하지만 어떤 부부는 그러한 맹세

▲ 제2의 인생 시작, 결혼

결혼은 남녀가 사랑의 결실을 맺어 평생을 같이하기로 하는 약속이다. 서로 어떤 노력을 하느냐에 따라 행복한 결혼생활을 만들어 갈 수 있다.

를 기억하지 못하고 부부의 갈등을 해결하지 못한 채 헤어지기도 한다. 결혼 전에 있었던 열정적인 사랑은 결혼 후에는 신체 호르몬의 변화로 서서히 감소하기 때문에 사랑을 지키기 위한 친밀감 형성과 헌신을 위한 노력을 하지 않는다면 부부관계가 멀어지기 쉽다. 리처드 브리크너의 "결혼에서의 성공이란 단순히 올바른 상대를 찾음으로써 오는 게 아니라 올바른 상대가 됨으로써 온다."라는 말은 결혼 후의 노력이 중요함을 시사한다. 좋은 배우자를 선택하여 결혼을 했다면 이제 좋은 상대가 되도록 노력하는 것이 필요하다. 이 장에서는 배우자 선택에서부터 부부의 역동, 갈등, 극복방안 등을 알아보고자 한다.

1 ▶ 배우자 선택과 결혼 설계

대부분의 사람들은 어느 연령에 도달하면 사랑하는 사람과 결혼을 하고 자녀를 낳아 키우며 안정적이고 행복하게 사는 꿈을 꾼다. 우선 가장 중요한 배우자 선택은 한 번 선택할 경우 평생을 같이하기로 약속한다는 점에서 연애 상대를 선택하는 것과는 많은 차이가 있다. 두 사람이 만나서 사랑하고 결혼에 이르는 과정은 근대사회까지만 해도 일반적이고 보편적인 하나의 사회적 관습으로 수용되었다. 그렇지만 현대사회에 이르면서 공동체가 추구하는 가치보다 개인의 개별적 가치와 선택이 더 중요해지면서 결혼에 대한 인식에도 많은 변화가 생겼다.

1) 배우자 선택 조건

청년이 되어 사랑을 하고 연애를 하다 보면 마음에 꼭 드는 대상을 만나게 되기도 하고 결혼하고 싶다는 생각을 하기도 한다. 진화심리학에서는 결혼에 있어서 남성은 자신의 유전자의 보존과 번식을, 여성은 자손의 양육을 뒷받침할 능력을 중요시한다고 보고 있다(곽금주, 2012). 전통 한국사회에서는 결혼 대상자가 아닌 그들의 가문, 혹은 부모의 의사가 존중되어 자녀의 결혼이 이루어졌고, 그러한 결혼을 위해 중매혼이 성행하였다. 하지만 우리나라의 경우 자녀의 배우자 선택에서 부모의 결정권은 점차 약화되고 있고 대부분은 당사자들이 결정한 후에 부모의 동의를 받는 경우가 늘고 있다(정옥분, 1998).

일반적으로 배우자 선택의 조건에서 남성이 중요하게 생각하는 것은 여성의 신체적 매력이고 여성이 우선적으로 고려하는 것은 남성의 경제력과 사회적 지위, 능력이다. 하지만 이러한 선택의 조건은 시대에 따라 변화하고 있다.

듀오휴먼라이프연구소가 2016년 미혼 남녀를 대상으로 남녀가 배우자를 선택하는 조건을 조사하였다. 조사결과에 의하면 남성은 주로 여성의 성격(34.7%)과 외모(17.5%)를, 여성은 남성의 성격(33.3%)과 경제력(16.5%)을 중시하는 것으로 나타났다. 전체적으로 배우자의 선택 기준은 성격(34.0%), 외모(12.8%), 경제력(11.7%), 직업(8.1%) 순이었다. 남녀 모두 배우자 선택에 있어서 성격을 가장 우선시한다는 점에는 성별 간에 차이가 없다. 김양희 외(2003)의 연구결과에서는 사람들이 결혼을 결정하는 중요한 동기가 정서적인 안정이라고 하였다. 지지해 주고, 힘들 때 위로받을 수 있는 대상을 결혼 상대로 생각한다는 것이다. 그 밖에 결혼을 하고자 하는 이유로는 사회적 기대의 충족, 경제적 안정, 사랑의 실현, 자녀출산, 성적인 욕구 충족, 부모로부터의 독립, 노후대비 순으로 나타났다. 현대사회는 경제적으로 풍요로워지고 교육의 기회가 균등해졌다. 이에 따라 수직적 남녀관계가 수평적 남녀관계로 바뀌고 자녀출산의 중요성 또한 감소하고 있는 추세이다. 이러한 사회문화적 변화와 더불어 젊은이들이 결혼을 대하는 태도에도 많은 변화가 일어나고 있다.

2) 배우자 선택이론

남녀가 결혼에 대해서 생각하고, 배우자를 선택하기까지는 일련의 과정을 겪는다. 각자 자신이 원하는 배우자와 이상적인 결혼의 이미지가 있다. 일반적으로 삶의 가치와 목표, 성격, 성장배경, 주변 환경 등이 배우자를 선택하는 기준이 된다(그룹 워크 8-1). 배우자 선택의 네 가지 이론을 소개하고 배우자를 선택하고 결혼에 이르기까지의 과정을 설명하고자 한다.

(1) 동질성 이론

결혼에 있어서 부부가 공통적인 기반이 있다는 것은 안정감을 제공한다. 동질성 이론에서는 배우자를 선택할 때 일반적으로 자신과 닮거나 유사한 조건을 가진 사람에게 매력을 느낀다고 본다. 나이, 교육수준, 지능, 종교, 인종, 성장배경, 사회적 지위 등 자신과 비숫한 조건을 가지고 있는 사람에게 다가가기 쉽고, 삶의 태도나 가치관, 관심사와 흥미가 비슷한 점 때문에 공유할 수 있는 정보와 공통주제가 많아서 서로 친숙해지기 쉽다. 연령도 차이가 많이 나는 것보다 비슷할 때 공감대를 더 많이 형성할 수 있고, 세대차이와 같은 문제도 적게 생길 수 있다(정옥분, 1998). 우리나라에서는 전반적으로 유사한 조건을 가지고 있는 사람들 간의 동질혼이 선호되고 있다.

(2) 보완욕구 이론

배우자 선택의 또 다른 요건은 자신의 취약점을 보완해 줄 수 있는 사람이다. 보완욕구 이론에서는 남성과 여성은 서로를 보완해 줄 수 있는 요인이 있을 때 매력을 느낀다(Winch, 1958). 유사성으로 인해 안정감을 느낄 수는 있지만 한편으로는 밋밋하게 느껴지거나 둘 사이의 결합력이 약해질 수 있다. 개인들은 이질적인 성격특성을 가진 사람끼리 서로에게 매력을 느끼고, 서로의 성격과 욕구를 보완해 줄 수 있을 때 만족감을 경험한다. 예를 들면 지배적인 남성은 순종적인 여성에게 끌리고, 모성애가 강한 여성은 의존적인 남성에게 끌린다. 즉, 자아결핍에 대한 보상심리로 인해 서로 반대되는 성격에서 매력을 느끼게 된다. 대체로 배우자 상호 간에 동질적인 요소와 이질적인 요소가 공존하는 편이다. 가령 성장배경은 유사해도 관심사나 생활양식에 있어서는 상호 보완적일 수 있다(곽금주, 2010).

(3) 여과망 이론

여과망 이론은 두 사람의 관계에서 시작하여 결혼에 이르기까지 6단계 여과망 과정을 통해 상대 배우자의 특성을 좁혀 나가다가 배우자를 선택한다는 이론이다(Udry, 1971). 각 단계의 여과망은 개인이 결혼상대로 어떤 사람을 선택할 것인가를 예언할 수 있는 요인을 담고 있다. 결혼은 평생의 인생 반려자를 결정하는 중차대한 일이기 때문에 모든 조건이 자신이 생각한 기준들과 일치한다고 해도 충동적으로 결정을 내리는 것은 위험부담이 크다. 따라서 사람들은 자신과 상대방의 관계에서 다양한 측면을 고려하여 여러 단계의 심사숙고 끝에 여과망을 통과한 사람과의 결혼을 결정하게 된다. 6단계의 여과망 과정을 정리하면 다음의 〈그림 8-1〉과 같다.

첫째, 근접성의 여과망을 통해 모든 대상 가운데 물리적으로 가까운 거리에 있을 때 결혼으로 이어질 가능성이 높아진다. 몸이 멀어지면 마음도 멀어진다는 말이 있듯이,

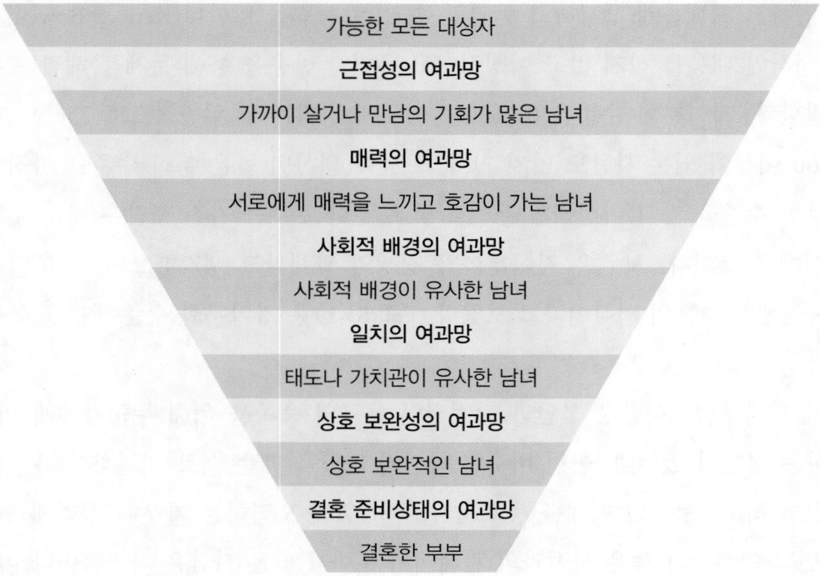

그림 8-1 배우자 선택의 여과망 이론(정옥분, 1998)

가깝게 자주 만나는 사람이 정도 많이 들어 결혼에 이르게 될 확률이 많아진다. 둘째, 매력의 여과망을 통해 상호 매력을 느끼는 대상을 선택하게 된다. 처음엔 신체적 매력이 호감을 주지만 점차 성격, 능력 등이 매력의 요인으로 작용한다. 셋째, 사회적 배경의 여과망을 통하여 종교, 교육수준, 직업, 사회경제적 지위, 가족 배경 등이 비슷한 수준의 사람들로 범위가 축소된다. 넷째, 상호 일치의 여과망을 통하여 유사한 가치관, 즉 인생관, 정치철학, 이성관 등을 가진 사람들끼리 결혼한다. 다섯째, 상호 보완성의 여과망을 통하여 서로 욕구를 충족해 주거나 단점을 보완해 줄 수 있는 사람들을 선택한다. 마지막으로 결혼 준비상태의 여과망을 통과하면서 결혼에 이르게 되는데 학력, 취업, 건강, 경제력 등 현실적으로 결혼에 대해서 어느 정도 준비가 되어 있는가가 중요하다.

(4) 보웬의 가족체계 이론(자아분화 수준)

보웬은 잘못된 배우자의 선택이 불행한 결혼을 세대를 통해 전수된다고 믿었다. 자아분화는 그의 이론에서 중심개념이다. 보웬에 의하면 사람들은 무의식적으로 자기 자신의 분화 정도와 비슷한 수준의 사람에게 끌리게 되고 배우자로 선택하게 된다. 자아분화란 정서적인 부담과 스트레스가 생기는 문제가 생겼을 때 자동적인 불안에 의한 반응이 아닌, 유연하고 지혜롭게 생각하고 반영할 수 있는 능력을 말한다(Kerr & Bowen, 2005). 즉, 감정적인 대응을 하지 않고 이성적이고 유연한 반응을 통해 문제를 해결해 가는 능력을 말한다. 자아분화 수준은 0~100 사이로 측정되는데, 일반적으로 75 정도가 가장 높고, 60 이상이 되는 사람도 많지 않다. 보웬에 의하면 높은 분화 수준을 가진 사람은 높은 분화 수준을 가진 이성에게 끌리고 낮은 분화 수준을 가진 사람은 낮은 분화 수준의 이성에게 끌린다. 보웬은 자아분화가 평생의 과제라고 생각했으며, 잘못된 배우자 선택은 불행한 결혼의 시작이라고 보았다. 〈표 8-1〉은 자아분화 수준에 따른 특성의 차이이다.

자아분화가 낮은 사람은 불안과 감정적인 욕구의 충족을 위해 누군가에게 의존하고 싶어 하는 경향이 있는데, 이런 비슷한 남녀가 만났을 때는 서로 의존하여 욕구를 해결하고 싶어 하고, 서로의 기대를 충족시켜 주기 위해 노력하는 가운데 끌리게 될 수 있다. 반면 자아분화가 높은 사람과의 관계에서 분화가 낮은 사람은 차가움이나 이기적인 느낌을 받게 되거나 상처를 받기 쉽고 분화가 높은 사람은 분화가 낮은 사람이 감정적이고 충동적이며 예민하다고 느끼기 쉽다.

표 8-1　자아분화 수준에 따른 특성의 차이

자아분화 수준이 높은 사람의 특징	자아분화 수준이 낮은 사람의 특징
장기적인 관점을 가지고 행동함	주변의 사람이나 사건에 충동적으로 반응하고 당장의 불안만을 해소하려고 함
불안한 상황에서도 자기조절을 하며 자신의 신념에 따라 행동함	불안한 상황에서 자신의 자주성을 유지하지 못함
충분한 사고과정을 통해 자신의 생각을 펼쳐 나감	주위 사람들에게 맹종하거나 무조건 반항함
객관적인 사실과 주관적인 감정을 잘 구별하며 균형을 이룸	객관적인 사실과 주관적인 감정을 잘 구분하지 못함
다른 사람의 시선이나 평가에 과도한 관심을 보이지 않음	다른 사람의 시선이나 평가에 예민함
다른 사람의 기대보다 자신의 기대가 무엇인지 알고 그것을 충족시키려고 함	다른 사람의 기대를 충족시키려고 과도하게 노력함

(한재희 외, 2013)

3) 결혼 설계

청년기에는 결혼에 대한 아름다운 이상을 가지고 있다. 자신의 배우자를 선택하고 난 후에, 현실감 없이 이상만 가지고 결혼하게 되면 뜻하지 않은 어려움에 부딪히며 큰 좌절을 겪기도 한다. 그러므로 결혼을 앞둔 사람들은 자신의 결혼이 어떤 성격과 형태로 전개될지 미리 생각해 보고 설계해 보는 것이 행복한 결혼생활을 유지하기 위한 현명한 방법이 될 수 있다.

(1) 조혼과 만혼

많은 문화권에서 청년들이 결혼하는 시기는 20대와 30대이다. 2016년 통계청의 조사에 의하면 한국 남성의 초혼 평균 연령이 32.8세, 여성은 31세로 최근 몇 년 동안 계속적인 상승을 하고 있으며, 남녀 모두 30대에 진입하였음을 보여주었다. 최근 초혼 연령의 빠른 상승은 미래의 결혼의 성격과 형태가 점점 달라질 것이라는 것을 예측하게 해준다. 일반적으로 결혼을 하기 위해서는 결혼으로 인한 부양책임과 성숙한 결혼관계를 유지해 갈 수 있는 능력이 필요하다. 많은 경우 어떻게 해야 잘하는 것인지 제대로 알기도 전에 배우자를 선택하고 가족을 형성한다.

　결혼의 준비 정도에 따라 부부관계의 양상이 달라질 수가 있다. 만일 준비가 안 된 상태에서 너무 일찍 결혼하게 되면, 가족을 부양하는 것이 힘들게 느껴지고, 배우자와 정서적으로 친밀한 관계를 유지하거나 성적으로 자유스러워지는데 어려움을 겪을 수 있다. 이럴 경우 부모로부터 독립하고 싶었던 소망과는 정반대로 부모와 보호적이고 의존적인 관계를 추구하는 경향이 있으며 배우자나 가족관계에 대한 의무감 때문에 불안이 고조될 수 있다(Levinson, 1996). 반면에 너무 늦게 결혼하는 경우, 자신과 이성에 대해 보다 많은 지식을 갖고 있고, 취업이나 경제적 문제 등 이전의 갈등들을 많이 해결했을 수도 있지만, 주위의 압력에 의해 결혼을 하게 되거나, 사랑에 의한 결혼생활보다는 자신의 인생을 정상화시키려는 의도에서 결혼하는 경향이 있다(Levinson, 1978). 대체로 결혼 적령기는 사회적 시계에 의해 정해지는데, 사회적 시계는 시대와 문화에 따라 변화한다. 일반적으로 결혼 적령기란 부모로부터 독립해서 경제적, 심리적으로 독립할 수 있는 능력이 갖추어진 때라고 볼 수 있다.

(2) 전통적·반전통적 결혼 설계

신혼부부들은 처음 결혼생활을 시작할 때, 무언의 합의된 결혼 설계를 하게 된다. 어떤 부부는 남편이 경제를 책임지는 역할을 맡고 아내는 자녀양육과 가족을 보살피는 역할을 하면서 모든 것을 남편에게 의존하는 **전통적 결혼** 설계를 한다(김애순, 2005). 이에 반해 경제적 책임과 자녀양육 등 모든 역할을 남편과 아내가 함께 공유하고 서로 독립적으로 살아가는 **반전통적 결혼** 설계를 하는 부부도 있다. 그러나 최근 맞벌이부부가 증가하면서 실제로 일과 가정을 공유하고자 하는 많은 여성들이 선택한 결혼 설계는 그 절충안인 **신전통적 결혼** 설계이다. 이 설계는 아내가 일과 가정을 병행하면서 독립을 추구하고 경제활동을 하지만, 일차적으로 가족부양의 책임과 경제적 역할은 남편이 맡으며, 아내의 양육과 보살핌의 역할을 남편이 조금 도와주는 경우이다(김애순, 2005).

물론 부부가 어떤 결혼 설계를 하는가는 두 사람 사이의 합의가 필요하겠지만, 보다 결정적인 기능을 하는 것은 사회와 개인 안에 존재하는 성역할의 분리 의식이다. 즉, 남자와 여자가 서로 다른 역할을 하면서 다른 삶을 살아가야 한다는 생각이다. 하지만 무엇보다 결혼 설계를 하는 데 중요하게 작용하는 것은 남성보다는 여성이 성역할에 대해 어떻게 생각하느냐에 달려 있다. 즉, 여성이 전통적 가정주부상이 강한 경우 전통적 결혼 설계를, 그리고 반전통적 여성상이 강한 경우 반전통적 혹은 신전통적 결혼 설계를 할 가능성이 높아진다(Levinson, 1978). 최근 신전통적 결혼 설계 속에서 일과 자녀양육으로 인한 과한 역할에 시달리며 30대를 보내온 많은 여성들이 중년기에 이르면서, 부부가 공급, 가사, 양육을 함께 공유하면서 보다 동등한 관계에 있는 평등주의적 반전통적 결혼 설계를 갈망하고 있다. 청년은 자신의 성역할 고정관념에 대해 생각해 보고 또한 전통적 결혼 설계와 반전통적 결혼 설계에는 어떤 혜택 혹은 대가가 따를지 미리 생각해 본다면 결혼 후에 겪을 갈등을 대비할 수 있을 것이다(그룹 워크 8-1).

2 ▶ 부부관계의 역동

한 남녀가 결혼하면서부터 가족이 형성되고 자녀를 낳고 키우며 울타리를 만들어 가고 살다가 그 부부가 둘 다 죽었을 때 그 가족은 소멸된다. 그 과정에서 부부는 가장 깊은 차원에서의 친밀감을 경험하게 하면서도 가장 고통스러운 상처를 남길 수 있는 독특하고 복잡한 관계를 맺게 된다. 부부는 결혼을 하기 전에 각자 자신의 부모의 부부관계를 경험하며 양육을 받았다. 그러므로 각각 자신의 부모의 부부관계를 어떻게 인지했느냐에 따라 결혼생활이 달라질 수 있다(셀프 워크 8-1). 부모의 부부관계가 원만하였다고 인지한 기혼 여성들은 '결혼은 반드시 해야 한다.'는 태도는 높게 나타났고, '자녀가 있어도 이혼을 할 수 있다.'는 태도는 낮게 나타났다(정윤경 외, 2010). 또한 결혼에 대해서 긍정적으로 지지하고 결혼생활을 유지하려는 자세를 지닌 여성일수록 현재 부부관계에서 배우자에 대한 적응 수준이 높은 것으로 나타났다. 지금부터는 부부관계의 역동 및 결혼 만족도에 영향을 미치는 요인들을 살펴보고자 한다. 부부관계의 역동은 다각적 측면에서 이해할 수 있다.

1) 애착

앞에서 살펴본 바와 같이 초기 어린 시절에 형성된 애착은 성인의 대인관계에 영향을 미친다. 특히 그중에서도 낭만적 데이트와 부부관계에 중요한 영향을 미친다. 문제가 있어서 도움을 요청하는 부부의 경우, 애착의 영향이 큰 경우가 많다. 안정 애착에 있는 배우자들은 갈등이 생기면 상대 배우자에게 다가가서 안정감을 찾고 고통의 순간에 위안을 얻기 원한다. 그들은 배우자에게 세상으로 나아갈 수 있는 안전기지를 제공하고 배우자를 자신의 안전기지로 삼는다. 또한 배우자가 자신의 욕구를 표현하는 것과 같은 방식으로 자신도 필요할 경우 상대 배우자에게 요청할 수 있다. 이들은 긍정적인 정서뿐 아니라 부정적인 정서도 표현을 잘한다(박성덕 외, 2008). 어린 시절에 안정된 애착과 건강한 분리 경험이 이루어지지 않았다면 개인의 내적 작동 모델이 배우자와의 관계에서 제대로 기능할 수가 없다. 불안정 애착이 형성된 경우에는 관계에서 형성된 결핍과 상처를 가지고 부부관계를 시작하게 된다. 이런 경우에는 배우자를 통해서 어린 시절의 양육자들을 상기하게 되고 배우자와 동일시하게 되면서 배우자와 배우자의 상처를 그대로 인정하고 수용하는 것이 어려워진다(Luquet et al, 2011).

2) 심리사회적 발달과업의 성취도

에릭슨의 심리사회적 발달단계 중에서 결혼 전까지 연령에 따른 발달과제가 잘 이루어졌을 때 부부관계 적응수준이 높게 나타난다. 즉, 청년기 전과 청년기의 발달과업인 주도성, 정체감, 친밀감이 잘 이루어졌을 때 결혼생활을 안정적으로 하게 된다(Larson & Holman 1994). 반면에 죄책감, 역할 혼란, 고립감 등이 형성되었을 때는 부부관계가 불안정해진다. 또한 중년기에 가족 부양 능력과 직업적 성취 등의 역할수행에 어려움이 생기면 부부관계에 직접적인 위기가 초래될 수 있다. 이러한 부부관계의 위기와 갈등이 개인의 심리사회적 발달 수준에 영향을 미쳐서 사회적인 수행능력이 약화되기도 한다.

3) 자아분화 수준

자아분화 수준은 배우자를 선택할 때 뿐 아니라 결혼 후 배우자와의 관계에도 영향을 미친다. 자아분화 수준이 높으면 배우자와 친밀감을 느끼며 안정된 결혼생활을 하게 된다. 자아분화의 수준은 개인이 이성적인 지적체제를 감정체제보다 더 많이 작동시킬수록 높아지고, 반면에 감정체제가 지적체제보다 더 많이 작동될 때는 분화의 수준이 낮아진다(김용태, 2000). 그러므로 자아분화 수준이 낮을수록 부부는 서로에게 정서적으로 더욱 밀착하고 융합하게 된다. 연애를 할 때는 이러한 의존과 밀착이 서로에게 안정감을 제공해 줄 수 있지만 결혼 후 시간을 같이 보내게 되면서 지나치게 의존하거나 더 많은 요구를 하게 되면서 갈등상황으로 치닫게 될 가능성이 크다. 반면에 자아분화 수준이 높을수록 부부 간의 일치, 만족, 응집 및 애정표현의 정도가 높고, 높은 수준의 결단, 헌신 및 친밀감을 보인다(제석봉, 2002).

4) 부부체계의 독립성

미누친(Minuchin, 1998)은 가족치료에서 가족의 구조에 관심을 가졌다. 그는 가족의 구조 안에 여러 체계가 있는데, 그 구조를 통해 가족의 관계를 예견할 수 있다고 하였다. 각 체계 안에는 위계질서가 있으며, **부부체계**는 가장 상위 체계로서 정부의 최상위 권력기관과 같은 역할을 한다고 보았다. 먼저 부부가 관계의 건강성을 유지하기 위해서는 다른 체계와 분리된 체계를 가지고 있어야 한다. 이것은 부부의 사생활 보호와 친밀감 확보를 위해서 그들 주위에 경계선 또는 눈에 보이지 않는 보호막을 형성해야 한다는 의미이다. 부부관계가 원가족으로부터 지나친 간섭을 받거나 부부 중 한 사람이 자녀와 배타적인 연합관계를 맺는 것은 부부체계의 독립성을 위협한다. 즉, 배우자와의 개인적인 관계뿐 아니라 부부관계의 안정성을 위해 부부가 한 팀이 되어 부부의 체계가 침해당하지 않도록 해야 한다(셀프 워크 8-4). 만일 배우자와의 관계가 건강하고 서로 보완하고 수용할 수 있을 정도로 통합적이면 과도한 스트레스와 일상의 어려움이 있다 하더라도 부부 간의 친밀감은 유지되고 부부체계 또한 건강하게 기능할 것이다.

5) 감성지능

결혼생활을 할 때 생기는 여러 위기나 갈등에 비해서 비교적 안정적인 결혼생활을 하는 사람들의 특징이 있다. 가트맨은 안정된 결혼생활을 하는 부부는 더 부자이거나, 똑똑하거나, 심리학적으로 뛰어난 사람이 아니라, 단지 일상생활에서 부정적인 면보다는 긍정적인 면을 중시하려고 노력하는 사람이라고 하였다(Gottman & Silver, 2002). 가트맨은 그러한 면을 감성지능(emotional intelligence)이라고 명명하였다. 평소에 부부가 긍정적인 상호작용을 많이 한다면 마치 은행에 저축을 하듯이 위기 상황이 와도 잘 대처하게 된다. 또한 건강한 부부는 개인적 차원에서만이 아닌 넓은 차원에서의 가치와 의미를 추구하며, 보편적인 긍정적 가치를 지향한다(그룹 워크 8-4).

③ 부부갈등과 해결방안

배우자를 선택하기 위해 사랑을 바탕으로 여러 조건을 고려하여 결혼을 하게 되면 그다음은 어떻게 그 결혼을 잘 유지시키느냐가 중요하다. 특히 연애하는 동안 몰랐던 모습과 단점들을 발견하게 되면서 갈등이 생기게 된다. 그러한 갈등은 의외로 큰 것보다 사소한 원인으로 발생하는 경우가 많다. 또한 서로 상대방에 대한 기대가 높고, 의존하고 싶어 하고, 상대방의 행동에 대해서 자기 마음대로 어떤 의미를 부여하려고 하기 때문에, 상대방의 행동을 잘못 해석하기 쉽다. 이런 작은 갈등들이 모여 서로 감정의 골이 깊어지면 회복하기 힘들 수도 있다. 하지만 갈등을 해결하는 것은 의외로 기술적인 일일 수가 있다. 그러므로 갈등해결의 동기만 있다면 누구든지 그러한 기술은 배우고 익힐 수 있으며, 적시에 잘 사용하여 작은 감정들을 해결한다면 부부는 친밀감을 이루어

갈 수 있을 것이다. 여기서는 부부갈등의 원인과 극복 방안에 대해서 알아보도록 한다.

1) 부부갈등의 원인

(1) 기질 차이

부부는 서로의 장점과 단점을 잘 파악하고 있을 때 한 팀이 될 수 있다. 사람은 누구나 태어나면서 가지고 있는 기질이 있다. 어느 한 기질이 반드시 좋고 나쁘다고는 할 수 없다. 가트맨은 부부 문제의 69%는 해결할 수 없는 기질의 문제라고 하였다. 부부가 기질의 문제로 갈등을 계속 야기할 경우에는 고치려 하기보다는 배우자를 있는 그대로 받아들여야 한다고 주장하였다. 예를 들어 남편은 활동적이고 계획성이 있으며 아침 일찍 일어나는 반면, 아내는 여유만만하고 느긋하며 어떤 일을 할 때 미리 계획하기보다는 기한이 되어 하는 경우라고 한다면, 생활 속에서 갈등이 생길 가능성이 크다. 서로의 기질을 이해하고 존중하면서 생활 속에서 생기는 갈등을 지혜롭게 맞추어 간다면 부부갈등은 해결될 가능성이 크다(그룹 워크 8-3). 그러므로 결혼 전에 부부가 각자의 기질과 배우자의 기질을 미리 파악해 두는 것은 좋은 방법이다. 마이어스-브릭스 성격유형검사(MBTI)나 DISC 검사를 통해 상호 이해를 추구할 수 있다(셀프 워크 8-2). 또한 예비부부나 기존 부부가 할 수 있는 심리검사 PREPARE-ENRICH 검사도 있다. 이 검사는 결혼만족의 요인 11개를 검사하여 부부 혹은 예비부부가 동시에 만족하는 긍정적 의견일치 점수에 따라 미혼의 경우 네 가지, 기혼의 경후 다섯 가지 유형으로 나뉜다(한재희 외, 2013). 미혼인 경우는 활기찬 커플, 조화로운 커플, 전통적인 커플, 갈등 있는 커플, 그리고 기혼인 경우에는 활기 없는 커플이 추가된다.

(2) 부부의 의사소통 방식

부부가 내면의 욕구를 서로에게 어떤 식으로 표현하는지는 부부관계의 질에 중요한 영향을 미친다. 부부 간의 대화가 폐쇄적이고 내적 통제성이 낮을수록 결혼만족도는 낮게 나타났다(한주리, 허경호, 2004). 반면에 부부가 대화할 때 개방적으로, 그리고 충동적인 논쟁을 피하는 통제성을 가진다면 갈등은 줄어든다. 가트맨(Gottman & Silver 2002)은 결혼생활을 위협하고 의사소통을 악화시키는 파괴적 상호작용의 네 가지 요인을 〈표 8-2〉와 같이 제시하였다. 이러한 파괴적인 상호작용의 언어들을 배우자와의 관계에서

표 8-2　파괴적 상호작용의 네 가지 요인

비판(비난)	자신이 기대한 것이 어긋났을 때 생겨나는 불평과 표현이 아닌 배우자의 성격이나 인격에 대해 공격하고 질책한다.
멸시(모욕)	문제가 생겼을 때 해결책을 찾기보다는 상대방의 결함을 추궁하고 지적하는 시비조의 태도(상대방에 대한 부정적인 감정이 클수록 더 충동적으로 촉발됨)를 보인다.
방어적 태도 (자기변호)	변명이나 핑계로 책임을 회피하면서 문제의 원인을 배우자에게 귀인하고 자신의 약점을 수용하거나 인정하지 않는다.
벽 쌓기(도피)	배우자와 마주할 기회를 줄이고 피하며, 자신을 배우자로부터 격리시키면서 의사소통을 거부한다.

(Gottman & Silver, 2002)

자주 사용할수록 부부관계의 질은 떨어지고 갈등의 골은 깊어진다.

(3) 서로 다른 갈등해결의 유형

부부는 서로 어떤 방식으로 갈등을 해결하느냐에 따라 갈등이 풀어지기도 하고 깊어지기도 한다. 아르프 부부(Arp & Arp, 1997)는 갈등의 해결방식을 동물에 비유하여 설명하였다. 즉, 거북이형, 스컹크형, 카멜레온형, 부엉이형, 고릴라형으로 갈등 유형을 나누고, 각 유형에 따른 특성을 설명하였다. 청년들은 결혼 이전에 자신이 다음의 어떤 갈등해결 유형을 갖고 있는지 살펴봄으로써 결혼 후에 어떤 갈등이 있을지 예측하고 해결방안을 모색할 수 있을 것이다.

거북이형(은둔형)

갈등에 부딪히면 일단 뒤로 물러나는 형이다. 거북이가 머리를 움츠려 껍질 안으로 숨어서 폭풍이 지나갈 때까지 기다리는 것과 같다. 감정적이거나 논쟁적인 상대방이 두꺼운 껍질을 주먹으로 두들겨도 나올 생각을 하지 않는다. 이런 배우자 유형은 싸움을 시작하기 전에 무기력한 패배감을 느끼고 더 이상 이야기할 필요를 느끼지 못할 경우가 많다. 하지만 뒤로 물러나 숨어 버리면 해결책을 발견하기 힘들며 부부관계는 손상을 입기 쉽다.

스컹크형(공격형)

공격당하거나 위협을 느끼면 최루가스를 뿌린다. 이 유형은 배우자가 자신의 기대에 못

미치거나 자신의 안전이 위협받았다고 느껴지면 최루가스처럼 말로 공격을 한다. 이들은 대부분 조소와 경멸의 명수이며 말재주로 상대방의 실수나 잘못한 일을 집중적으로 공격하여 나쁜 사람으로 만들거나 책임을 전가하고 자신의 단점은 미화시켜서 말한다. 때때로 거북스컹크 유형도 있는데 이 유형은 싸움을 시작하자마자 신나게 쏘아대고는 곧바로 껍질 안으로 숨어 있으면서 갈등을 해결하려는 유형이다.

카멜레온형(순응형)

주위의 색깔과 동화하여 갈등을 피하고자 하는 유형이다. 이들은 항상 타인의 의견에 동의하고 조용한 사람들 앞에서는 말을 하지 않는다. 그리고 말을 많이 하는 사람들 속에서는 수다쟁이가 된다. 주위 사람들과 같은 부류로 받아들여지고 싶은 욕구로 인해 자신의 마음은 뒤로 한다. 어떤 갈등이 생길 때는 사람들의 결정에 묻어가려고 한다. 이런 사람들은 결혼생활을 잘하다가 어느 날 갑자기 떠나기도 한다. 상대방은 왜 떠났는지 짐작할 수 없지만 본인은 한계에 다다랐기 때문이다.

카멜레온형(적응형)

거북이형(은둔형)

스컹크형(공격형)

부엉이형(이성형)

고릴라형(승리형)

▲ 분노처리 유형
사람마다 분노를 처리하는 유형이 다르므로 자신의 분노처리 방법을 안다면 갈등을 해결하는 데 도움이 된다.

부엉이형(이성형)

감정은 무슨 수를 써서라도 반드시 피하는 유형이다. 그들은 오로지 합리적인 이론과 논리에 의지하여 갈등에 대해 토론을 한다. 하지만 감정은 피하고 사실만 다루기를 원해서 친밀감 형성이 어렵고 갈등해결이 어려운 경향이 있다.

고릴라형(승리형)

무슨 수를 써서라도 반드시 이

기려고 하는 유형이다. 이들이 가장 잘 쓰는 방법은 회유와 위협이며 겉은 강인해 보이지만 속은 좋은 사람으로 보이고 싶어 하는 나약함도 있다. 또 원한을 잘 쌓아두고 부당한 대우와 상처받았던 일을 모두 기억하고 있다가 적절한 시점에서 상대를 공격하는 경향이 있다. 이 유형의 배우자는 상대의 잘못이 무엇이고, 자신이 왜 옳은지 조목조목 조리 있게 설명한다. 그리고 기어코 항복을 받아낸다.

위의 모든 유형은 배우자에게 공격으로 받아들여지기 쉽다. 각각 상대방의 행동 뒤에 있는 욕구를 이해하려고 한다면 갈등해결에 도움이 될 수 있다. 예를 들어 상대방에게 강한 정서반응을 보이며 관심과 지지를 보인다면 그것이 부부 간의 거리감을 좁히고 싶어 하는 시도라고 이해하고, 회피하거나 거부의 성향을 보이거나 감정의 표현을 배제하는 배우자가 있다면 이는 상대방과의 관계에서 조절을 통해 긴장을 완화시키려는 태도로 이해할 때 갈등해결의 실마리를 찾을 수 있을 것이다(그룹 워크 8-2).

(4) 다양한 차원에서의 원인

부부 사이의 갈등은 습관차이, 가사일 분담, 여가 및 취미활동, 대화주제, 함께 보내는 시간 등 다양한 원인에 따라 생긴다. 그런데 실제 부부갈등은 이런 외부적인 요인보다는 사랑 및 애정의 문제, 가치관/인생관의 문제, 남편 혹은 부인의 역할기대와 같이 부부 사이에서 경험되는 관계적인 요인들의 영향을 더 많이 받는다(최선희, 전명희, 1999). 즉, 부부갈등은 외부의 활동보다는 심리 내면의 욕구와 더 많은 관련성이 있다(그룹 워크 8-5). 갈등 상황이 반복되면 부부의 관계 구도에 균열이 생기기 시작한다. 일반적으로 부부가 겪게 되는 갈등의 원인들을 정리해 보면 〈표 8-3〉과 같다.

2) 부부갈등의 극복 방안

(1) 긍정적 의사소통

부부관계에서도 다른 관계와 마찬가지로 언어적 반응이 차지하는 비중이 크다. 의사소통에 의해서 관계발전이나 단절이 일어나기도 한다. 의사소통에서 중요한 것은 상대방이 전하고자 하는 의미를 올바로 파악하는 방법을 아는 것이다. 벡(Beck, 2005)은 부부가 겪고 있는 실망, 좌절, 분노는 성격상의 차이라기보다 그릇된 의사소통과 상대방의 행동에 대한 잘못된 해석에서 나오기 때문에 부부문제를 극복하기 위해서는 이러한 문

| 표 8-3 | 부부갈등의 원인 |

영역별 분류	원인	관련된 상황이나 내용
개인적 차원	성격적 특성과 대인관계 방식	다양한 역할과 활동을 감당하게 되면서 서로에게 소홀해지는 상황이 생긴다. 자존감이 낮거나 의존적인 배우자는 불안을 느끼고 배우자에게 지나치게 간섭하거나 집착할 수 있다.
	삶의 태도와 가치관의 차이	삶에 대한 가치관, 우선순위 등이 다를 때 부부관계의 갈등 요인이 된다.
	성생활의 불만족	부부의 성생활은 서로에 대한 친밀감을 표현하는 중요한 수단이다. 신체적·심리적 피로의 누적이나 스트레스, 건강 문제 등으로 성생활에 어려움이 생기면 부부관계에도 영향을 미친다.
부부관계 차원	성역할 분담의 기대차이	맞벌이부부가 늘어나면서 가사와 육아에 대한 역할 분담이 원만한 가정생활을 유지하는 데 중요한 부분을 차지하고 있다. 전통적인 가부장적 가정에서 자란 남편이라면 역할분담에 대한 불만을 나타낼 가능성이 있다.
	의사소통 문제	집안의 대소사와 같은 주요 결정사항에 대해서 남편이나 아내 단독으로 결정을 내리게 되면 서로에 대한 신뢰에 금이 가고 갈등의 원인이 된다.
상황적 차원	원가족과의 관계	원가족으로부터 심리적으로 독립하지 못한 상태라면 원가족의 상황에 지나치게 간섭하게 되고, 자신 또한 원가족으로부터 간섭을 받게 되므로 부부관계에서 결속감을 느끼고 연대감을 형성하는 데 어려움이 생긴다.
	시댁 및 처가식구들과의 관계	결혼 후 새롭게 형성된 가족 구성원들과의 관계가 불안정하고 자신의 위치나 역할이 안정적으로 정립되지 않으면 서로 간에 불편감이 생긴다.
	사회적 관계	각종 모임이나 행사에 부부가 동행하면서 드러나는 대인관계 방식이나 역할수행 면에서 견해 차이가 있거나 기대치에 미치지 못하는 상황이 반복되면 갈등으로 연결될 수 있다.
기타	일상의 역할이나 그 외 자기관리	자녀교육과 양육문제, 경제관념과 소비수준, 신앙적 성숙도에 대한 기대와 차이 등 일상에서의 역할기대가 충족되지 않을 때 갈등이 반복될 수 있다.

(심은정 외, 2003)

제를 깨달아야 한다고 하였다. 그는 부부갈등의 원인이 상대방의 부당함이나 잘못이라는 해석을 내리게 된다면 부부가 안정적인 관계를 유지하기 힘들다고 보았다. 그러므로 오히려 자신에게 숨겨져 있는 상처에 초점을 맞출 필요가 있다. 배우자에 대한 과잉반응은 배우자가 잘못했다는 선입견에서 나오게 되므로, 먼저 자신이 받은 상처에 대해

◀ 부부의 긍정적 의사소통
부부의 의사소통에서 긍정적인 상호작용을 많이 하면 안정적인 부부관계를 유지할 수 있다.

돌아보는 것이 중요하고, 가능하다면 상처를 나-전달법으로 전하는 것도 좋은 방법이다. 그럴 때 자신의 예민함이 상대방의 잘못된 행동보다 갈등을 더 크게 만들고 있다는 사실을 깨닫게 될 것이다(Beck, 2005).

가트맨은 긍정적 상호작용과 부정적 상호작용의 균형이 부부관계의 유지와 갈등해결에 중요하다고 보았다. 부부의 의사소통에서 긍정적인 상호작용이 부정적인 상호작용보다 클 때 부부관계가 안정적으로 유지될 수 있다. 즉, 긍정적인 상호관계와 부정적인 상호관계의 비율이 5 : 1일 때 부부관계가 안정적으로 유지될 수 있으며 평소에 긍정적인 상호관계를 많이 할 때 예금을 해놓은 것처럼, 어려운 시기가 와서 부정적인 상호관계를 많이 하게 되어도 부부관계가 유지될 수 있다고 하였다(Gottman & Silver, 2002). 긍정적인 상호작용은 부정적인 상호작용에 의해서 생긴 상처와 손실을 치유할 수 있지만, 부정적인 상호작용은 관계 파괴의 영향력이 크다(셀프 워크 8-3). 논쟁이나 갈등이 표면화될 때 배우자의 감정을 달래기 위해서 유머와 온화함을 사용하여 차분하게 대응하는 자세도 갈등해결에 큰 도움이 된다.

(2) 갈등해결의 세 가지 방법

갈등해결을 위해서는 먼저 부부가 문제를 파악하고 해결하겠다고 결심해야 한다. 그리고 같이 앉아서 실천 가능한 갈등해결 방법을 찾아보고 정하는 과정도 필요하다. 서로 다른 가족문화에서 자란 부부는 이러한 과정을 당연하게 여기고 서로 맞춰감으로써 자신이 익숙해져 있던 원가족에서의 가족문화에서 벗어나, 자신들만의 문화를 창조하고 통합해 가야 한다. 아르프 부부(Arp & Arp, 1997)는 갈등해결의 세 가지 방법을 제시하였다. 3C라고도 부르는 세 가지 방법은 타협(Compromise), 항복(Capitulation), 공존(Coexistence)이다. 이 방법을 쓰기 위해서는 부부가 먼저 자신의 감정을 이해하고 표현할 수 있어야 할 것이다.

첫째, 타협이다. 타협을 위해서는 부부가 갈등을 해결하기 위해서 그동안 누려 왔던 삶의 일부를 포기하는 것이다. 예를 들어 보자. 아침식사로 남편은 밥과 찌개를 반드시 먹어야 한다고 주장하고, 아내는 토스트와 우유로 가볍게 먹기를 원한다. 이 경우 타협해서 조식으로 일주일에 두 번은 샌드위치를 먹고 나머지는 밥을 먹기로 정할 수 있다.

둘째, 항복이다. 어떤 갈등이든 부부 중 한 명은 양보를 해야 할 때가 있다. 부부 간에 있어서 항복은 사랑의 선물이다. 갈등이 생겼을 때, 그 문제를 덜 중요하게 여기거나 별로 중요한 문제가 아니라고 여기는 사람이 자신의 주장을 굽히면 갈등이 해결된다. 결혼을 하고 나서 가구를 고르는 일도 각자의 취향에 따라 갈등이 생길 수 있다. 하지만 한쪽이 인테리어에 취미나 경험이 없다면 양보할 수 있을 것이다.

셋째, 공존이다. 이 경우는 각자 원하는 것을 같이하는 것이다. 위의 아침식사 예를 다시 들어 보자. 남편과 아내가 서로 좋아하는 것을 공존하기 위해서는 매일 아침 남편은 밥과 찌개를, 아내는 토스트와 우유를 먹으면 될 것이다. 이를 위해 남편과 아내가 아침식사를 차리거나 치우는 것을 함께하는 것도 고려할 수 있을 것이다.

모든 갈등에 부부가 위의 방법 중 한 가지 방법만으로 해결하기보다는 장소와 시간에 따라서 적절히 선택하는 것이 바람직하다. 부부가 모든 분야에서 다 취향이나 선호도가 같아야 행복한 것은 아니다. 만약 어느 한쪽이 계속 항복을 하거나 자신의 것을 우기려 한다면 부부관계는 점점 멀어지게 될 것이다.

4 이혼

결혼은 제도권의 체계 안에서 두 사람이 만나서 가정을 구성해 나가겠다는 사회적 약속이다. 하지만 배우자와의 관계에서 갈등이 깊어지고 부부관계를 유지해 나가는 것에 위기감이 생기면 이혼을 선택하면서 그 약속을 파기하기도 한다. 최근에는 자녀들을 다 출가시킨 이후에 이혼을 택하는 황혼 이혼, 또는 졸혼이 늘고 있다. 졸혼은 새로운 풍속으로서 부부가 이혼을 선택하기보다는 혼인관계를 유지하면서 서로의 삶에 간섭하지 않고 각자 독립적으로 살아가는 것을 뜻한다. 이혼은 부부가 서로의 합의나 재판에 따라 혼인관계를 끊고 헤어지는 것으로, 법적인 부부관계가 해소되는 것을 말한다. 즉, 법적으로 남남이 되는 절차를 밟아 결혼이 종료되는 것을 의미한다. 지난 수십 년 동안 이혼은 꾸준한 증가추세에 있으며, 통계청이 발표한 2014년 혼인·이혼 통계에 따르면, 혼인율은 5.4% 감소한 반면에, 이혼율은 0.2% 증가하였다.

2015년부터 성급하고 충동적인 이혼을 막기 위해서 이혼숙려제도가 실시되고 있다. 이 제도는 이혼에 대해서 신중하게 생각해 보고 결정할 수 있도록 조력하는 제도이다. 이혼을 하려는 부부에게 미성년자 자녀가 있는 경우 3개월, 그 밖의 경우 1개월이 지난 후 법원의 이혼의사 확인을 받아야 한다. 이혼을 신청한 부부는 전문가의 도움을 받으면서 현재의 결혼생활과 이혼 전후의 변화와 적응, 파생될 수 있는 사회적·경제적 문제점 등에 대해서 돌아봄으로써 보다 나은 선택을 할 수 있도록 체계적인 도움을 받는다.

부부의 이혼은 자녀들에게도 많은 영향을 미친다. 부모의 이혼을 경험한 자녀들의 적응 양상은 발달단계별로 다양하게 나타나므로 이들의 적응을 위한 전문적인 개입이 필요하다. 영유아기 자녀의 경우 신뢰감과 자율성 획득을 위해서 안정적이고 자녀의 욕구에 대해서 민감하게 반응하는 양육방법이 필요하다. 어린 자녀일수록 부모의 이혼을 자신의 책임으로 돌리고 부모와의 이별을 부모에게 버려진 것으로 지각하면서 퇴행, 과잉의존, 공격성 등을 보인다. 근면성 획득이 필요한 학령기 아동에게는 성취지향적, 목표지향적 태도와 인내심을 가지고 노력하는 모델링이 필요하다. 한 배우자가 자녀를 통하여 다른 배우자를 비난하거나 공격하여 자녀를 부부의 갈등 사이에 들어오도록 해서는 안 된다. 청소년기의 자녀는 자율성과 독립성을 획득할 수 있도록 도와줘야 한다. 반대로 부모가 청소년 자녀에게 의존적 태도를 보여서 자녀가 오히려 부모를 걱정하고 배려하는 역할전도가 일어나지 않도록 주의해야 한다. 부모-자녀 간의 밀착성, 이혼 후 부부 간의 협조적 관계, 편부모 가정의 경제적 수준과 자녀양육 시간 등에 관심을 기울이는 것이 이혼한 가정의 자녀 적응에 도움이 된다. 이혼을 하더라도 자녀와의 관계에서 부모 양쪽이 서로의 역할에 충실할 때 자녀는 자신의 발달과업을 건강하게 획득할 수 있다(이종숙, 1998).

부모의 이혼을 겪은 대학생은 부모에 대한 부정적 정서, 이혼가정이라는 편견에 대한 두려움, 소극적이고 위축된 대인관계, 이성관계의 문제 등을 겪을 수 있지만 가족에 대한 새로운 관점과 긍정적인 자아상, 뚜렷한 경제적 관념을 가지려고 노력하면서 정서적인 지지를 통해 탄력성을 회복하면서 적응해 갈 수 있다(송옥선 외, 2008). 그러나 부모이혼에 대한 심리적 고통을 정서적 회피를 통해 대처하면 깊은 열등감, 사회적 위축감, 자아상의 손상을 경험하게 된다. 그러므로 부모에 대한 미움, 원망감, 분노감과 같은 정서적 고통으로부터 벗어나고, 이혼가정에 대한 타인의 편견과 비난을 내면화한 부정적인 자아상을 긍정적인 자아상으로 회복할 수 있도록 도움을 받아야 한다. 또한 부모처럼 살지 않겠다는 신념을 내재화한 채 이성관계에서 과도한 기대감이나 높은 기준을 설정하면 이성관계의 형성과 유지에 오히려 어려움을 겪는다는 것을 기억할 필요가 있다. 버림받는 것에 대한 두려움을 느끼고 상대방을 쉽게 믿지 못하는 경향을 보일 수도 있는데, 개인치료와 가족치료적 접근을 통한 개입으로 자신들이 경험하고 있는 불안과 두려움을 인식하고 자각할 수 있도록 하는 것이 필요하다.

사랑하는 두 사람이 만나서 결혼을 하고 부부로 살아가는 과정은 행복한 순간들과 고통의 순간들이 점철되어 있는 인생의 행로이다. 이 길을 언제까지 어떻게 갈 수 있을지 장담할 수는 없다. 다만 부부로서 둘의 관계를 잘 유지해 가기 위해서는 서로의 희생과 노력이 필요하다.

핵심요약

- 배우자의 선택조건은 시대에 따라 변화한다. 배우자 선택에 대한 이론은 동질성 이론, 보완욕구 이론, 여과망 이론, 가족체계 이론 등이 있다.
- 결혼을 하기 전에 자신의 결혼이 어떤 성격과 형태로 전개될지 설계해 볼 수 있다.
- 부부관계의 역동은 다각적인 측면에서 이해할 수 있다. 애착 이론, 심리사회적 발달 이론, 자아분화 수준, 가족구조 이론은 부부의 역동을 이해하는 데 도움을 준다.
- 부부갈등의 원인은 기질의 차이, 부부의 의사소통 방식, 서로 다른 갈등해결의 유형 외에 개인적 차원, 부부관계 차원, 상황적 차원 등 다양한 차원의 원인에서 비롯된다.
- 부모의 이혼을 겪은 청년은 자신의 부정적 정서를 인식하고 새로운 관점을 가지려고 노력하며 정서적인 지지를 통해 적응해 갈 수 있다.

참고문헌

곽금주(2010). 흔들리는 20대. 서울 : 서울대학교출판문화원.

김양희, 문영소, 박정윤(2003). 미혼남녀의 결혼관에 대한 연구, 중앙대학교 생활과학논집, 17, 53-72.

김애순 역(1996). 남자가 겪는 인생의 사계절(D. Levinson 저, *The seasons of man's life*, 1978). 서울 : 이화여자대학교출판부.

김애순 역(2004). 여자가 겪는 인생의 사계절(D. Levinson 저, *The seasons of woman's life*, 1996). 서울 : 이화여자대학교출판부.

김애순(2005). 청년기 갈등과 자기이해. 서울 : 시그마프레스

김용태(2000). 가족치료 이론. 서울 : 학지사

박성덕, 이우경(2008). 정서중심적 부부치료. 서울 : 학지사.

송옥선, 김정희, 권혁철(2008). 부모이혼을 겪은 대학생의 경험에 관한 질적 분석 : 탄력성을 중심으로, 한국심리학회지. 27(1), 15-33.

심은정 외 (2013). 20대를 위한 심리학. 서울 : 숭실대학교출판국.

이종숙(1998). 이혼가정 자녀의 적응에 대한 심리사회적, 발달적 이해, 인간발달연구, 5(1), 161-189.

정옥분 (1998). 청년발달의 이해. 서울 : 학지사.

정윤경, 최지현(2010). 부모의 부부관계의 질과 자녀세대의 부부적응 및 결혼에 대한 가치관과의 관계, 한국심리학회지 : 여성, 15(3)

제석봉(2002). 자아분화와 부부적응과의 관계, 상담학연구. 3(1), 171-184.

최선희, 전명희(1999). 우리나라 부부갈등과 부부관계 유형과의 관계에 관한 연구, 한국사회복지학. 38, 284-308.

한재희 외(2013). 부부 및 가족상담. 서울 : 학지사.

한주리, 허경호(2004). 아내와 남편의 의사소통 능력, 논쟁성향 및 성격과 결혼만족도의 관계. 한국방송학보. 18(4), 148-190.

Arp, D. & Arp, C.(1997). 열 번의 데이트 : 부부사랑 만들기[*10 Great Dates : To energize your marriage*].(정태기, 신세민 역). 서울 : 상담과 치유.

Beck, A.(2005). 사랑만으로는 살 수 없다 [*Love is never enough*]. (제석봉 역) 서울 : 학지사.

Gottman, J. M. & Silver, N.(2002). 행복한 부부, 이혼하는 부부[*The seven principles for Making Marriagement*]. (임주현 역)서울 : 문학사상사 (원전은 2000년에 출판됨)

Kerr, M. E., Bowen,, M.(2005). 보웬의 가족치료 이론[*Family evaluation*]. (남순현, 전영주, 황영훈 역). 서울 : 학지사. (원전은 1988년에 출판).

Luquet. W. & Hannah, M. T.(1998). *Healing in the relational paradigm* : *The imago relationship therapy casebook*. New York : Routledge.

Winch, R. F.(1958). *Mate-Selection* : *A Study of Complementary Needs*. New York, NY; Harper.

[8-1] 부모님이 나의 결혼관에 준 영향

	어머니	아버지	그 외 주요대상
긍정적 경험			
부정적 경험			
나의 이성관/ 결혼관에 미친 영향			

[8-2] DISC 유형 테스트 다음의 네 가지 보기(a, b, c, d) 중 자신을 가장 잘 표현한다고 생각되는 것에 표시해 보자.

1	5	3	4
a. 화가 많은 b. 수줍음을 타는 c. 느긋한 d. 완고한	a. 공손한 b. 사교적인 c. 참을성 있는 d. 무서움을 모르는	a. 기꺼이 하는 b. 활기 있는 c. 대담한 d. 정교한	a. 논쟁을 좋아하는 b. 회의적인 c. 주저하는 d. 예측할 수 없는
2	6	7	8
a. 개척적인 b. 정확한 c. 흥미진진한 d. 만족스러운	a. 설득력 있는 b. 독립심이 강한 c. 논리적인 d. 온화한	a. 신중한 b. 차분한 c. 과당성 있는 d. 파티를 좋아하는	a. 인기 있는 b. 고집 있는 c. 완벽주의자 d. 인심 좋은
9	10	11	12
a. 변화가 많은 b. 수줍음을 타는 c. 느긋한 d. 완고한	a. 체계적인 b. 낙관적인 c. 의지가 강한 d. 친절한	a. 엄격한 b. 겸손한 c. 상냥한 d. 말주변이 좋은	a. 호의적인 b. 빈틈없는 c. 놀기 좋아하는 d. 의지가 강한

(계속)

13	14	15	16
a. 참신한	a. 참는	a. 열정적인	a. 지도력 있는
b. 모험적인	b. 성실한	b. 분석적인	b. 충동적인
c. 절제된	c. 공격적인	c. 동정심이 많은	c. 느린
d. 신중한	d. 매력적인	d. 단호한	d. 비판적인

17	18	19	20
a. 일관성 있는	a. 유력한	a. 이상주의적인	a. 참을성 없는
b. 모험적인	b. 친절한	b. 평판이 좋은	b. 진지한
c. 생기 있는	c. 독립적인	c. 쾌활한	c. 미루는
d. 느긋한	d. 정돈된	d. 솔직한	d. 감성적인

21	22	23	24
a. 경쟁심이 있는	a. 희생적인	a. 의존적인	a. 포용력 있는
b. 자발적인	b. 이해심 많은	b. 변덕스러운	b. 전통적인
c. 충성스러운	c. 설득력 있는	c. 절제력 있는	c. 사람을 부추기는
d. 사려 깊은	d. 용기 있는	d. 밀어붙이는	d. 이끌어 가는

(김진태 외, 2015)

▶ DISC 점검지

	1	2	3	4	5	6	7	8	9	10	11	12	13	14	15	16	17	18	19	20	21	22	23	24
D	B	A	C	A	D	B	C	B	D	C	A	D	B	C	D	A	B	C	D	A	A	D	D	D
I	D	C	B	D	B	A	D	A	A	B	D	C	A	D	A	B	C	A	B	D	B	C	B	C
S	A	D	A	C	C	D	B	D	C	D	C	A	D	B	C	C	D	B	C	C	C	B	A	A
C	C	B	C	B	A	C	A	C	B	A	B	B	C	A	B	D	A	D	A	B	D	A	C	B

제일 높게 나온 점수 두 가지는 무엇인가?

▶ 유형별 특성

	D	I	S	C
기본 특성	• 강한 주장 • 자신감 • 도전적 • 목표 지향적 • 경쟁적	• 재미있음 • 사교적 • 긍정적 • 허풍 • 열정적	• 협조적 • 경청 • 참을성 많음 • 소극적 • 속을 알 수 없음	• 꼼꼼함 • 신중함 • 분석적 • 데이터 중심 • 정확도 높음
단점	• 성격이 급함 • 독재적 • 공격적	• 충동적 • 불안정을 즐김 • 많은 일 벌이기	• 느린 행동 • 익숙한 방식으로 결정 • 열정이 부족	• 비판적 • 까다로움 • 당황스럽게 하는 질문
두려움	• 통제력 상실	• 배척, 지루함	• 갈등 • 의견 불일치	• 사생활 침해 • 게으름
원하는 것	• 권위, 특권, 도전	• 사회적인정	• 현상유지	• 안전, 정확성
조언	• 참모를 버리지 말 것	• 신중히 생각하고 결정할 것	• 원하는 바를 표현할 것	• 별일 아니면 질문을 줄일 것

▶ 유형별 궁합

D-D	좋음	
D-DI	좋음	
D-S	보통	정반대이지만 S가 양보
D-C	나쁨	D는 C의 질문을 도전으로 받아들임
I-I	최상	
I-S	보통	속도의 차이
I-C	나쁨	I는 C의 질문을 난처하게 받아들임
S-S	최상	
S-C	최상	
C-C	좋음	

셀프
워크
08

	좋아하는 사람	싫어하는 사람
D	주도적, 적극적, 넘치는 자신감, 큰 소리로 빠른 대답, 경쟁에서 이김, 당당함	자신감 없음, 조심조심함, 목소리가 작음, 능력이 없음, 경쟁에서 짐
I	재미있는 대화법, 유머, 변화를 쉽게 받아들이기, 상상력이 많음, 생기가 넘침, 즉흥적	비관적, 변화를 거부함, 활기차지 않음, 시대에 뒤처짐, 침묵하는 자세
S	시간 여유를 주며 기다려 줌, 변덕스럽지 않고 일관됨	공격적, 겁박함, 경쟁을 즐김, 압력을 가함, 재촉함
C	이유를 정확히 알려줌, 논리적, 꼼꼼함	논리적이지 못함, 맞춤법 틀림, 불분명한 대답, 서류 실수가 많음

[8-3] 애정지도 테스트 다음의 각 문항을 읽고 '예'나 '아니요'로 표시해 보자.

	예 아니요
1. 파트너의 친구 이름을 말할 수 있다.	예 아니요
2. 파트너가 현재 무엇 때문에 스트레스를 받고 있는지 말할 수 있다.	예 아니요
3. 최근에 파트너의 신경을 몹시 곤두세우는 사람들의 이름을 알고 있다.	예 아니요
4. 파트너의 인생의 꿈을 몇 가지 들 수 있다.	예 아니요
5. 파트너가 가진 종교에 대한 믿음과 생각을 잘 알고 있다.	예 아니요
6. 파트너의 인생철학에 대해서 이야기할 수 있다.	예 아니요
7. 파트너가 가장 싫어하는 형제자매 또는 친척 이름을 말할 수 있다.	예 아니요
8. 파트너가 좋아하는 음식을 알고 있다.	예 아니요
9. 파트너가 좋아하는 영화를 세 편 들 수 있다.	예 아니요
10. 파트너는 내가 현재 스트레스를 받고 있다는 것을 잘 알고 있다.	예 아니요
11. 파트너가 지금껏 경험한 가장 특별할 사건을 세 가지 이상 알고 있다.	예 아니요
12. 파트너가 어린 시절에 경험한 가장 괴로웠던 일을 말할 수 있다.	예 아니요
13. 파트너의 인생에서 최대의 소망과 꿈을 말할 수 있다.	예 아니요
14. 파트너가 현재 가장 걱정하고 있는 것을 말할 수 있다.	예 아니요
15. 파트너는 내 친구들의 이름을 알고 있다.	예 아니요
16. 두 사람 가운데 어느 한쪽이 복권으로 큰 돈을 타게 되면, 상대방이 무엇을 하고 싶은지 알고 있다.	예 아니요
17. 파트너와 만났을 때의 첫인상을 자세히 말할 수 있다.	예 아니요

(계속)

18. 나는 주기적으로 파트너의 주변 일들에 대해 듣고 있다.	예 아니요
19. 나는 파트너가 나를 충분히 알고 있다고 생각한다.	예 아니요
20. 파트너는 내 소원과 희망을 알고 있다.	예 아니요

(Gottman & Silver, 2002)

채점 : '예'를 1점으로 해서 점수를 매긴다.

해석 : [10점 이상] 당신들은 단단하게 결합되어 있다. 파트너의 일상생활, 두려움, 꿈에 대해서 상세한 애정지도를 가지고 있다. 당신은 어떻게 하면 파트너의 눈을 자기에게 향하게 할 수 있는지 알고 있다.

[10점 미만] 당신들의 결혼생활은 개선해야 할 점이 있다. 아마 충분히 대화할 시간이 없었거나, 서로 화제를 다루는 방법에 대한 연구가 부족한지도 모른다. 또는 생활이 바뀌었는데도 옛날 그대로의 애정지도를 갖고 있는지도 모른다. 서로 이야기를 나눌 시간을 마련해서 상대 방법을 더 잘 알게 되면 관계는 좀 더 친밀해질 것이다.

[8-4] 부부 심리적 유대검사

셀프
워크
08

1. 가정의 의미에 대해 말하지 않아도 우리는 이해하고 있다.	예 아니요
2. 애정에 대한 두 사람의 사고방식이 같다.	예 아니요
3. 가정의 평온이 얼마나 중요한가에 대해 부부가 같은 생각을 하고 있다.	예 아니요
4. 가족에 대해 똑같은 가치관을 가지고 있다.	예 아니요
5. 결혼생활에서 섹스가 차지하는 중요성을 똑같이 이해하고 있다.	예 아니요
6. 결혼생활에 있어서 애정의 중요성을 똑같이 이해하고 있다.	예 아니요
7. 결혼한다는 것에 대해 두 사람이 같은 가치관을 가지고 있다.	예 아니요
8. 돈의 중요성에 대해 두 사람이 같은 생각을 가지고 있다.	예 아니요
9. 교육의 중요성에 대해 두 사람이 같은 생각을 가지고 있다.	예 아니요
10. 두 사람 모두 인생을 즐기는 것이 중요하다고 생각하고 있다.	예 아니요
11. 두 사람 모두 모험이 의미하는 것에 대해 같은 생각을 하고 있다.	예 아니요
12. 두 사람 모두 상호 신뢰가 중요하다고 생각하고 있다.	예 아니요

(계속)

13. 두 사람 모두 개인의 자유가 중요하다고 생각하고 있다.	예	아니요
14. 두 사람 모두 부부 사이에도 자립이 중요하다고 생각하고 있다.	예	아니요
15. 두 사람 모두 결혼생활에서는 똑같은 권한을 갖는 게 중요하다고 생각하고 있다.	예	아니요
16. 두 사람 모두 팀으로서 서로 의존하는 것이 중요하다고 생각하고 있다.	예	아니요
17. 두 사람 모두 소유에 대해 비슷한 가치관을 가지고 있다.	예	아니요
18. 두 사람 모두 자연과 환경에 대해 비슷한 가치관을 갖고 있다.	예	아니요
19. 두 사람 모두 감상적이며, 추억을 되풀이해 이야기한다.	예	아니요
20. 두 사람 모두 노후에 무엇을 할지 같은 생각을 하고 있다.	예	아니요

(Gottman & Silver, 2002)

▶ '아니요'라고 생각하는 부분은 개선할 필요가 있다.

[8-1] **나의 결혼관**

토론 주제	내용
결혼 하면 떠오르는 이미지를 그림으로 그려 보자.	
내가 배우자를 선택할 때 가장 중요하게 여기는 요소는 무엇인가? 왜 그것이 중요한가?	
내가 되고 싶은 배우자상은?	
결혼생활에서 예상되는 문제는 어떤 것이 있을까? 또 문제해결을 위해 내가 노력해야 할 부분이 있다면 무엇인가?	
나의 결혼 계획은?	

[8-2] **분노처리 유형** 다음 동물 중 어떤 동물과 분노 처리 방법이 닮았다고 생각하는가? 동물마다 1점에서 5점까지 점수를 매겨 보고 서로의 분노처리 유형을 나누어 보자.

거북이형(은둔형) _____   카멜레온형(적응형) _____

스컹크형(공격형) _____   부엉이형(이성형) _____

고릴라형(승리형) _____

해결 : 위의 동물과 닮지 않기 위해 다음의 분노해결 계약서에 함께 서명한다.

분노해결 계약서

1. 화가 날 때는 상대에게 화가 난다고 말한다.

2. 서로에게 분노를 터뜨리지 않기로 약속한다.

3. 분노를 일으키는 문제를 해결할 때 반드시 배우자의 도움을 구한다.

〈Arp & Arp, 1997〉

[8-3] 장점과 단점의 균형 맞추기 나와 파트너가 비슷하다면 부족한 면을 어떻게 보충하고 있는가? 다른 면은 어떻게 균형을 맞추고 있는가? 다음의 연속선에서 자신의 위치가 어디인지 점을 찍어 보자.

〈Arp & Arp, 1997〉

[8-4] 사랑의 지도 (예비) 파트너의 어떤 면을 좋아하는가? 다음 중 상대방을 가장 잘 표현하고 있다고 생각되는 항목 3개에 표시를 해 본다.(3개 이상이 있더라도 3개로 제한)

1. 애정이 풍부하다.	2. 예민하다.	3. 용기가 있다.
4. 지적이다.	5. 사려 깊다.	6. 관대하다.
7. 의리가 있다.	8. 믿을 수 있다.	9. 강하다.
10. 원기 왕성하다.	11. 섹시하다.	12. 결단력이 있다.
13. 창조적이다.	14. 상상력이 풍부하다.	15. 재미있다 .
16. 매력적이다.	17. 흥미로운 사람이다.	18. 나를 지지해 준다 .
19. 유머감각이 있다.	20. 나를 생각해 준다.	21. 다정하다.
22. 정리정돈을 한다.	23. 기지가 넘친다.	24. 스포츠맨이다.
25. 쾌활하다.	26. 나와 목표가 같다.	27. 고상하다.
28. 품위가 있다.	29. 붙임성이 좋다.	30. 장난기가 있다.
31. 사람들을 잘 보살펴 준다.	32. 나의 좋은 친구이다.	33. 나를 즐겁게 해준다.
34. 절약한다.	35. 부끄러움을 잘 탄다.	37. 상처받기 쉽다.
38. 헌신적이다.	39. 일에 열중한다.	40. 표현력이 풍부하다.
41. 활동적이다.	42. 주의깊다.	43. 내성적이다.
44. 모험심이 강하다.	45. 감수성이 예민하다.	46. 신뢰할 수 있다.
47. 책임감이 있다.	48. 의지가 된다.	49. 아이들을 잘 돌봐 준다.
50. 마음이 따뜻하다.	51. 온화하다.	52. 친절하다.
53. 성적 에너지가 왕성하다.	54. 현실적이다.	55. 튼튼하다.
56. 재치가 있다.	57. 여유롭다.	58. 미인이다.
59. 잘생겼다.	60. 부자이다.	61. 차분하다.
62. 생기 있다.	63. 좋은 동반자이다.	64. 좋은 부모이다.
65. 고집이 세다.	66. 나를 지켜준다.	67. 사랑스럽다.
68. 부드럽다.	69. 힘이 넘친다.	70. 고집스럽지 않다.
71. 이해심이 있다.	72. 순진하다.	

(Gottman & Silver, 2002)

표시를 한 것에 대해 파트너의 이런 특성을 보여주는 실제로 일어난 일에 대해서 간략하게 생각해 보고 그러한 특성과 발생할 일에 대해서 서로 나누어 보자. 아직 파트너가 없는 경우 어떤 특성을 가진 상대를 만나고 싶은지 표시해 보고 이유를 나누어 보자. 예비부부나 부부는 상대방의 어떤 면을 높이 평가하고 있는지 알게 될 것이다.

[8-5] 결혼에 대한 관점

토론 주제	내용
행복한 결혼을 위해서 부부가 노력해야 할 점은 무엇이라고 생각하는가?	
주변에 행복한 결혼생활을 하는 부부가 있는가? 그들이 관계를 잘 유지하는 비결은 무엇인 것 같은가?	
주변 부부들의 의사소통 유형은 주로 어떠한가?	
부부의 갈등은 주로 어디에서 비롯된다고 생각하는가?	
행복한 결혼을 위해서 지금 내가 할 수 있는 것은 무엇인가?	

9 우정과 친구관계

학습목표
1. 친구의 의미를 살펴보고, 청년기 친구관계의 특징을 정리한다.
2. 심리학적 이론을 활용하여 친구관계의 발달과정을 이해한다.
3. 대인관계 개시 및 유지에 도움이 되는 소통의 기술을 익힌다.

다음은 우정에 관한 명언들이다. 한 번 천천히 읽어 보자.

우정은 성장이 더딘 식물이다. 그것이 우정이라는 이름을 얻으려면 몇 번의 고통을 이겨 내야 한다.   -조지 워싱턴

친구가 없는 사람은 오른손을 잃어버린 왼손과 같다. -이스라엘 속담

그 사람됨을 알고자 하면 그의 친구가 누군가를 알아보라. -터키 속담

큰 어려움에 부딪혀야 비로소 참된 벗을 알게 된다. -마르쿠스 툴리우스 키케로

만물은 제각기 같은 것끼리 붙는다. 물은 습지로 흐르고 불은 마른 것에 불붙어 탄다. 군자에게는 군자의 벗이 있고 소인에게는 소인의 벗이 있다. -공자

한 친구를 얻는 데는 오래 걸리지만, 잃는 데는 잠시이다. -존 릴리

대부분의 사람들은 자기의 가장 가까운 친구들의 열등함을 남몰래 즐긴다.
       -체스터필드 경

풍요로울 때는 벗들이 우리를 알아보고, 역경에 처했을 때는 우리가 벗들을 알아본다.
       -J. C. 콜린스

▲ 우정
우정은 소속되고 싶고, 어울리고 싶고, 즐기고 싶은 마음에 기반한다.

물이 지나치게 맑으면 고기가 없고, 사람이 지나치게 살피면 따르는 사람이 없다.
- 명심보감

진정한 행복은 많은 친구들 가운데 있는 것이 아니라 가치 있고 선택된 몇몇 친구들과 함께 있는 것이다.
- 벤 존슨

오만한 가슴에는 우정이 싹트지 않는다. - 윌리엄 셰익스피어

특별히 마음에 와 닿는 명언이 있는가? 어떤 면에서 그 명언이 마음에 와 닿는가? 자신의 우정의 특징을 잘 표현해 주는 명언에는 어떤 것이 있는가?

1 친구란

청년기는 인생에 있어서 어느 때보다 많은 사람들과 활발하게 교제하는 시기이다. 학과, 동아리, 아르바이트, 종교 활동, 여행 등을 통해 다양한 사람들을 만난다. 그런데 자신이 만난 모든 사람을 친구라고 부르지는 않는다. 왜 어떤 사람은 친구로 느끼고, 어떤 사람은 친구가 아니라고 느낄까? 여기서는 친구의 의미를 알아보고, 친구관계의 특징을 정리하고, 청년기 대인관계의 형성 및 유지에 대해 고찰해 보고자 한다.

1) 친구의 의미

자신에게 '친구'란 어떤 사람인가? 고등학교 시절을 돌아보면 같은 반이었던 사람들을 모두 '친구'라고 불렀는가? 대학에서 같은 학과에 있는 사람들을 모두 '친구'라고 부르는가? 친구라고 부르는 사람과 그렇지 않은 사람이 나누어져 있는가? 그렇다면 그 기준은 무엇인가?

개인마다 친구에 대해서 부여하고 있는 의미는 다르다. 친구관계를 시작하는 방식이

나 그 관계를 유지해 가는 양상 역시 다양하다. 발달심리학자들에 따르면 인간은 2세경부터 또래에 대한 관심을 보이기 시작한다. 친구를 찾고 우정을 쌓아 가려는 친애 동기는 아주 어린 시절부터 나타나 평생 지속되는 인간의 기본적인 대인동기이다.

친구의 사전적 정의는 '가깝게 오래 사귄 사람' 혹은 '나이가 비슷하거나 아래인 사람을 낮추거나 친근하게 이르는 말'이다. 이 장에서는 후자처럼 단순한 호칭의 의미보다는 전자처럼 친밀감을 포함하는 의미에 초점을 두고 친구관계를 살펴보고자 한다. 친구와 비슷한 맥락에서 사용되는 '벗'이라는 말은 '비슷한 또래로서 서로 친하게 사귀는 사람'으로 정의된다. 전반적으로 볼 때 친구는 비슷한 또래관계가 전제되며, 서로 간에 활동을 공유하고 사귐을 갖는 대상이다. 시간이 지나면서 이들 간에는 정이 쌓이게 되는데, 이러한 친구 사이의 정이 바로 '우정'인 것이다.

2) 친구관계의 특징

많은 사람들이 '친구'라는 말을 떠올리면 긍정적 기분을 느낀다. 이는 친구관계가 갖는 수평적이고 인간적인 특징 때문일 수 있다. 친구관계의 특징을 권석만(2011)은 다음과 같이 정리하였다.

- 대등한 위치의 수평적 인간관계이다.
- 가장 순수하고 인간미 넘치는 관계이다.
- 공적 이미지를 벗어던질 수 있는 가장 자유롭고 편안한 관계이다.
- 유사성을 전제로 하기 때문에 이해하고 공감할 수 있는 공유 영역이 넓다.
- 외부적 강제요인이나 구속력이 적어 관계의 해체가 용이하다.

친구관계는 대인관계 중에서 가장 민주적인 관계이다. 부모와 자녀, 상사나 부하, 스승과 제자, 고용주와 고용인과 같은 다른 인간관계에서 기대되는 수직적 질서가 친구관계에서는 요구되지 않는다. 서로 대등한 입장에 있는 비슷한 연령대의 사람들이 관계를 맺기 때문에 어떤 관계보다도 수평적인 성격을 갖는다.

친구관계에서는 관계의 목적 자체가 실리적 혹은 도구적 목적보다는 정서적 목적이 주가 된다. 이런 측면에서 친구관계는 가장 순수한 인간 지향적 관계이기도 하다. 도구적 목적이 완전히 배제되지는 않지만, 상호작용 자체가 주된 목적이 된다. 즉, 소속되고 싶고, 어울리고 싶고, 즐기고 싶은 마음에 기반을 둔 관계가 친구관계인 것이다. 김중술 (1994)은 우정의 특징을 '함께 있으면 즐겁다.', '서로 깊이 신뢰한다.', '서로 존중한다.', '서로 도와주고 믿을 수 있다.', '서로 비밀이 없다.', '서로 이해할 수 있다.' 등으로 설명하였다. 친한 친구 사이에는 이러한 경험이 보편적으로 나타난다.

위계적 관계에서는 지켜야 되는 규칙이나 수행해야 할 의무가 명확한 편이다. 하지만 친구관계는 위계적이기보다는 수평적이기 때문에 이러한 부담과 제약이 적다. 윗사람에 대한 순종과 예의 같은 의무로부터도 자유로우며, 아랫사람에 대한 부양과 인도의 책임에서도 자유롭다. 연인관계처럼 강렬한 심리적 애정을 투자하지 않아도 된다. 솔직함과 진솔함이 관계의 기본이 되지만 얼마만큼 자신을 개방할지는 스스로 조절할 수 있다. 따라서 친구관계는 어떤 관계보다 자유롭고 편안한 관계이다.

보통 친구관계를 맺을 때는 나이, 출신학교, 사회적 신분 등이 유사한 조건의 사람을 선택하게 된다. 조건이 비슷하면 같은 집단에 속한다는 소속감 혹은 연대감을 느낀다. 이들은 사회적 상황에서 유사한 경험을 공유할 가능성이 크다. 예컨대 나이가 비슷하면 비슷한 시기에 대입이라는 관문, 구직이라는 관문, 결혼이라는 관문을 통과하게 된다. 이들은 일상에서 경험하는 스트레스나 발달적 고민을 공유하기 쉽다. 특히 청년기에는 부모로부터의 분리와 독립을 발달과업으로 삼고, 정체감에 대한 갈등과 위기를 경험하기도 하며, 친구관계나 연인관계에 대한 갈등과 고민을 공유하기도 한다. 이러한 비슷한 고민으로 친구집단은 서로를 이해하고 공감할 수 있는 영역이 매우 넓으며, 서로의 견해나 생각을 나누고 공감대를 형성하기 쉽다. 심리사회적으로 공유할 수 있는 영역이 넓다는 것이 친구집단의 결속감을 증가시키는 원동력이 된다.

이러한 많은 장점에도 불구하고 친구관계는 관계를 유지해야 한다는 외부적 강제요인이나 구속력이 적기 때문에 관계의 해체가 다른 인간관계보다 용이하다는 단점이 있다. 친구관계는 선택적이고 자발적이기 때문에 그 형성과 유지가 개인의 선택에 의해 좌우된다. 개인은 스스로 연락을 끊어서 관계를 해체할 수도 있고, 지속적인 접촉을 통해 관계를 유지할 수도 있다. 이러한 특성 때문에 물리적 거리가 생기면 쉽게 멀어지거나 해체될 수 있는 것이 친구관계이다. 돌아보면 과거에는 무척 친했지만 현재는 소원해져서 연락이 잘 되지 않는 친구들이 떠오를 것이다. 친구관계는 참여하는 사람의 수와 형태가 다양하며 시간에 따라 잘 변하는 역동성을 지닌다. 많은 학자들은 '자발적인 상호 의존'을 우정의 핵심적인 지표로 거론한다. 자발성에 대한 요구는 사람들에게 부담감으로 작용하기도 하지만 관계를 오히려 편안하게 만들고 서로에게 제공하는 정서적 지지를 더욱 의미 있게 만들기도 한다. 친구관계는 자발적이고 적극적인 노력을 통해 잘 유지될 수 있다.

친한 친구와의 관계는 삶의 전환기와 관련된 여러 가지 어려움과 스트레스 속에서 사회적 지지로서 완충적 작용을 한다(Tokuno, 1986). 친구는 역할 모델이 되기도 하고, 참조집단이 되기도 하며, 경청자·비판자·충고자·동료 등의 다양한 역할을 하면서, 충고·안내·확신·수용·공감적 경청·격려·피드백·소속감을 제공한다. 아동에서 노년에까지 친구가 있는 것은 심리적 안녕에 긍정적인 영향을 미치며 자기 가치감과 자아존중감을 높이는 데 도움이 되는 것으로 나타났다(Hartup & Stevens, 1977). 우리의 인생에 친구관계는 삶을 풍요롭게 해주는 축복과 같다.

2 ▶ 인간발달과 우정

어린 시절부터 노년에 이르기까지 친구를 필요로 한다는 사실은 변하지 않지만 나이가 들어감에 따라 어울리는 친구의 특징, 함께하는 활동, 공유하는 영역 등은 달라질 수 있다. 아동 초기의 친구관계는 주로 장난감을 공유하는 것이 특징이었다면 나이가 들면서 태도, 가치, 흥미와 같은 심리 내적인 특성을 공유하고자 한다. 여기서는 설리번(Harry S. Sullivan, 1892~1949)의 대인관계 이론과 셀만(Robert L. Selman, 1942~)의 조망수용 이론을 통해 우정의 발달을 정리해 보고자 한다.

1) 설리번의 대인관계 이론

설리번은 부모-자녀관계의 중요성을 강조하던 당시의 정신분석자와 달리 성격의 지배적인 주체를 친구관계를 포함하는 대인관계로 보았다. 그는 관계성에 대한 욕구를 인간의 가장 기본적인 욕구로 보았다. 또한 성격은 의미 있는 대인관계 경험에 의해 형성되며 인생 초기에 결정되는 것이 아니라 평생에 걸쳐 발달한다고 주장하였다. 설리번은 대인관계 발달의 특징을 중심으로 성인 이전단계를 6단계로 구별하고 각 단계에서 나타나는 대인관계 특징을 설명하였다. 자세한 내용은 〈표 9-1〉과 같다(Evans, 1996).

표 9-1 설리반의 대인관계 발달단계

단계	연령(세)	중요한 타인	대안관계 과정	학습
영아기(infancy)	0~2	엄마(주양육자)	부드러움	좋음/나쁨
아동기(childhood)	2~6	부모	상상의 놀이친구	통합적 언어
소년기 (juvenile)	6~8.5	놀이상대	또래들과 생활	경쟁, 타협, 협동
전청소년기 (preadolescence)	8.5~13	단짝 친구	친밀감	애정과 존중
청소년 전기 (early adolescence)	13~10대 중반	친한 친구들	친밀감과 성욕	균형, 안정감 추구
청소년 후기 (late adolescence)	10대 후반~20대 초반	애인	친밀감과 성욕의 통합	자신과 세상에 대한 발견

영아기는 탄생에서 언어발달이 본격적으로 시작할 때까지의 시기로, 영아기의 상호작용 욕구는 생명체와의 접촉, 즉 부드러운 것과의 접촉 욕구로 나타난다. 이 욕구는 엄마가 아이를 품에 안아 주는 것을 통해 충족된다. 아이는 엄마의 몸짓이나 목소리 또는 행동을 통해 엄마가 행복할 때와 불안할 때를 구별하며, 엄마의 불안은 아이에게 전달된다. 아이의 울음은 엄마의 불안감을 높이며, 엄마가 유아의 불편한 이유를 알지 못하면 불안이 더욱 고조된다. 따라서 아이와 엄마 사이에 긴장과 불안이 복잡하게 전개되면서 관계가 형성된다.

아동기는 아이가 언어를 습득하는 시점에서 놀이상대에 대한 욕구가 출현하는 시기까지의 기간이다. 이 시기에는 성인과 또래에 대한 욕구가 함께 나타나며 아동은 놀이에 성인이 참여해 주기를 원한다. 여전히 중요한 타인인 부모로부터 인정받는 행동을 통해 불안을 감소시키는 것을 배운다. 이 단계에서 아동은 협동을 배우고 지시를 따르는 것을 배우며 심부름을 하는 것을 배운다. 이는 이 단계에서 이루어지는 가장 중요한 대인관계적 성취이다. 아동은 상징적 능력이 발달하면서 언어나 몸짓을 사용한 의사소통을 통해 대인관계를 발전시키기도 하고, 성인 역할놀이와 같은 놀이를 수행하기도 한다.

소년기는 연령상 초등학교 저학년 시기에 해당한다. 사회적 기술을 배우고, 사회적 민감성을 발달시키며, 사회적 순응을 배우고, 학문적·지적 능력을 발달시키는 데 있어서 가장 중요한 시기이다. 이 시기에는 자기와 비슷한 위치의 또래 놀이친구를 얻고자 하는 욕구가 강해진다. 아이는 이 시기에 다양한 인간관계의 형태에 대해 알게 되고, 협동심과 경쟁심을 배우게 된다. 이 단계의 아이는 눈부신 지적 성장을 이루는데, 그 과정에서 다양한 사회적 고정관념을 습득한다. 이러한 고정관념에는 특정 부류의 사람에 대한 근거 없는 편견적 태도가 포함되어 있으므로 이것이 자아체계에 지속적으로 고정되지 않도록 하는 것이 중요하다.

전청소년기는 연령상 초등학교 고학년 시기에서 중학교 저학년 시기이다. 이 시기에는 모든 것을 털어놓고 이야기할 수 있는 소위 '단짝'과의 끈끈한 우정의 필요성이 급증한다. 소년기에는 관계를 폭넓게 하려 했다면, 전청소년기에는 그 관계를 심화시키고자 한다. 이전에 스스로를 비하했던 사람이라도 이 시기에 아주 가까운 좋은 친구가 자신을 인정해 주고 자신을 가치 있게 여기면 자신에 대한 자존감이 긍정적으로 변화될 수 있다. 이들은 단짝 친구에게 몰입하면서 가족과는 어느 정도 거리를 두려는 경향을 보인다. 이 시기의 우정은 개인적인 특성보다는 태도나 활동, 관심분야의 유사성에 기초한다. 그리고 자기노출이나 친구에 대한 신의가 관계의 중요한 요소로 등장하기 시작한다(Berndt, Hawkins, & Hoyle, 1986).

청소년 전기는 연령상 중학교 중반부터 고등학교 초반까지로 사춘기와 이차성징이 나타나면서 이성에 대한 관심이 고조되는 시기이다. 청소년은 성적 만족을 얻으려는 욕구, 불안으로부터 벗어나 안정을 느끼려는 욕구, 친밀감의 욕구 사이에서 혼란을 경험한다. 이를테면 이들은 신체생리적 변화로 인해 자연스럽게 성적 욕망을 경험하는데, 이것을 합법적으로 만족시키려면 한동안 그 욕망을 지연시켜야 한다. 이들이 가족관계에서 추구하는 안정 욕구는 이성과의 친밀감을 추구하는 욕구와 충돌할 수 있다. 연인관계의 추구에 있어서 청소년은 친밀감 욕구를 충족시켜 주는 착한 상대와 성적 욕구를 충족시켜 주는 섹시한 상대 사이에서 고민할 수도 있다. 이러한 욕구 사이의 내적 갈등은 대인관계 갈등 및 고민으로 이어진다. 이 시기의 우정은 정서적으로 강렬하고 관계 중심적이다. 친구관계는 개인적인 특성이 고려되며, 특히 비밀을 털어놓을 수 있는 관계를 추구하게 된다. 친구와 헤어지는 것 혹은 배신당하는 것에 상당히 예민하며, 우정에 금이 가면 큰 상처를 입는다. 이 시기에는 여전히 동성친구가 이성친구보다 더 중요하다.

청소년 후기에 들어서면 청소년 전기의 혼란은 어느 정도 안정을 찾게 된다. 그동안 갈등했던 여러 욕구 간에 어느 정도 조절이 이루어지면서 적응이 된다. 성격의 여러 측면이 통합되기 시작하고, 친밀감과 애정 욕구는 통합되어 한 사람의 이성에게 초점이 맞추어질 수 있게 된다. 이 시기의 우정은 상호성과 친밀감을 바탕으로 안정적인 특징을 보인다. 동성친구와 이성친구는 상호 보완적인 위치를 갖게 된다. 친구를 사귀어 온 경험이 축적되면서 친구관계에서 무엇을 기대해야 하는지, 무엇을 기대하지 말아야 하는지에 대한 이해가 넓어지고 서로 다름에 대해 인정할 줄 알게 된다. 하지만 이전 단계에서 부적절한 대인관계를 경험하여 이 단계를 맞이할 준비가 잘 이루어지지 않은 상태로 이 단계에 진입한 경우에는 고독감이나 낮은 자존감, 불안과 같은 부적응을 보일 수 있다(정옥분, 2013).

설리번은 정서적 후원자로서 친구의 역할을 강조하였다. 가까운 친구에게 자신의 불안이나 두려움을 털어놓고 서로 공감할 때 개인은 안도감을 느끼게 된다. 부모와의 갈등이나 이성문제, 학업이나 취업 같은 문제로 고민할 때, 청년은 주로 친구로부터 정서적 지원, 충고, 정보를 제공받는다. 청소년기부터 시작된 정서적 지지의 주된 제공자로서의 친구의 역할은 청년기에 더욱 확고해진다.

2) 셀만의 조망수용 이론

사회학적 관점에서는 아동의 사회적 인지발달에 있어서 가장 중요한 요소 중 하나로 타인의 감정과 관점을 이해하는 능력, 즉 조망수용 능력을 꼽는다. 아동은 자라면서 다른 사람의 관점이 자신의 관점과 다를 수 있다는 것과 상대방의 관점에서 보면 상황에 대한 이해, 태도, 기분이 다를 수 있음을 이해하게 된다. 셀만은 아동의 인지발달 과정에서 조망수용 능력의 성장을 강조하였으며, 이 영역에서의 성숙을 통해 자신의 행동이 다른 사람에게 어떻게 영향을 미치는지 이해할 수 있다고 설명하였다(Shaffer, 2008). 만약 이러한 능력을 발달시키지 못하면, 우리는 타인을 쉽게 오해하게 되고 그 사람의 행동의 의미를 자신의 방식대로 판단하여 대인관계에 악영향을 미칠 수 있다.

셀만은 아동에게 한 이야기를 제시하고 이에 대해 아동이 상대방의 입장을 얼마나 조망할 수 있는지를 측정하였다. 그가 사용한 이야기 중 하나가 홀리와 홀리 아빠의 이야기이다(Shaffer, 2008). 그 이야기는 다음과 같다.

> 홀리는 8세 여아로 나무타기를 즐겼다. 어느 날 홀리는 나무를 타다가 떨어졌는데 다행히 다치지는 않았다. 이를 보게 된 홀리 아빠는 홀리에게 나무를 그만 타기로 약속

하자고 했고, 홀리도 그렇게 하겠
다고 했다. 나중에 홀리가 친구들
하고 길을 가는데, 숀이라는 친구
가 애완동물 고양이가 나무 사이
에 끼어서 발을 동동 구르고 있는
모습을 보게 된다. 숀의 고양이는
금방이라도 떨어져서 다칠 수 있
는 상황인데, 친구들 중에 고양이
를 구할 만큼 나무를 잘 타는 사
람은 홀리밖에 없다. 하지만 홀
리는 아빠에게 했던 약속이 있다.
홀리는 어떻게 할 것 같은가? 그

그림 9-1 홀리와 고양이

이유는 무엇인가? 홀리의 행동에 대해 아빠는 어떻게 생각하실 것 같은가?

이 이야기를 아동에게 들려주고 홀리와 아빠의 조망에 대해 말해 보도록 한다. 어떤
조망수용이 이루어지는지에 따라 단계가 달라질 수 있다. 셀만이 제시한 사회적 조망수
용 발달단계는 다음과 같다(Selman & Byrne, 1974).

■ 0단계 : 자기중심적 조망수용(3~6세)

홀리의 딜레마를 들으면 아동은 홀리는 고양이를 구해 줄 것이며, 홀리의 아빠도 고
양이를 좋아하기 때문에 홀리가 말을 안 들은 것에 대해 신경 쓰지 않을 것이라고
대답한다. 이러한 대답은 아동 자신이 고양이를 좋아하기 때문에 아빠도 똑같이 생
각할 것으로 보는 자기중심적 조망을 보여준다.

이 단계의 아동은 조망을 구별하지 못한다. 자신의 조망과 타인의 조망이 다를 수 있
음에 대한 인식이 부족하며, 조망을 통합하지 못하는 특징을 보인다. 아동은 자기중심
적 조망수용을 하므로 친구는 자신이 원하는 대로 응해 주는 사람이라고 생각한다. 자
신이 이해하는 것과 동일하게 상대방도 이해할 것이라고 생각한다. 따라서 자신이 원할
때 거절하거나 다른 견해를 비치면 자기 편이 아니라고 생각하고 더 이상 친구가 아니
라고 생각한다. 이 단계는 순간적이고 일시적인 놀이친구로 지내는 단계로, 우정은 함

께 즐겁게 노는 것이 위주이다. "내 마음대로 할 거야." 단계로 친구가 원하는 것보다는 자신이 원하는 대로 하려 하며, 그것이 뜻대로 되지 않으면 그 순간은 친구가 아닌 것처럼 느낀다.

■ 1단계 : 주관적 조망수용(6~8세)

홀리의 딜레마에서 아빠가 홀리가 나무에 또 올라간 것을 아시면 화내실 것 같으냐고 물으면, 아동은 "아빠가 홀리가 나무에 올라간 이유를 모르시면 화를 내시겠지만, 만약 왜 그랬는지 아시면 괜찮으실 거예요."라는 식으로 대답한다. 즉, 아빠한테는 다른 가치, 예를 들어 딸의 안전이 더 중요할 수 있으며, 그래서 화를 내실 수도 있다는 부분에 대해 인지하지 못하는 것이다.

이 단계의 아동은 서로 좋아하는 것과 싫어하는 것이 다를 수도 있다는 것을 인식하면서 점차 상호적인 조망수용을 보인다. 그러나 서로의 공통된 흥미보다는 자기중심적인 생각이 앞서므로 이기주의적 만족을 추구한다. 이들은 친구를 자신에게 좋은 것을 해주는 상대, 즉 좋은 것을 나누고, 자리를 맡아주고, 선물을 주는 사람으로 생각한다. 상대방의 기분을 이해하려고 노력해야 한다는 것을 인식하고 있으며, 질투·거부 등에 대한 감정이나 의도를 파악해 나간다. 친구관계를 유지하려고 별로인 친구에 대해 참기도 한다. "이렇게 하면 친구해 줄게!", "저렇게 하면 친구 안 할 거야." 등의 말을 통해 우정을 흥정하기도 한다. 이 시기의 아동은 사회적 조망이 다른 유일한 이유가 다른 정보 때문이라고만 생각하며 타인과 자신의 견해에 대한 뚜렷한 구별이 아직은 이루어지지 않는다.

■ 2단계 : 자기반영적 조망수용(8~10세)

홀리의 딜레마에서 아동에게 홀리가 나무에 올라갈 것 같은지 물으면, "네. 홀리는 아빠가 자신이 왜 그랬는지 이해해 줄 거라고 생각할 것 같아요."라고 대답한다. 하지만 아빠는 홀리가 나무를 타는 것에 대해 어떻게 느낄 것 같은지 물으면, 좋아하지 않으실 것 같다고 대답한다.

이 단계의 아동은 사람들이 다른 가치와 목적을 가질 수 있으며, 이로 인해 다른 조망을 할 수 있다는 것을 이해할 수 있을 정도로 성숙한다. 아동은 이제 자신과 상대방의 관점을 이해할 수 있다. 이로 인해 자신의 행동에 상대가 어떻게 반응할지를 예상할 수 있다. 하지만 관찰자의 관점에서 상호작용 방식을 볼 수 있는 조망은 부족할 수 있으며, 타인의 관점에 대한 조망과 타인이 자신을 어떻게 볼지에 대한 조망이 함께 이루어지지는 않는다. 아동은 관계에 있어서 공평함과 상호 호혜성을 추구하는데, 이러한 규칙을 경직되게 적용하면 우정이 깨질 수도 있다.

■ 3단계 : 상호적 조망수용(10~12세)

홀리의 딜레마에서 아동은 제3자의 관점을 취하여 "홀리는 고양이를 좋아해서 구하고 싶은 마음이 있지만 나무에 올라가면 안 된다는 것을 알고 있을 것 같아요. 홀리아빠는 홀리에게 나무에 올라가지 말라고 한 것은 아시지만 고양이가 도움이 필요한상황이라는 것은 알지 못하실 것 같아요."라고 대답할 가능성이 있다.

아동은 이 단계가 되면 자기 자신의 관점이 또래집단의 평균적인 사람과 다를 수 있다는 것에 대한 조망이 생긴다. 제3자의 관점에 대한 조망을 통해 상황을 볼 수 있게 되며, 자신이 타인에 대해 갖는 관점과 타인이 자신에 대해 갖는 관점을 동시에 고려할 수 있게 된다. 우정에 있어서 각자의 이기적 만족보다는 공통적인 흥미와 관심사를 위해 협력한다. 타협을 할 줄 알고, 경직된 규칙에 의존하지 않고 상호 호혜적인 관계를 맺을 줄 알며, 상대의 행복에 대해 진심 어린 관심을 갖는다. 따라서 이 단계의 아동은 서로의 비밀과 감정을 공유하고, 강한 유대감을 추구하며, 개인적인 문제해결을 위해 서로 도울 수 있어야 한다고 믿으며, 신의와 질투가 강한 배타적 유대관계를 형성한다.

■ 4단계 : 사회적 조망수용(12~15세 이후)

홀리가 규칙을 어겨서 벌을 받아야 될 것 같은지 물으면, 청소년들은 홀리 아빠가동물에 대해 인간적으로 대해야 한다는 것을 이해하고 계실 것이기 때문에 홀리가혼나지 않을 것이라고 대답하곤 한다.

청소년 단계에 접어들면 자신, 상대방, 주변 사람들뿐만 아니라 사회제도, 관습 등의 관점도 고려하는 보다 다차원적인 조망수용을 하게 된다. 이제 이들은 타인이 사회적 규준과 규칙에 따라 행동할 수 있음을 이해하게 된다. 이 단계의 청소년은 특히 정서적 유대감에 높은 가치를 둔다. 서로의 차이를 수용하고 나아가 이로 인한 좋은 점을 인정할 수 있게 된다. 기존 친구관계의 배타성에서 벗어나, 친밀감과 정서적 유대는 유지하면서도 서로 속박하고 구속하는 관계가 아니라 서로의 자율성과 독립성을 존중해 주는 성숙한 상호 의존적 친구관계를 형성하게 된다.

이렇듯 친구관계의 발달은 조망수용 능력의 발달에 기초한다. 청년기의 대학생들은 대부분 사회적 조망수용이 가능한 상태이다. 다만 불안이나 우울, 충동성 등으로 인해 조망수용이 잘 되지 않거나, 조망수용이 되었음에도 불구하고 성숙한 상호 의존 행동을 취하지 못할 수 있다. 자신과 상대방, 주변 사람들 및 사회의 관점을 다각적으로 고려하는 조망에 근거하여 친구관계에 접근할 때 상호 만족스럽고 성숙한 관계를 만들어 갈 수 있을 것이다.

3 친구관계의 전개

오래 만났다고 해서 친한 친구라고 부르지 않는다. 함께 추억을 쌓고, 즐거움을 느끼며, 서로 도움을 주고받고, 서로 잘 알 때 우리는 친한 친구라고 생각한다. [셀프 워크 9-1]을 통해 나의 친구관계를 점검해 보자. 여기서는 친구관계의 시작, 전개, 심화와 관련된 요인들을 살펴보고자 한다.

1) 친구관계의 형성

당신의 친구들을 떠올려 보라. 아마 대부분 학교나 동아리처럼 자신이 자주 활동하는 곳에서 만난 사람들일 것이다. 친구관계의 시작에 가장 큰 영향을 주는 요인 중 하나가 근접성(proximity)이다. 가깝게 있는 사람들과는 접촉의 기회가 증가하며, 커다란 노력 없이 만날 수 있다는 면에서 경제적이다. 가까운 사람과의 갈등은 심리적 고통을 가중시키기 때문에 사람들은 가까이 있는 사람들과 긍정적인 관계를 유지하는 데 노력을 많이 들이는 편이다. 따라서 근접성은 접촉의 빈도뿐만 아니라 관계유지의 노력에도 영향을 미치며 친구관계의 형성에 기여한다.

친구가 되는 데 영향을 미치는 또 다른 요인은 친숙성(familiarity)이다. 이는 자주 접하는 것을 의미하기에 근접성과도 밀접한 관계가 있다. 이웃이라도 얼굴도 보지 않고 지내면 물리적 근접성에도 불구하고 친구가 되기 힘들다는 점을 생각하면, 친숙성은 근접성을 바탕으로 하되 더 핵심적인 친구되기의 요인일 수 있다. 인간은 진화적으로 친숙한 사람에 대해 안전하다는 감정을 느끼고 애착을 형성한다. 따라서 누군가와 반복적으로 접촉하는 것은 그 대상에 대한 호감을 높이고 편안한 감정을 증가시킨다.

사람들은 나이, 가치, 취미, 태도 등이 비슷할 때 친구가 된다. 즉, 유사성(similarity)은 친구되기의 또 다른 중요한 요인이다. 서로 비슷한 특성을 공유할 때 상대에 대해 잘 이해할 수 있고, 자신도 이해받기 쉽다고 느낀다. 그들은 비슷한 활동을 함께 즐겁게 공유할 수 있다. 나아가 서로의 태도나 의견에 대한 공감과 강화를 주고받게 되면서 상호작용으로 인한 긍정적 경험이 증가한다.

친구들 간에는 유사한 면뿐만 아니라 서로 다른 면이 매력으로 느껴질 수 있다. 특히 나의 약점이라고 생각하는 부분을 보완해 줄 수 있는 특질을 상대가 가지고 있을 때 이는 상대에 대한 호감을 고조시키는 작용을 한다. 즉, 보완성(complimentariness)은 친구 관계를 촉진하는 요인이 된다. 예를 들어 리더십 있는 친구는 잘 따라주는 친구와 있을 때 편안함을 느낄 수 있다. 말이 많은 친구는 잘 들어주는 친구와 있을 때 상호 보완적인 관계를 맺을 수 있다. 그 밖에도 긍정적인 성격특성, 유능함, 신체적 매력 등 다양한 요인이 친구를 선택하는 데 영향을 미친다.

대학교 신입생들을 대상으로 한 연구(Buote et al., 2007)에서 우정의 형성 과정에 대해 물었을 때 유사성의 중요성이 언급되었다. 유머 코드가 같고, 같은 종류의 음악을 즐기고, 비슷한 도덕관이나 가치관을 공유하는 것이 친구관계가 형성되는 데 중요한 역할을 할 수 있다. 또한 재미있고, 사려 깊고, 친절한 성격을 가진 사람이 친구로 선호된다. 같은 수업을 듣거나 같은 기숙사에 사는 것과 같은 근접성 같은 상황적 요인도 친구가 되는 데 중요한 역할을 하는 것으로 나타났다. 함께하는 과정에서 '그냥 잘 맞는다.'고 느낀 사람들과 친구가 되었다는 보고도 있었다. 연구의 한 참가자는 새로운 친구관계를 형성해 가는 과정을 다음과 같이 설명했다.

"처음에는 그냥 아는 사이죠. 수업에서 그냥 이야기하는 정도이지 어디를 같이 가거나 무언가를 함께하게 되는 정도는 아니에요. 그러다 좀 더 자주 옆에 앉게 되고, 더 많이 이야기하다 보면, 더 편하다고 느껴져요. 그러다 어디에 함께 가 보자고 어떤 활동을 함께하자고 초대하게 되는 거죠."

이렇게 우리는 의식적으로 혹은 무의식적으로 다양한 요소를 고려하여 친구를 선택하고 관계를 발전시킨다. 이러한 요소들은 친구관계의 시작과 유지 모두에 관여한다.

2) 친구 사귀기 전략

대학생활에서 만나는 사람들과 좋은 관계를 발전시켜 가는 것은 대학생활 적응을 돕고 심리적 안정감에 기여한다(Buote et al., 2007). 고등학교 때까지만 해도 정해진 교실에서 정해진 스케줄을 따르면서 고정적으로 상호작용을 할 수 있는 친구들이 있어서 특별한 노력이 없어도 시간이 지나면 상호작용이 일어나고 서로 친해질 수 있었다. 하지만 대학생활은 활동 반경이 넓어진 만큼 관계의 시작점에서 적극성이 요구될 수 있다. 내성적인 사람의 경우 일정한 환경 속에서 관계 유지는 잘하는데 관계의 시작점에서 적극성을 발휘하지 못해 대학생활 적응에 어려움을 겪을 수 있다. 이런 경우에도 친구 사귀기에 적합한 전략을 미리 학습하면 적극성 발휘에 도움을 받을 수 있다.

한 연구(Wentzel & Erdley, 1993)에 따르면 친구 사귀기의 적절한 전략과 부적절한 전략에 대해 지식을 갖추는 것이 그와 관련된 사회적 행동을 할 가능성을 높여주고 결과적으로 또래집단에서 더 높은 수준의 수용을 이끌어 내는 것과 관련이 있는 것으로 나타났다. 친구 사귀기에 적절한 전략은 〈표 9-2〉와 같다.

사람들과 만났을 때 먼저 자신을 소개하는 것과 아는 사람을 지나가다 마주치게 되었을 때 반갑게 인사하는 것은 좋은 시작점이 될 수 있다. 관계에서 지나치게 자신이 부정적으로 보이게 될까 봐 염려하기보다는 사람들과 친해지고자 하는 자신의 욕구에 초점을 두고 행동을 할 때 보다 적극적이고 참여적인 자세로 관계를 하게 된다. 대학생활에서는 집단 활동을 하게 될 때가 많은데 꾸준한 참여 자체도 관계를 긍정적으로 유지하는 데 기여한다. 잦은 접촉은 상대에게 신뢰감을 주는 요인이 되며 혹시나 생길 수 있는 대인 간 오해를 자연스럽게 해소할 기회를 제공한다. 반면에 심리적 공격이나, 지나친 자기자랑이나 자기중심적인 모습, 신체적 공격이나 배신과 같은 반사회적 행동은 부적절한 전략이 된다. 사람들은 각자 개성이 다양하고 언제든 의견과 입장이 달라 갈등을 경험할 수 있다. 상대에 대한 조망수용이 언제나 잘 이루어지는 것은 아니기 때문에 마음이 상할 수도 있고 자기도 모르게 상대에게 상처를 줄 수도 있다. 대인 간 긴장과 갈등을 친구 사귀기에 부적절한 전략을 통해 접근하다 보면 관계가 충분히 형성되기도 전

표 9-2	친구 사귀기에 적합한 전략
전략	**구체적 예시**
상호작용을 시작한다.	**친구에 대해 알아간다** : 이름, 나이, 선호하는 활동에 대해 질문한다. **친사회적 접근을 한다** : 자신을 소개, 대화 시작, 활동에 사람을 초대한다.
친절하게 대한다. 친사회적인 행동을 한다.	**친절하고 상냥하며 상대를 배려한다.** **정직과 신뢰** : 진실한 언행, 약속 이행, 자기 것을 나눌 줄 알고 협조한다.
자신과 타인을 존중한다.	**타인존중** : 예의 있게 행동하고 타인의 말을 경청한다. **긍정적 태도와 성격** : 타인에 대해 열린 자세를 갖고, 친절하고, 재미있게 지낸다. **자기 자신이 되면서도 평판에 적절히 신경 쓴다** : 청결을 유지하고, 단정한 차림을 하고, 단정한 언행을 보인다.
사회적 지지를 제공한다.	**지지적** : 돕고, 충고하고, 관심을 보인다. **함께하는 활동에 참여한다** : 함께 공부하거나 논다. 옆에 앉는다. 같은 집단에서 활동한다. 다른 사람을 칭찬한다.

에 단절과 고립이 초래될 수 있다. 자신의 감정은 진솔하게 지각하되 친사회적인 자세로 다루어 간다면 친구 사귀기는 한층 즐거운 과정으로 경험될 것이다.

3) 친구관계의 심화

친구관계가 깊어진다는 것은 상호 간에 잘 아는 것을 통해 가능하다. 시간이 지나면서 사람들은 '진짜' 자기를 서로에게 보인다. 상호 간 개방은 친구관계의 심화에 매우 중요한 역할을 한다. 대학생을 대상으로 수행된 친구관계에 대한 연구(Buote et al., 2007)에 따르면, 참가자들은 친구들과 우정이 깊어지는 과정에서 자신의 성장배경, 성적 경험, 가족 문제와 같은 개인적인 정보를 더욱 자발적으로 이야기하게 되었고, 그것이 우정을 깊게 하고 강화시키는 요인이라고 지각하였다. 자기개방(self-disclosure), 즉 타인에게 자신의 개인 정보를 자발적으로 표현하고 나누는 것이 친구관계의 심화에 핵심이 되는 것이다.

사회적 침투이론(Altman & Taylor, 1973)에서는 자기개방이 관계를 유지하고 발전시키는 데 반드시 필요한 요인이라고 설명한다. 이 이론에 따르면 대인관계는 개인적 동기나 욕구, 감정, 생각, 경험을 타인에게 의도적으로 표현하는 자기개방을 통해 심화될 수 있다. 개인은 자신을 개방하는 데 있어서 누구와 이야기할지 그리고 무엇을 이야기할지를 선택하게 된다. 자기개방의 대상은 자신을 이해해 줄 것이며 적절하게 반응해 줄 것으로 기대되는 사람이 된다. 개방하는 내용에는 개인적 경험, 생각, 태도, 감정, 가치, 과거에 있었던 일, 인생 이야기, 미래의 희망, 꿈, 야망, 목표까지도 포함될 수 있다. 자기개방의 넓이와 깊이가 확장되어 갈 때 관계는 자연스럽게 친밀해진다. 관계의 초기에는 공적인 정보(이름, 나이, 학과, 출생지 등)를 주고받는 피상적인 자기공개가 이루어지다가, 관계가 진전되면 점차 개인을 이해하는 데 중요한 정보가 될 수 있는 관심사, 취미, 사회적 이슈에 대한 입장 등이 공유된다. 그 과정에서 친밀감이 충분히 형성되었다고 느낄 때 비로소 매우 사적이고 비밀스러운 정보가 될 수 있는 개인적 고민, 가족갈등, 열등감, 신체적 결함, 재정 상황, 성적인 문제 등을 나누게 된다.

자기개방은 **호혜성**이 있을 때 촉진된다. 한 사람이 특정한 친밀감 수준의 개인적 정보를 공개하면, 상대도 비슷한 수준의 정보를 공개하게 된다. 관계발전에 있어서 개방은 쌍방적이고 상호적인 과정이다. 가령 친구에게 가족갈등을 털어놓게 되면, 친구는 자신의 가족갈등이나 개인적인 고민을 털어놓을 가능성이 크다. 한 사람이 남산에 있는 케이블카에 대한 자신의 생각을 말했다면 상대도 그에 대한 자신의 관점을 표현하게 된다. 이러한 호혜성이 지켜질 때 사람들은 정서적으로 동등하다는 경험을 하게 된다. 호혜적 상호작용은 개인에게 긍정적이고 만족스러운 감정을 불러일으켜 관계 발전에 도움을 준다. 하지만 개인이 자신을 공개하였는데 상대방이 호응해 주지 않으면 자기개방은 더 이상 깊은 수준으로 진행되지 않고 관계는 피상적인 수준에 머물게 된다. 준비가 되지 않은 상태에서 자기개방이 급속하게 이루어지는 것도 바람직하지 않다. 사적이고 비밀스러운 정보를 관계 초기에 공개하면 상대가 어떻게 받아들일지에 대한 추측이 어렵고 그 이야기를 들은 상대도 어떻게 반응해 주어야 할지를 몰라 당황스러울 수 있다. 갑작스러운 자기개방은 서로에게 부담을 줄 수 있기 때문에 균형을 맞추어 가면서 개방을 점진적으로 진행할 필요가 있다. 당신은 친구관계에 있어서 얼마나 자신을 개방하며, 상대의 이야기에는 얼마나 주의를 기울이는가? [셀프 워크 9-2]에서 조해리의 창을 통해 자신을 점검해 보자. [그룹 워크 9-1]의 집단활동을 통해 서로를 개방해 보고, 그러한 상호개방이 관계에 어떠한 영향을 미치는지 경험해 보자.

4) 청년기의 친구관계

청년은 성인에 비해 친구와 여가활동에 시간과 노력을 많이 쏟는 편이다(Osgood & Lee, 1993). 청소년기부터 주된 정서적 지지의 제공자는 가족에서 친구로 옮겨지며, 우정은 정서적으로 강렬하고 관계 중심적인 양상을 띠게 된다. 청년은 이전 시기보다 친구에게 사회정서적 지원을 더 많이 제공하고 서로에게 공평한 관계를 유지하려는 경향성을 더 많이 보인다(고윤주, 이은해, Mendelson, 2001). 청년기에는 활동의 범위가 늘어나면서 친구의 범위가 확장된다. 학과, 동아리, 아르바이트, 종교 활동 등에서 다양한 사람들과 교제하게 된다. 대학생들은 학업, 진로, 연애에서 비슷한 고민을 공유하고 서로의 지지자이자 조언자 역할을 하면서 우정을 발전시킨다. 이 시기에는 정서적 지지자로서의 친구의 역할이 역동적인 양상을 보이며 더욱 확고해진다. 여기서는 청년기 친구관계와 관련된 주제로 소셜 네트워크 서비스(SNS)를 통한 인간관계와 이성 간 친구관계의 특징에 대해 고찰해 보고자 한다.

(1) SNS 인간관계

청년은 새로운 기술에 대한 빠른 수용력과 전파력을 가진 만큼 SNS와 같은 매체를 통해서도 많은 관계를 맺는다. SNS는 서비스 사용자 간에 서로 관계를 맺거나 사이트 내에서 공통된 목적을 가진 사람들이 만남을 갖는 등 사회적 관계의 개념을 인터넷상으로 가져온 것이다. SNS는 빠른 쌍방향성과 상호작용을 바탕으로 대인 간 끊임없는 소통을 하도록 촉진한다. 그럼에도 불구하고 SNS상 관계는 친구라고 부르기도 어렵고 단순히 피상적인 관계로 보기도 어려워 제3의 인간관계로 분류되기도 한다(강상현 외, 2011).

우리나라의 한 전문 포털사이트에서 10대에서 50대까지의 개인회원 2,334명을 대상으로 SNS 이용형태에 대한 설문을 실시한 결과 36.9%에 해당하는 응답자가 '오프라인 인간관계의 유지', 즉 지인들과의 소통이 가장 주된 사용 목적이라고 보고하였다. 그 뒤를 이어 개인 공간 형성 및 취미활동(21.6%), 각종 정보 습득(20.7%), 다양한 배경의 사람과 인맥 형성(11.8%), 남의 공간 구경(4.8%), 사회적 여론 형성과 참여(2.7%), 상업활동 및 홍보(0.8%), 기타(0.7%) 순으로 나타났다(Research News, 2014. 4. 1.). 연령별로 보면 10대와 20대는 취미활동과 정보 습득에 큰 가치를 두는 반면, 30대로 넘어갈수록 다양한 배경의 사람과의 인맥 형성을 위해 SNS를 활용하는 경향을 보였다.

2016년에 20대연구소에 의해 이루어진 전국 20대 남녀 643명을 대상으로 한 조사에 의하면 20대의 25%는 새로운 인간관계를 만들기 위해 노력하고 싶지 않다고 대답했고, 48.8%는 이미 편하게 연락할 수 있는 지인의 수가 충분하다고 생각하고 있었다. 문자나 메신저를 통한 대화가 면대면보다 편하다고 응답한 경우는 4명 중 1명(26.1%)으로 나타났다. SNS는 인간관계의 확장과 정보의 교류를 용이하게 해주지만, 가상적인 인맥 속에서의 개인의 소외감을 심화시키고 사생활과 개인정보 유출로 인한 불편감을 줄 수 있기 때문에 이를 통한 관계의 확장에 대해 주의가 요구된다.

(2) 이성 간 친구관계

청년기 우정 하면 떠오르는 주제 중 하나는 소위 '남자사람친구(남사친)', '여자사람친구(여사친)'라고 하는 이성 간의 친구관계이다. 아직 이 주제에 대한 경험적 연구가 별로 진행되지는 않은 것으로 보이지만, 청년은 이 주제에 대한 관심을 가지고 있고 이성과 우정을 유지할 수 있을지를 고민하기도 한다. 일반적으로 사람들은 대학생 시기에는 이성 간에도 허물없이 친구로 지내지만 청년기가 지나면서 이성과의 우정이 이전 같지 않다고 보고한다. 친밀감이 높았던 우정관계도 애인의 등장과 함께 약화되는 경우가 흔한데, 이성 간의 우정에서는 그런 경향이 더욱 두드러진다고 한다. 드라마나 영화의 주제로도 나오지만, 이성 간 우정은 연인관계로 발전할 가능성이 동성 간 관계에 비해 높기 때문에 관계의 안정성을 저하시킬 수 있다는 지적도 있다. 그럼에도 불구하고 이성인 친구는 동성인 친구와는 다른 기분의 즐거움을 주기도 하고, 어떤 사안에 대한 색다른 관점을 제시해 주기도 하며, 연인관계의 문제에 있어서는 이성의 입장을 보다 직접적으로 알려주는 충고자 역할을 하기도 한다. 때로는 다른 성이라는 한계를 제외하면 많은 흥미와 취미를 공유하여 사람 대 사람으로 깊은 유대감을 느낄 수 있는 여자사람친구 혹은 남자사람친구를 만나게 되기도 한다. 종합적으로 볼 때 이성 간 친구관계도 하나의 친구관계로 깊은 우정이 가능하나 친구관계의 지속성이라는 면에서 동성친구보다는 안정성이 낮다는 특징이 있다.

4 ▶ 소통의 기술

인간관계를 잘 형성하고 유지해 가는 데 있어서 빼놓을 수 없는 요소가 의사소통이다.

서로 간의 원활한 소통은 상호작용을 즐겁게 하고 관계를 친밀하게 만들어 준다. 대학생 시절에 의사소통과 관련된 강의나 워크숍을 한 학기 정도는 꼭 들어 보기를 권한다. 어떤 사람에게는 너무나 당연하고 새로울 것이 없는 내용일 수 있겠지만, 많은 사람들에게는 이제까지 생각해 보지 못한 새롭고 효과적인 방법을 습득하는 계기가 될 수 있다. 의사소통에 대한 지식과 기술을 갖추는 것은 전반적인 대인관계에 긍정적인 영향을 미친다. 의사소통의 원리는 간단해 보이지만 실제로 개인이 체득하고 생활에 원활하게 적용하려면 시간이 걸리므로 반드시 충분한 시간에 걸쳐 익히는 기회를 갖는 것이 필요하다.

이 절에서는 경청하는 기술과 자기표현의 기술을 간략하게 소개하고자 한다. 인간의 심리는 개인마다 매우 다르고 복잡하기 때문에, 이 기술들이 모든 사람에게 긍정적인 반응을 불러일으키는 것은 아닐 수 있다. 하지만 많은 사람에게 보편적으로 긍정적인 반응을 얻어낼 수 있다. 이러한 기술을 습득했다고 해서 늘 활용하는 것은 아닐 수 있지만, 하나의 지침으로 삼아 자신의 의사소통을 돌아보고 점검해 볼 수 있을 것이다.

1) 경청의 기술

우선 경청의 기술을 세 가지로 정리해 보자. 첫 번째는 말하기에 대한 최소한의 격려이다. 상대방의 이야기를 들을 때 주의를 기울이면서 상대방이 계속해서 말하고 더 자세히 말을 하도록 격려할 수 있다. 고개 끄덕임, 열린 몸자세, '음~' 또는 상대가 방금 한 말 중 한두 단어의 반복, "그다음은 어떻게 되었니?"와 같은 간단한 질문만으로도 화자는 계속 말하도록 격려 받는다.

두 번째는 다른 말로 바꾸어 표현하기이다. 상대방이 하는 말을 잘 듣고 자신의 언어로 다시 요약해서 말해 주는 것이다. 예를 들어 "네 말은 _____ 하다는 이야기구나." 식으로 표현해 볼 수 있다. 이렇게 요약해 주면 상대방은 자신이 이해받고 있다고 느끼게 되고 자신의 생각도 더 명료하게 정리하게 된다.

마지막은 공감하기이다. 공감을 하려면 상대방이 하는 이야기 속에서 상대방이 경험하는 감정이 무엇인지를 알아차리는 것이 필요하다. 공감을 잘 전달하는 방법 중 하나는 상대방의 이야기를 간단히 요약하고 그에 대한 감정을 읽어 주는 것이다. 예를 들어 친구가 "전과를 해야 할지 말아야 할지 모르겠네. 막상 전과를 한다 해도 친구도 새로 사귀어야 하고, 또 상황이 엉망이 될 수도 있고⋯⋯"라고 이야기할 때, 공감적인 반응을 전달한다면 "전과에 대해 걱정이 많구나."라고 마음을 읽어 줄 수 있다. 이러한 청자의 반응은 화자에게 청자가 자신의 이야기를 경청하며 진심으로 함께 고민해 준다는 느낌을 주게 된다.

2) 표현의 기술 : NVC 모델

자기표현은 자신의 감정, 사고, 욕구, 바람 등을 상대방에게 전달하는 것을 의미한다. 인간관계는 긍정적 생각이나 감정과 더불어 부정적 생각이나 감정을 잘 전달할 때 더욱 친밀해진다. 상대에게 무언가를 요청하는 것, 상대가 들어주기 어려운 부탁을 할 때 거절하는 것, 불편한 상황에 대해 불편하다고 알리는 것에 있어서 자기표현을 잘하는 것은 자신의 욕구를 돌보면서 동시에 조화로운 관계를 촉진한다. NVC(nonviolent communication) 모델은 자기표현을 위한 효과적이고 구체적인 방법을 제시한다. NVC 모델은 비폭력의 가장 중요한 모토가 되며 우리 생각을 지배하고 있는 이기심, 탐욕, 미움, 공격성 대신 타인에 대한 사랑, 존중, 이해, 연민, 배려를 우리 마음에 채우면서 대화를 해나가는 방법이다(Rosenberg, 2014). NVC 모델은 네 가지 요소, 즉 관찰, 느낌, 욕구, 부탁으로 구성된다(표 9-3).

첫 번째는 어떤 상황을 실제 일어나고 있는 그대로 관찰하여 묘사한다. 여기서 중요한 것은 자신의 주관적 판단이나 평가를 개입하지 말고 관찰한 바를 객관적이고 구체적으로 묘사하는 것이다. 주관적 판단이나 평가를 붙이려면 관찰과 평가를 분리하여 말하도록 한다. '언제나', '항상', '결코' 등의 표현은 단정적이며 평가적인 표현이므로 지양하도록 한다. 구체적인 예는 다음과 같다.

표 9-3 NVC 네 가지 요소

1	관찰	우리의 삶에 영향을 미치는 구체적 행동을 객관적으로 묘사한다.
2	느낌	관찰에 대한 주관적 감정을 나의 것으로 표현한다.
3	욕구	그러한 느낌을 일으키는 욕구, 가치관, 소망을 표현한다.
4	부탁	상대에게 구체적 행동을 부탁한다.

"너무 게을러서 문제야." ➡	"한 주 동안 8시가 넘어서 일어났어."
"그는 별 볼일 없는 축구선수야." ➡	"그는 30차례 경기에 나갔는데 한 골도 넣지 못했어."
"그 사람 항상 늦어." ➡	"그 사람은 지난 3번의 약속에서 20분이 지난 후 도착했어."

　두 번째는 관찰에 대한 느낌을 표현하는 것이다. 뒤에 '느끼다'라는 말로 끝내면서 생각을 이야기하는 경우가 종종 있다. 이를테면 "그 사람은 지난 3번의 약속에서 20분이 지난 후에 도착해서, 나는 그 사람이 시간 개념이 없다고 느껴."라고 말하기도 한다. 하지만 이는 그 사람의 행동에 대한 나의 판단이자 생각이지 느낌이 아니다. 실제의 느낌은 그 행동이 나에게 미친 주관적 정서적 반응에 해당한다. '속상했어.', '실망했어.', '괴로웠어.' 등의 자신의 주관적 감정을 자신의 것으로 표현하는 것이 중요하다. 이는 상대방에게 판단받는다는 기분을 주지 않아 상대를 덜 방어적으로 만들어 상호 이해를 촉진한다. 느낌을 잘 표현하려면 스스로 자신의 내면에 대해 지속적으로 관심을 가지고 충분히 느껴 보고, 표현해 보는 연습이 필요할 수 있다.

　세 번째로 그러한 느낌을 일으키는 욕구, 가치관, 혹은 바람을 찾아낸다. 어떤 느낌을 받게 된 이유는 자신 안에 있는 욕구, 희망, 기대, 가치관 때문이다. 자기 욕구에 기반한 대화를 할 때 상대를 비난하지 않게 되고 자신의 느낌과 행동에 책임의식을 가질 수 있다. 다음의 두 문장을 비교해 보자.

1. 네가 약속시간에 늦어서 나를 화나게 했어.
2. 나는 너랑 함께 충분히 시간을 갖고 싶어서 시간에 맞추어 왔는데, 네가 약속시간에 늦게 도착하니까 내 마음이 속상했어.

　후자의 경우가 훨씬 덜 비난적이며, 스스로를 잘 표현하는 것임을 알 수 있다. 느낌의 근원은 욕구이기 때문에, 자신의 욕구를 잘 알아차리고 그것에 근거하여 대화를 풀어갈 때 상대를 비난하는 것에서 멀어질 수 있다. 인간의 기본적 욕구에는 자율성에 대한 욕구, 상호 의존의 욕구(감사, 공감, 소속, 배려, 사랑, 수용, 이해, 존중, 친밀감, 소통), 놀이의 욕구(웃음, 재미), 신체적 돌봄의 욕구(공기, 물, 음식, 휴식, 주거, 스킨십), 영성의 욕구(아름다움, 영감, 조화, 질서, 평화) 등이 있다. 자신의 느낌을 알아차렸다면 그것이 어떤 욕구와 연결되는지 찾아볼 수 있다(그룹 워크 9-2).

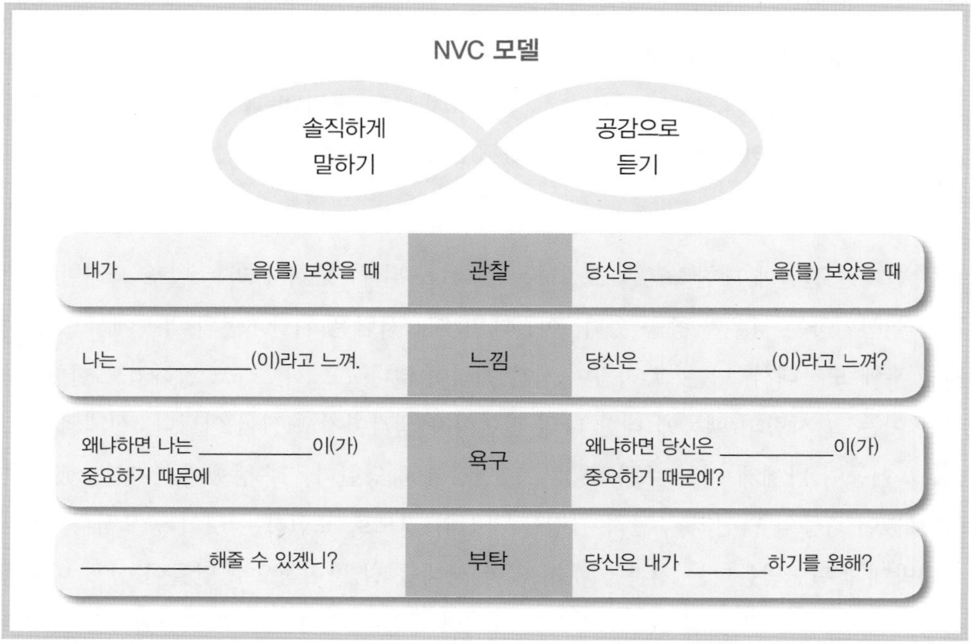

NVC 모델

	관찰	
내가 _____을(를) 보았을 때	**관찰**	당신은 _____을(를) 보았을 때
나는 _____(이)라고 느껴.	**느낌**	당신은 _____(이)라고 느껴?
왜냐하면 나는 _____이(가) 중요하기 때문에	**욕구**	왜냐하면 당신은 _____이(가) 중요하기 때문에?
_____해줄 수 있겠니?	**부탁**	당신은 내가 _____하기를 원해?

솔직하게 말하기 · 공감으로 듣기

그림 9-2 NVC 말하기와 듣기

　마지막으로 상대에게 구체적인 행동을 부탁한다. 우리는 독립적 인격을 가진 사람으로 각자가 서로 다른 생각과 느낌과 욕구를 가질 수 있다는 것을 충분히 인정하는 전제 하에서 대화를 하는 것이 중요하다. 상대가 자신의 의견을 거절했을 때 비판이나 비난을 하게 된다거나, 상대로 하여금 죄책감을 느끼게 한다면 그것은 부탁이 아니라 강요이다. 부탁을 할 때는 긍정적인 언어를 사용한다. '~해.', '~하지 마.' 대신 '~해주면 좋을 것 같아요.', '~해줄 수 있겠어요?'와 같은 형태의 말을 사용한다. 어떤 사람은 자신의 감정과 욕구를 표현했으면 상대가 알아서 행동을 취해야 한다고 믿는다. 하지만 감정과 욕구를 이해한 경우에도 어떤 행동을 취해야 할지 애매하게 느껴지는 경우가 많다. 따라서 원하는 것을 명확하고 구체적인 행동으로 부탁하는 것이 중요하다. "내 생각도 해주면 좋겠어."라고 말하기보다는 "다음에는 내 스케줄에 대해 물어본 다음에 시간을 잡으면 좋겠어."라고 말할 수 있다.

　이러한 대화의 원칙은 자기표현뿐 아니라 경청에도 적용될 수 있다(그림 9-2). 상대가 다소 무례하게 말을 건네 올 때도 그 사람의 느낌과 욕구를 연결해 가며 상대의 마음을 이해하는 말을 전달한다면 대화가 한결 부드러워질 것이다. 소통의 기술은 친구관계를 원만하게 해주는 윤활유 역할을 하며, 한 번 습득하면 지속적으로 사용할 수 있기 때문에 그 유익함이 크다. [그룹 워크 9-3]을 통해 최근의 대인관계 상황을 NVC 모델을 적용하여 다루어 보자.

핵심요약

- 친구관계는 수평적 인간관계이자 순수하고 인간미 넘치는 관계이며, 공적 이미지를 벗어던질 수 있는 자유롭고 편안한 관계로서 유사성을 전제로 하여 공유 영역이 넓다. 하지만 외부적 강제요인이나 구속력이 적어 관계의 해체가 용이하다는 특징이 있다.
- 설리번의 대인관계 이론에 따르면 관계성의 욕구는 인간의 가장 기본 욕구이며 성격은 의미 있는 대인관계 경험들에 의해 평생에 걸쳐 발달한다.
- 셀만의 이론에 따르면 대인관계 능력은 타인의 감정과 관점을 이해하는 능력인 조망수용 능력의 성장을 기반으로 발전하게 된다.
- 친구관계의 형성에 영향을 주는 요인으로는 근접성, 친숙성, 유사성, 보완성 등이 있다. 친구관계의 심화에 영향을 미치는 가장 중요한 요인 중 하나가 자기개방이다.
- SNS를 통한 대인관계나 이성 간의 친구관계도 청년기 친구관계에서 부각되는 주제이다.
- 의사소통에 대한 지식과 기술은 전반적인 대인관계에 긍정적인 영향을 미친다. 경청하기를 위해 말하기에 대한 최소한의 격려, 다른 말로 바꾸어 표현하기, 공감하기를 활용해 볼 수 있다. 자기표현을 잘하기 위해 NVC 모델의 관찰, 느낌, 욕구, 부탁의 형태를 활용해 볼 수 있다.

참고문헌

강상현, 김수아, 김영주, 김은미, 나보라(2011). 한국사회의 디지털 미디어와 문학. 서울 : 커뮤니케이션북스.

고윤주, 이은해, M. J. Mendelson(2001). 친구에 대한 만족감을 예언하는 친구의 지원, 갈등 해결 방식 및 친구 관계망간의 구조 모델 : 청년 초기, 중기, 후기 비교. 한국심리학회지 : 발달, 14(3), 25-42.

김중술(1994). 사랑의 의미. 서울 : 서울대학교출판부.

정옥분(2013). 청년심리학. 서울 : 학지사.

Altman, I., & Taylor, D.(1973). *Social penetration: The development of interpersonal relationships*. New York, NY : Holt.

Berndt, T. J., Hawkins, J. A., & Hoyle, S. G.(1986). Changes in friendship during a school year : Effects on children's and adolescents' impressions of friendship and sharing with friends. *Child Development, 57*(5), 1284-1297.

Buote, V. M., Pancer, S. M., Pratt, M. W., Adams, G., Birnie-Lefocovitch, S., Polivy, J., & Wintre, M. G.(2007). The importance of friends : Friendship and adjustment among 1st-year university students. *Journal of Adolescent Research, 22*(6), 665-689.

Evans, F. B.(199). *Harry Stack Sullivan: Interpersonal theory and psychotherapy*. London : Routledge.

Hartup, W. W., & Stevens, N.(1997). Friendships and adaptation in the life course. *Psychological Bulletin, 121*, 355-370.

Luft, J., & Ingham, H.(1955). *The Johari window, a graphic model of interpersonal awareness*. Proceedings of the western laboratory in group development. Los Angeles, CA : University of California, Los Angeles.

Osgood, D. W., & Lee, H.(1993). Leisure activities, age, and adult roles across the lifespan. *Society and Leisure, 16*, 181-207.

Rosenberg, M. B.(2014). 비폭력 대화 : 일상에서 쓰는 평화의 언어, 삶의 언어[*Nonviolent communication : A language of life*] (캐서린 한 역). 한국NVC센터(원전은 2004년에 출판).

Selman, R. L., & Byrne, D. F.(1974). A structural-developmental analysis of levels of role taking in middle childhood. *Child Development, 45*, 803-806.

Shaffer, D. R.(2008). *Social and personality development*. Belmont, CA : Wadsworth Publishing.

Tokuno, K. A.(1986). The early adult transition and friendships : Mechanisms of support. *Adolescence, 21*, 593-606.

Wentzel, K. R., & Erdley, C. A.(1993). Strategies for making friends : Relations to social behavior and peer acceptance in early adolescence. *Developmental Psychology, 29*(5), 819-826.

[9-1] 나의 친구관계 나의 친구관계를 돌아보자. 친구관계의 시작, 유지, 종결의 특징을 정리해 보자.

생각할 거리	내용
나는 어떤 사람을 친구로 여기는가? 고등학교 때 같은 반이었던 사람들을 다 친구로 여기는가? 같은 학과 사람들을 다 친구로 여기는가? 그 이유와 기준은 무엇인가?	
나와 주로 친해지는 친구들은 어떤 특징이 있는가?	
나는 어떤 식으로 친구관계를 시작하는가?	
나는 어떤 식으로 친구관계를 유지하는가?	
나는 어떤 식으로 친구관계를 끝내는가?	
나의 친구관계 방식에 대해 개선하고자 하는 점이 있다면 어떤 것이 있는가?	

[9-2] 자기개방 진단 : 조해리의 마음의 창 자기가 스스로를 얼마나 개방하는가와 상대가 자신에 대해 제시하는 의견에 대해 얼마나 귀를 기울이는지를 조해리의 마음의 창을 통해 진단해 볼 수 있다. 조해리의 창은 심리학자인 조셉 러프트와 해리 잉그햄이 개발한 기법으로, 두 사람의 이름을 합성하여 '조해리(Joe+Harry=Johari)의 창'이라고 이름 붙여졌다. 이 기법은 자신과 타인과의 관계에 대한 이해를 촉진하기 위한 목적으로 만들어졌다(Luft & Ingham, 1955).

다음의 두 질문에 대해 1(전혀 아니다)에서 9(매우 그렇다) 사이에서 적당한 숫자로 평가한다.

(1) 나는 다른 사람들에게 나에 관한 이야기를 잘하는 편인가? 나는 다른 사람에게 내 모습을 잘 보여주는가? 나는 다른 사람에게 내 속마음을 잘 보여주는가?
(2) 나는 다른 사람들이 나에 대해 어떤 생각을 하는지 알려고 노력하는가? 나는 다른 사람이 나에 대해 하는 말에 귀를 기울이는가?

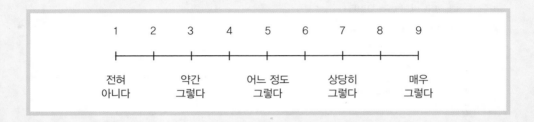

각 질문에 대해 숫자를 정했으면, 다음의 사각형을 (1)에 대한 점수를 수평축으로 (2)에 대한 점수를 수직축으로 하여 4개의 영역으로 분할해 본다. 이것이 나의 '마음의 창'이 된다(권석만, 2011).

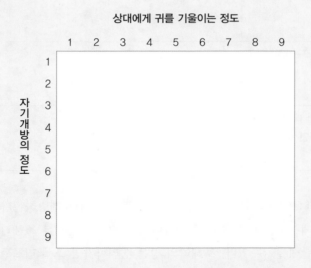

예를 들어 자기개방의 정도가 3점이고, 상대에게 귀를 기울이는 정도가 7점이면, 아래와 같은 모양의 창이 생기게 된다.

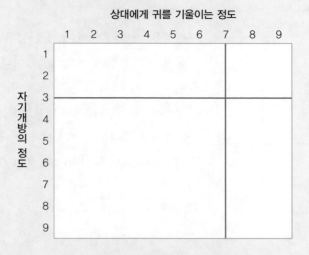

각각의 분할창은 다음과 같은 이름이 있다.

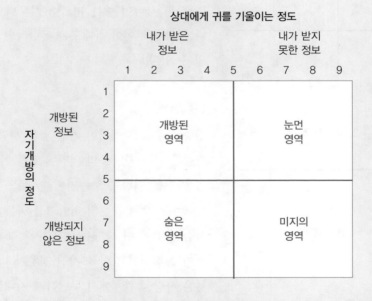

개방된 영역은 나도 알고 있고 다른 사람들에게도 알려져 있는 것으로 지각된 나에 관한 정보이다. 눈먼 영역은 나는 모르지만 다른 사람들은 알고 있는 나의 정보를 의미한다. 숨은 영역은 나는 알고 있지만 다른 사람에게 알려지지 않은 정보를 의미한다. 미지의 영역은 나도 모르고 다른 사람도 알지 못하는 나의 모습을 의미한다. 창의 모양에 따라 네 가지 유형으로 구분되며, 각각의 성격특성은 다음과 같다.

(1) 개방형

개방형은 개방된 영역이 가장 넓은 사람으로, 적절하게 자기표현을 잘할 뿐만 아니라 다른 사람들이 자신에 대해 하는 말에도 귀 기울일 줄 아는 사람이다. 인간관계가 대체로 원만한 사람들이다. 그러나 지나치게 개방된 영역이 많으면 수다스럽고 주책스러운 사람으로 보일 수 있다.

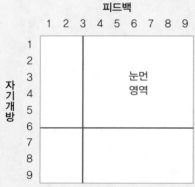

(2) 주장형

주장형은 눈먼 영역이 가장 넓은 경우이다. 이들은 자신의 의견이나 감정을 잘 표현하며, 자신감 있고 솔직하며 시원시원한 사람일 수 있다. 하지만 다른 사람이 주는 피드백에는 별 관심이 없거나 둔감한 편이어서 때로는 독단적인 사람으로 보일 수 있다.

(3) 신중형

신중형은 숨은 영역이 가장 넓은 사람이다. 이 사람들은 다른 사람들의 의견에 귀를 기울이며 상대가 자신을 어떻게 보는지에 관심을 갖는다. 하지만 상대적으로 자신의 이야기를 하는 것은 꺼리는 사람들이다. 이 중에는 속마음을 잘 드러내지 않으며 실리적인 경향을 가진 경우가 더러 있다. 이들은 사람들 관계에서 무난하게 지내는 것 같으나 고독감을 느끼는 경우가 많다.

피드백

1 2 3 4 5 6 7 8 9

자기개방

1
2
3
4
5
6
7
8
9

미지의 영역

(4) 고립형

마지막은 고립형으로 미지의 영역이 가장 넓은 사람이다. 이들은 대인관계에 대해 소극적이며 혼자 있는 것을 선호한다. 사람과의 만남이나 교류를 불편해하거나 무관심하다. 이들 중에는 고집이 세고 주관이 지나치게 뚜렷한 사람도 있으나, 대체로 무언지 모르겠지만 무언가 잘 안 되는 것 같은 기분 속에서 부적응적으로 살아가는 사람들도 많다.

[9-1] **자기개방 게임** 자기개방이 친밀감 증진에 기여하는지 게임을 통해 알아보자. 조원
들은 각자 자신에 대한 네 가지 진술을 만든다(예 : 나는 오징어를 좋아한다. 나
는 로마에 가 본 적이 있다. 내가 가장 좋아하는 색깔은 파랑이다. 나는 고등학
교 때 학생회장이었다). 이들 중 하나는 거짓말이어야 한다. 각자 자신에 대한
문장을 읽어 주면 나머지 조원들은 그중에 무엇이 거짓말인지 맞힌다. 그 과정에
서 조원들은 질문을 통해 각 진술과 관련된 배경정보를 요청할 수도 있다. 거짓
말을 맞히는 조원은 그때마다 1점씩 얻는데, 가장 점수가 높은 조원이 승리자가
된다. 게임을 마친 후 자기개방이 친밀감 증진에 어떠한 영향을 미치는 것 같은
지 간단하게 소감을 나누어 보자.

[9-2] 욕구 찾기 본문에서 NVC 모델을 통해 비폭력적이고 안전한 대화를 위해 자신의 욕구를 표현하며 말하는 것이 도움이 될 수 있음을 소개하였다. 다음의 문장 중에서 욕구가 포함되어 있는 문장의 번호에는 동그라미를 쳐보자. 그리고 욕구가 포함되어 있지 않은 경우 욕구를 상상하여 덧붙여 보자.

---

1. 중요한 파일이 들어 있는 USB를 컴퓨터실에 그대로 두고 나가면 정말 걱정스러워.
2. 나는 상호 존중을 바라는데, 네가 그런 식으로 말하면 모욕하는 것처럼 들려서 정말 화가 나.
3. 네가 늦게 와서 짜증이 나.
4. 오랜만에 여유롭게 커피 마시며 이야기 나누고 싶었는데 못 온다고 하니까 섭섭하네.
5. 프로젝트에서 네가 하겠다고 했던 부분을 하지 않아서 정말 실망스러워.
6. 지금쯤 작업이 많이 진행되었으면 했는데 그렇지 못해서 걱정되네.
7. 때때로 사람들이 하는 사소한 말에 상처를 받게 되더라.
8. 네가 공모전에서 입상해서 정말 기뻐.
9. 아버지 목소리가 커지면 겁이 나요.
10. 오늘은 집에 일찍 가서 쉬고 싶었는데, 저를 집까지 태워다 주신다니 고마워요.

(Rogenberg, 2014)

[9-3] 대인갈등 다루기 현재 또는 최근 대인관계에서 갈등이나 불편한 감정을 경험했던 사건을 떠올려 보자. 그 상황을 NVC 모델에 따라 다룬다면 어떻게 나를 전달해 볼 수 있을까? 관찰, 느낌, 욕구, 부탁으로 구성된 자기표현을 만들어 보자.

최근의 상황 :	
관찰	
느낌	
욕구	
부탁	

project
03

정신건강 증진

10 스트레스

학습목표

1. 스트레스 개념을 정리하고 스트레스에 의해 나타나는 반응을 이해한다.
2. 스트레스를 유발하는 여러 가지 요인을 알아본다.
3. 스트레스 수준을 측정해 보고 스트레스 지각에 영향을 미치는 요인들을 살펴본다.
4. 스트레스에 대처하는 방법과 효과적인 지침을 알아본다.

이 세상에서 스트레스를 겪지 않는 사람이 있을까? 스트레스는 인간의 삶의 모든 영역에 존재한다. 스트레스는 우리에게 한편으로는 불편함을 주지만 우리가 적응해 나가야 할 어떤 변화의 필요성을 알려주기도 한다. 스트레스에 잘 대처하기 위해서는 자신의 삶에 스트레스를 유발하는 요인들을 잘 알아야 하고 또한 내려놓을 것은 내려놓을 수 있어야 한다. 인도에서 원숭이를 잡는 방법은 내려놓음에 대한 교훈을 준다. 그들은 원숭이를 잡을 때 원숭이의 욕심을 이용한다. 먼저 목이 가는 병에 땅콩을 넣고 병을 기울여 길에 놓아두고 땅콩의 냄새를 맡고 원숭이가 손을 넣어 땅콩을 한줌 쥐었을 때, 그 앞에 나타나면 된다. 원숭이는 땅콩을 잡은 손을 놓지 않고 유리병을 한손에 끼고 나무를 오르다가 사냥꾼에게 잡히고 만다. 하지만 이때 원숭이가 손을 놓을 수 있으면 사냥꾼에게서 벗어날 수 있다. 스트레스도 이와 비슷하다. 스트레스 상황에서 욕심을 부리고, 놓아야 할 것을 놓지 못하면 스트레스의 덫에서 벗어날 수 없게 된다. 스트레스 대처는 마음을 잘 다스리고 놓아야 할 것들을 놓는 것에서 시작된다.

최근 한 대학에서 실시한 스트레스에 대한 조사에서 대학생들의 가장 큰 스트레스원은 학업과 진로에 관한 것이었으며, 경제문제, 이성관계, 친구관계, 가족관계도 그 뒤를

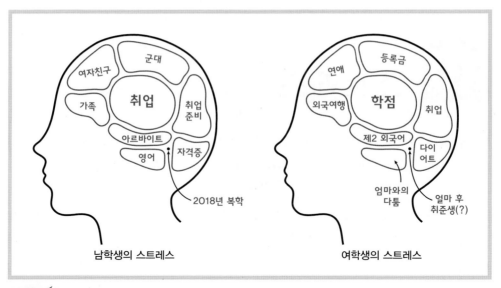

남학생의 스트레스   여학생의 스트레스

그림 10-1 **대학생의 스트레스** 최근 대학생 사이에서 유행하는 뇌구조의 그림을 통해 남녀 대학생들이 겪는 스트레스가 무엇인지 볼 수 있다.

이었다(장석진, 정승진, 2004). 이 장에서는 청년들이 가장 많이 받는 스트레스는 무엇이며, 자주 겪는 스트레스 증상은 무엇인지 알아보고 그에 대한 효율적인 대처법을 알아보도록 하겠다. 설사 자신이 평소 스트레스를 별로 받지 않는다고 생각하더라도 청년기에 스트레스 유발요인을 잘 지각하고 스트레스 관리기법을 알고 있다면 스트레스 상황이 왔을 때 도움이 될 것이다.

1 스트레스란

현대인은 스트레스라는 말에 아주 익숙하다. 스트레스(stress)의 어원은 라틴어의 *strictus* 혹은 *stringrere*로 *strictus*는 '팽팽한' 혹은 '좁은'이라는 의미이다. 이런 의미는 스트레스를 느낄 때 경험하는 답답하거나 긴장된 몸과 마음의 상태를 나타낸다(윤가현 외, 2012). 이와 같이 스트레스는 인간이 심리적, 신체적으로 감당하기 어려운 상황에 처하게 되었을 때 느끼게 되는 불안과 위협의 감정을 말한다(Lazarus, 1993).

스트레스란 위급 상황에 대처하기 위한 생존 반응으로 우리의 생존을 도와주는 아주 중요한 반응이다. 하지만 그 발생 빈도가 잦아지고, 오래 지속되면 에너지 소모와 심신의 피로도가 높아진다. 결국에는 체내의 균형이 깨지면서 질병이 발생할 수 있고, 심신에너지의 고갈 및 면역체계 붕괴로 사망에 이를 수도 있다. 따라서 스트레스가 많은 현대인들에게는 건강하고 만족스러운 행복한 삶과 안녕을 누리기 위해서 스트레스를 이해하고 효과적으로 대처하는 것이 무엇보다 중요한 과제가 된다. 청년기에는 미래에 대한 불안감과 지나친 경쟁에서 오는 외적·내적 압박감으로 인해 많은 스트레스를 겪게 된다. 자신이 정해 놓은 목표달성의 실패에서 오는 좌절감과 생의 중요한 선택을 하기 위한 갈등이 스트레스의 원인이 되기도 한다. 그리고 인간관계에서 오는 갈등, 그리고 소외감과 고립감을 경험하게 될 때도 적지 않은 스트레스를 느낀다.

1) 건강한 스트레스와 병적인 스트레스

현대는 스트레스 사회라고 말할 정도로 대부분의 사람들이 다양한 스트레스에 노출되어 생활하고 있으며 대부분의 사람들은 스트레스를 해로운 것으로 여기고 피하려고 한다. 하지만 20세기 후반 스트레스를 연구한 한스 셀리(Hans Selye) 박사가 스트레스는 삶에 도전적이고 유용함을 주는 것이라고 주장하면서부터, 오히려 어떤 스트레스는 받아들이는 개인의 태도와 자극의 정도에 따라서 일상생활에 활력을 불어넣어 줄 수 있어 유익하다는 관점이 나타나기 시작했다(장현갑, 2010).

(1) 건강한 스트레스

건강한 스트레스란 생활에 활력이 되고 삶의 동기를 형성하는 데 필요한 자극이 되면서 적절히 통제되고 병을 유발하지 않는 정도의 강도와 한정된 짧은 기간의 스트레스라 할 수 있다. 스트레스에 대한 신체반응을 몇 가지 단계로 구분하였을 때 질병이 유발되지 않고 적절히 극복될 수 있는 단계까지가 건강한 스트레스 단계라고 본다. 스트레스 반응은 다음과 같이 2단계로 이루어진다.

스트레스 반응 1단계

비교적 가벼운 증상의 단계이다. 심신 상태가 최상이 아니고 활력이 떨어져 있음을 느끼는 시기로 몸이 피로하고 기분이 좋지 않은 상태가 시작된다. 이것은 우리 몸의 이상에 대한 경고와 휴식을 취하라는 신호이다. 따라서 하룻밤 숙면을 취하거나 푹 쉬고 나면 이런 피로 상태는 쉽게 회복된다. 현대인들이 느끼는 오후의 피로 정도가 여기에 속하고 이런 피로가 쉽게 회복되지 않고 다음날에도 계속된다면 어딘가 이상이 시작된 것으로 보아야 한다(셀프 워크 10-1).

스트레스 반응 2단계

가벼운 증상으로부터의 회복을 하는 단계이다. 1단계의 피로 상태 후에 충분한 휴식이나 적절한 스트레스 해소 과정을 거친 후에는 심신이 그 전보다 더 좋아지고 활력이 생기는 것을 느낄 수 있다. 평소 규칙적인 생활을 하고 운동을 통해 건강을 유지하는 것은 바로 이런 스트레스를 극복하는 신체의 회복 단계를 활성화한다는 의미다. 스트레스를 효율적으로 극복하는 사람에게는 적당한 스트레스가 심신에 건강한 자극이 되어 신체활력 증진과 동기유발에 도움이 되는 것도 바로 이런 이유 때문이다.

(2) 병적인 스트레스

스트레스 반응이 장기적으로 지속되면 긍정적인 기능을 넘어서서 적응이 되지 않아 오히려 해롭다. 스트레스 강도가 너무 세거나, 기간이 너무 길거나, 휴식을 취하지 않아서 심신의 이상반응이 나타날 때, 이를 무시하게 되면 심신의 저항력이 떨어져 병적인 스트레스로 넘어가게 된다. 이때 신체는 방어능력을 잃게 되고 심리적 에너지도 고갈되어, 각종 신체질병이나 스트레스성 정신질환이 나타날 수 있다(대한불안의학회, 2010).

전체적으로 볼 때 스트레스 반응은 종류에 따라서 단기간 지속될 때 적응에 도움이 되는 기능을 하는 것으로 볼 수 있다. 그러나 현대인들에게는 적응적이지 않은 스트레스 반응이 나타나기 쉬우며, 이것은 스트레스 관리를 통해 효과적으로 다루어져야 할 것이다.

2) 스트레스에 대한 관점

스트레스에 관한 많은 연구에 따라 스트레스를 크게 세 가지 범주로 구분할 수 있다(오세진 외, 2012). 첫째, 개인에게 주어지는 자극을 스트레스로 보는 관점이다. 이 관점에서는 스트레스를 물리적 위협이나 심리적 위협이 존재하는 환경 조건으로 정의한다(Dobson, 1982). 이러한 자극은 일상생활 속에서 개인이 접할 수 있는 객관적으로 상세히 기술될 수 있는 성질을 가지고 있다. 예를 들어 사람들과의 관계, 자연환경, 사건과 사고 등이다. 이러한 자극은 불안, 분노, 우울증을 일으키는 등 개인의 신체적·심리적 안녕을 위협한다.

둘째, 변화나 사건에 대한 우리의 생리적 반응을 스트레스로 보는 관점이다. 스트레스 사태가 발생하면 우리의 뇌에서 에피네프린이 분비되는데 수시로 스트레스 사태가 발생하게 되면 에피네프린은 과잉 분비된다. 이럴 때 혈압, 맥박, 호흡 등에 영향을 주어 과민한 신체반응이 일어난다. 이런 반응이 오래 지속되면 여러 가지 신체적 증상이 발생되고 이미 가지고 있던 질병이 더욱 악화될 수 있다(장현갑, 2010).

셋째, 스트레스를 개인과 환경(자극)과의 상호작용의 결과로 보는 관점이다. 이때 스트레스에 대한 개인의 지각, 인지 및 스트레스 대처능력이 중요한 영향을 미친다. 내가 지금 이 사건을 어떻게 지각하고 평가할 것인가에 따라 달라진다(셀프 워크 10-2). 즉, 스트레스 사건이 일어났다 해도 개인이 의미를 두지 않거나 오히려 긍정적인 해석을 한다면 스트레스라고 할 수 없다. 오직 그 사건이 개인의 안녕에 부정적인 영향을 미친다고 지각하고 대처할 수 없다고 여길 때 이를 스트레스라고 본다(정동화, 2010).

3) 스트레스에 대한 심리신체적 반응

현대 스트레스 연구의 선구자인 셀리에(Selye, 1976)는 스트레스원이 무엇이든지 유기체는 동일한 스트레스 반응을 보인다고 했으며, 그러한 스트레스 반응을 **일반적응증후군**(General Adaptation Syndrome, GAS)이라고 명명하였다. 일반적응증후군은 경고, 저항, 소진의 3단계로 구성되며, 스트레스원이 나타나면 강도 높은 스트레스 반응인 경고반응이 나타난다. 경고반응에 의해 스트레스원이 제거되지 않으면, 신체는 낮은 수준의 스트레스 반응인 저항단계로 들어간다. 저항단계에서 스트레스원에 대한 대처가 제대로 이루어지면 신체는 회복을 하게 되지만, 그렇지 않으면 신체는 소진단계를 맞게 되어 질병이 발생하며 나중에는 이것으로 인해 사망에 이르게 될 수도 있다(Blonna, 1996; Goldstein, 1990).

신체생리적 반응은 신체가 위협 상황에 맞닥뜨리면 일련의 신체반응이 일어나는 반응을 의미한다. 하지만 **심리신체 증상**(psychosomatic symptoms)은 심리적 스트레스로 인하여 나타나는 신체적으로 고통스러운 증상을 일컫는다. 연구자들은 병원을 찾는 환자의

50~80%는 스트레스와 관련된 신체질환을 겪고 있는 것으로 추정한다(Ursin, 1997). 심리신체 증상을 호소하는 환자의 대부분은 질환이 생기기 전 6개월 동안 심각한 스트레스를 경험한 사실을 볼 수 있다(Creed, 1993).

다음은 스트레스와 관련되는 대표적인 심리신체 증상이다.

- 위장장애와 소화장애 : 위통, 위산분비, 속 쓰림이나 속이 더부룩함, 변비 혹은 설사
- 근육 긴장과 근육통 : 목이나 어깨, 허리의 근육통
- 피로 : 신체적인 활동 없이 느끼는 피로나 소진감
- 두통 : 긴장과 편두통
- 피부문제 : 피부에 여드름과 기미, 주근깨가 생기고 피부가 번들거림
- 식사문제 : 음식에 대한 강박적 욕구로 인하여 폭식을 하거나 식욕을 상실함
- 불면증 : 잠에 쉽게 들지 못하거나 잠이 들더라도 쉽게 깨어남
- 심장 : 고혈압과 심장 두근거림
- 감기와 독감 : 감기나 독감에 자주 걸리거나 걸리면 잘 낫지 않음
- 천식과 알레르기 : 천식과 알레르기 증상이 점차 악화됨

2 스트레스 유발요인

인간은 다양한 원인으로 인하여 스트레스를 느낀다. 스트레스를 받게 되는 요인은 신체적 질병이나 사고를 당하는 것과 같은 부정적인 것에서부터 원하던 학교에 들어가거나 휴가를 가는 것과 같은 긍정적인 것에 이르기까지 범위가 넓고 다양하다. 여기에서는 대표적인 스트레스 유발요인인 외상적 사건, 주요 생활사건, 사소한 일상문제, 심리적 탈진, 갈등에 대해 살펴보겠다.

1) 외상적 사건

외상적 사건(catastrophe)을 겪을 때 사람들은 매우 강한 강도의 스트레스를 경험하게 된다. 외상은 트라우마(trauma)라고도 하며 너무 강력한 자극으로 인해 정신 구조가 갑자기 붕괴되거나 고장을 유발하는 현상을 의미한다(American Psychoanalytic Association,

1990). 가정 폭력, 데이트 폭력, 학교에서 집단 따돌림, 성폭행, 생명을 위협하는 사고, 전쟁이나 테러의 경험, 자연재해에 이르기까지 다양한 범위의 외상적 사건이 있다. 이러한 경험을 하면 사람들은 정신적 외상 수준의 스트레스를 받게 된다. 외상적 사건을 겪은 직후에는 사람들이 극도의 각성상태와 심한 공포 및 무력감을 경험하게 되고, 그 후에 버려진 느낌, 구조되고 싶다는 열망을 느끼게 된다. 이후에도 불안, 우울, 죄책감 등으로 오랫동안 괴로워하기도 한다. **외상후 스트레스장애**(post-traumatic stress disorder, PTSD)는 심각한 위협이나 상처를 실제로 경험하거나 그러한 일이 타인에게 일어나는 것을 목격한 후에도 계속적인 재경험을 통해 고통을 느끼며 거기서 벗어나기 위해 괴로워하는 심리적 장애이다.

2) 주요생활사건

주요생활사건(major life events)은 생활 속의 큰 변화를 의미하며 개인으로 하여금 변화에 대처하고 재적응하도록 요구한다.(Holems & Rahe, 1967). 주요생활사건에서 오는 스트레스는 사랑하는 가족의 사망이나 질병, 이혼, 실직, 자신의 심각한 질병, 친구와의 심각한 다툼이나 이성관계의 악화, 학업부진, 기대보다 낮은 성적 등과 같이 슬프고 괴로운 부정적인 사건뿐만 아니라 결혼, 아기의 탄생, 졸업, 이사, 취업, 승진 등과 같이 흔히 사람들이 기뻐하고 축하해 주는 긍정적인 사건들로 인해서도 발생한다(셀프 워크 10-3). 그 적응 과정에서 사람들은 자연히 스트레스를 받게 되며, 이로 인하여 신체적 질병을 갖게 될 확률이 높아진다.

    홈스와 라헤(Holmses & Rahe, 1967)는 **사회 재적응 평정척도**(social readjustment rating scale, SRRS)를 만들어 12개월간 일어난 모든 생활의 변화 점수를 더하여 개인의 스트레스의 양을 측정할 수 있게 하였다. 여기서 스트레스 점수는 충격의 강도를 나타낸다고 볼 수 있다. 홈스와 라헤는 지난 6개월간 경험한 주요생활사건의 스트레스 점수 총합이 300점을 넘거나 혹은 지난 1년간 경험한 주요생활사건의 스트레스 점수의 총합이 500점을 넘을 때 상당히 높은 수준의 스트레스를 경험하고 있다는 것을 나타내는 것이며, 스트레스 때문에 신체적 질병에 걸릴 확률도 높다고 보았다. 다음은 **대학생 스트레스 척도**(CUSS)이다. 이 척도의 계산법은 SRRS와는 다르며, 자신에게 일어났던 사건을 체크하고 그에 따른 스트레스 점수를 합하면 된다. 한 대학에서 심리학개론을 수강한 대학생들의 평균

표 10-1　대학생 스트레스 척도

생활사건	충격강도	생활사건	충격강도
가까운 가족의 사망	100	친한 친구와의 심한 다툼	40
친구의 사망	73	경제적 지위의 변화	39
부모의 이혼	65	전공의 변화	39
법적 구속	63	부모와의 갈등	39
심한 신체적 질병	63	학교나 직장에서의 업무증가	37
해고나 실직	50	대학(원) 첫 학기	35
중요한 과목에서의 실패	47	주거상황의 변화	31
가족의 질병이나 해	45	교사와의 심한 언쟁	30
성에 관한 문제	44	기대보다 낮은 성적	29

(Renner & Mackin, 1998)

점수는 1,247점이었고 총점 범위는 182점에서 2,571점이었다(민경환 외, 2015).

3) 사소한 일상문제

우리 속담에 '가랑비에 옷 젖는다.'는 말이 있듯이, 충격적이지는 않지만 사소한 작은 사건들이 오래 누적되어 스트레스를 유발하는 경우도 많다. 일상생활 중에서 교통체증, 지각, 소지품 분실, 친구나 가족과의 다툼, 사소한 비난을 받음, 낯선 사람으로부터 불쾌한 일을 당함 등은 비록 큰 사건은 아니지만 우리를 짜증나게 하고, 불쾌하게 만들고, 긴장하게 만든다. 사소한 일상문제에서 오는 스트레스를 측정하기 위한 심리척도는 직업, 시간압박, 건강, 친구, 대인관계, 금전문제와 같은 영역에서 개인이 직면하는 골치 아픈 일들을 측정한다. 연구에 의하면 일상의 작은 골치 아픈 문제가 많을수록 부정적인 기분에 빠져들게 되고 스트레스를 강하게 느끼게 되며, 그에 따라 신체적 질병에 걸릴 확률이 높아진다.

반면 일상에서 경험하는 작은 일들 때문에 기쁨과 즐거움, 그리고 만족스러움을 느끼게 되는 경우도 있다. 매일 일상에서 경험하는 기분을 상승시키는 기쁜 일들은 화나 우울과 같은 부정적인 기분 상태에서 벗어나게 해주며, 삶을 보다 더 생산적으로 살아갈 수 있게 하는 힘을 공급해 준다. 적응수준 이론(adaptation level theory)은 사소한 일상문제가 오히려 스트레스를 지속적으로 느끼게 해주는 원인이 된다는 것을 설명해 주는 이론이다. 이 이론에 따르면 사람들이 아주 좋은 일을 경험할 때 크게 기뻐하지만, 곧 그것에 적응하여 자신의 행운을 당연시하게 되고 그에 따라 기쁨이 감소하게 된다는 것이다. 미국의 심리학자들이 1등으로 복권에 당첨된 수백 명의 사람들을 인터뷰한 결과, 복권에 당첨된 후 대략 1년 동안은 커다란 기쁨을 느끼지만 시간이 갈수록 그 행복의 강도는 약해져서 마침내 복권에 당첨되기 전과 똑같은 상태가 되었음을 발견하였다(Diener & Diener, 1996). 이와 같이 사랑하는 연인과 결혼하는 것, 새 차를 구입하는 것, 원하는 회사에 취업하는 것, 오랫동안 준비하고 기다려 온 큰 집으로 이사하는 것과 같이 매우 기분 좋은 일들은 잠시 동안 기쁨을 줄 수는 있지만, 지속적인 기쁨을 보장해 줄 수는 없다. 따라서 오래 지속되는 기쁨은 어떤 대단하거나 특별한 일이 아니라 매일매일 일상에서 경험하는 사소한 일들이 가져다주는 것이다(윤가현 외, 2005)

4) 심리적 탈진

심리적 탈진(psychological burnout)은 간호사, 교사, 종교인, 사회복지사, 상담가, 변호사, 경찰관, 기업체 간부, 교사 등과 같이 강도 높은 대인관계 서비스업에 종사하는 사람들에게서 많이 나타나는 현상이다. 예를 들어 하루 종일 많은 고객을 상대하는 고객상담센터 직원은 고객들의 요구와 불평을 계속 들어 줘야 한다. 이렇게 기쁨과 만족을 서로 주고받는 관계가 아닌, 일방적으로 어느 한쪽에서 도움과 관심을 베풀어야 하는 대인관계 서비스업에 종사하는 사람들은 신체적으로나 정서적으로나 지치고 피곤하여 에너지가 고갈되고 자신의 일에 열정과 집중력이 떨어지게 되는 심리적 탈진에 빠지게 될 확률이 높다(윤가현 외, 2012). 최근에는 대형 회사들이 감정노동자들을 언어폭력으로부터 지키기 위해 전화를 끊을 권리를 도입하고 있다. 즉, 폭언과 욕설, 성적인 발언 등을 했을 때 2회의 경고 후에 상담사가 먼저 전화를 끊어도 된다(조선일보, 2017). 대인관계 서비스에 종사하는 사람들은 자신이 심리적 탈진에 빠지지 않기 위해 자기 자신을 돌보는 일에 특별히 신경을 써야 한다.

5) 갈등

스트레스를 일으키는 자극은 외부에만 있는 것이 아니고 내적 갈등에 의해서도 일어난다. 즉, 개인 내부에서 상반되는 두 개의 욕구는 갈등을 느끼게 하고, 그 갈등은 스트레스의 원인이 된다. 갈등은 한 가지 목표를 만족시키기 위해서는 어쩔 수 없이 다른 한 가지를 포기해야만 하는 상황에서 발생한다. 내부에서 일어나는 갈등은 선택을 해야 하는 상황에서 좌절, 분노, 불안, 염려 등으로 이어지며, 이때 소모되는 에너지에 의해 스트레스를 경험하게 된다(김정희, 2010). 성숙한 사람은 자신이 무엇을 원하는지를 알고 자신이 선택한 결정에 대해서 책임을 질 줄 알며 힘든 상황에서 피하지 않고 용기를 내어 대처할 수 있다. 그렇지 못하면 갈등 속에서 어느 하나를 선택하지 못하고 우유부단하게 시간을 보내거나 아무것도 하지 못하게 될 수도 있다.

갈등은 몇 가지 유형으로 구분할 수 있다. 욕구와 압력에 따라 갈등 유형에 따르면, 서로 다른 내적 욕구 간의 갈등, 서로 다른 외적 압력을 받을 때 경험하는 갈등 그리고 내적 욕구와 외적 압력이 상충할 때의 갈등 등으로 나누어 볼 수 있다. 예를 들어 아버지와 어머니가 자녀에게 서로 다른 전공을 선택하기를 원할 때 자녀는 서로 다른 외적 압력에서 오는 갈등상황에 빠진다. 또한 자녀가 원하는 직장이 부모님의 기대와 다를 때 자녀는 내적 욕구와 외적 압력에 의한 갈등상황을 느낀다.

이 외에도 접근 경향과 회피 경향에 따라 갈등 유형을 구분할 수 있다. 여기에는 접근－접근 갈등, 회피－회피 갈등, 접근－회피 갈등 그리고 이중 접근－회피 갈등 등이 있다(Lewin, 1935).

접근－접근 갈등은 같은 정도의 긍정적 힘을 가진 두 가지 목표 사이에서 선택을 해야 할 때 생기는 갈등이다. 재미있는 TV 프로그램을 시청하는데 가족이 자신이 좋아하는 외식을 하러 가자고 할 때와 같이 긍정적 목표들 사이에 느끼는 가벼운 갈등이다. 이런 종류의 갈등은 그중에 한 가지를 선택하고 나면 나머지 하나의 유인가는 사라지게 되므로 쉽게 해결될 수 있다.

회피－회피 갈등은 같은 정도의 부정적인 힘을 가진 두 가지 목표 사이에서 선택을 해야 할 때 생기는 갈등이다. 시험공부는 하기 싫은데 유급이 되는 것도 싫을 때와 같은 상황에서 생기는 갈등이다. 어느 쪽도 바라지 않지만 반드시 하나는 선택해야 한다. 이런 유형의 갈등은 둘 다 원하는 것이 아니기 때문에 접근－접근 갈등처럼 쉽게 해결되지 않는다.

접근－회피 갈등은 어떤 한 목표가 동시에 긍정적 가치와 부정적 가치를 가지고 있을 때 겪는 갈등이다. 어린아이가 예쁜 강아지를 보고 가까이 가서 만지고 싶지만 물릴까 봐 두려워 접근하지 못하는 것이 그 예이다. 이 경우 매우 심각한 갈등을 경험할 수 있는데, 그 목표에 접근하면 할수록 부정적인 유인가도 높아지기 때문이다.

이중 접근-회피 갈등은 일상생활에서는 단순한 접근-회피 갈등보다는 두 개의 목표가 긍정적 유인가와 부정적 유인가를 동시에 가지고 있는 경우가 더 많다. 직장을 옮긴다든지, 배우자를 선택할 때 등 이중 접근-회피 갈등 상황은 얼마든지 있다. 예컨대 젊은 여성에게 두 명의 배우자 후보가 있는데, 그중 한 사람은 돈은 많은데 외모가 매력적이지 않고, 다른 한 사람은 미남이지만 능력이 없다면 두 사람 중 하나를 선택하는 데 심각한 갈등을 경험하게 될 것이다.

3 스트레스 지각에 영향을 주는 요인

같은 스트레스 상황에서 같은 스트레스를 받아도 사람마다 반응은 다르다. 스트레스에 특히 강인한 사람이 있고 취약한 사람이 있다. 이는 스트레스의 영향을 조절하거나 완화시켜 주는 요인들이 작용하고 있음을 의미한다. 스트레스 조절변인이란 스트레스 요인과 그로 인해 발생하는 스트레스 결과 간의 연관성에 영향을 미치는 변인을 말한다. 예를 들어 청년이 스트레스를 받더라도 가족, 친구, 동아리 등으로부터 사회적 지지를 받는다면 스트레스 자극이 완충되어 스트레스가 덜 위협적으로 느껴질 수 있다. 여기서 사회적 지지가 조절변인이 된다. 그렇다면 스트레스 지각에 영향을 주는 조절변인들이 무엇이 있는지 살펴보도록 하자.

1) 심리적 강인성

심리학자 코바사(Kobasa, 1979)는 심리적 강인성(psychological hardiness)을 가진 사람이 스트레스를 위협적인 것으로 보지 않고 오히려 의욕이 생겨서 삶을 적극적으로 살아가는 것을 발견하였다. 이와 같이 심리적 강인성이란 스트레스에 잘 견디는 성격특성을 말한다. 심리적 강인성에는 몰입감(commitment), 통제(control), 도전(challenge)의 3C의 특징이 있다.

조절변인

스트레스원 ──────────────▶ 스트레스 결과

그림 10-2 스트레스 조절변인의 기능

　심리적 강인성을 가진 사람은 스트레스를 도전(challenge)으로 보며 문제를 회피하지 않고 성장의 기회로 보고 의욕을 가지고 변화를 도모하고 활동에 직면하려고 한다. 그리고 삶 속에서 일어나는 사건들을 적절하게 통제(control)할 수 있다고 여기며, 가정·학교·직장 등에서 자신이 해야 할 일들에 적극적으로 참여하여 몰입(commitment)한다.

　심리적 강인성을 가진 사람은 스트레스 상황을 극복해야 할 도전으로 지각하고 스트레스 관리에 능동적으로 대처한다. 예를 들어 심리적 강인성을 지닌 대학생의 경우 중요한 시험 상황에서 스트레스를 많이 받게 될 때 시험을 자신의 실력과 역량을 보여줄 수 있는 도전의 기회로 생각하고 사전에 미리 시험 준비에 몰두함으로써 그 상황을 적극적, 능동적으로 통제하는 대처전략을 사용한다(Quick et al., 1997).

2) 낙관성/비관성

낙관성(optimism)은 자신의 인생에서 좋은 일이 일어날 것이라는 기대와 환경의 방해가 있더라도 미래에 성공적인 결과가 있을 것이라고 믿는 정도를 말한다(Carver & Scheier, 1994, 1998). 이와 반대로 비관성은 일이 잘 안 될 것이라고 기대하는 것을 말한다. 낙관성은 개인의 부적응문제를 완화시키는 중요한 요인으로, 일반적으로 낙관적인 사람들이 비관적인 사람들에 비해 심리신체적인 반응이 더 적응적이라고 한다. 낙관적인 대학생들은 비관적인 대학생들에 비해서 만성적인 분노 수준 및 분노에 대한 억제 정도가 낮으며, 지각된 스트레스 수준과 불안 수준이 낮은 것으로 보고된다(이희경, 2008). 연구에 의하면 낙관성과 문제해결 노력에는 정적 관계가 있음이 나타났다. 즉, 낙관주의자들은 적극적이며 능동적으로 행동하고, 스트레스 상황에서 계획적인 방법으로 문제를 해결하려고 한다. 이들은 통제할 수 없다고 느끼는 상황에서는 수용과 긍정적인 재해석을 통해 스트레스에 잘 대처하는 것으로 나타났다(Scheier, Weintaub, & Carver, 1986).

3) A유형/B유형 성격

성격요인도 스트레스 지각과 관련이 있다. A유형 성격(Type A Behavior)은 극도의 경쟁심, 성공지향, 성급함, 과잉흥분, 시간의 긴박함, 완벽주의, 경쟁적 성취욕, 관여와 책임에 대한 압박감, 낮은 자존심 등을 나타낸다. 이러한 A유형 성격은 스트레스에 매우 취약성을 보인다. A유형 성격과 비교하여 B유형 성격은 여유 있고 느긋하고 편안하며 이완된 행동을 한다. 그러므로 B유형 성격은 A유형 성격에 비해 스트레스를 덜 받는다. 프리드먼과 로젠만은 심장질환 병력이 있는 환자를 면담한 후 그 성격유형을 A, B유형으로 분류하였는데, 관상동맥질환이 있는 70%가 A유형 성격에 속하였다(Friedman & Rosenman, 1959). 여러 다른 연구들은 A유형 성격을 비롯한 성격 요인이 스트레스의 민감성과 관련이 크고, 스트레스 과정에서 중요한 조절변인으로 작용하고 있다는 것을 지지한다(셀프 워크 10-4).

4) 사회적 지지

사회적 지지(social support)는 전반적인 스트레스를 완화시켜 주고, 스트레스에 대한 대처 및 극복 과정에도 긍정적인 영향을 미친다. 사회적 지지란 개인이 사회적 관계망에 있는 다른 사람으로부터 제공되는 다양한 형태의 도움과 원조를 의미한다. 개인이 스트레스 사건을 겪을 때 주변의 의미 있는 사람들로부터 물질적·심리적 도움, 즉 친밀감, 인정과 애정, 소속감, 돌봄과 보살핌, 정보제공, 물질적 도움과 지원 등을 받으며 스트레스 상황에 적응해 나갈 수 있다. 이러한 사회적 지지를 줄 수 있는 원천은 주로 가족, 친한 친구, 동료, 교사 등이며, 이들은 어려움이 있더라도 이겨낼 수 있는 힘을 제공해 주고 자존감과 안정감을 유지시켜 준다(권석만, 2013). 예를 들어 한 청년이 대학생활의 어려움을 겪고 있는데 가족과 소속 집단에서의 소외, 친구의 부족, 도움을 요청하고 상의할 사람의 부재, 경제적 어려움 등의 상태에 있다면 스트레스가 매우 가중될 수 있다.

    사회적 지지를 받는 사람들은 자신이 돌봄을 받고 있고, 사랑과 존중을 받으며, 가치 있는 사람으로 평가받고 있으며, 호혜적인 관계에 있다고 생각한다. 사회적 지지에 대한 기대감은 개인이 스트레스 상황에 있을 때 부정적인 정서를 완화시키면서 문제해결을 하도록 돕거나 미래에 대한 낙관적인 기대를 하게 해준다. 과거에는 외로움이나 사회적 지지의 부족이 스트레스로 인한 신체질환을 야기한다고 생각하지 않았다. 하지만 최근에는 스트레스를 감소시키고 스트레스와 관련된 신체질환을 예방하는 데 사회적 지지의 역할이 더욱 강조되고 있다(윤가현 외, 2012).

4 스트레스 대처

대처(coping)란 스트레스 문제를 또는 스트레스와 관련된 감정들을 관리하기 위하여 하는 생각이나 행위를 말한다. 사람은 여러 가지 대처전략을 사용하는데, 이런 대처 노력을 통해 사회나 환경이 원하는 요구를 다루며 그 요구를 충족시키기 위한 동기를 갖게 되고, 심리적 평형 상태를 유지할 수 있게 된다. 일반적으로 스트레스 대처방법은 문제중심적 대처와 정서중심적 대처로 나눌 수 있다.

1) 문제 중심적 대처와 정서 중심적 대처

스트레스를 다루는 두 가지 주요 대처법의 특징과 적용에 대해 알아보기로 하자. 먼저 문제 중심적 대처(problem-focusd coping)는 스트레스를 일으키는 상황을 평가하고 그것을 변화시키기 위하여 어떤 일을 하는 것을 말한다. 즉, 위협적이거나 도전적인 환경을 수정하기 위하여 할 수 있는 것들이 있다고 평가하고 그 조건들을 변화시킬 수 있다고 생각하고 변화를 위한 개입을 할 때 문제 중심적 대처를 한다고 본다. 반면 정서 중심적 대처(emotion-focused coping)는 스트레스를 일으키는 상황을 직접 다루기보다는 그 당시에 경험하는 정서적 고통을 조정하여 삶과 환경의 관계에 변화를 가져오도록 한다. 일반적으로 정서 중심적 대처는 스트레스를 주는 환경을 변화시키기 위해 자신이 할 수 있는 것이 아무것도 없다는 평가를 내릴 때 일어날 가능성이 많다.

문제 중심적 대처(problem-focusd coping)는 합리적인 대처방법으로서, 스트레스를 일으키는 상황을 평가하고 그것을 변화시키기 위하여 실질적인 노력이 요구된다. 문제 중심적 대처를 할 때는 문제를 규정하고 대안적 해결책을 만든다. 여러 대안 중에서 이득과 부담의 관점에서 그 대안들을 저울질해 보고, 선택하고, 실천에 옮긴다. 문제 중심적 대처의 대표적인 방법으로 체계적인 문제해결이 있다. 체계적인 문제해결은 문제가 무엇인지 정의하고, 무엇을 할 수 있는지 정보를 수집하고, 그중 하나를 선택하고, 행동하는 것 등을 포함하는 과정이다. 이때 선택하게 되는 행동에는 감정과 의사의 표현, 문제의 분석, 문제해결적 대화, 자기주장이 포함된다.

정서 중심적 대처는 상황 그 자체를 변화시키기보다는 그 상황에서 경험하는 정서적 고통을 감소시키는 노력을 의미한다. 스트레스를 상기시키는 상황이나 생각을 일시적으로 피하고 긍정적인 마음을 유지하려고 한다. 사건의 긍정적 의미를 찾아내는 것도 정서 중심의 대처의 한 예이다. 정서 중심의 대처는 마음의 괴로움을 덜기 위해서 운동을 한다든지, 술 마시기, 분노 발산하기, 명상, 이완훈련과 심상훈련, 정서적 지지 구하기 등의 행동적 전략으로 나타날 경우도 있다.

일반적으로 문제 중심적 대처는 스트레스 해소나 문제해결에 효과적인 방법이며, 정서 중심의 대처는 문제를 잠시 잊게 해줄 수는 있지만 근본적인 해결책은 아닌 것으로 간주된다. 하지만 모든 상황과 모든 사람에게 문제 중심적 대처가 더 좋고 정서 중심적 대처는 나쁘다는 이분법적 발상은 위험하다. 도리어 두 대처법은 스트레스 대처 과정에서 서로를 촉진하는 작용을 한다고 할 수 있다. 예컨대 문제 중심적 대처행동을 하기 전에 자신의 정서를 통제할 필요성을 느낄 수 있으며, 그 반대로 정서를 조절하기 위한 전략으로 문제 중심적 해결행동을 먼저 할 수 있는 것이다.

실연을 당한 학생을 생각해 보자. 이 학생에게는 문제 중심적 대처와 정서 중심적 대처가 모두 필요하다. 즉, 실연으로 인한 마음의 상처를 아물게 하기 위해서는 술을 마시며 실연의 아픔을 잠시 잊어 본다든지, 마음을 정리하기 위하여 여행을 떠난다든지, 친구를 만나 위로를 받는 등의 정서 중심적 대처가 필요할 수 있다. 동시에 학생의 직분에 충실하여 수업에 참여하고 시험에 대비하여 공부를 하고, 앞으로 만날 새로운 이성 친구와 관계를 잘 유지하기 위한 전략을 세워 보는 문제 중심적 대처도 필요한 것이다. 만약 정서 중심적 대처 방식으로만 대응하게 되면 스트레스를 잠시 잊을 수는 있지만 실질적인 스트레스 해소나 문제해결은 멀어질 수도 있다. 마찬가지로 문제 중심적 대처 방식으로만 대응하게 되면 상처가 크게 느껴져 수업 참여나 시험 때 집중이 잘되지 않고 그 과정이 매우 힘겹게 느껴질 수 있다(그룹 워크 10-1).

2) 효과적인 대처를 위한 지침

문제 중심적 대처를 사용하든 정서 중심적 대처를 사용하든 간에 스트레스를 관리하는 효과적인 방법은 다음과 같다(김정희 2010).

첫째, 스트레스를 관리하기로 결정한다. 바라는 것과 결정하는 것은 다르다. 달라지기를 바라지만 결정하지 않으면 우리가 생각하는 결과는 나오지 않는다. 진정으로 스트레스에서 벗어나기를 원한다면 변화하기로 결정하는 것으로 태도가 바뀌어야 한다.

둘째, 연습을 한다. 결심을 했다면 스트레스 관리방법에 대해 배운 것을 적용해야 한다. 그리고 연습을 통해서 구체적으로 활동을 하여서 스트레스 상황을 만났을 때 습득한 방법을 활용할 수 있어야 한다.

셋째, 활동 계획을 세운다. 스트레스 관리방법을 배운 후에 실생활에서 그것을 활용해 봐야 한다. 개인의 일상생활에서 스트레스 관리방법들을 어떻게 활용할 수 있을지 생각해 보고 필요한 활동계획을 세워서 활용하도록 해본다.

넷째, 각 상황에서 어떤 방법이 유용할지 판단한다. 스트레스를 다루는 모든 방법이 모든 사람과 상황에 적용되는 것은 아니다. 언제 어떤 방법을 어떤 식으로 사용할지를 스스로 판단해서 선택해야 한다. 예를 들면 불확실성 때문에 받는 스트레스가 있을 때 그것을 견디는 방법과 감소시키는 방법이 있다. 하지만 때로는 불확실성을 감소시키지 못할 상황도 있는데, 그런 경우에는 불확실성을 감소시키려 하기보다는 견디는 법을 배우는 것이 더 유용할 수 있다.

핵심요약

- 스트레스는 우리의 생존을 도와주는 중요한 반응으로 인간의 삶에 도전을 주기도 하지만 삶의 활력과 동기를 형성하는 자극이 되기도 한다. 하지만 병적인 스트레스는 심신의 저항력을 떨어뜨리고 에너지를 고갈시키므로 경고의 신호를 잘 인식해야 한다.
- 스트레스에 대한 관점으로는 개인적 자극, 생리적 반응, 개인과 환경의 상호작용의 결과로 보는 세 가지 범주가 있다.
- 스트레스 유발요인은 외상적 사건, 주요생활사건, 사소한 일상문제, 심리적 탈진, 갈등 등이 있다.
- 사람마다 같은 스트레스라도 그 스트레스를 조절해 주는 변인에 따라 다르게 지각한다. 그러한 조절변인으로는 심리적 강인성, 낙관성, A/B유형 성격, 사회적 지지 등이 있다.

- 스트레스 대처로는 문제 중심적 대처와 정서 중심적 대처가 있다.
- 효과적인 대처를 위한 지침으로는 스트레스를 관리하기로 결정하고 연습하기, 활동 계획 세우기, 각 상황에서 어떤 방법이 유용할지 판단하기 등이 있다.

참고문헌

권석만(2013). 현대이상심리학. 서울 : 학지사.

김정희(1995). 스트레스 평가와 대처의 정서적 경험에 대한 관계. 한국심리학회지 : 상담과 치료, 7, 44-69

김정희(2010). 스트레스 다스리기. 서울 : 학지사.

대한불안의학(회 2010). 스트레스가 내 몸을 살린다. 서울 : 가림출판사.

오세진 외.(2012) 인간행동과 심리학. 서울 : 학지사.

윤가현 외.(2012) 심리학의 이해. 서울 : 학지사.

이희경(2008). 낙관성/비관성, 문제해결평가 및 정적/부적 감정 간의 관계 검증. 한국심리학회지 : 건강, 13(3), 603-624.

장석진 외(2004). 자살을 생각한 학생들과 그렇지 않은 학생들의 스트레스원과 대처방식 비교. 연세상담연구, 20

장현갑(2010). 스트레스는 나의 힘 : 이완반응과 마음챙김을 통한 성공적인 스트레스 관리. 서울 : 불광 출판사.

정동화(2010). 심리사회적 스트레스. 한국학술정보.

조선일보(2017. 8. 14). http://biz.chosun.com/site/data/html_dir/2017/08/13/201708130 1709.html

American Psychoanalytic Association(1990). *Psychoanalytic terms and concepts.* 이재훈 공역 (2002). 서울 : 한국심리치료 연구소.

Carver, C. S., & Scheier, M. F.(1994). Situational coping and coping dispositions in a stressful transation. *Jounal of Personality and Social Psychology, 66.* 184-195.

Carver, C. S., & Scheier, M. F.(1998). *On the self-regulation of behavior.* New York : Cambrige University Press.

Cohen, S., Kamarck, T., & Mermelstein, R.(1983). A glober measure of perceived stress. *Journal of Health and Social Behavior, 24,* 385-396.

Creed, F.(1993). Stress and psychosomatic disorder. In L. Goldberger & S. Breznits) Eds. *Handbook of stress : Theoretical and clinical aspects (2nd ed.).* New York : Free Press.

Dobson, C. B.(1982). *Stress-The hidden adversary* England Lancaster : MTP Press Ltd.

Diener, E., & Diener, C.(1996). Most people are happy. *Psychological Science, 7,* 181-185.

Friedman, M. & Rosenman, R.(1959). Association of specific overt behavior pattern with blood and cardiovascular findings. *Journal of the American Method Association, 169,* 1286-1296.

Goldstein, D. S.(1990). Neurotransmitters and stress. *Biofeedback and Self-Regulation, 15,* 243-271.

Holmes, T. H., & Rahe, R. H.(1967). The social readjustment rating scale. *Journal of Psychosomatic Research, 11,* 203-218.

James, W. M. (1992). 스트레스에 대처하는 방법[*Coping with Stress : A Guide to Living*]. (김정희 역). 서울 : 성원사.

Kobasa, S. C.(1979). Stressful life event, personality, and health : An inquiry into hardiness. *Personality and Social Psychology, 37,* 1-11.

Lewin, K.(1935). *A dynamic theory of personality.* New York : McGraw-Hill.

Lazarus, R. S.(1991). Progess on a cognitive-motivation-relational theory of emotion. *American Psychologist, 46,* 819-834.

Quick, J. C., Quick, J. D. & Nelson, D. L. & Hurrel, J. J.(1997). *Preventative stress management in organizations.* Washington, DC : American Psychological Association.

Schacter, D. L., Gilbert, D. T., Wegner, D. M., & Nock, M. K.(2017). 심리학 입문 [Introducing psychology]. (민경환 공역). 서울 : 시그마프레스.

Scheier,M. F., Weintaub, J. K., & Carver, C. S.(1986). Coping with stress : Divergent strategies of optimists and pessmists. *Jounal of Personality and Social Psychology, 51,* 1257-1264.

Selye, H.(1976). *The stress of life* (Revised Ed.). New York : McGraw Hill.

Ursin, H.(1997). Sensitization, somatization, and subjective health complaints. International *Journal of Behavioral Medicine, 4,* 105-116.

[10-1] 스트레스 경고신호 다음의 증후 가운데 내가 스트레스를 받았을 때 가장 잘 나타나는 증후가 무엇인지 모두 체크해 보자. 체크된 것들이 바로 나의 경고신호이다.

영역별 증후	경고신호
신체증후	두통, 소화불량, 요통, 복통, 손바닥의 땀 분비, 수면 곤란, 현기증, 목이나 어깨가 뻣뻣해짐, 심장의 두근거림, 안절부절못함, 피로감, 이명
행동증후	흡연의 증가, 수면 중 이빨 갈기, 거드름 피움, 음주 과다, 강박적인 껌 씹기, 강박적인 음식 먹기, 남을 비난·비판하는 태도가 늘어남, 하던 일을 끝내지 못함
정서적 증후	자주 울기, 소심해지고 불안함, 권태감, 매사가 귀찮음, 폭발 직전의 위기감, 변화하고 싶은 의욕의 상실, 압박감에 사로잡힘, 분노감, 외로움, 이유 없는 불행감, 쉽사리 동요
인지증후	명쾌하게 사고하기 어려움, 결정을 못 내림, 건망증, 창의성의 결여, 기억상실, 가출하고 싶은 생각, 걱정의 지속, 유머감의 상실

(장현갑, 2010)

[10-2] 지각된 스트레스 척도(Perceived Stress Scale) 각각의 문항을 잘 읽고 지난 한 달 동안 여러분이 경험한 것을 기억하여 자신과 가장 일치하는 것을 골라 표시해 보자.

문항	전혀 없음	거의 없음	가끔 있음	자주 있음	매우 자주 있음
1. 뜻하지 않은 일이 생겨서 당신이 계획했던 일이 잘못되어 속상했습니까?	1	2	3	4	5
2. 삶의 중요한 일들을 통제할 수 없다고 느꼈습니까?	1	2	3	4	5
3. 긴장되고 스트레스를 받는다고 느꼈습니까?	1	2	3	4	5
4. 개인적인 문제를 다루는 자신의 능력에 대하여 확신과 자신감을 느꼈습니까?	5	4	3	2	1
5. 얼마나 일들이 당신의 뜻대로 잘되고 있다고 느꼈습니까?	5	4	3	2	1

(계속)

문항					
6. 당신은 해야 하는 모든 일을 제대로 잘 처리하지 못하였습니까?	1	2	3	4	5
7. 짜증나고 화나는 일을 잘 통제할 수 있었습니까?	5	4	3	2	1
8. 당신이 일처리를 참 잘한다고 느꼈습니까?	5	4	3	2	1
9. 당신이 통제할 수 없는(어쩔수 없는) 일들 때문에 화가 났습니까?	1	2	3	4	5
10. 어려운 일들이 산더미처럼 쌓여서 도저히 극복할 수 없다고 느꼈습니까?	1	2	3	4	5

문항 1·2·3·6·9·10번은 전혀 없음 = 0, 거의 없음 = 1, 가끔 있음 = 2, 자주 있음 = 3, 매우 자주 있음 = 4점으로 계산하시오.

문항 4·5·7·8번은 전혀 없음 = 4, 거의 없음 = 3, 가끔 있음 = 2, 자주 있음 = 1, 매우 자주 있음 = 0점으로 계산하시오.

나의 점수는? _____점

[스트레스 척도의 총점에 대한 해석]

총점	스트레스 지각 수준	건강을 염려해야 할 수준
0~7점	평균보다 아주 낮음	매우 낮음
8~11점	평균보다 조금 낮음	낮음
12~15점	평균 수준	평균
16~20점	평균보다 조금 높음	높음
21점 이상	평균보다 아주 높음	매우 높음

(Cohen, 1983; 윤가현 외, 2012)

채점 후 드는 생각은 무엇인가? _____

_____

_____

_____

[10-3] **일상생활의 스트레스** 자신의 일상에서의 스트레스는 어느 정도인지 살펴보도록 한다.

문항마다 오늘을 포함하여 지난 1주일 동안 당신에게 얼마나 걱정거리가 되었는지를 골라 해당되는 번호 칸에 체크해 보자.

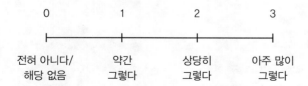

	내용	0	1	2	3
1	부모				
2	형제자매				
3	일가친척				
4	가족과 보내는 시간				
5	가족의 건강이나 복지				
6	성문제				
7	친교(애정표현)				
8	가정과 관련된 의문				
9	친구(들)				
10	선배나 교수				
11	내가 하는 일의 종류				
12	내가 하는 일의 양				
13	일의 마감 시간이나 목표				
14	생활비(예 : 음식, 옷, 주거, 보건비 등)				
15	교육비				
16	비상금				
17	여가비용(여흥비, 휴가비, 오락비 등)				
18	운동				
19	신체적 용모				

(계속)

20	의료적 도움(예 : 병원, 약국 등)				
21	나의 건강				
22	체력				
23	이웃				
24	보도된 사건(뉴스)				
25	환경(예 : 교통, 공기, 소음)				
26	정치적 혹은 사회적 문제				
27	비축(예 : 가스, 물, 석유나 연탄)				
28	식사준비				
29	집안일(예 : 청소, 빨래 등)				
30	집안에서의 여가(예 : TV, 음악, 독서 등)				
31	집안관리(예 : 집수리, 화초관리 등)				
32	자유시간				
33	집 밖에서의 여가(예 : 영화, 스포츠, 의식 등)				
34	식사(집에서)				
35	가입단체나 모임				
36	사회적 참여				

표시한 항목 중에서 가장 점수가 많은 순서대로 두 가지를 써보자.

A. 가장 큰 걱정거리의 번호 : _____

B. 두 번째로 큰 걱정거리의 번호 : _____

(김정희, 1995)

[10-4] A유형 성격 검사 왼쪽과 오른쪽 문항을 잘 읽어 본 후 자신에게 더 가까운 특성의 정도를 1점에서 7점까지의 척도 중에서 표시한다. 그리고 각 문항의 점수를 합하여 총점을 낸다.

1	일을 끝내지 않은 상태로 남겨두는 것을 개의치 않는다.	1	2	3	4	5	6	7	일단 일을 시작하면 반드시 끝낸다.
2	침착하고 서두르지 않는다.	1	2	3	4	5	6	7	약속에 결코 늦지 않는다.
3	경쟁적이지 않다.	1	2	3	4	5	6	7	매우 경쟁적이다.
4	다른 사람의 말을 잘 듣고 끝마칠 때까지 기다린다.	1	2	3	4	5	6	7	대화에서 다른 사람의 말을 앞지른다.
5	재촉할 때까지 서두르지 않는다.	1	2	3	4	5	6	7	항상 서두른다.
6	침착하게 기다릴 줄 안다.	1	2	3	4	5	6	7	기다리고 있을 때는 항상 초조해한다.
7	일을 쉽게 처리한다.	1	2	3	4	5	6	7	언제나 전력을 다해 일에 임한다.
8	한 번에 한 가지씩 처리한다.	1	2	3	4	5	6	7	한 가지 이상의 일을 하고 다음엔 무엇을 할까 항상 생각한다.
9	다른 사람보다는 자신을 만족시키는 일에 집착한다.	1	2	3	4	5	6	7	일이 잘되게 하기 위해서 타인의 인정을 받기 원한다.
10	일을 천천히 한다.	1	2	3	4	5	6	7	일을 빨리 한다(식사, 걸음, 기타).
11	쉽고 유유하게 산다.	1	2	3	4	5	6	7	바둥거리며 산다.
12	감정을 그대로 표현한다.	1	2	3	4	5	6	7	감정을 표현하지 않는다.
13	여러 가지 다양한 흥미와 관심을 가지고 있다.	1	2	3	4	5	6	7	일 외에는 별로 흥미가 없다.
14	직업에 만족하고 있다.	1	2	3	4	5	6	7	야심이 많고 직장에서 급속도로 승진하기를 바란다.
15	마감시간을 따로 정해 놓지 않는다.	1	2	3	4	5	6	7	스스로 마감시간을 정해 놓는다.
16	한정된 만큼의 책임감만 느낀다.	1	2	3	4	5	6	7	언제나 관여하는 모든 일에 전적으로 책임감을 느낀다.

(계속)

셀프
워크
10

| 17 | 일의 결과를 판단할 때 양적으로만 하지 않는다. | 1 | 2 | 3 | 4 | 5 | 6 | 7 | 수행 정도를 판단할 때 항상 양적으로 한다. |
| 18 | 직무에 대해서 그다지 심각하게 생각하여 대하지 않는다. | 1 | 2 | 3 | 4 | 5 | 6 | 7 | 일을 심각하게 받아들이고 세세한 부분에도 신경을 쓴다. |

나의 점수는? _____

[해석] 위 질문의 합계 점수를 다음의 표를 보고 해석해 본다.

합계점수	성격 유형	심장질환에 걸릴 위험
100~140	타입 A1	매우 높다
80~99	타입 A2	높다
60~79	타입 A3	중간
30~59	타입 A4	낮다
0~29	타입 A5	매우 낮다

(정동화, 2010)

[10-5] **호흡하기** 하던 일을 멈추고, 깊은 호흡을 몇 번 들이키면서 몸을 살펴보자.

혹시 몸의 어떤 부위에 긴장감이 느껴집니까? 신체의 자세는 어떠합니까?

마음속에 일어나고 있는 생각을 한번 살펴보십시오.

스트레스 경고신호 중 어떤 증후들이 주로 느껴집니까?

그런 증후들이 지난 몇 달 동안 지속되었습니까?

(장현갑, 2010)

[10-1] **스트레스 해소 방법** 나는 지금 스트레스 해소를 위해 어떤 방법을 활용하고 있는가? 그 방법의 적절성을 검토하고 보다 나은 방법을 계획해 보자.

스트레스 해소를 위해 어떤 방법을 활용하고 있나?	
그 방법은 적절한가?	
보다 나은 방법은 무엇일까?	

[10-2] **스트레스 대처능력** 자신에게 스트레스 주는 상황 하나를 선택해 보자. 편안한 자세에서 눈을 감고 자신이 이 상황에 처해 있다고 상상해 본다. 몇 분 동안 그 상황에 관해 상상하면서 가능한 한 생생하게 그 상황을 경험해 본다. 그리고 그 상황에 대한 자신의 느낌에 집중해 본다. 그때의 분노, 불안, 좌절을 음미해 보자. 자신이 얼마나 그 상황을 싫어하며, 일이 일어나지 않기를 얼마나 바랐는지 생각해 본다.

그리고 초점을 바꾸어 본다. 상황 자체를 해결해야 할 문제라고 생각하기 시작해 보자. 이 어려움의 원인은 무엇인가? 나 자신이 변해야 할 것은 무엇인가? 이 상황을 다루기 위해 내가 사용할 수 있는 자원은 무엇인가? 이 문제를 해결하는 데 도움이 되는 방법은 무엇이며, 각 방법의 장단점은 무엇인가? 자신이 선택한 각 상황에 대하여 이 절차를 되풀이해 본다.

질문	내용
스트레스 상황의 원인은 무엇인가?	

그룹
워크
10

나 자신이 변해야 할 것은 무엇인가?	
스트레스 상황을 다루기 위해 내가 사용할 수 있는 자원은 무엇인가?	
문제를 해결하는 데 도움이 되는 방법은 무엇이며, 각 방법의 장단점은 무엇인가?	

[10-3] **스트레스 조절변인** 나의 스트레스 조절변인을 체크해 보자.

스트레스 조절변인	나는 어느 정도의 스트레스 조절변인을 가지고 있는가? 스트레스를 완화시키는 조절변인을 강화시키려면 어떤 것들을 하면 좋을까?
심리적 강인성	
낙관성	
A유형/B유형 성격	
사회적 지지	

[10-4] **스트레스와 성장에 대한 질문** 스트레스를 다루는 한 가지 방법은 스트레스 상황을 성장을 위한 기회로 이용하는 것이다. 어떤 스트레스 상황이든 정해서 그 안에 성장의 기회가 있는지를 알아보자. 다음의 연습은 과거의 어려움 중의 일부가 당신의 성장에 어떻게 도움이 되었으며, 지금 직면한 어려움이 어떻게 성장을 위해 이용될 수 있는지 생각하도록 도움을 줄 것이다.

A. 과거에 있었던 스트레스 상황을 생각해 보면서 다음의 질문을 해보자. 나는 그 상황에서 무엇을 배웠는가? 나 자신에 대해서는 무엇을 배웠는가? 다른 사람이나 이 세상에 대해서는 무엇을 배웠는가? 내가 습득한 기술은 무엇인가? 그렇게 해서 무엇을 배웠는가? 그렇게 해서 나는 무엇을 배웠고 어떻게 성장했는가?

상황 1 : _____

_____

어떻게 성장했나 : _____

_____

상황 2 : _____

_____

어떻게 성장했나 : _____

_____

B. 현재 자신에게 스트레스를 주는 상황을 생각해 보고, 각 상황을 아래에 기술해 본다. 성장을 위해 각 상황을 어떻게 이용할지를 정하기 위해, 연습 A에서 제시된 질문을 다시 자신에게 해보자.

상황 1 : _____

_____

어떻게 성장했나 : _____

_____

상황 2 : _____

_____

어떻게 성장했나 : _____

_____

(James, 1992)

그룹
워크
10

11 중독

학습목표

1. 중독과 관련된 기본적인 개념들을 이해한다
2. 대학생의 알코올 사용 실태를 점검하고 알코올 중독의 증상, 원인, 치료 및 예방에 대해 알아본다.
3. 대학생의 인터넷 중독 실태를 점검하고 인터넷 중독의 증상, 원인, 치료 및 예방에 대해 알아본다.

다음은 한 대학생의 인터넷 게임 관련 사례이다.

　20대 초반의 대학생인 호철이는 여름 방학 때 특별히 할 일이 없어서 무료했다. 그때 친구 한 명이 인터넷 게임 하나를 소개해 주었다. 처음에는 그저 시간을 떼우려고 시작했는데, 계속 하다 보니 재미 있어서 시간 가는 줄을 몰랐다. 점점 올라가는 레벨과 늘어가는 아이템을 보며 뿌듯했다. 게임이 잘 안 될 때는 스트레스를 받기도 했지만, 어떻게 하면 다음 게임에서는 좀 더 잘해 볼 수 있을까 전략을 구상하다 보면 오히려 게임에 더 몰입하게 되었다. 게임을 하는 시간은 늘어갔고 한 번 잡으면 손을 놓을 수가 없게 되었다.

　새 학기가 시작되었다. 이제는 게임을 그만해야지 굳게 결심을 하며 학기를 시작했다. 굳은 결심에도 불구하고 적성에 별로 맞지 않는다고 생각했던 전공과목은 점점 더 어려워지는 것만 같았다. 조별 활동을 하면서 사람들과 조율해 가는 과정은 그야말로 피곤했다. 그나마 친했던 몇몇 친구들이 군입대를 하고 나니 점심도 혼자 먹게 되는 날이 많았다. 학교에 가면 스트레스만 쌓여 가는 것 같았고, 그 스트레스에서 어서 탈출하고 싶었다. 자연스럽게 수업이 끝나면 PC방을 찾아 다시 게임을 하게 되었다. 하지만 또 게임을 했다는 사실에 자괴감을 느끼며 다시 학업에 집중해야 한다고 스스로 다그쳤다. 그러던 중 나름대로 준비했다고 생각했던 중간고사에서 D학점이 나왔다. 호철이는 "이번 학기는 어차피 망했다."는 생각을 떨칠 수가 없었다. 서서히 수업에 가는 대신 아예 PC방으로 향하는 날들이 늘어났다. PC방에서 하루 12시간 이상을 보내는 경우도 잦아졌다.

게임을 하지 않으면 마음이 불안하고 초조했다. 게임을 해야 비로소 마음이 안정되는 것 같았다. 예전에 나가던 동창 모임에도 참여하지 않게 되었고, 대신 같은 게임을 하는 사람들과 온라인상에서 친분을 쌓아갔다. 그렇게 한 학기가 지나자 결국 F를 받은 과목이 여럿이 되었다. 성적표를 부모님께 보여드릴 생각을 하니 너무 막막하여 이러한 기분을 잠시 잊어보고자 인터넷 게임에 다시 매달리게 되었다.

이 정도의 상태에 이르면 우리는 '중독'이라는 이름을 붙인다. 호철이는 인터넷게임 중독 증상을 보이고 있다. 중독은 무엇일까? 중독에 걸리면 어떤 생각, 감정, 행동을 보일까? 어떻게 하면 중독을 예방할 수 있을까?

1 중독이란

우리는 가끔 어떤 물질에 탐닉하거나 어떤 행위에 몰두할 때가 있다. 그것이 일회성이 아니고 반복되고 지속되어 그 물질이나 행위에 우리의 시간과 에너지가 지나칠 정도로 사용될 때 우리는 중독이라는 단어를 떠올리게 된다. 사실 중독은 추상적인 개념이며 일종의 사회적 구성 개념으로 중독을 명확하게 정의하는 것이 쉽지 않다(디지털중독연구회, 2015). 알코올 중독, 담배 중독, 스마트폰 중독, 성행위 중독, 운동 중독, 쇼핑 중독, 성형 중독, 도박 중독 등 우리는 일상에서 다양한 분야에 중독이라는 이름을 붙인다(그림 11-1). 미국 정신의학회의 정신질환의 진단 및 통계편람, 제5판(DSM-5)을 바탕으로 중독과 관련된 주요 개념들을 정리해 보자. 우선 물질 중독과 행위 중독을 구별하고, 내성, 금단, 사용장애의 정의를 살펴보자.

1) 물질 중독과 행위 중독

DSM-IV까지는 물질관련장애만을 중독으로 진단했다. 술이나 마약 등의 물질을 과다하게 사용하는 것으로 인해 신체가 생리적으로 특정 물질에 의존하게 된 상태가 전통적 의미에서의 중독이었다. 대표적인 중독물질로는 우리 주변에서 흔히 볼 수 있는 알코올, 담배, 카페인을 포함하여 환각제(대마, 페시클라딘 등), 흡입제, 진정제, 수면제 또는 항불안제, 자극제 등이 있다. 물질에

그림 11-1 다양한 중독

대한 의존이 심하거나 강박적 사용을 보일 때 중독을 진단하였다.

하지만 2013년 DSM이 5판으로 개정되면서 물질 중독뿐 아니라 행위 중독으로 볼 수 있는 도박장애도 공식적 진단이 가능해졌다(APA, 2015). 도박장애를 중독으로 보게 된 이유는 도박행위와 약물남용이 뇌의 같은 보상체계를 활성화하며, 장애로 인한 행동 증상이 유사하기 때문이다. 인터넷 중독, 성행위 중독, 운동 중독, 쇼핑 중독, 성형 중독과 같은 행위 중독은 대중 사이에 널리 퍼져 있다. 행위 중독 중 대부분은 정신질환으로 규정하기에는 전문가의 심사에 의해 검증된 증거들이 불충분하기 때문에 아직은 공식적인 중독진단에 포함되지 않는다. 하지만 도박장애가 중독으로 공식적으로 인정받은 만큼 행위 중독에 대한 진단이 앞으로 다른 행위에도 확장될 가능성이 있다. 일례로 인터넷게임장애는 물질사용장애의 증상과 유사하게 게임에 대한 점진적인 통제력 상실, 내성 및 금단을 보인다는 것을 증명하는 연구들이 축적되고 있다. 실제로 과도하고 지속적인 인터넷게임 패턴을 보이는 인터넷게임장애는 추가 연구가 필요한 진단적 상태로 DSM-5에 포함되었다. 따라서 물질이나 행위 모두가 중독의 대상이 될 수 있음을 기억하고 자신의 중독 영역을 점검해 볼 필요가 있다. [셀프 워크 11-1]을 통해 자신이 중독되어 있거나 혹은 중독 가능성이 있는 물질이나 행위가 있는지 살펴보자.

2) 내성

내성과 금단은 주로 물질 중독을 설명하는 개념들이다. 내성은 원하는 효과를 얻기 위해 물질의 뚜렷한 사용 증가를 필요로 하는 경우, 또는 동일한 용량의 물질을 계속 사용하면 그 효과가 현저히 감소하는 경우를 의미한다. 물질을 계속 사용하면 인체 내에서 저항력이 생겨 동일한 효과를 얻기 위하여 약물 사용량을 점차 증가시키는데, 이런 경우 내성이 생겼다고 한다. 행위 중독에서의 내성은 원하는 흥분을 얻기 위해 더 많은 액수의 금전을 사용하거나 더 많은 시간을 투자하는 형태로 나타난다.

3) 금단

금단은 과도하게 장기간 사용해 온 물질을 중단하거나 감량하는 경우 나타나는 부적응적인 신체생리적 · 인지적 · 행동적 증상군이다. 금단증상은 사용해 온 물질, 사용기간, 사용량에 따라 반응과 강도가 다양하다. 금단증상은 불쾌하고 힘들기 때문에 사람들은 금단증상을 완화하기 위해서 다시 물질사용을 갈망하게 된다. 알코올 금단의 경우 자율신경계 기능항진(예 : 발한, 또는 분당 100회 이상의 빈맥), 손 떨림 증가, 불면, 오심 또는 구토, 일시적인 환시 · 환촉 · 환청 · 착각, 정신운동성 초조, 불안, 대발작 중 두 가지 이상을 보인다. 행위 중독의 경우에도 이와 유사하게 그 행위를 줄이거나 중지하려고 시도할 때 안절부절못하거나 과민해지는 반응을 보일 수 있다. 이러한 증상은 사회적 · 직업적 또는 다른 중요한 기능 영역에서 임상적으로 현저한 고통이나 손상을 초래할 수 있다.

4) 사용장애

DSM-IV까지는 물질관련 중독을 물질남용과 물질의존으로 구별하였다. 남용(abuse)은 의학적 상태와는 상관없이 사회적 또는 직업적 기능장애를 초래함에도 불구하고 물질을 지속적 혹은 병적으로 사용하는 경우를 의미한다. 의존(dependence)은 물질을 지속적 사용함으로써 내성과 금단, 그리고 강박적 물질 추구 행동을 보이는 경우를 의미한다. DSM-5는 기존의 남용과 의존을 사용장애라는 하나의 명칭으로 묶었다. 통계적으로 물질의존 환자와 물질남용 환자의 구별이 명확하지 않다는 이유 때문이다. 하지만 일부

학자들은 물질남용 환자들이 물질의존으로 발전하지 않는 경우도 많다는 점을 설명하면서 이러한 구분이 계속 필요하다고 주장한다(Frances, 2014). 실제로 의존까지 진행되지 않은 경우에는 치료적 개입을 통해 회복되기가 다소 용이할 수 있다. 따라서 자신의 상태가 어디까지 진행되었는지 점검할 때 이러한 개념의 구분은 유용할 수 있다. 하지만 남용이든 의존이든 사용장애로 진단될 정도가 되면 심각하게 받아들여야 한다. 이는 그 물질의 사용이나 행위의 반복으로 인해 신체적 혹은 심리적 문제가 초래되거나 직장, 학교 혹은 가정에서 중요한 역할이나 책임을 수행하지 못하고 있다는 것을 의미하기 때문이다.

2 알코올 중독

우리가 마시는 알코올은 물, 에틸알코올, 맛과 향을 내는 소량의 아미노산 및 미네랄 성분으로 구성되어 있다. 알코올은 영양분은 없으나 높은 에너지원으로 알려져 있으며 산화될 때 1g당 7.1kcal(실제 체내에서는 5~6kcal)의 열을 낸다. 금주만 해도 살이 빠진다는 말이 회자되는데, 알코올의 높은 열량을 고려할 때 일리가 있는 말이다. 흡수된 알코올의 약 10%는 신장과 폐를 통해 그대로 배설되고, 나머지 약 90%는 간에서 산화된다. 알코올이 체내에서 흡수되는 속도는 개인의 체질에 따라 또한 상황에 따라 다르다. 함께 섭취한 음식물의 양과 종류, 술 마시는 속도(빠를수록 빠르게 흡수), 술의 종류(15~30% 알코올이 가장 빠르게 흡수됨), 술 마시는 환경, 음주자의 체질 등이 알코올의 흡수 속도에 영향을 미친다. 알코올의 혈중농도는 보통 음주 30~60분 후 최고조에 달한다. 체내에 흡수된 알코올은 망상계와 대뇌피질을 억제하는 작용을 하여 인지, 기억, 판단, 주의, 정보처리와 사고기능, 반응시간, 운동조화, 언어기능에 문제를 일으킨다. 또한 알코올은 중추신경계의 통제기능을 억제하는데, 그 결과 흥분하여 고양상태가 되거나 공격성이나 충동성의 문제를 보이게 된다. 평소에 통제하던 생각이나 충동을 행동화하게 되는 일들도 종종 발생한다(민성길, 2005).

여기서는 알코올 중독을 알코올사용장애를 포괄하는 의미로 신체적 혹은 심리적 문제를 동반한 기능장애를 초래할 수 있는 반복적이고 지속적인 문제성 음주로 정의하겠다. 알코올의 사용과 오용은 긴 역사 속에 기록되어 왔다. 성경 및 이집트와 바벨론의 자료는

표 11-1 혈중 농도에 따라 신체에 미치는 영향

혈중 농도(%)	영향
0.02~0.04%	눈에 드러나는 효과는 거의 없음, 기분이 약간 고양된 상태
0.05%	긴장이 풀림, 정서와 행동의 고조, 시각과 청각의 정확도 감소, 균형감각 다소 상실
0.07~0.09%	말의 손상과 균형감각의 손상이 뚜렷함. 협응의 손상, 기분의 고양 혹은 우울, 판단과 기억의 손상이 확실해짐, 혈중 알코올 농도 0.08%는 법적으로 알코올 중독의 기준임
0.1~0.13%	균형감각 손상, 행동협응 손상, 반응 시간 증가, 판단과 기억 손상의 증가
0.14~0.17%	모든 신체기능과 정신적 기능의 손상, 지각과 판단의 왜곡
0.2~0.25%	뇌운동 영역이 전체적으로 억제됨, 혼란되고 멍해짐, 부축이 필요함, 감정조절 중추가 영향을 받음
0.3~0.35%	인사불성이 됨, 지각과 이해능력이 거의 없어짐, 인지기능의 중지
0.4~0.5%	무의식 상태, 혼수상태, 호흡 및 심장박동 중추 마비로 사망

알코올 남용과 의존을 기록하고 있다. 과음은 수천 년 전부터 사회적 문제를 일으키는 요인으로 인식되어 왔지만, 그 부작용이 의학적으로 정립된 것은 18세기가 되어서였다. 그전까지는 알코올 중독을 하나의 질병이라기보다는 종교적 타락이나 도덕적 일탈로 보았다. 세계보건기구(WHO)는 1951년에 알코올 중독을 질병으로 공식 인정하였다. 당시 WHO는 알코올 중독을 "전통적인 음주 습관의 영역과 사회적 음주 습관의 범위를 벗어나며 생리병리학적으로 영향을 주고 신진대사에 영향을 미치는 음주 형태"라고 정의하였다. 미국의학협회는 알코올 중독을 '음주에 편향된 특징을 가진 질환'으로 대개 중독상태가 되어야 끝나는 음주 형태로 만성적이고 진행적으로 재발되는 경향을 보이며 신체장애, 정신장애, 직업장애, 사회부적응 등을 수반하는 특징이 있다고 설명하였다(정남운, 박현주, 2010). 참고로 혈중 농도에 따른 신체에 대한 효과는 〈표 11-1〉과 같다.

1) 청년기의 알코올 사용 실태

대학생 시기는 법적으로 음주의 자율성을 보장받게 되는 시기이자 개인의 음주 습관이 형성되는 시기이다. 전 세계적으로 대학생들은 음주에 있어서 폭음과 잦은 음주 빈도라

는 특징을 보인다. 특히 우리나라 대학생은 과거의 과도한 입시준비 스트레스와 앞으로의 취업에 대한 압박으로부터 해방감과 일탈을 경험하고자 하는 욕구를 주로 음주를 통해 분출하는 편이다. 동문회, 학과 소모임, 동아리 활동 등의 잦은 모임은 음주에 대한 노출을 용이하게 한다. 대학생 시기는 합법적으로 음주를 시작하는 시기이며, 자유와 자율이 급격이 증가하는 시기로 무분별한 음주 문제가 나타날 수 있기 때문에 주의가 요구된다. 전국 대학생 음주실태에 대한 보고에 따르면, 대학생의 월간 음주율은 85.4%로 일반 성인의 월간 음주율보다 20% 이상 높은 것으로 나타났다. 1회 평균 음주량 이상(남자 7잔, 여자 5잔)을 주 2회 이상 경험하는 것을 고위험 음주로 구별하는데, 대학생들은 고위험 음주 비율이 63.5%에 달하는 것으로 나타났다(장수미, 경수영, 2013). 우리나라 2016년 통계청 자료에 따르면 만 19~29세의 음주율은 89.2%로, 성인 음주율 76.2%보다 높게 나타났으며, 이는 미국 대학생의 연간 음주율 80.9%(Kuo et al., 2002)보다 높은 수준이었다. 자신의 음주 정도를 [셀프 워크 11-2]를 통해 점검해 보자.

음주의 원인으로는 학과나 동아리 행사에서 사교적인 목적으로 음주를 한다고 보고하는 경우가 가장 많았고, 스트레스 상황으로 인해 음주를 하는 경우가 그 뒤를 따랐다(조성기 외, 2001). 친교나 스트레스 해소와 관련하여 다른 문화적 대안이 상대적으로 부족한 것도 대학생의 높은 음주율과 관련이 있다. 남학생이 여학생보다 음주문제를 많이 경험하는 것으로 나타났으며, 스트레스가 많을수록 음주문제를 더 많이 보고하였다(김윤배, 2007). 남학생의 경우 전체 생활스트레스, 대인관계, 당면과제에 대한 스트레스가 높을수록 음주문제를 더 많이 경험하는 것으로 보고되었으며, 여학생의 경우에는 대인관계 스트레스가 많을 때 음주문제를 더 많이 경험하는 것으로 나타났다. 학년에 따른 음주량의 차이도 있는데, 저학년은 학업, 진로에 대한 부담이 적고 새로운 만남의 자리가 많기 때문에 술자리에 참석하는 빈도가 고학년에 비해 많은 편이다. 학년이 낮으면 선배들의 술 권유와 같은 사회적 압력에 더 순응적이어서 음주량이 증가하기도 한다. 반면 고학년이 될수록 학업이나 진로에 대한 부담이 늘어나기 때문에 술자리를 선택적으로 피하며, 고학년이라는 지위로 인해 자기 의지에 따라서 술을 거절할 수 있기 때문에 음주량이 상대적으로 적은 것으로 보인다(이훈구, 2005).

대학생활에서는 문제성 음주로 인해 심각한 학업적·관계적·개인적 비용을 치르게 될 수 있다. 미국의 경우 연간 1,825명의 대학생이 알코올로 인해 자동차 사고 등 의도치 않은 상해로 목숨을 잃고 있으며(Hingson, Zha, & Weitzman, 2009), 69만 6,000명

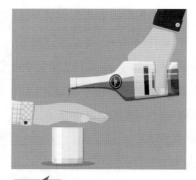

그림 11-2 금주와 절주

이 음주를 한 다른 학생 때문에 폭력을 당했으며(Hingson et al., 2005), 9만 7,000명이 음주 관련 성폭행이나 데이트 강간을 경험한 것으로 조사되었다. 이 중 약 20%는 알코올사용장애의 진단기준을 충족시키는 것으로 나타났다(Blanco et al., 2008). 대학생 4명 중 한 명은 음주로 인해 수업에 결석하거나, 수업을 따라가지 못하거나, 시험이나 보고서에서 수행이 좋지 않거나, 낮은 성적을 받게 되는 등의 학업관련 문제를 겪은 것으로 보고되었다(Wechsler et al., 1998). 국내 연구에서도 술로 인해 학업수행에 지장을 받은 경험이 있다고 보고한 학생이 63%에 달하며, 술 마신 다음 날 결석하거나 지각한 경험이 있는 학생도 84%나 되었다(곽금주, 2010). 전반적으로 대학생의 음주문제는 낙상, 교통사고, 화재사고, 성병노출, 저체온증, 면역력 저하, 체력감소, 감염 빈도 증가와 같은 공중보건상의 문제를 비롯하여 학습능력의 저하, 경제적 손실, 폭력을 포함한 대인관계 문제, 원치 않는 성관계 등을 일으키는 원인이 된다. 대학생 시절에 문제성 음주를 하는 경우 상당수가 졸업 후에도 여전히 문제성 음주를 보인다(손용표 외, 2012). 음주에 관한 적절한 교육과 지식이 문제성 음주를 낮출 수 있다는 사실에 비추어 볼 때, 대학생 시기에 음주에 대해 진지하게 고민하고 적절한 습관 형성을 위해 노력하는 것은 매우 의미 있는 일이 될 것이다.

2) 음주 동기에 따른 음주 유형

당신은 무엇 때문에 술을 찾는가? 자신이 언제, 어디서, 누구와 무엇 때문에 술을 찾는지를 이해하면 자신의 음주 습관을 개선할 수 있는 실마리를 찾게 된다. 특히 어떤 동기에서 술을 찾는지를 이해하면 알코올 중독의 위험도를 어느 정도 가늠해 볼 수 있다. 미국의 알코올 중독 연구가 젤리넥(Jellinek, 1960)이 알코올 중독에 이르는 단계를 설명한 것을 토대로 음주 동기에 따른 음주 유형을 네 가지로 구별해 보았다.

첫 번째는 **실험형**이다. 이 유형의 사람들은 호기심 혹은 사회적 압력 혹은 일종의 통과의례가 동기가 되어 술에 접근하게 된다. 술에 대한 특별한 선호나 심리적 의존이 생긴 것이 아니며, 아직까지는 술에 대해 궁금한 정도이다. 술에 대한 행동이나 정서에 특별한 변화를 동반하지 않는다. 대학 신입생이 이 단계에 속하는 경우가 많으며, 사춘기 청소년 상당수가 여기에 속한다.

두 번째는 **사교형**이다. 이 유형의 사람들은 사회적 상황에 참여하면서 혹은 사회적 맥락에서 수용되기 위해 음주를 한다. 특별한 모임이 있을 때면 당연한 듯 술을 마시게 된다. 학과 행사, 동아리 활동, 선후배와의 만남 등에서 자연스럽게 술자리를 갖는다. 이 단계에 있는 사람들은 사교 모임에서 사람들과 어울리는 방편으로 주로 술을 찾는다.

세 번째는 **도구형**이다. 이 유형의 사람들은 술이 주는 진정효과를 얻기 위해 술을 찾는다. 긴장이나 불안을 이완시키고, 매일의 도전거리에 대처하며, 강렬한 감정을 없애는 목적으로 음주를 한다. 이런 경우 술은 더 이상 사교의 수단이 아니라 자신의 정서적 고통을 덜어주는 약물로써 기능한다. 이러한 도구적 목적으로 술을 사용하다 보면, 친구들과 어울려 술을 마시기보다는 혼자서 습관적으로 술을 찾게 된다. 그런 횟수가 늘어나면서 자연스럽게 술에 대한 의존도는 증가하게 된다. 여기에는 괴로운 문제나 정서적 압박에서 도피하려는 동기가 주로 작용한다. 이 단계가 지속되면 남용이나 의존의 문제가 나타나기 시작한다.

마지막 네 번째는 **강박형**이다. 이 단계에 이르면 확실히 알코올 중독에 걸린 상태가 된다. 술병을 옆구리에 차고 다니면서 강박적으로 마시는 사람을 떠올릴 수 있다. 삶의 주요 관심사가 술이 되며, 술을 더 마실 수 있다면 무엇이든지 하려고 한다. 스스로도 자신의 상태에 대해 수치감을 느끼기 때문에 술을 얼마나 마시는지 주변 사람들에게 숨기려고 하는 경우가 흔하다. 이때 일련의 상실이 나타나는데 친구, 가족, 직업 등 안정적이고 건강한 사회적 환경을 점점 상실하는 상태에 놓이게 된다.

이 네 가지 유형은 알코올 중독으로 가는 과정으로도 설명될 수 있고, 각각의 독립된 단계로 생각해 볼 수도 있다. 대학생은 술의 '사회적 윤활유' 기능 때문에 술을 마신다고 보고한다. 다시 말해 술은 긴장을 완화시키고, 정서적인 어려움을 잊게 해주며, 자유롭게 활동하게끔 하여 사회적 만남을 보다 편안하게 도와준다는 것이다(Critchlow,

1986). 굿윈(Goodwin, 1991)은 술을 마시는 목적에는 학업이나 정서적 압박에서 벗어나기 위한 심리적 목적과 이성이나 다른 친구들을 만나기 위한 사교적 목적, 자신에 대한 확신을 갖기 위한 자아 효율성의 목적이 포함된다고 설명한다. 술을 마시는 동기가 한 가지로만 설명되는 것이 아니며 사회적 목적뿐만 아니라 도구적 목적도 중요하다는 것이다. 실제로 개인은 다양한 목적에 의해 동기화될 수 있다. 다만 한 개인이 하루아침에 알코올 중독이 되는 것이 아니며, 일련의 단계를 거쳐 알코올 중독에 이를 수 있음을 기억할 필요가 있다. 자신의 음주 행위 관련 다양한 동기들을 살피고, 음주 유형이 어느 단계에 속하는지 진단하고, 도구적 단계나 강박적 단계로 발전하지 않도록 주의하는 노력이 필요하다. [그룹 워크 11-1]을 조원들과 나누어 보면서 술에 대한 자신의 태도를 점검해 보자.

3) 알코올 중독의 원인

알코올 중독에 이르는 데는 개인의 타고난 체질, 사회적 압력, 의식적 혹은 무의식적 동기, 음주에 대한 기대 및 음주로 인한 보상 등 다양한 요소들이 작용한다. 알코올 중독의 원인을 생물학적 접근, 사회문화적 접근, 정신분석적 접근, 행동주의적 접근 및 인지적 접근에서 살펴보자.

(1) 생물학적 접근

유전은 알코올관련장애에서 매우 중요한 요인으로 고려된다. 알코올 의존자의 경우 가족이나 친척 중에 알코올 의존자가 많다. 알코올 의존자 아들의 경우, 알코올 의존 부모에게서 양육되었는지 그렇지 않은 양부모에게 양육되었는지 여부에 상관없이 알코올 의존자가 되는 비율이 25%로 일반인 집단보다 4배 높았다. 하지만 알코올 의존자 딸의 경우는 알코올 중독자가 되는 비율이 일반인 집단과 별로 다르지 않았다(정남운, 박현주, 2000; Goodwin et al., 1974, 1977). 헤셀브록과 헤셀브록(Hesselbrock & Hesselbrock, 1992)에 따르면, 병원에 입원한 알코올 의존자의 경우 가까운 친척 중 80% 이상이 알코올과 관련된 문제를 지니고 있었다. 쌍둥이 연구에서도 일란성 쌍둥이가 이란성 쌍둥이보다 알코올관련장애를 공유하는 비율이 높았고, 장애 증상이 심할수록 이들의 차이는 더 큰 것으로 나타났다(Kendler et al., 1992).

알코올에 대한 신체적 반응 자체도 유전되는 것으로 알려져 있다. 술을 조금만 마셔도 졸음, 메스꺼움, 두통, 가슴 두근거림 등의 불쾌한 반응을 경험하는 경우가 있는데, 특히 아시아인의 2/3 이상이 술과 관련하여 이러한 경험을 하는 것으로 알려져 있다. 이에 반해 알코올관련장애 가족력이 높은 사람은 이렇게 불쾌한 신체적 반응이 상대적으로 적은 편이다(정남운, 박현주, 2000). 이러한 현상은 알코올 중독에 생물학적인 요인이 작용한다는 사실을 지지해 준다.

(2) 사회문화적 접근

사회문화적 환경은 음주 행동에 커다란 영향을 미친다. 가족 구성원 모두가 술을 잘 마시면 자녀는 술을 쉽게 접하게 되고 부모의 행동을 모방하게 된다. 과음이나 폭음에 허용적인 분위기는 심각한 알코올 의존 성향을 발달시키게 된다. 민족성과 문화적인 요인도 음주 행동에 영향을 미치는 것으로 알려져 있다. 우리나라는 드라마나 영화에서 등장인물에게 기쁜 일이 있거나 슬픈 일이 있으면 술을 찾는 장면이 나온다. 또한 우리 사회는 술에 대해 유난히 관용적인 문화적 태도를 보이는 편이다. 개인이 실례를 범하거나 실수를 해도 '술 때문에'라며 이해해 주는 분위기도 있다. 이는 한국의 높은 알코올 사용장애 유병률에 기여한다.

(3) 정신분석적 접근

정신분석 모델에 따르면 알코올 중독은 깊이 내재된 신경증을 보여주는 증상이다. 심리성적 발달단계에서 출생 직후부터 1년 반까지인 구강기에는 입, 입술, 혀의 자극에서 쾌락을 추구하는데, 이 단계의 욕구가 지나치게 좌절되었거나 지나치게 충족되었을 때 구강기에 고착된 성격이 될 수 있다. 이들은 의존적이고 피학적이며 위장된 우울증을 보이는데, 이것이 알코올 문제의 원인이 되기도 한다(Knight, 1937). 대상관계 이론가들은 알코올 중독자의 음주는 자신이 동일시하여 내면화한 '나쁜 엄마'를 파괴하고자 하는 무의식적 소망에서 하는 자기파괴적 행위라고 설명한다. 알코올 중독 성향의 사람들은 어머니에 대한 소유와 거절의 양가감정이 있고, 강하고 지속적인 아버지상이 없어서 심리적 욕구의 즉각적인 만족을 추구하는 경향을 보인다. 그들은 욕구·고통·미해결된 성적 충동·사회적 좌절감을 알코올을 포함한 즉각적인 약물의 효과를 통해 해결하려고 한다(민성길, 2005).

(4) 행동주의적 접근

행동주의적 접근에서는 알코올을 마시면 그 결과가 좋아서 다시 사용한다고 설명한다. 술을 마시면 쾌감이 증가하고 불안이 감소한다. 소심하거나 긴장감 때문에 못했던 일을 할 수 있는 용기가 생기고, 금단증상이 있는 사람의 경우 술을 마시면 그 증상이 완화된다. 이러한 긍정적 효과 때문에 음주 행위가 강화되는 것이다. 또한 행동주의적 접근에서는 부모나 친구들이 맛있고 즐겁게 술을 마시는 모습에 노출되는 것만으로도 모방학습에 의해 음주 행위가 형성된다고 본다.

(5) 인지적 접근

인지적 접근에서는 알코올 의존자가 보이는 알코올에 대한 긍정적인 기대와 신념에 주목한다. 김석도(2000)에 따르면 음주자는 술에 대해 긍정적인 정서(예: 기분이 좋아질 것이다. 스트레스를 덜 느낄 것이다), 사교적 촉진(예: 사람들과 어울리는 것이 더 쉬워질 것이다. 더욱 자유롭게 말할 수 있을 것이다), 성적 증진(예: 성적으로 더 왕성해질 것이다)을 기대하는 경향이 있다. 연구에서는 이러한 기대수준이 높을수록 음주 행동을 더 많이 보이는 것으로 나타났다. 하지만 실제로는 술을 지속적으로 마시면 기분이 오히려 불쾌해지고, 대인관계 문제를 일으킬 가능성이 커지며, 성적 기능이 저하된다. 알코올 중독의 치료에 인지적으로 접근할 때는 알코올에 대한 기대와 신념을 현실적으로 교정하는 것을 고려해 볼 수 있다.

4) 알코올 중독의 치료

알코올 중독의 단계에 이르면 치료가 쉽지 않기 때문에 사후 치료보다는 예방적 차원의 개입을 강조한다. 사회적 차원에서의 인식 개선, 환경적 차원에서의 대안 제공, 교육적 차원에서의 음주 및 알코올 중독에 대한 정보 제공 및 적절한 음주 지침 제공이 예방적 개입이 될 수 있다. 최근에는 연말 모임 등의 술자리에서 '119'라고 하여 '한 자리에서, 한 가지 술로, 9시까지만'이라는 말이 유행한 적이 있다. 이러한 지침들을 공유해 가는 것도 예방적으로 의미 있는 일이다.

예방적 노력을 통해 중독의 단계에 이르지 않으면 가장 좋겠지만, 그럼에도 불구하고 중독의 단계에 이르면 치료를 받는 것이 중요하다. 알코올 중독을 치료하는 것은 '의지의 문제'가 아니며 언젠가 깨닫고 돌이킬 수 있는 문제가 아니다. 이는 심각한 질병의 상태로 반드시 치료를 받아야 하는 문제이다. 알코올 중독이 치료가 반드시 필요한 질환이라는 사실을 모르고 치료시기를 놓치면 치료가 더욱 어려워질 뿐이다. 알코올 중독은 어느 정도 치료되었다 하더라도 재발이 쉽기 때문에 치료 이후에도 최소 2~3년은 재발방지 프로그램에 참석할 것을 권한다(신태용, 2012). 알코올 중독자를 위한 치료의 형태에는 개인치료, 가족치료, 집단치료, 통원치료, 입원치료 등이 있다. 알코올 중독은 온 가족에게 영향을 미치기 때문에 개인치료와 가족치료를 병행하는 것이 효과적이다. 여기서는 입원치료와 단주 친목 모임에 대해 좀 더 살펴보자.

(1) 입원치료

알코올 중독 단계에 이르면 입원치료를 받는 것이 바람직하다. 알코올 금단현상은 신체적 · 심리적으로 매우 견디기 힘들다. 입원을 하면 술로부터 차단된 환경에서 금단현상을 줄일 수 있는 진정제를 투여받을 수 있다는 이점이 있다(권석만, 2013). 입원치료 프로그램은 흔히 병원 단위로 이루어지며 의사, 약물담당 카운슬러, 심리학자 등이 함께 동원된다. 환자는 많은 검사와 평가과정으로 시작하여 고도로 조직화된 치료를 받게 한다. 약물치료와 더불어 알코올의 부정적 영향에 대한 교육, 스트레스 대처훈련, 사회적 기술훈련, 이완훈련, 가족치료 등도 병행한다.

(2) 단주동맹

알코올 중독의 치료방법 중 경험적으로 효과가 입증된 치료의 형태가 단주동맹(Alcoholics Anonymous, A. A.)이다. 알코올 중독으로 치료를 받게 되면 단주동맹에 참여하도록 권유 받는다. 단주동맹은 일종의 자조집단으로 1935년 한때 알코올 중독자였던 두 미국인에 의해 결성된 민간인 금주운동이다. 현재는 140여 개국 이상에 퍼져 있다.

이들은 알코올 앞에서 자신이 무력하다는 것을 시인하고, 같은 처지에 있는 사람들과 중요한 지침인 단주동맹 12계명(그림 11-3)을 공유하며, 술을 마시고 싶은 욕구를 억제하려고 노력한다. 회원들은 서로 격려하고, 조언하고, 경험담을 나누거나, 토론을 한다. 금주에 대한 열망만이 단주동맹 회원이 되는 유일한 조건이며, 가입비나 사례금이 없이 서로에게 지지가 되고자 한다. 우리나라에서도 전국 각지에서 정기적 단주동맹 모임이 이루어지고 있는데, 비공개 모임은 중독자 본인만 참여하고 공개 모임은 가족을 포

1. 우리는 알코올에 무력했으며 스스로 생활을 이끌어 나갈 수 없게 되었다는 것을 깨닫고 시인한다.
2. 우리보다 위대한 '힘'이 우리를 건전한 정신으로 돌아오게 해줄 수 있다는 것을 믿는다.
3. 우리가 이해하는 신의 보살핌에 우리의 의지와 생명을 완전히 맡기기로 결정했다.
4. 철저하고 용기 있게 우리의 도덕적 생활을 검토하겠다.
5. 솔직하고 정확하게 잘못을 신과 자신에게 시인한다.
6. 신께서 우리의 이러한 모든 성격상 약점을 제거해 주도록 충분히 준비하겠다.
7. 겸손한 마음으로 신께서 우리의 약점을 없애 주기를 간청한다.
8. 우리가 해를 끼친 모든 사람의 명단을 만들어서 그들에게 기꺼이 보상할 용의를 갖겠다.
9. 어느 누구에게도 해가 되지 않는다면 할 수 있는 데까지 어디서나 그들에게 직접 보상하겠다.
10. 계속하여 자신을 반성하여 잘못이 있을 때마다 즉시 시인하겠다.
11. 기도와 명상을 통해서 우리가 이해하게 된 대로의 신과 의식적인 접촉을 많이 하려고 노력하겠다. 그리고 우리를 위한 그의 뜻을 알도록, 그리고 그것을 수행할 수 있는 힘을 주시도록 간청하겠다.
12. 이러한 단계대로 생활해 본 결과 우리는 영적으로 깨어났고, 알코올 중독자들에게 이 메시지를 전하려고 노력했으며, 우리 생활의 모든 면에서도 이러한 원칙을 실천하려고 하고 있다.

그림 11-3 단주동맹 12계명(정남운, 박현주, 2000)

함하여 누구나 참여할 수 있다. 우리나라에서 지역별로 이루어지고 있는 단주동맹 모임에 대한 정보를 원한다면 신용태(2012)의 술, 알고 마십시다(pp. 147~160)를 참고하기 바란다.

3 인터넷 중독

우리나라는 선진화된 IT 기술을 바탕으로 광역화된 초고속 인터넷 통신망을 구축하고 있으며, 어린아이부터 노인에 이르기까지 구성원 모두가 손쉽게 인터넷을 사용하고 있다. 스마트폰을 포함한 인터넷의 보급과 대중화는 사회 전반에 걸쳐 사람들의 일상을 바꾸어 놓았다. 학교에서는 사이버 교육과 스마트 교육이 실시되고, 온라인으로 물건을 구매하며, 전자 결재를 통해 직장 업무를 처리하고, 트위터나 페이스북과 같은 인터넷 공간에서 인맥을 구축해 간다. 이제 인터넷은 우리에게 '숨쉬는 공기'와 같다.

인터넷 환경의 접근 용이성과 편리성, 매체의 자극적 특성은 더 많은 이용자들이 더 오래 인터넷을 사용하는 이유가 된다. 하지만 필요 이상으로 지나치게 인터넷을 사용하게 되면 그 폐해도 늘어나기 마련이다. 최근 중독포럼에서 실시한 여론조사(중독포럼, 2014년 8월)에 의하면, 우리나라에서 가장 시급하게 해결되어야 할 중독 문제 1위로 인터넷 중독(응답자의 44.6%)이 꼽혔으며, 그 뒤로 알코올 중독(23.2%), 도박 중독(14.1%) 순이었다(디지털중독연구회, 2015). 그만큼 인터넷 중독

그림 11-4 인터넷 중독

은 우리 사회의 심각한 문제로 부각되고 있다. 특히 우리나라 10대와 20대의 경우 인터넷 사용률은 99.9%에 달하며(한국인터넷진흥원, 2012), 대학생은 초·중·고등 학생에 비해 규제를 받지 않는 사회적 분위기 속에서 인터넷 접근이 매우 용이하기 때문에 인터넷 중독 관련 고위험 집단으로 분류된다. 자신의 인터넷 사용 정도를 [셀프 워크 11-3]을 통해 점검해 보자.

1) 인터넷 중독이란

일반적으로 인터넷 중독은 과다한 인터넷 사용으로 인해 신체적·정서적·재정적·업무적·관계적 기능의 저하를 초래하게 되는 상태를 일컫는다(박성길, 김창대, 2003). 처음으로 인터넷 중독에 대한 연구를 발표했던 영(Young, 1996)은 인터넷 중독을 물질 중독과 유사한 선상에서 이해하였다. 다음의 8개의 임상적 기준 중 5개 이상에 해당되는 이용자를 인터넷 중독자로 구분하였다. 다음 질문은 임상 기준의 개념에 기초한 것이다.

1. 항상 인터넷 생각을 하십니까(지난 온라인 활동을 회상하거나 앞으로 있을 온라인 활동을 생각하는가)?
2. 만족스러운 기분을 위해 인터넷 사용 시간을 늘려야 할 필요성을 느낍니까?
3. 인터넷 사용을 줄이거나 끊으려고 노력함에도 불구하고 성공하지 못하고 있습니까?
4. 인터넷 접속을 하지 않으면 초조하거나 신경질이 나거나 우울해집니까?
5. 처음 생각했던 것보다 인터넷을 더 길게 사용하게 됩니까?

6. 인터넷 때문에 인간관계, 일, 학업, 커리어 등 삶의 중요한 부분에서 어려움을 경험한 적이 있습니까?

7. 인터넷 과다 사용을 가족이나 주변 사람에게 숨기려고 한 적이 있습니까?

8. 현실의 문제를 피하거나 불쾌한 기분(예 : 무기력감, 죄책감, 불안, 우울)을 줄이기 위해 인터넷을 사용합니까?

이 진단 기준을 사용하는 경우 30%에 달하는 사람들이 인터넷 중독으로 진단을 받게 된다. 그리피스(Griffiths, 1998)는 인터넷 중독은 인터넷을 과도하게 사용하고 적절히 통제하지 못하는 기술적 중독이라고 했고, 캔델(Kandell, 1998)은 인터넷 중독은 인터넷에 대한 심리적 의존으로 한번 접속하면 그 활동을 통제하기 어려운 심리적 현상이라고 정의했다. 최근 학계에서는 인터넷 중독을 '병적 도박'과 유사한 행위 중독으로 보고, 진단 기준에 다음의 항목들을 포함하였다(디지털중독연구회, 2015).

- 인터넷에 대한 과몰입
- 인터넷 사용 조절 실패
- 지속적인 욕구
- 내성과 금단
- 의도한 것 이상의 과도한 인터넷 사용
- 문제 회피 수단으로 인터넷 사용
- 다른 활동에의 흥미 감소
- 인터넷 게임을 숨기려는 거짓말
- 과도한 인터넷 사용으로 인한 학업적·사회적·경제적 영역의 문제

학자마다 인터넷 중독에 대한 개념은 다소 차이가 있지만 인터넷에 대한 강박적 사용과 집착, 인터넷 사용 조절의 실패, 금단과 내성, 그로 인한 부정적 결과는 공통적으로 나타난다. 위의 항목들을 통해 자신의 인터넷 사용 정도를 점검해 볼 수 있다.

영(Young, 1996)은 인터넷에서 몰입하는 내용이 무엇인지에 따라 인터넷 중독을 다섯 가지 유형으로 구분하였다. 첫 번째는 정보과다형(information overload)으로 정보를 얻는 행위 자체에 몰두하는 경우이고, 두 번째는 사이버관계 집착형(cyber relationship addiction)으로 사이버상의 대인관계를 지나치게 추구하여 온라인상의 동호회를 만들고 다른 사람의 개인 홈페이지나 페이스북에 방문하여 댓글을 달며 참견하지만 정작 현실

세계의 관계는 부족한 유형이다. 세 번째는 웹서핑형(web compulsion)으로 웹서핑을 강박적으로 오래하고 온라인 도박, 물건 교환, 과도한 쇼핑 등이 문제가 되는 유형이다. 네 번째는 사이버섹스 중독형(cybersexual addiction)으로 가상공간에서의 성적인 대화나 포르노 동영상에 탐닉하는 유형이다. 다섯 번째는 게임 중독형(computer game addiction)으로 과다한 인터넷 게임 이용으로 금단과 내성이 생겨 일상생활에 문제가 발생하는 경우이다. 특히 이 유형은 인터넷 중독 유형 중 가장 사회적으로 이슈가 되었다.

2) 청년기의 인터넷 사용 실태

대학생은 학업에 필요한 학습 자료나 필요한 정보를 검색하고 보고서를 작성하는 목적으로 인터넷을 많이 활용한다. 그 과정에서 접근의 용이성으로 인해 게임이나 SNS 등에 지나치게 많은 시간을 소비하기도 한다. 이로 인해 일상생활에 지장을 받는 대학생들이 생겨나고 있다. 방송통신심의위원회의 사이버 중독정보센터에 접수된 상담사례에 따르면 하루 중 먹고 자는 시간을 제외하고 게임에만 몰두하는 대학생이 많으며 게임, 오락, 통신 및 음란사이트 접속, PC방 출입으로 인해 학업의 어려움, 학교생활 부적응, 가출, 자퇴 등의 부정적 결과를 경험하는 사례도 계속 증가하고 있다.

요즘 대학생들은 특히 스마트폰을 이용하여 인터넷을 많이 사용하는 것으로 나타났다. 2012년 한국인터넷진흥원이 조사한 무선 인터넷 이용 조사에 따르면 20대의 스마트폰 이용률은 97.4%로 대부분의 대학생이 스마트폰을 이용하고 있는 것으로 나타났다. 아르바이트 포털 알바몬에서 대학생 1,699명을 대상으로 2017년 진행한 조사에 따르면, 60.1%의 대학생이 스마트폰을 두고 나온 날은 '하루 종일 불안하고 신경 쓰인다'라고 보고하였다. '잠시 찜찜하지만 곧 잊고 신경 쓰지 않는다'는 30.1%, '홀가분하고 편하다'는 9.8%에 그쳤다. 2016년 연세대학교 바른 ICT 연구소가 조사한 '인터넷 이용시간 기준 연령별 PC/모바일 활용행태 결과'에 따르면, 20대의 경우 주당 평균 196분의 모바일 인터넷 사용과 평균 150시간의 PC 인터넷 사용을 보고하였다. 이는 다른 연령대보다 높은 수준으로 대학생의 높은 인터넷 의존도를 보여주는 결과이다.

인터넷의 사용행태에 있어서 20대 젊은이의 경우 뉴스, 정보 검색, 이메일 확인과 같은 비교적 덜 관계적인 차원의 활용에서는 다른 연령 집단과 큰 차이가 없었으나, 홈페이지, 블로그, 커뮤니티 사용에서는 이용 정도가 높았다(한국인터넷진흥원, 2007). 홈

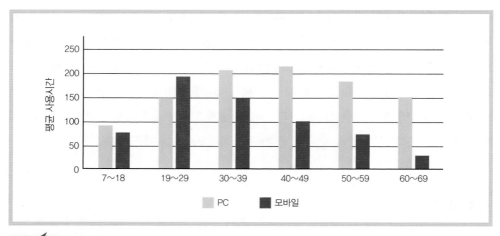

그림 11-5 연령별 PC/모바일 인터넷 주당 평균 사용시간(단위 : 분)

페이지와 같은 인터넷 공간이 자신을 정의하고 자신이 중요하게 생각하는 것들을 보여
주는 공간이 된다는 주장(Wynn & Katz, 1997)에 비추어 볼 때, 20대 젊은이들은 인터
넷이라는 공간 속에서 정체성 탐색을 활발히 진행하고 있을 것으로 해석된다(곽금주,
2010). 전반적으로 대학생과 인터넷은 떼어 생각하기 힘들 정도로 밀접한 관련이 있다.

대학생을 대상으로 한 인터넷 연구는 꾸준히 진행되고 있다. 대학생의 우울, 충동성.
대인관계, 감각추구 성향 등의 심리 특성이 인터넷 중독 성향과 높은 상관을 보였으며,
인터넷 중독 학생은 그렇지 않은 학생보다 학업과 일상생활에서 더 부정적인 결과를 보
고하였다(Chou & Hsiao, 2000). 영과 로저스(Young & Rogers, 1998)에 따르면, 특히
우울과 관련된 변인들인 낮은 자존감, 낮은 동기, 거절에 대한 두려움, 인정 욕구가 인
터넷 사용을 증가시킨다. 사실 온라인 사용은 사회적인 소외를 오히려 증가시켜 결과적
으로는 우울을 더욱 증가키는 부작용을 초래한다. 고기숙, 이면재, 김영은(2012)이 대
학생의 스마트폰 중독적 사용 경험에 대해 실시한 현상학적 연구에 따르면, 대학생의
스마트폰 사용 경험은 관계와 소통을 위한 몸부림, 과다사용 및 통제력 상실, 심리적 부
적응(과도한 애착과 의존, 분리불안, 집착, 인내력 저하), 일상생활에서의 위험(우선순
위 변동, 독립적 일상생활 기능 퇴행, 불규칙적 생활 및 건강문제 발생, 무료 메신저 피
해, 학업에 지장 초래) 등으로 나타났다. 인터넷은 우리 삶을 편리하게 해주지만 무분별
한 사용은 중독으로 이어져 여러 가지 문제를 일으킨다. 인터넷 사용 및 중독에 대한 충
분한 이해와 지식을 바탕으로 지혜롭게 인터넷을 사용할 필요가 있다.

3) 인터넷 중독의 원인과 치료

인터넷 중독의 원인을 신경생물학적 접근, 인지행동적 접근, 대상관계적 접근, 사회문화적 접근으로 이해해 보고, 그에 따른 치료를 살펴보자.

(1) 신경생물학적 접근

신경생물학적 접근에서는 인터넷 중독 중에서도 특히 인터넷 게임 중독에 주목하여 연구를 진행하였다. 이 입장에 따르면 인터넷 중독이 알코올 중독이나 마약 중독과 관련된 도파민 보상회로, 일명 중독회로와 연관성이 있다(디지털중독연구회, 2015). 인터넷 게임과 같은 목적 지향적인 행동을 할 때는 복측피개영역에서 중격측좌핵으로 도파민 분비가 증가하는데, 이는 쾌락 보상행동을 강화하는 역할을 한다. 해마와 편도체의 경우 긍정적 기억을 떠올리게 하여 갈망 욕구를 고조시키다. 전두엽 대상회와 같은 컨트롤타워는 점점 조정 및 통제 기능을 상실하여 강한 자극이 주어져야 만족하는 악순환의 고리에 빠지게 된다.

보상결핍 이론(reward deficiency theory)에서는 노력을 통한 학업 성취와 같은 정상적 보상에 만족하지 못하는 사람이 약물이나 인터넷과 같은 비정상적 보상을 추구한다고 설명한다. 이 이론은 특히 자극 추구를 즐기는 기질의 사람들에게 잘 적용된다. 클로닝거(Cloninger, 1994)는 중독과 인간의 타고난 기질과의 관련성에 주목하였는데, 그는 인간의 기질을 자극 추구형, 위험 회피형, 보상 의존형, 인내형로 구분하였다. 자극 추구형은 새로운 것을 탐색하는 것에 흥분을 느끼며, 충동성, 과소비, 무질서의 특성을 보인다. 위험 회피형은 앞으로 일어날 일에 대한 걱정이 많으며 불확실성을 두려워한다. 이들은 부끄러움을 잘 타며 쉽게 피곤해한다. 보상 의존형은 감수성이 높으며, 따뜻한 의사소통에 개방적이다. 애착과 의존을 잘하는 특징을 보인다. 인내형은 노력을 기꺼이 하고자 하며, 일로 단련되어 있으며, 야심 있고, 완벽주의를 추구한다. 국내외 인터넷 중독 성향자들을 대상으로 한 연구 대부분에서는 자극 추구형과 위험 회피형이 많은 것으로 나타났는데, 자극 추구형은 도파민의 낮은 활동성과 관련이 있고 위험 회피형은 세로토닌의 높은 활동성과 관련이 있다. 인터넷 중독은 ADHD 및 우울증과 높은 공병률을 보이는 만큼 충동성과 우울증에 주로 관여하는 신경전달물질인 세로토닌의 불안정성이 의심되고 있다.

신경생물학적 접근에서는 인터넷 중독치료를 위해 약물치료를 사용한다. 인터넷 중독에 특화된 약물이 따로 존재하는 것은 아니지만 인터넷 중독자의 동반이환, 갈망 욕구, 강박행동, 충동조절 문제에 초점을 두고 약물치료가 시도된다. 우울장애, 강박장애, 충동조절장애에 사용되는 선택적 세로토닌 재흡수억제제(SSRI)가 자주 사용되며, 항우울제 중 도파민을 증진시키는 부프로피온이 효과적이라는 보고가 있다(Han, Lyoo, & Renshaw, 2012). ADHD를 동반하는 경우 ADHD 치료제인 정신자극제를 사용하면 ADHD 증상과 함께 인터넷 중독 증상도 완화된다(Han, Lee, & Renshaw, 2009).

(2) 인지행동적 접근

인터넷 중독치료에 대한 연구는 인지행동적 입장에서 가장 활발하게 진행되고 있다. 인지행동적 접근에 따르면, 사람이 특정 행동을 할 때 보상이나 처벌을 통하여 그 행동이 강화되거나 또는 소거된다. 따라서 인터넷 이용자가 인터넷에 접속할 때마다 정서적 만족이나 쾌감을 경험하기 때문에 인터넷 사용 행동이 강화된다고 설명한다. 또한 개인이 특정 상황을 해석하는 인지 방식은 감정, 동기, 행동에 영향을 주기 때문에 인터넷에 대해 어떻게 인식하느냐가 인터넷 사용의 증가 혹은 감소를 가져온다고 본다. 채규만과 박중규(2002)는 인터넷 중독자가 가지고 있는 신념체계를 아래와 같이 정리하였다.

- 인터넷 이용은 나의 기분을 좋게 할 것이다.
- 인터넷을 이용하면 관계적·신체적 만족감이 상승할 것이다.
- 인터넷을 사용하면 일상적인 일의 효율이 높아질 것이다.
- 인터넷 이용은 삶에 대한 통제감을 높여줄 것이다.
- 인터넷을 활용하면 관계적으로 좀 더 적극적인 사람이 될 것이다.
- 인터넷 이용은 스트레스 감소 효과를 가져올 것이다.

인터넷을 병리적으로 사용하는 사람들은 자신의 능력과 가치에 대해 부정적 신념을 가지고 있기 때문에 가상공간을 통해 자신을 포장하고자 한다. 이들은 현실에서 사람들로부터 소외감을 경험하기 때문에 온라인상에서의 커뮤니티 구축을 통해서 정서적인 공허함을 채우려고 한다. 즉, 인터넷 중독의 기저에는 자신에 대한 부정적인 자아감과 인터넷에 대한 긍정적인 신념이 작용한다. 하지만 이러한 기대와 노력은 실제 현실과의 괴리감을 증가시켜 오히려 더 부정적인 결과를 초래한다. 인지행동적 치료에서는 인터넷에 대한 비현실적인 신념과 기대를 발견하여 현실적인 생각으로 전환시키도록 한다. 효과적 치료를 위해 인터넷 중독자가 가지고 있는 자기 자신과 인터넷 효용에 대한 가치체계의 전환을 도와주어야 한다.

(3) 대상관계적 접근

대상관계적 접근에서 중독은 공허하고 외로운 마음을 다른 대상이나 대체물로 채워서 우울감이나 공허함과 같은 부정적인 감정을 완화시키고자 하는 노력이다. 인터넷 중독 문제가 있는 청년을 상담하는 전문가들은 인터넷 중독 문제의 기저에 부모와의 관계를 포함한 인간관계 문제가 있다고 본다(박승민, 조영미, 김동민, 2007). 매스터슨 (Masterson, 1993)은 어린 시절 유기불안과 관련된 정서를 해결하지 못한 상태로 있는 사람은 성인이 된 후에도 이 상실된 대상을 채우기 위해 그 대상을 대체할 뭔가에 매달리게 되는데, 그 대체물이 물질 또는 행위가 될 수 있다고 하였다.

대상관계적 관점에서 치료의 핵심은 인터넷이 아닌 오프라인에서 건강한 관계를 형성하는 것이다. 위니컷(Winnicott, 1965)은 초기 유아와 엄마와의 관계에서 엄마가 충분히 수용하는 환경을 제공해 주어야 아이가 자신의 삶을 자발적으로 생생하게 경험하면서 창의적으로 살 수 있다고 설명한다. 이때 아이가 경험하는 자신이 참 자기이다. 상대적으로 엄마가 제공하는 환경이 유아에게 충분히 좋지 않을 경우, 아이는 진짜 자기로 살지 못하고 환경에 순응하기 위해 방어적 태도를 보인다. 이때 경험하는 자신은 거짓 자기이다. 인터넷 중독 내담자를 상담할 때는 내담자로 하여금 자신의 삶을 진실하게 돌아보게 하고, 자신의 상처와 왜곡을 성찰하도록 하여, 그 속에서 자신의 참 자기를 자각할 수 있도록 도와주는 것이 매우 중요하다. 대상상실의 고통과 유기불안을 회피하려고 무언가에 중독되는 것이 삶의 문제를 해결해 줄 수 없음을 깨닫고, 진정한 자기를 자각하며, 진실한 관계를 형성해 가는 것이 치료의 핵심이다. 현실의 삶 속에서 사람들로부터 지지받고 격려를 받으며 정서적 교감을 나눌 때, 인터넷이 주는 가상의 짜릿한 만족감은 더 이상 큰 매력으로 다가오지 않을 것이다.

(4) 사회문화적 접근

사회문화적 접근에서는 인터넷 중독과 관련하여 사회문화적 환경의 영향을 강조한다. 한국은 세계에서 가장 빠른 인터넷 통신네트워크를 보유하고 있으며 인터넷 접근도 매우 용이하다. 사회문화적 관점에서 인터넷 중독치료에 접근하려면, 가정이나 학교 혹은 지역사회에서 인터넷에 과다 접속할 수 있는 환경을 차단하는 것이 중요하다. 박승민 (2005)의 연구에 따르면, 스스로 인터넷 중독에서 벗어난 사람의 경우 환경적 제약을 통해서라도 일정 시간 인터넷에 접속하지 않고 다른 즐거운 활동을 해보는 경험이 인터넷의 중독에서 벗어나는 데 중추적인 역할을 한 것으로 나타났다. 온라인 관계보다는 오프라인에서 관계를 맺어갈 수 있는 환경을 조성하며, 인터넷 중독의 심각성에 대하여 환기시키고, 셧다운제와 같은 정부의 강력한 조치들이 병행될 때 인터넷 중독의 예방과 치료는 더욱 효과적으로 이루어질 수 있을 것이다.

핵심요약

- 물질의 과다 사용으로 신체가 생리적으로 특정 물질에 의존하게 된 상태를 중독이라 한다. 최근에는 행위 중독도 진단된다.
- 내성은 원하는 효과를 얻기 위해 물질의 뚜렷한 증가를 필요로 하는 것을 의미하며, 금단은 과도하게 장기간 사용해 온 물질을 중단하거나 감량하면서 나타나는 부적응적인 증상군을 뜻한다.
- 대학생활에서 문제성 음주는 심각한 학업적·관계적·개인적 비용을 치르게 할 수 있으며, 졸업 후에도 문제성 음주가 이어질 수 있다는 면에서 적절한 조치가 필요하다.
- 알코올 중독의 단계에 이르면 치료가 쉽지 않기 때문에 치료보다는 예방적 차원의 개입이 강조된다. 단주동맹 모임은 알코올 중독치료에 효과적인 것으로 알려져 있다.
- 인터넷 중독은 과다한 인터넷 사용으로 인해 신체적·정서적·재정적·업무적·관계적 기능의 저하를 초래하게 되는 것을 의미한다.
- 대상관계적 입장에서 중독은 공허하고 외로운 마음을 다른 대상이나 대체물로 채우려는 노력이다. 따라서 인터넷이 아닌 오프라인에서 건강한 관계를 형성하도록 하는 것이 치료의 핵심이다.

참고문헌

고기숙, 이면재, 김영은(2012). 대학생의 스마트폰 중독적 사용 경험 연구. 디지털콘텐츠학회 논문지, 13(4), 501-516.

곽금주(2010). 흔들리는 20대 : 청년기 생애설계 심리학. 서울 : 서울대학교출판문화원.

권석만(2013). 현대 이상심리학. 서울 : 학지사.

김석도(2000). 음주기대가 음주에 미치는 영향 : 기대이론과 기대-가치이론의 비교. 서울대학교 석사학위논문.

김윤배(2007). 대학생의 스트레스 및 대처방식이 음주행동에 미치는 영향. 한서대학교 석사학위논문.

디지털중독연구회(2015). 인터넷 중독의 특성과 쟁점. 서울 : 시그마프레스.

민성길(2005). 최신정신의학. 서울 : 일조각.

박성길, 김창대(2003). 청소년 인터넷 과다사용의 위험요소 분석. 청소년상담연구. 11(1), 84-95.

박승민(2005). 온라인게임 과다사용 청소년의 게임행동 조절과정 분석. 서울대학교 대학원 박사학위논문.

박승민, 조영미, 김동민(2007). 청소년 인터넷 중독의 이해와 상담 : 상담학 Best Practice 시리즈. 서울 : 학지사.

손용표, 사공정규, 박창중, 장우영, 곽경필, 이광헌 (2012). 일 대학 대학생의 문제 음주 실태 조사와 문제 음주 군의 정서 및 성격 특성 연구. 생물치료정신의학. 18(2), 129-136.

신태용(2012). 술, 알고 마십시다. 서울 : 신일북스.

이훈구(2005). 대학이 변하고 있다 : 캠퍼스 라이프 연구. 과천 : 법문사.

장수미, 경수영(2013). 대학생의 취업스트레스와 중독행동의 관계. 보건사회연구. 33(4), 518-546.

정남운, 박현주(2000). 이상심리학 시리즈 17 : 알코올 중독. 서울 : 학지사.

조성기, 윤혜미, 이혜경, 최현숙, 제갈정(2001). 대학생의 음주실태. 고양 : 한국음주문화연구센터.

채규만, 박중규(2002). 인터넷 중독 상담 전략. 서울 : 한국정보문화센터.

한국인터넷진흥원(2007). 2007년 하반기 정보화실태조사.

한국정보문화진흥원(2005). 성인 인터넷 중독 진단척도 개발 연구.

APA(2015). DSM-5 : 정신질환의 진단 및 통계편람 제5판 (권준수 외 역). 서울 : 학지사.

Blanco, C., Okuda, M., Wright C., Hasin, D., Grant, B., Liu, S., & Olfson, M.(2008). Mental health of college students and their non-college attending peers : Results from the national epidemiologic study on alcohol and related conditions. *Archives of General Psychiatry*, 65(12), 1429-1437.

Chou, C., & Hsiao, M. C.(2000). Internet addiction, usage, gratifications, and pleasure experience-The Taiwan college students' case. *Computer Education, 35*(1), 65-80.

Cloninger, R. C.(1994). *The temperament and character inventory (TCI) : A guide to its development and use.* St. Louis, MO : Center for Psychobiology of Personality, Washington University.

Critchlow, B.(1986). The powers of John Barleycorn : Beliefs about the effects of alcohol on social behavior. *American Psychologist, 41*(7), 751-764.

Frances, A.(2014). 정신의학적 진단의 핵심 : DSM-5변화와 쟁점에 대한 대응(박원명 외 역). 서울 : 시그마프레스.

Goodwin, D. W.(1991). The etiology of alcoholism. In D. J. Pittman & H. R. White(Eds.), *Alcohol, culture, and social control monograph series. Society, culture, and drinking patterns reexamined*(pp. 598-608). Piscataway, NJ: Rutgers Center of Alcohol Studies.

Goodwin, D. W., Schulsinger, F., & Molter, N.(1974). Drinking problems in adopted and nonadopted sons of alcoholics. *Archives of General Psychiatry, 31*, 164-169.

Goodwin, D. W., Schulsinger, F., Knop, J. Mednick, S., & Guze, S. B.(1977). Psychopathology in adopted and nonadopted daughter of alcoholics. *Archives of General Psychiatry, 34*, 1005-1009.

Grinffiths, M. D.(1998). Internet addiction : Does it really exist?, In Gackenbach, J. (ed.), *Psychology and the internet : Intrapersonal, interpersonal and transpersonal implications.* New York, NY : Academic Press.

Han, D. H., Lee, Y. S., & Renshaw, P. F.(2009). The effect of mythylphenidate on internet video game play in children with attention deficit hyperactivity disorder. *Comprehensive Psychiatry, 50*(3), 251-256.

Han, D. H., Lyoo, I. K. & Renshaw, P. F.(2012). Differential regional gray matter volumes in patients with on-line game addiction and professional gamers. *Journal of Psychiatric Research, 46*(4), 507-515.

Hesselbrock, M. N. & Hesselbrock, V. M.(1992). Relationship of family history, antisocial personality disorder and personality traits in young men at risk for alcoholism. *Journal of Studies on Alcohol, 53*(6), 619-625.

Hingson, R.W., Heeren, T., Winter, M., & Wechsler, H.(2005). Magnitude of alcohol-related mortality and morbidity among U.S. college students ages 18-24 : Changes from 1998 to 2001. *Annual Review of Public Health, 26*, 259-279.

Hingson, R.W., Zha, W. & Weitzman, E.R.(2009). Magnitude of and trends in alcohol -related mortality and morbidity among U.S. college students ages 18-24, 1998-2005. *Journal of Studies on Alcohol and Drugs/Supplement, 16*, 12-20

Jellinek, E. M.(1960). *The disease concept of alcoholism.* New Haven, CT : Hillhouse.

Kandell, J. J.(1998). Internet addiction on campus : The vulnerability of college students. *Cyberpsychological Behavior, 1*(1), 11-17.

Kendler, K. S., Health, A. C., Neale, M. C., Kessler, R. C., , & Eaves, L. J.(1992). A population-based twin study of alcoholism in women. *Journal of the American Medical Association, 268*(14), 1877-1882.

Knight, R. P. (1937). The dynamics and treatment of chronic alcohol addiction. *Bulletin of the Menninger Clinic, 1*(7), 233-250

Kuo, M., Adlaf, E. M., Lee, H., Gliksman, L., Demers, A., & Wechsler, H.(2002). More Canadian students drink but American students drink more : Comparing college alcohol use in two countries. *Addiction, 97*, 1583-1592.

Masterson, J. F.(1993). *The search for the real self.* New York, NY : The Free Press.

Wechsler, H., Dowdall, G. W., Maenner, G., Gledhill-Hoyt, J., & Lee, H.(1998). Changes in binge drinking and related problems among American college students between 1993 and 1997 results of the Harvard school of public health college alcohol study. *Journal of American College Health, 47*(2), 57-68.

Winnicott, D. W.(1965). *The maturational processes and the facilitating environment : Studies in the theory of emotional development.* Oxford : International Universities.

Wynn, E., & Katz, J. E.(1997). Hyperbole over cyberspace : Self-presentation & social boundaries in Internet home pages and discourse. *The Information Society, 13*(4), 297-328.

Young, K. S. (1996). Internet addiction : The emergence of a new clinical disorder. *Cyberpsychology & Behavior, 1*(3), 237-244.

Young, K. S. & Rogers, R.(1998). The relationship between depression and internet addiction. *Cyberpsychology & Beahvior, 1*(1), 25-28.

[11-1] **중독 가능성 물질 및 행위** 음주나 인터넷을 포함하여 나에게 중독에 이를 만한 물
질사용이나 행위가 있는지 살펴보자. 이러한 물질사용이나 행위가 주는 유익한
점과 유해한 점을 살펴보고, 대안행동을 찾아보자.

중독에 이를 만한 물질사용 또는 행위	유익한 점	유해한 점	대안행동	실행을 위한 계획

[11-2] **음주 진단** 아래의 문항에 빠짐없이 체크해 보자.

1. 얼마나 술을 자주 마십니까?
   (0) 전혀 안 마심   (1) 월 1회 미만   (2) 월 2~4회   (3) 주 2~3회   (4) 주 4회 이상

2. 술을 마시면 한 번에 몇 잔 정도 마십니까?
   (0) 전혀 안 마심   (1) 소주 1~2잔   (2) 소주 3~4잔
   (3) 소주 5~6잔   (4) 소주 7~9잔   (5) 소주 10잔 이상

3. 한 번에 소주 한 병 또는 맥주 4병 이상 마시는 경우는 얼마나 자주 있습니까?
   (0) 전혀 없음   (1) 월 1회 미만   (2) 월 1회   (3) 주 1회   (4) 거의 매일

4. 지난 1년간 한 번 술을 마시기 시작하면 멈출 수 없었던 때가 얼마나 자주 있었습니까?
   (0) 전혀 없음   (1) 월 1회 미만   (2) 월 1회   (3) 주 1회   (4) 거의 매일

5. 지난 1년간 평소 같으면 할 수 있던 일을 음주 때문에 하지 못한 적이 얼마나 자주 있었습니까?

    (0) 전혀 없음　　　(1) 월 1회 미만　　　(2) 월 1회　　　(3) 주 1회　　　(4) 거의 매일

6. 지난 1년간 술을 마신 다음날 해장술을 마신 적은 얼마나 자주 있었습니까?

    (0) 전혀 없음　　　(1) 월 1회 미만　　　(2) 월 1회　　　(3) 주 1회　　　(4) 거의 매일

7. 지난 1년간 음주 후에 죄책감을 느끼거나 후회한 적이 얼마나 자주 있었습니까?

    (0) 전혀 없음　　　(1) 월 1회 미만　　　(2) 월 1회　　　(3) 주 1회　　　(4) 거의 매일

8. 지난 1년간 음주 때문에 전날 밤에 있었던 일이 기억이 나지 않았던 적이 얼마나 있었습니까?

    (0) 전혀 없음　　　(1) 월 1회 미만　　　(2) 월 1회　　　(3) 주 1회　　　(4) 거의 매일

9. 음주로 인해 자신이나 다른 사람을 다치게 한 적이 있습니까?

    (0) 없음　　　(2) 있었지만, 지난 1년간에는 없었음　　　(4) 지난 1년 내에 있었음

10. 친척이나 친구, 의사가 당신이 술 마시는 것을 걱정하거나 당신에게 술 끊기를 권유한 적이 있었습니까?

    (0) 없음　　　(2) 있었지만, 지난 1년간에는 없었음　　　(4) 지난 1년 내에 있었음

알코올중독 자가진단검사(AUDIT-K : Alcohol Use Disorders Identification Test-Korean)

1~10까지 각 문항에 대해 0~4점으로 평정하여 합산한다.

총 _____점(최고점수 : 41점)

본 검사는 AUDIT-K로 세계보건기구(WHO)에서 개발한 음주문제 선별도구이다. 이 검사는 음주문제 위험이 있는 개인을 조기에 선별하는 데 유용하게 사용되고 있다.
점수에 따른 해석은 다음과 같다.

셀프
워크
11

- 0~7점 : **정상 음주**. 음주습관이 양호함
- 8~11점 : **잠재적 문제 음주**. 과음을 할 때가 가끔 있으므로 음주 습관에 신경을 쓸 필요 있음
- 12~14점 : **문제 음주**. 상습적 과음자로 적절한 조치가 필요함
- 15점 이상 : **알코올사용장애**. 집중치료와 전문상담이 필요함

[11-3] 인터넷 사용 진단 아래의 문항에 빠짐없이 체크해 보자. 인터넷 사용에는 스마트폰 사용도 포함되며 홈페이지, 블로그, SNS, 메신저, 게임, 이메일, 검색 등의 활동이 모두 포함된다. 자신의 생각과 일치하는 곳에 ○표 하면 된다.

	내용	전혀 그렇지 않다	그렇지 않다	그렇다	매우 그렇다
1	인터넷이 없다면 내 인생에 재미있는 일이 하나도 없을 것이다.	1	2	3	4
2	실제생활에서도 인터넷에서 하는 것처럼 해보고 싶다.	1	2	3	4
3	인터넷을 하지 못하면 무슨 일이 일어났는지 궁금해서 다른 일을 할 수가 없다.	1	2	3	4
4	사이버 세상과 현실이 혼동될 때가 있다.	1	2	3	4
5	인터넷을 할 때 마음대로 되지 않으면 짜증이 난다.	1	2	3	4
6	인터넷을 하지 못하면 안절부절못하고 초조해진다.	1	2	3	4
7	인터넷을 하는 동안 더욱 자신감이 생긴다.	1	2	3	4
8	일상에서 골치 아픈 생각을 잊기 위해 인터넷을 하게 된다.	1	2	3	4
9	인터넷을 하면 기분이 좋아지고 쉽게 흥분한다.	1	2	3	4
10	인터넷을 하면 스트레스가 해소되는 것 같다.	1	2	3	4
11	'그만해야지' 하면서도 번번이 인터넷을 계속하게 된다.	1	2	3	4
12	일상 대화도 인터넷과 관련되어 있다.	1	2	3	4
13	해야 할 일을 시작하기 전에 인터넷부터 하게 된다.	1	2	3	4
14	일단 인터넷을 시작하면 처음에 마음먹었던 것보다 오랜 시간 인터넷을 하게 된다.	1	2	3	4
15	인터넷 속도가 느려지면 금방 답답하고 못 견딜 것 같은 기분이 든다.	1	2	3	4
16	인터넷을 하느라 다른 활동이나 TV에 대한 흥미가 감소했다.	1	2	3	4
17	인터넷을 하면서도 죄책감을 느낄 때가 있다.	1	2	3	4
18	지나치게 인터넷에 몰두해 있는 나 자신이 한심하게 느껴질 때가 있다.	1	2	3	4
19	인터넷 사용을 줄여야 한다는 생각을 끊임없이 한다.	1	2	3	4
20	내가 생각해도 나는 인터넷에 중독된 것 같다.	1	2	3	4

A척도 성인자가진단용 검사

1~20까지 각 문항에 대해 1~4점으로 평정하여 합산한다.

총 ＿＿＿＿＿＿＿점(최고점수 : 80점)

본 검사는 한국정보진흥원(2005)에서 개발한 인터넷 중독 진단 'A척도 성인자가진단용'으로 인터넷 이용 및 중독에 대한 선별도구이다. 이 검사는 인터넷 중독 문제 위험이 있는 개인을 선별하는 데 유용하게 사용되고 있다.

점수에 따른 해석은 다음과 같다.

- 42점 이하 : **일반사용군**. 인터넷을 자신의 흥미, 욕구, 목적에 맞게 적절히 사용하고 있음
- 43~53점 : **잠재적 위험사용군 I**. 현재 뚜렷한 문제는 없으나 사용시간이 늘지 않도록 주의해야 하는 단계
- 54~66점 : **잠재적 위험사용군 II**. 인터넷 사용으로 인해 일상생활에 문제가 발생하는 단계
- 67점 이상 : **고위험사용군**. 인터넷 사용을 스스로 조절할 수 없는 상태. 집중치료와 전문상담이 필요함

셀프
워크
11

[11-1] **나의 술경험** 다음의 주제를 조원들과 나누어 보면서 술에 대한 경험을 정리해 보자.

토론 주제	도출된 결론
자신에게 '술'이란? 나의 음주 유형은 무엇인가?	
술과 관련된 긍정적 경험	
술과 관련된 부정적 경험	
술자리에 대한 대안이 있다면 어떤 것이 있을까?	
'술'이 안전한 기호식품이 되려면~.	

[11-2] 나의 인터넷 사용 자신의 인터넷 사용 실태를 점검해 보고 조원들과 함께 건전한 인터넷 사용을 위한 합의를 도출해 보자.

토론 주제	도출된 결론
나는 하루에 몇 시간 정도, 어디에서, 무엇을 위해 인터넷을 사용하는가?	
인터넷 사용이 나에게 주는 유익한 점은 무엇인가?	
인터넷의 과다사용으로 인해 학업이나 내가 해야 할 일들을 못했던 경험이 있는가? 인터넷 사용이 나에게 주는 유해한 점은 무엇인가?	
앞에서 언급한 인터넷 사용시간 중 불필요한 인터넷 사용시간은 얼마나 되는가? 그 시간에 내가 대신 할 수 있는 일들은 무엇이 있을까?	
오늘 나의 적용점은?	

chapter

12 우울장애

학습목표

1. 우울장애를 정의하고, 그 하위유형과 증상을 심리학적으로 이해한다.
2. 우울장애의 원인을 살펴보고, 우울장애가 개인과 타인의 삶에 미치는 영향들을 알아본다.
3. 자살에 대한 오해와 편견을 살펴보고, 자살에 대한 올바른 이해를 바탕으로 자살에 대한 대안들을 찾아보고 건강한 자신을 만들기 위한 적용점을 찾도록 한다.

철학자 아리스토텔레스는 "철학과 정치, 시와 예술에 특출난 사람은 모두 우울증 경향을 가지고 있다."고 말하였다. 실제로 세계의 많은 위인들, 처칠, 베토벤, 링컨, 고흐 등이 우울증의 고통을 겪었다고 알려져 있고, 그중에서 천재적인 화가 고흐는 우울증을 겪다가 자살한 것으로 알려져 있다. 미국의 대통령이었던 에이브러햄 링컨은 스스로를 가장 비참한 사람이며 자신의 느낌이 이 세상의 사람들에게 나누어진다면 이 지구상에는 기쁜 얼굴이란 단 하나도 없을 것이라고 말할 정도로 중증 우울증을 겪었다. 하지만 고통과 역경이 계속되는 속에서도 링컨 대통령은 자신의 뜻을 이루기 위해 노력하였고 노예해방이

▲ 링컨 기념관 안의 링컨 동상
링컨은 평생 심각한 우울증을 앓았지만 자신의 신념을 위해 굴하지 않고 노력하여 큰 업적을 남겼다.

라는 위대한 업적을 남길 수 있었다.

우울은 부정적이고 힘든 상황에서 생기는 자연스러운 반응으로 감기처럼 건강한 사람에게도 찾아올 수 있는 감정이다. 감기에 걸리면 병원에 가거나 쉬듯이, 우울한 상태에서는 일상적 흥미나 동기가 줄고 활동량이 감소하지만 그 시간 동안 하던 일에서 일시적으로 벗어나 휴식을 취하고 자기성찰을 하며 에너지를 재충전할 수 있는 시간을 가질 수도 있다. 하지만 우울함을 오래 방치하거나 심각한 상황에서 적절한 치료를 놓친다면 위험한 상황에 이르게 될 수도 있다. 현대에는 우울증에 대한 심각성이 대두되면서 우울한 사람들이 방치되거나 치료를 놓치지 않도록 우울증의 예방과 치료를 장려하려는 홍보가 적극적으로 이루어지고 있다. 우울증은 결코 수치스러운 심리장애가 아니다. 아픈 만큼 성숙해진다는 말이 있듯이, 우울증은 매우 고통스러운 체험이지만 인간을 성숙시키는 계기가 될 수도 있다. 우울한 시간을 두려워하지 말고 우울증에 대한 지식과 적절한 대처로 더욱 지혜로운 인간으로 성숙하는 계기로 삼아 볼 수 있다.

1 청년기의 우울

청년기에는 많은 변화, 즉 신체적·인지적·관계적 변화를 겪게 된다. 이 시기에 청년은 자아정체감의 혼란을 겪거나, 경쟁에서 뒤처진다는 느낌이 들고, 관계에 어려움이 있을 때 우울해지기 쉽다. 청년기에 미래의 전망에 대한 기대가 어둡거나 기대했던 성취를 이루지 못했을 경우에는 자존심에 상처를 받으며 우울증을 겪을 수 있다. 서울, 경기, 충청권에 소재한 5개 대학 학생들을 중심으로 조사한 '대학생들의 우울감' 연구에 따르면, 최고 19.6%의 대학생이 우울증 치료가 필요하며 41.3%의 학생들이 가벼운 우울 증세를 보이는 것으로 나타났다. 서울 소재 한 4년제 대학교에서도 2016년 신입생 실태조사를 한 결과, 최근 1년 동안 연속적으로 2주 이상 일상생활에 지장이 있을 정도로 슬프거나 절망감을 느낀 적이 있다고 응답한 학생은 11.6%로 나타났고, 경도의 우울증은 23.7%로 약 35.5%에 해당하는 학생들이 우울감을 느끼고 있는 것으로 조사되었다. 이 결과는 그 전해에 비해 5.6% 증가한 수치로 청년들의 우울 증가폭이 상승하고 있음을 보여준다.

우울증은 단지 감정에만 국한된 것이 아니며 우리 삶의 전반에 영향을 끼친다. 그러나 많은 청년들이 자신의 우울함의 심각성을 깨닫지 못하거나 혹은 남에게 자신의 우울하고 무기력한 상황을 보여주고 싶어 하지 않아 더 힘들어지는 경우가 많다. 청년 후기에는 낮은 자존감이나 죄의식으로 인해 우울한 기분을 느끼기도 하고 약물남용, 무절제한 성행위, 반사회적 집단 활동, 고립 등의 간접적인 방법으로 우울을 표출하기도 한다(김애순, 2015). 그러므로 청년

▲ 청년기 우울
청년들은 자신의 우울감이나 무기력함을 깨닫지 못해 우울이 더 심각해질 수 있다.

스스로 우울한 상황을 스스로 자각하고 도움을 요청하거나 혹은 주위의 사람들을 도와주기 위해 우울증에 대한 증상, 유형, 원인, 치료방법들을 먼저 알아야 할 것이다.

1) 개념

대부분의 사람들은 일생을 살아가면서 즐겁고 들뜰 때가 있지만, 때로는 우울하고 낙담되는 시간을 보낼 때가 있다. 우울은 어느 누구에게나 있는 감정이며 우울의 감정도 인간에게 필요한 감정이다. 하지만 우울과 우울장애는 다르다. 우울은 누구에게나 생기는 것이 감정이지만, 우울장애는 개인에게 해가 되는 결과를 가져올 수 있다. 즉, 건강한 우울은 자신을 돌아보고 생각하고 내면의 탐색이 일어나도록 하는 역할을 하지만, 우울장애가 되면 아무런 이유 없이 지속적으로 우울감을 느끼며, 삶의 의욕을 잃고, 일상생활을 해나가는 데 있어서 어려움을 느끼게 된다(셀프 워크 12-1).

우울장애란 일정 기간 우울해지는 정서로 인해 생활 전반에 영향을 미치는 것을 의미한다(고영건 외, 2008). 우울장애는 정서적 감정뿐만 아니라 신체적 반응, 대인관계, 생각의 패턴에도 큰 영향을 미친다. 신체적 반응으로는 과도한 수면이나 불면, 음식을 폭식하거나 거부하는 증상이 나타난다. 또한 우울을 심하게 느끼는 사람은 자신과 타인, 미래에 대해서도 부정적인 생각을 가지고 있어서 대인관계에서도 위축되고 고립되며 자신감 있게 나서지를 못한다. 우울증이 심해지면 자살에 대한 생각이나 충동이 생기며,

어떤 경우에는 자학이나 자살기도로 이어지기도 한다. 그렇기 때문에 우울증상을 보이는 사람이 있다면 방치하지 말고 반드시 적절한 조치나 치료를 하여서 위험을 미연에 방지해야 한다.

2) 유형

우울장애는 그 임상적 특징에 따라 정신증적 우울과 신경증적 우울로, 우울증 발병의 내적 요인(내부적 생리적 요인)과 외적 요인(환경적 스트레스의 영향)에 따라 반응성 우울과 내인성 우울로 나눌 수 있다(고영건 외, 2008). 정신질환의 진단 및 통계편람에서는 우울증의 지속기간, 심각성, 그리고 생활 전반에 미치는 영향에 따라 크게 주요우울장애(major depressive disorder)와 지속성우울장애(persistent depressive disorder)로 분류하였다(APA, 2013). 다음에서는 주요우울장애와 지속성 우울장애를 임상적 증상들과 함께 더 자세하게 살펴보고자 한다.

(1) 주요우울장애

주요우울장애의 진단기준은 다음과 같다(DSM-5).

가. 다음 중 다섯 가지 이상의 증상이 2주간 나타나며 1. 우울한 기분과 2. 흥미와 즐거움 상실 중 적어도 한 가지 증상이 나타나야 한다.
  A. 하루의 대부분, 그리고 거의 매일 지속되는 우울한 기분이 주관적, 객관적 관찰을 통해 나타날 때.
  B. 모든 또는 거의 모든 일상활동에 대한 흥미나 즐거움이 하루의 대부분 또는 거의 매일같이 뚜렷하게 저하되어 있을 경우
  C. 체중조절을 하고 있지 않은 상태에서 의미 있는 체중 감소나 체중 증가, 거의 매일 나타나는 식욕감소나 증가가 있을 때
  D. 거의 매일 나타나는 불면이나 과다수면
  E. 거의 매일 나타나는 정신운동성 초조나 지체(좌불안석 또는 처진 느낌)
  F. 거의 매일의 피로나 활력 상실
  G. 거의 매일 무가치감 또는 과도하거나 부적절한 죄책감을 느낌
  H. 거의 매일 나타나는 사고력이나 집중력의 감소 또는 우유부단함
  I. 반복되는 죽음에 대한 생각, 특정한 계획 없이 반복되는 자살사고 또는 자살기도나 수행에 대한 계획

나. 이 증상들은 임상적으로 심각한 고통을 주며 사회적, 직업적 기능에 장애를 초래한다.

다. 이 증상들은 약물이나 다른 질환의 생리적 현상으로 인한 것이 아니다.

라. 이 장애는 다른 장애로 더 잘 설명되지 않는다.

마. 조증이나 경도 조증이 발현된 적이 없어야 한다.

주요우울장애(major depressive disorder)는 2주 이상 심한 우울함을 느낌과 동시에 삶의 전반에 영향을 미치는 가장 심한 우울장애의 유형이다. DSM-IV에서는 사별 후 나타나는 우울증상은 진단하지 않았으나 DSM-5에서는 사별 후의 우울증상도 주요우울장애로 진단할 수 있게 되었다. 가족이나 지인과의 죽음으로 인해 심한 우울증상, 즉 사별의 상실로 인한 애도 이상의 우울증상을 2주 이상 보이는 사람이 있다면 주요우울장애로 진단한다.

주요우울장애의 핵심증상들은 체중과 자살사고에 관한 것 외에는 거의 매일 존재해야 한다. 우울한 기분은 사람마다 다르게 나타날 수 있다. 어떤 사람은 슬퍼하기도 하지만 신체적 불편감을 호소하거나, 사소한 문제에 과민하고 화를 잘 내거나, 쉽게 좌절하는 형태로도 나타날 수 있다. 특히 아동과 청소년의 경우는 짜증을 내거나 불쾌감을 표현하는 것으로 나타나는 경우가 많다. 정신운동 초조는 가만히 앉아 있지 못하거나 물건들을 문지르기, 손 꽉 쥐기 등으로 나타날 수 있고, 지체는 말이나 몸의 움직임이 느려지고 때로는 대답하기 전에 침묵하는 시간이 길어지는 식으로 표현되기도 한다. 특히 에너지가 저하되기 때문에 계속 피곤하다는 소리를 입에 달고 살기도 한다. 우울의 정도가 심하기 때문에 일상생활을 수행하기가 쉽지 않고 이 세상을 살기 힘들다는 생각을 하기도 한다. 주로 에너지가 없는 상태가 지속되는데 에너지가 아예 없을 때보다 약간의 에너지가 있을 때 자살시도의 가능성이 높아지므로 오히려 더 위험할 수도 있다. 그렇기 때문에 주요우울장애를 앓는 사람들에게는 주위의 지속적인 관심과 따뜻한 돌봄이 필요하다.

(2) 지속성 우울장애

지속성 우울장애(persistent depressive disorder)는 DSM-5에 새로 편입되었으며, 기존의 만성우울증과 기분부전장애를 통합한 진단명이다. 지속성 우울장애의 진단은 다음과 같다(APA, 2013).

가. 우울한 기분이 거의 하루 종일, 여러 날 동안 나타나며 최소 2년 이상 지속되어야 한다.

나. 우울기 동안 다음 증상 중 2개 (또는 그 이상) 항목이 나타난다.

    A. 식욕 부진 또는 과식

    B. 불면 또는 수면과다

    C. 기력의 저하 또는 피로감

    D. 자존심 저하

    E. 집중력 감소 또는 결정 곤란

    F. 절망감

다. 장애가 있는 2년 동안 연속적으로 2개월 이상, 진단기준 가와 나의 증상이 존재하지 않았던 경우가 없었다.

라. 주요우울장애의 증상이 지속적으로 2년간 나타날 수 있다.

마. 조증삽화, 혼재성 삽화 또는 경조증 삽화가 없어야 하고, 순환성 장애의 진단기준을 충족시키지 않아야 한다.

바. 장애가 정신분열증이나 망상장애와 같은 만성 정신증적 장애의 기간에만 발생되어서는 안 된다.

사. 증상이 물질(예 : 약물남용, 투약) 또는 일반적인 의학적 상태(예 : 갑상선 기능저하증)의 직접적인 생리적 효과로 인한 것이 아니다.

아. 증상은 사회적, 직업적, 기타 중요한 기능 영역에서 임상적으로 심각한 고통이나 장애를 일으킨다.

주요우울장애가 2년 이상 지속되면 지속성 우울장애로 진단이 되고, 이 경우 장기적으로 지속되는 양상과 재발이 빈번하게 일어나는 특징을 보인다. 우울장애의 구분에 있어서 증상의 심각성보다 증상의 지속시간이 더 중요하다. 우울증의 평균 발병연령은 20대 중반이며 청소년기에 접어들면서 급증한다(권석만, 2016).

이 외에도 DSM-5에서 우울장애에 새롭게 추가된 월경전불쾌감장애, 파괴적 기분조절부전장애 등이 있다. 월경전불쾌감장애는 여성의 월경주기 전에 시작되어 월경시작 또는 직후에 사라진다. 10세 이전에 발병되는 파괴적 기분조절부전장애는 주로 남자아이에게 나타나며 분노발작이나 과민한 혹은 화가 난 기분 등을 하루 중 대부분의 시간에 보이는 장애이다.

3) 증상

앞에서 설명했듯이 우울증은 그 증상이 감정뿐만 아니라 생각, 건강, 대인관계, 업무수행 등에 걸쳐 나타나게 되는데, 각 증상이 밀접하게 연결되어 있으며 상호 영향을 준다.

지금부터 각 증상을 더 자세히 살펴보기로 하자.

(1) 신체적 증상

우울증의 신체적 증상으로는 식욕의 변화, 수면의 변화, 그로 인한 체중의 변화를 들 수 있다. 정서적으로 심한 충격을 받을 때나 깊은 우울감이 있을 때 입맛이 없어지거나 아니면 폭식 혹은 과식을 통해 우울한 정서를 대체하는 경우가 많다. 증상에 따라 음식의 섭취와 수면의 양은 단기간 체중의 증가나 감소현상을 초래한다. 또한 우울로 인해 깊은 숙면을 취하는 데 어려움을 겪거나 아니면 정반대로 하루에 13시간 이상의 과다수면을 취하기도 한다. 하지만 잠을 자고 또 자도 쉽게 피곤해짐을 느낀다. 또한 면역력이 떨어지므로 감기와 같은 질병에 쉽게 걸리며, 회복이 느려지기도 한다(권석만, 2011). 최근에 잠이 급격히 늘거나 줄었다면, 또는 체중이 급격히 증가하거나 감소하였다면, 우울장애가 아닌지 스스로 진단해 보아야 한다.

(2) 정서적 증상

우울한 사람은 기분저하로 인해 한없이 가라앉게 되기도 하고, 갑자기 슬퍼지거나 때때로 혼자 울음을 터뜨릴 수 있다. 지난날들을 떠올리며 자책감과 후회를 느끼기도 한다. 어떤 일을 해도 즐겁지 않고, 흥미가 없어진다. 그래서 하루하루를 살아가는 것이 힘겹고, 고통스럽고, 괴롭게 느껴지게 된다. 또한 모든 세상의 짐을 다 짊어진 듯한 부담감에 짓눌리게 된다. 내가 무엇을 할 수 있을까 하는 자신에 대한 의심과 절망, 자포자기, 무기력함에 시달리게 된다.

(3) 대인관계적 증상

우울증을 가진 사람들이 보이는 대인관계적 특징은 사람들과의 관계 가운데 위축되고 고립된다는 것이다. 우울한 사람들은 자신이 무가치하고 사랑받을 수 없는 존재라는 부정적인 생각이 지배적이어서 스스로 관계에서 물러선다. 타인 또한 자신을 사랑해 주지 않고, 관심이 없다는 부정적인 생각은 자기 자신을 오픈하고 관계 속에서 활력을 찾거나 기쁨을 찾기보다 자신만의 세계에 갇혀 있게 만든다. 정체성 탐색과 친밀감 형성이 중요한 발달과업인 청년기에 겪는 우울증은 새로운 모임이나 새로운 일을 시작하는 것은 생각할 수도 없게 하고, 설사 억지로 친구들을 만나거나 재미있는 일을 한다고 해도 그런 일들이 그다지 즐겁지 않고 자신의 외로움만 더욱 크게 느껴지게 한다. 그래서 관계 가운데 고립되고 관계의 고립으로 인해 더 우울함에 빠지게 되는 악순환이 반복된다.

(4) 업무수행적 증상

우울증상이 생기면 아침에 일어나서 하루일과를 시작하는 것조차 힘겹다. 그러다 보니 학업이나 직무를 수행하는 것에 대한 의욕과 흥미, 관심이 없어지게 된다. 대학생들의 경우 수업에 자주 결석한다든지, 해야 할 과제를 하지 않고, 시험 전에도 아무런 공부를 하지 않게 된다. 그래서 자신이 해야 될 책임을 다하지 못하게 되고, 무단결석 혹은 무단결근을 하여 결국에는 좋지 않은 결과를 얻게 되는 경우도 있다(권석만, 2011). 업무수행을 잘하고 싶은 생각은 들지만 실제로 생활이 따라주지 않기 때문에 학교나 직장에서 더 좌절감을 느끼며 우울감에 더욱 빠져들게 된다.

(5) 사고적 증상

우울증에 걸린 청년들은 자기 자신과 타인과 미래에 대한 부정적인 생각이 가득하다. 자신은 실패자이며, 무능력하고, 무가치하다는 생각뿐만 아니라 죽고 싶다는 생각도 부쩍 들게 된다(권석만, 2011). 세상을 부정적인 관점으로 보게 되고 온통 절망적이고 비관적인 생각을 하게 된다. 이런 생각의 패턴은 더욱더 자신을 괴롭히고 피폐하게 만들며, 해야 하는 과제 및 대인관계에도 부정적인 영향을 미치게 된다.

지금까지 우울증의 임상적 기준과 다각적 측면에서의 증상들을 알아보았다. 살펴본 대로 우울증은 우리가 생활하는 전반적인 분야에 밀접한 영향을 미친다. 가령 부정적인 사고는 부정적인 감정을 불러일으키며, 위축된 인간관계를 형성하게 하고, 감당해야 하는 업무수행능력을 떨어뜨려 일반적인 생활에 심각한 지장을 주게 된다. 하지만 우울증의 원인이 신체적 질병(예 : 갑상선 기능저하증, 알츠하이머) 혹은 약물의 중독(알코올 중독 등)에 의한 것이라면 우울증이라고 간주하지 않는다(권석만, 2011). 우울증의 진단은 다각적(예 : MMPI-II를 포함한 종합심리검사, 포괄적이고 구체적인 인터뷰, 때로는 신체적 질병에 대한 검사 등)으로 살펴보고 그 결과를 종합해서 내려야 한다.

2 우울증의 원인과 치료

우울증을 바라보는 심리적 관점에 따라 그 원인이 다양하며, 그 원인을 치료하기에 적합한 치료법이 제시된다. 여기서는 크게 정신분석적·행동주의적·인지적·생물학적 관점에 따라 그 원인과 치료법을 살펴보고자 한다.

1) 생물학적 접근

생물학적 접근에서는 우울증의 원인을 유전적 요소, 뇌구조의 기능이나 신경전달물질의 이상 등으로 본다(권석만, 2011). 도파민이나 노르에피네프린의 신경전달물질이 결핍될 때 우울증이 나타날 수 있다. 뇌와 관련해서는 시상하부에 기능이상이 발생할 때 기분뿐만 아니라 성적 욕구 및 음식에 대한 욕구도 부정적인 영향을 받는다(Alloy et al., 2004). 일반적으로 알츠하이머를 가진 사람들은 노인성 우울을 겪기가 쉽고, 섭식장애를 가진 사람들은 일반 사람들보다는 우울장애와 불안장애를 겪을 확률이 더 높다. 우울장애의 원인을 분석할 때는 정확하게 인과관계를 설명하기가 쉽지 않은데, 생물학적인 관점에서는 그 원인 규명을 심리적 요소나 환경적 요소에 두지 않고 생리학적 요소에서 찾기 때문에 치료는 약물치료 혹은 수술을 통해 질병의 원인을 제거하는 데 중점을 둔다. 우울장애의 치료에 사용되는 약물을 항우울제라고 한다. 항우울제는 연령에 따라 다르게 쓰이는데 최근에는 SSRI(선택적 세로토닌 재흡수억제제)가 점차적으로 항우울제로 상용되고 있다(Alloy et al., 2004). 청소년기와 청년기에는 주로 세로토닌과 노르에피네프린의 가용성을 증가시켜서 우울증을 치료한다. 부작용은 두통, 복통, 식욕의 증진이나 감소, 발한, 초조, 불안, 피로, 수면방해 등이 있지만 일시적이므로 좀 더 살펴보며 적절한 약물을 결정하도록 한다. 일단 약을 복용하다가 중단하고자 한다면 꼭 의사와 같이 상의해서 해야 한다.

2) 정신분석적 접근

정신분석 이론에서는 심리적 문제를 무의식적 동기와 갈등으로 설명한다. 프로이트는 우울이 자기에게 향한 공격성의 표현으로 자기 자신에게로 향해진 무의식적이고 내적인

▲ 스트레스를 완화시켜 주는 아름다운 자연경관
자연의 사진을 보거나 직접 찾아가는 것은 긍정적 감정을 불러일으켜 우울증에서 벗어나는 데 도움을 주는 방법 중의 하나이다.

분노라고 보았다(권석만, 2011). 내적 갈등으로 인한 분노는 자기비난, 죄책감으로 나타나 자아기능을 약화시킨다. 프로이트는 어린시절 부모님이 엄격하고 높은 도덕성과 높은 성취기준을 제시하고, 그러한 가치를 추구하도록 길러진 경우에 우울증이 생긴다고 보았다(최정윤 외, 2006). 그러한 양육과정에서 자란 개인에게 부모의 엄격한 잣대를 강요하게 되면 개인은 사랑하는 대상으로부터 사랑의 상실을 경험하게 되어 분노를 느끼게 되는데, 분노를 표현하려고 하면 사랑하는 대상을 파괴하거나 잃을 것 같은 두려움이 고조되기 때문에 분노를 표현하지 못하고 억압한다. 그리고 그 분노는 무의식적으로 자신에게 돌아와 자신에 대한 강한 자책으로 변하게 된다. 분노의 표적이 자신이 되면 대상을 잃어버릴 염려가 없어지기 때문이다. 그러므로 억압된 분노의 에너지를 자기 스스로를 비판하고, 학대하며, 파괴하는 방향으로 사용한다.

치료적인 접근으로는 어린 시절을 탐색하여 상실에 대한 상처를 감추기 위한 방어기제를 인식하고 현재의 상황을 있는 그대로 이해하고 용납하며, 의식적으로나 무의식적으로 억압하였던 분노와 슬픔 등의 감정을 표출하여 정서적 정화가 이루어지도록 도와준다. 그리고 상담자와 내담자의 관계에서 새로운 건강한 관계를 맺는 과정을 통해서 내담자가 자기 자신을 궁극적으로 용납하고, 사랑할 수 있도록 돕는다.

3) 행동주의적 접근

행동주의 입장에서는 사람의 특정한 행동이 보상과 처벌에 의해 강화되기도 하고 약화되기도 한다고 본다. 스키너의 조작적 조건형성 이론에 따르면 일상생활에서 긍정적인 강화를 받게 되면 즐거움이라는 보상을, 그렇지 못할 경우에는 불쾌한 감정이 생성된다. 물질적 혹은 물리적 보상, 따뜻한 미소·감사·지지·칭찬 등은 긍정적 강화에 속한다. 개인의 사회적 환경으로부터 이런 긍정적인 강화를 받지 못하거나, 타인으로부터 강화를 받을 수 있는 사회적 기술이 부족하거나, 혹은 우울행동이 부적절하게 강화되었을 때 우울장애가 발생한다(권석만, 2011). 그러므로 행동주의적 관점에서는 우울장애가 긍정적 경험들의 부재와 긍정적 강화의 부재, 과거의 부정적인 경험들의 결과물이라고 본다(최정윤 외, 2006).

그렇기 때문에 행동주의적 관점에서의 치료는 부정적인 경험들 대신 긍정적인 기억과 경험들로 채워 나가고 긍정적인 보상을 받을 수 있는 사회적 기술을 증진하거나 스스로 긍정적 강화를 주어 극복하도록 한다(그룹 워크 12-1). 스스로 긍정적 강화를 줄 수 있는 방법 중의 하나는 오감을 사용하여 자신을 위안할 수 있는 활동을 하는 것이다(Brent et al., 2011). 예를 들면 꽃, 향수(후각), 좋은 음악(청각), 아름다운 자연경관의 사진(시각), 핸드로션(촉각) 등을 적용할 수 있다. 또한 스트레스에도 도움이 되는 심호흡은 어디서든지 빠르게 긴장을 완화시킬 수 있으므로 불안이나 우울에 많이 쓰이는 방법이다. 코로 깊게 숨을 들이 쉬고 폐를 공기로 가득 채운 후, 입을 통해서 숨을 고르게 절제하면서 내뱉는 동작이다. 또한 심호흡을 하는 동안 부드럽게 "긴장이 풀린다, 진정된다, 안정된다, 괜찮아." 등을 말하면서 하면 더욱 효과적이다.

4) 인지적 접근

인지적 이론은 우울장애를 가장 잘 설명하며 효과적인 치료법을 제시한다. 우울장애를 겪는 개인은 자신의 부정적인 관점에 의한 왜곡된 사고로 고통을 받기 때문이다. 부정적인 사고는 부적응적 행동을 일으켜 개인을 고립되고 위축되게 하며 우울하게 한다. 우울한 사람의 경우 자기 자신과 자신의 미래, 자신의 경험이라는 인지삼제(Cognitive Triad)를 부정적으로 바라보는 경향이 있다(Beck, 1997). 예를 들어 사랑하는 사람과 헤어졌을 때, 현재의 상황이 좋지 않아서 헤어졌다고 생각하기보다는 자신이 잘못되어서 그런 것이라고 여기고 자기 같은 사람은 앞으로 사랑을 못할 것이라고 생각한다. 우울장애를 가진 사람들은 세상을 어둡게 보기 때문에 자기가 가진 장점들과 기회, 희망을 보기가 어렵다. 우울장애가 있는 사람들의 인지적인 오류에는 과잉일반화, 흑백논리, 감정적 추론, 극대화와 극소화, 당위성 진술 등이 있으며, 여러 유형의 왜곡사고가 습관이 될 때 우울장애와 연결되기 쉽다. 그러므로 인지의 왜곡을 인식하고 수정하는 것이 우울증의 극복에 도움이 된다.

인지치료는 정신분석적 치료와 달리 과거의 경험이나 무의식보다는 지금-여기(here and now)에 초점을 두며, 내담자와의 적극적인 협력을 통한 사고와 행동의 변화를 추구한다(Beck, 1997). 자신에 대해 부정적인 생각을 가진 사람들은 남들이 아무리 긍정적인 말을 해줘도 믿지 않는 경향이 있다. 치료자는 개인이 자기 자신과 자신의 미래, 자신의 경험에 대한 인지적 오류들을 인식하도록 하며, 왜곡된 생각들을 전환시키도록 돕는다(그룹 워크 12-2).

3 ▶ 청년기 자살 예방

한국인의 행복지수는 경제협력개발기구(OECD) 회원국 가운데 하위권에 속하며, 자살률은 13년째 1위에 자리하고 있다(시사위크, 2017). 자살은 한국사회가 겪고 있는 심각한 문제 중 하나이다. 2013년 통계청에 따르면 20대 사망원인의 1위가 자살로 나타났다. 우울장애를 겪고 있는 사람들이 그렇지 않은 사람들에 비해 자살 위험률이 20배 증가하는 것으로 조사되었다(이강준, 2015). 2016년 통계청에서 발표한 자료에 의하면 자살충동(지난 1년간 한 번이라도 자살하고 싶다는 생각을 해본 적이 있는지에 대한 응답)을 경험한 20대는 7.9%로 나타났다. 2016년에 시행된 서울 소재의 한 대학교의 신입생 실태조사에서는 지난 1년 동안 자살생각을 해본 적이 있는 학생은 14.1%로 나타났다. 성별에 따른 분석으로 보면 남학생이 41.8%, 여학생이 50.0%로 여학생이 남학생보다 9.2% 높았다. 응답자의 자살충동의 주된 이유는 성적 및 진학문제가 44.2%, 외로움과 고독이 23.1%였다(셀프 워크 12-2).

자살시도의 동기는 죽음, 고통스러운 감정, 고통스러운 상황, 감정표현, 타인에게 영향을 미치고 싶어서 등이 있다(Brent et al., 2016). 한국은 청년들이 사회의 경쟁적인 분위기에서 압박감과 스트레스를 많이 받으므로 불안과 좌절에서 벗어나기 위하여, 혹은 외롭고 고립된 느낌으로 괴로움을 피하기 자살을 택할 수도 있다. 통계청에서 발표한 우리나라 20대의 자살에 대한 원인을 〈표 12-1〉에 제시하였다. 1위는 경제적 어려움, 2위는 직장문제, 그리고 3위는 외로움으로 나타났다. 자살시도 방법과 자살시도의 결심에 있어서 성별의 차이가 나타나는데 남성들의 자살 성공률은 여성들보다 4배 이상

| 표 12-1 | 20대 자살에 대한 충동 및 이유 |

경제적 어려움	이성 문제	신체적· 정신적 장애	직장 문제	외로움, 고독	가정 불화	학교성적, 진학문제	친구와의 불화 및 따돌림	기타
22.3%	8.6%	7.0%	19.8%	17.6%	10.9%	5.2%	1.7%	6.7%

(통계청, 자살실태조사, 2013)

이 높다고 알려져 있다(Peters & Murphy, 1998). 하지만 최근의 연구에 따르면 성별의 차이가 자살을 시도할 때 치명적 도구 사용, 즉 자살 성공률에 영향을 거의 미치지 않는 것으로 보고되었다(Nordentoft & Branner, 2008).

한 사람이 자살한다고 해서 모든 문제가 해결되고 그것에서 모든 것이 끝나는 것이 아니며(한국자살예방협회편, 2008) 뒤에 남겨진 사람들의 상실감과 아픔은 겪어 본 사람이 아니면 알기 힘들다. 자살로 사망한 청년들은 비밀을 지켜줄 것 같은 가까운 친구에게 자신의 자살사고를 밝히는 편이다. 그런데 그 이야기를 들은 사람들은 자살사고나 계획을 들었을 때 어떻게 반응해야 할지, 무엇을 해야 할지 당황하여 도움의 시기를 놓칠 수가 있다. 그러므로 자살에 대한 증상과 오해, 평가에 대한 지식을 갖추면 가까운 사람의 자살시도의 조기발견과 개입을 통한 자살 예방에 도움이 될 수 있을 것이다.

1) 자살의 심리학적 원인

자살은 스스로 목숨을 끊는 개인적인 행동으로 그 원인도 다양하다. 자살의 원인을 개인적 현상으로 보는 관점, 사회적 현상으로 보는 관점, 그리고 통합적으로 보는 관점이 있다. 개인적 현상으로 보는 관점에서는 개인의 심리역동 및 사고패턴 등에서 원인을 찾고, 사회적 현상으로 보는 관점에서는 개인이 사회와 어떤 관계를 맺는지에 주목한다. 여기서는 이 세 가지 접근법을 통해 자살의 심리학적 원인을 조명해 보고자 한다.

(1) 정신분석 및 정신역동적 접근

우울에 대한 정신분석적 이론의 해석과 마찬가지로 자살도 무의식적으로 잠재된 분노의 에너지가 자신에게 향한 것이라고 본다. 즉, 억압된 분노의 공격성이 상대방과 자신을 동일시하여 자기 스스로를 파괴한다는 것이다. 프로이트는 자살이 자신 안에 있는 타인을 해하기 위해 자신을 해하는 행동이기 때문에 자살을 왜곡된 살인이라고 표현하였다 (Litman, 1967).

　정신역동적 이론은 사람들은 관계 속에서 상처받고 관계 속에서 치유될 수 있다는 말로 잘 설명된다. 사람은 다른 사람들과 관계를 맺으며 살아가고 그 관계 속에서 사랑을 주고받는다. 특별히 어렸을 때 중요한 타인들(예 : 부모 등)과의 관계는 일생에 걸쳐 영향을 미치는데, 그 대상은 우리의 삶을 지탱하기도 하고, 우리의 삶에 지속적인 상처를 남기기도 한다. 정신역동적 이론에서는 자살의 원인을 사랑하는 대상의 상실에서 찾는다. 그리고 다른 사람들이 아닌 자신을 향한 내재화된 적대감과 강한 분노가 결국 자살로 표출된다고 본다.

(2) 인지행동적 접근

인지행동적 접근에서는 자살을 설명하는 데 있어서 행동주의적 관점과 인지적 관점을 같이 적용한다. 행동주의적 관점에서 자살에 대한 사고는 긍정적 보상에 따른 강화의 결여로 삶의 즐거움도, 삶의 가치도 상실할 때 생기기 시작한다. 세상을 살면서 즐거움을 느끼지 못할 때 삶은 고통이고 고뇌이며 삶을 이어가야 할 이유도 없어지게 된다.

　인지적 관점에서 볼 때 자살에 대한 일차적 요인은 부정적인 생각에 있다(표 12-2). 부정적인 생각이 점점 극단적으로 치닫게 되면서 자신의 미래는 암울하고 앞으로 상황은 더 악화될 것이며 자신의 고통은 점점 커질 것이라고 생각하게 된다. 그래서 삶의 고통

표 12-2　심리학적 특성과 자살행동

	무망감	긍정적 기억 접근 능력 부족	충동성	충동 공격성/ 정서조절
사고	자기, 미래, 세상에 대한 부정적 관점	긍정적 기억에 접근 또는/그리고 유지하는 능력 부족	의사결정에 중요한 폭넓은 정보를 받아들이지 않음	모호한 상황을 위협하거나 적대적으로 받아들이는 경향
감정	슬픔, 절망, 분노	행복하지 않음	분노	분노, 슬픔, 과민함, 정서 반응이 크고, 빠르고, 깊
행동	활동하지 않음, 또는 의도가 높은 시도	이전 경험을 사용하지 않고 행동함	생각 없이 행동함	도발이나 좌절에 대한 반응으로 생각 없이 행동함

을 종식시키기 위한 방편으로 자살을 선택하게 된다고 본다. 치료는 자살과 연관된 긍정적인 인식을 부정적인 인식으로 전환시키는 것을 통해 자살을 막을 수 있다. 인식의 전환을 위해 우선 자살생각을 이끄는 부정적인 자동적인 사고를 확인하는 것이 필요하다. 예를 들어 이 문제에는 아무 해결책이 없다거나 나의 미래는 비관적이고 암울하다 등의 자동적인 사고에서 인지왜곡을 발견할 수 있다. 질문을 통한 탐색을 통해 생각하지 못했던 긍정적인 부분을 발견할 수 있도록, 그리고 다른 대안을 찾을 수 있도록 도와준다면, 인지재구성이 이루어지고 문제해결책과 희망을 가지게 된다. 혼자서도 이런 작업을 할 수 있도록 사고기록의 방법을 배우고 스스로 인지왜곡을 식별하고 자동적 사고에 대한 대안적 사고를 찾을 수 있도록 하는 것이 중요하다.

(3) 사회심리적 접근

사회심리적 이론은 자살을 개인의 현상으로 보지 않고, 개인이 속한 사회로부터 오는 심리적 압박감 혹은 심리적 소외감으로부터 오는 사회현상으로 간주한다. 에밀 뒤르켐(Durkheim, 1951)은 자신의 책, 자살론에서 한 개인이 자신이 속한 사회에서 적응에 실패할 때 자살을 한다고 보았다. 그는 자살을 사회적 결속 정도에 따라서 이기적인 자살과 이타적인 자살, 집단 무질서적 자살로 구분하였다. 이기적 자살(egoistic suicide)은 개인이 사회에서 고립될 때 발생한다. 이들이 보이는 개인주의적 발상은 사회의 영향력과 구속을 약화시키게 되고 사업의 실패나 실연, 삶의 위기를 겪을 때 자신의 삶을 스스로 단절시키는 현상이다. 이와 대조적으로 이타적 자살(altruistic suicide)은 개인보다 그 개인이 속한 집단을 더 중요시하여 과도한 헌신과 대의명분에 따라 희생적인 자살을 시도하는 것이다. 이러한 예로 중국의 소수민족 독립을 위해 티베트인들이 자살을 시도한 경우를 들 수 있다. 집단 무질서적 자살(anomic suicide)은 사회적 혼돈 상태에서 개인이 자신의 삶의 자리를 찾지 못하여 극단적인 선택을 통해 그 무질서에서 탈출하려고 하는 형태이다. 경제적 상황이 호전되거나 악화될 때처럼 사회적 기준이나 생활지침들이 불분명해질 때 나타나는 현상이기도 하다.

모방 자살을 하는 '베르테르 현상'도 사회적 맥락이 자살에 영향을 미치는 예이다. 우리나라에서 유명연예인이 자살한 뒤에 동일한 방법으로 자살을 한 사람들이 뉴스에 보도되기도 한다. 인터넷의 보급 확대와 함께 나타난 자살사이트 접속 및 SNS를 통한 동반자살 현상도 간과할 수 없다. 이와 같이 사회적 환경이 자살에 미치는 영향은 적지 않다. 요즘처럼 정보가 빠르게 전달되는 시대에 사회환경적 차원에서 자살을 방지하기 위한 노력이 매우 필요하다.

(4) 통합적 접근

스트레스 취약성 모델에서는 각 개인이 가지고 있는 선천적, 심리적 연약함과 스트레스가 많은 환경적 조건이 상호 작용하여서 자살이 발생한다고 본다(Isometsa, 2000). 동일한 사회 환경 속에서 모든 사람이 다 자살이라는 극단적인 방법을 취하는 것이 아니기 때문에 개인의 심리적 특성과 환경에서 오는 다양한 스트레스 요인이 어떤 식으로 상호작용하는지 다각적 측면에서 살펴볼 필요가 있다.

가령 A와 B라는 청년이 동일하게 취업에 실패했을 때 A는 낙천적이고, 환경적으로 어려움이 적고, 주변 사람들과 관계가 좋은데, B는 비관적이고 경제적·환경적 어려움이 많고, 주변 사람들로부터 아무런 지지를 받지 못하는 상황이라고 하자. 스트레스 취약성 이론에서는 이러한 상황에서 B라는 청년의 취약성이 상대적으로 더 높다고 본다.

2) 자살의 오해와 편견

한국사회는 아직도 유교문화의 영향이 커서 부모로부터 받은 신체를 상하게 한다거나 자살을 하는 것은 받아들여지지 않는다. 만약 가족 중에 자살을 한 사람이 있는 경우, 그 사실을 남들에게 알리기보다는 숨기려는 경향이 있다. 또한 사회적으로도 자살에 대해서 명확한 기준을 가지고 개념을 가르치지 않기 때문에, 사람들은 잘못된 정보들을 공유하기 쉽다. 자살에 대한 사람들의 일반적인 다섯 가지 편견을 살펴보도록 하겠다 (이홍식 외, 2008)

(1) 진짜 자살할 사람은 남에게 자살하고자 하는 생각을 나타내지 않는다

실제로 자살로 사망한 청소년들은 자살사고를 다른 집단에 비해 훨씬 더 많이 표현하였다. 적지 않은 경우에 자살자들은 자살하고자 하는 생각을 주변 사람들에게 드러내는 경향이 있다. 자살 시도자들을 대상으로 한 연구에서 자살을 시행한 사람들의 50% 이상이 3개월 이내에 자살하고자 하는 의사를 나타내었다(Isomets et al., 1994). 예를 들어 '죽고 싶다'라는 말을 계속한다든지, 갑자기 자신의 물건들을 나누어 주는 행동을 취하기도 한다. 요즘은 SNS를 통해서 자신의 자살하고 싶은 감정이나 생각을 드러내므로, 주위 사람들이 그것을 알아차려 자살시도를 막은 경우도 있다(셀프 워크 12-3).

(2) 자살자들은 확실히 죽겠다는 강한 결심을 가진 사람이다

자살을 시도하는 많은 사람들이 반드시 죽음을 원하는 것만은 아니다(Alloy, Riskind, & Manos, 2006). 대부분의 자살 시도자는 강한 자살사고를 가지고 있어도 살고 싶은 소망과 죽고 싶은 소망을 함께 가지고 있다(Breant et al., 2011). 개인의 특성과 성향에 따라서 결심의 정도는 다를 수 있다. 가령 우울증이 있는 사람이 술을 마시고 갑자기 충동적으로 자살을 하는 경우도 있다. 가끔 뉴스에 연예인들이 술과 신경안정제를 같이 먹고 충동적인 자살을 하는 경우가 발표되고 있다. 이외에 경계성 성격장애인 사람의 경우는 자살시도가 죽고자 하는 강한 의지의 표출보다는 관계 속에서 다른 사람을 위협한다든지, 도움을 청하는 형태로 자살이라는 방법을 이용하기도 한다.

(3) 한 번 자살을 마음먹은 사람은 끝내 자살하고 말 것이다

한 번 자살을 생각하고 결심했다고 해서 반드시 자살하는 것은 아니다. 그리고 그 결심을 바꾸어 오히려 열심히 삶을 살아갈 수도 있다. 그렇기 때문에 자살을 마음먹은 사람을 방치하는 것이 아니라 새로운 마음을 먹을 수 있도록 주변에서 도울 필요가 있다.

(4) 자살시도를 하였으나 실패했을 때 그것으로 자살에 대한 생각과 충동이 다 사라진다

자살할 구체적인 계획을 세우고 시도 경험이 있었던 사람들은 1년 안에 재시도할 가능성이 매우 컸다(Breant et al., 2011). 자살시도 시 실패했다고 해서 그것으로 모든 것이 종결된 것이 아니다. 근원적으로 해결되지 않은 문제들이나 우울증적인 개인의 성향은 계속해서 남아서 자신을 괴롭힐 수 있다. 그렇기 때문에 과거에 자살을 시도한 적이 있다면 더 주의해서 살피고 지속적인 돌봄을 제공할 필요가 있다.

(5) 자살은 예방과 치료가 가능하지 않다

자살은 복잡한 현상이지만, 자살의 심각성과 그 폐해를 충분히 사전 교육을 통해 알리고, 사람들에게 생명을 중요시하는 생각들을 일깨운다면 예방이 가능하다. 그러므로 자살을 예방하기 위한 실제적 지침들을 학교나 직장, 국가기관, 미디어 등에서 숙지하고 정책적으로 실천하는 노력이 필요하다.

3) 자살에 대한 해결책

자살은 한 사람의 문제만이 아니다. 사회구조적인 문제들과 더불어 문제를 해결하는 건강한 대처방법들의 부재, 관계 속에서 발생하는 소외와 외로움, 개인의 심리사회적 요인 및 신체적 요인 등 다양한 요소가 복합적으로 작용하여 나타나는 현상이다. 자살을 풀어나가기 위해 개인, 학교, 사회, 국가가 다 같이 나서서 적극적인 개입을 시도해야 할 것이다(그룹 워크 12-3).

자살충동을 느낄 경우 자살 예방과 관련하여 희망클릭이나 생명의 전화와 같은 자살예방관련기관의 도움을 받는 것, 대학상담센터나 주변의 상담소를 통해 전문적인 도움을 받는 것이 매우 중요하다. 주변에 죽음을 미화하거나 자살에 대한 암시를 주거나 갑자기 생동이나 감정상태가 변한 사람이 있다면, 주의해서 살펴보면서 그 당사자가 전문적인 도움을 받을 수 있도록 연계해 주는 노력도 중요하다.

자살자가 생겼을 때 유가족이나 친구, 주변 사람 들은 굉장한 충격과 슬픔, 자책감, 죄책감을 경험하게 된다. 사랑하는 이가 생을 마감할 정도로 겪은 아픔과 어려움을 같이 헤아리지 못하고 그냥 떠나보낸 것 같아 사람들의 마음의 고통은 이루 말할 수 없다. 왜 그런 선택밖에 할 수 없었을까 원망감도 생긴다. 자살로 인한 상실감은 질병이나 재해, 사고와 같은 사망과는 또 다른 차원이다. 자살자와 직접적인 관련이 없을지라도 자살 현장을 목격한 사람들도 상당한 트라우마를 경험할 수 있다. 밤에 악몽을 꾸고, 자살 현장 주변에 가까이 가지 못하고, 일상생활이 어려울 정도로 집중력이 저하되고 불안해지는 증상을 겪기도 한다. 따라서 자살자 주변에서 고통받는 사람들에 대한 지지와 치료적 개입은 매우 중요하다.

자살사고를 가지고 있지만 이행하지 않도록 막아 주는 여러 가지 이유가 있겠지만 그 중에서도 남아 있는 사람들에게 상처를 주기 싫어서, 종교적 이유, 미래에 있을 행복이나 희망, 그리고 치료에 의한 도움 가능성과 같은 구체적인 이유들이 있다(Brent et al., 2011). 자살시도에 대한 생각이 강할지라도 살아야 할 구체적인 이유를 잘 알게 된다면 치료계획을 세우는 데 도움이 되고 그들을 삶으로 향하도록 도울 수 있다.

4) 자살의 예방

(1) 마음을 나눌 수 있는, 믿을 수 있는 사람을 만나서 자신의 감정과 생각을 나눈다.

(2) 지금 내게 당면한 가장 큰 문제를 해결할 수 있는 방법을 다양하게 모색한다.

(3) 나를 사랑해 주는 사람들을 머릿속에 떠올려 보고, 그 사람들이 겪게 될 아픔과 고통을 생각해 본다.

(4) 자신에게 "힘내!"라고 격려하며, 자신이 가진 강점들과 자원들을 떠올려 본다.

(5) 지금까지 나는 최선을 다해 살아왔는지를 돌아보며, 그렇지 못했다면 지금 내가 최선을 다해서 해야 할 구체적인 일들과 방법들을 떠올려 본다.

(6) 주변에 도움을 청할 수 있는 사람이나 기관에게 도움을 청한다.

청년기에 우울증상을 겪고 있으면서도 자신이 우울장애인 것을 자각하지 못하는 경우가 있다. 최근에는 가면성 우울증이라는 말이 나오고 있다. 겉으로는 늘 웃고 즐거워 보이지만 실상 그들의 마음은 우울감을 겪는 경우를 일컫는 말이다. 억지로 웃으며 감정을 억압하여 심리적 불안감이 야기되고 피로, 흥미 상실, 감정 무감각, 거짓 자아, 불면증 등의 증상이 동반된다(정옥분, 2015). 우울장애를 적절히 치료하지 않을 경우 알코올 등의 해로운 물질을 남용할 경우가 많으며, 대인관계에서 친밀감 형성, 학업이나 직업의 수행이 떨어진다(Brent et al., 2011). 우울감이 평소보다 많이 느껴질 때 자신이 현재 힘든 상황이며 도움이 필요하다는 것을 빨리 인식하는 것이 필요하다. 일상생활에 지장을 줄 정도의 우울감이 느껴진다면 스트레스를 줄이고 가족이나 친구나 동료의 도움을 얻는 것이 좋다. 또한 상담과 같은 도움을 찾거나 더 심각하다면 약물치료와 심리치료를 병행하는 것이 필요하다.

핵심요약

- 우울증은 우울해지는 정서로 인해 생활 전반에 부정적 영향을 받을 때 진단된다. 정서적 감정뿐 아니라 신체적 반응, 대인관계, 생각의 패턴에도 큰 영향을 미친다.
- 우울장애는 지속기간, 심각성, 생활 전반에 미치는 영향에 따라 주요우울장애와 지속성 우울장애로 분류된다.
- 우울장애의 원인은 정신분석적 접근, 행동주의적 접근, 인지적 접근, 생물학적 접근

으로 설명할 수 있다.

- 청년기 자살의 원인은 사회의 경쟁적인 분위기로 인한 압박감, 스트레스에 의한 불안, 좌절, 혹은 외로움과 고립감에서 비롯되는 경우가 많다.
- 자살에 대한 해결책을 위해 도움을 받을 수 있는 여러 가지 방편이 필요하다.

참고문헌

고영건외.(2008). 이상심리학. 서울 : 학지사.

권석만(2016). 침체와 절망의 늪 우울증. 이상심리학 시리즈 2. 서울 : 학지사.

김애순(2015). 청년기 갈등과 자기이해. 서울 : 시그마프레스.

머니투데이(2012.9.13).http://news.mt.co.kr/mtview.php?no=2012091311002182170

시사위크(2017. 10. 6). http://www.sisaweek.com/news/articleView.html?idxno=97421

이강준(2015). 우울증과 자살. 고양 : 좋은땅.

이홍식외.(2008). 자살의 이해와 예방. 서울 : 학지사.

정옥분(2015). 청년발달의 이해. 서울 : 학지사.

최정윤, 박경, 서혜희(2006). 이상심리학. 서울 : 학지사.

Alloy, L. B., Riskind, J. H., & Manos, M. J.(2006). 이상심리학 : 현재의 조망[*Abnormal Psychology :Current Perspectives*], 9E.(홍창희, 조진석, 성경순, 이명주 역). 서울 : 박학사. (원전은 2004년에 출판)

American Psychiatric Association(2013). *Diagnostic and statistical manual of mental disorders*. (4th ed. text revision). Washington DC, American Psychiatric Association.

Beck, A. T., Rush, J., Shaw, B. F., & Emery, G.(1997). 우울증의 치료[*Cognitive Therapy of Depression*]. (원호택, 박현순, 신경진, 이훈진, 조용래, 신현균, 김은정 역). 서울 : 학지사. (원전은 1973년에 출판).

Brent, D. A., Poling, K., Goldstein, T. R.(2016). 우울과 자살 위기의 청소년 치료[*Treating Depressed and Suicidal Adolescents : A Clinician's Guide.*]. (지승희, 김봉아역). 서울 : 학지사. (원전은 2011년에 출판)

Durkheim, E.(1951). *Suicide : A study in Sociology*. New York, Free Press.

Isometsa, E. T.(2000). Suicide. *Current Opinion, 13*(2), 143-147.

Isometsa, E. T., Henriksson, M.E., Aro, H. M., Heikkinen, M. E., Kuoppasalmi, K. I., & Lonnqvist, J. K.(1994). Suicide in major depression. *American Journal of Psychiatry, 151*, 530-536.

Litman, R. E.(1967). Sigmund Freud on suicide. In E. S. Shneidman (Ed.), *Essays in self-destruction*. New York : Science House.

Nordentoft, M. & Branner, J.(2008). Gender differences in suicidal intent and choice of method among suicide attempters. *Crisis : the journal of crisis intervention and suicide prevention, 29*, 4, 209-212.

셀프 워크 12

[12-1] **한국판 역학센터우울척도(CES-D)** 아래에 있는 항목들은 지난 일주일 동안 당신의 상태에 대한 질문이다. 그와 같은 일들이 지난 일주일 동안 얼마나 자주 일어났는지 해당 번호에 ○표 해 보자.

> 극히 드물다(일주일 동안 1일 이하) : 0 　　가끔 있었다(일주일 동안 1~2일간) : 1
> 종종 있었다(일주일 동안 3~4일간) : 2 　　대부분 그랬다(일주일 동안 5일 이상) : 3

문항	극히 드물다	가끔 있었다	종종 있었다	대부분 그랬다
1. 평소에는 아무렇지도 않던 일들이 괴롭고 귀찮게 느껴졌다.	0	1	2	3
2. 먹고 싶지 않고, 식욕이 없었다.	0	1	2	3
3. 어느 누가 도와준다 하더라도, 나의 울적한 기분을 떨쳐 버릴 수 없을 것 같았다.	0	1	2	3
4. 무슨 일을 하든지 정신을 집중하기가 힘들었다.	0	1	2	3
5. 비교적 잘 지냈다.	0	1	2	3
6. 상당히 우울했다.	0	1	2	3
7. 모든 일이 힘들게 느껴졌다.	0	1	2	3
8. 앞일이 암담하게 느껴졌다.	0	1	2	3
9. 지금까지의 내 인생은 실패작이라는 생각이 들었다.	0	1	2	3
10. 적어도 보통 사람들만큼의 능력은 있었다고 생각한다.	0	1	2	3
11. 잠을 설쳤다(잠을 잘 이루지 못했다).	0	1	2	3
12. 두려움을 느꼈다.	0	1	2	3
13. 평소에 비해 말수가 적었다.	0	1	2	3
14. 세상에 홀로 있는 듯한 외로움을 느꼈다.	0	1	2	3
15. 큰불만 없이 생활했다.	0	1	2	3
16. 사람들이 나에게 차갑게 대하는 것 같았다.	0	1	2	3
17. 갑자기 울음이 나왔다.	0	1	2	3

18. 마음이 슬펐다.	0	1	2	3
19. 사람들이 나를 싫어하는 것 같았다.	0	1	2	3
20. 도무지 뭘 해 나갈 엄두가 나지 않았다.	0	1	2	3

(조맹제, 김계희, 1993)

나의 총점은? _____점

총점	설명
0~20점	일상적인 생활을 하는 단계임
21~24점	우울증의 단계는 아니지만 주의를 기울여야 함
25점 이상	우울증을 의심하고 전문가의 도움을 받는 것을 고려해야 함

[12-2] 자살사고와 자살행동 평가하기 다음의 질문에 답해 보자.

1. 죽는 것이 낫다고 생각해 본 적이 있습니까?
2. 자살하겠다고 생각해 본 적이 있습니까?
3. 자살계획을 세워 본 적이 있습니까?
4. 자살충동/계획을 실행하겠다는 의도를 가진 적이 있습니까?
5. 자살을 시도한 적이 있습니까?

(Brent et al., 2011)

위의 질문에 그렇다고 응답한다면 현재인지 최근인지 이전인지, 어떠한 상황에서 그러했는지 적어보고, 어떻게 대처할 것인지도 적어 본다.

[12-3] 자살사고의 빈도와 강도 평가하기

(1) 하루에 얼마 동안이나 자살생각을 하는가?

(2) 자살생각을 할 때 얼마나 오랫동안 생각하는가?

(3) 자살생각을 떨쳐내고 다른 것에 대해 생각할 수 있는 것은 어느 정도인가?(1~10 척도)

(4) 자살충동에 어느 정도 저항할 수 있는가?(1~10 척도)

셀프
워크
12

[12-1] 우울 상황 나누기

토론 주제	내용
나는 언제, 어떤 때 가장 많이 우울한가?	
우울할 때 나는 어떤 것들을 경험하는가?(생각, 감정, 행동, 대인관계 등)	
우울할 때 기분전환을 위해서 내가 시도해 본 방법들은? 그중에 효과적인 방법들은?	
우울할 때 기분전환을 위해 해보았지만 나에게 도움이 되지 않았던 방법들은?	
우울할 때 기분전환을 위해 시도해 볼 수 있는 새로운 방법들은?	
오늘 나의 적용점은?	

[12-2] 무가치감과 죄책감 평가하기

(1) 자신의 좋은 점 세 가지를 써 보라.

(2) 그리 좋지 않은 점 세 가지에 대해 말해 보라.

(3) 다른 사람들에게 당신이 중요하다고 생각하는가?

(4) 다른 사람들에게 당신이 짐이 된다고 생각하는가?

(5) 죄책감을 느끼는 일을 했는가?

(6) 잘못된 일을 하면 마음에 어떤 생각이 떠오르는가?

(7) 어떤 일들이 죄책감을 느끼게 하는가?

[12-3] 자살에 대한 관점 나누기

토론 주제	내용
인간은 자살할 권리가 있다고 생각하는가?	
자살이 유일한 해결책인 상황이 있다고 생각하는가?	
내 주변이나 미디어에서 자살을 시도한 사람을 봤을 때 어떤 마음이 드는가?	
내가 살아 있기 때문에 감사한 점들은 무엇인가?	
자살을 생각하고 있는 친구가 있다면 어떻게 대처하겠는가?	
오늘 나의 적용점은?	

그룹
워크
12

13 불안관련장애

학습목표

1. 불안의 특징을 이해하고 정상적인 불안과 병적인 불안을 구분한다.
2. 대표적인 불안관련장애의 종류를 살펴보고, 그 특징을 구별한다.
3. 불안관련장애의 원인과 치료를 살펴본다.

한국인이 가장 사랑하는 작가 중 하나로 알려진 알랭 드 보통은 불안이라는 책을 통해 현대인의 삶에 상존하는 불안에 대한 사색을 나누었다. 그는 불안의 원인을 인간의 근본 속성 속에서 찾았다. 다음은 본문 중에서 발췌한 내용이다.

> 우리가 현재의 모습이 아닌 다른 모습일 수도 있다는 느낌—우리가 동등하다고 여기는 사람들이 우리보다 나은 모습을 보일 때 받는 그 느낌—이야말로 불안과 울화의 원천이다. 키 작은 사람이라 해도 고만고만한 사람들 사이에 살면, 키 때문에 쓸데없이 괴로워하지는 않는다(그림 : 비슷한 키).

> 하지만 이 집단 내 다른 사람들의 키가 약간이라도 더 자라면, 갑자기 불안에 빠지고 불만족과 질투심을 느끼게 된다. 그렇다고 해서 우리 키가 1mm라도 줄어든 것이 아닌데 말이다(그림 : 한 사람이 자라남). (Botton, 2011, p. 57)

알랭 드 보통은 우리가 살면서 불안해지는 원인을 사랑결핍, 속물근성, 기대, 능력주의, 불확실성에서 찾았다. 이 단어들은 자본주의 사회를 살아가는 현대인의 삶을 대변하는 단어들이다. 현대인은 의식주를 해결한 후에도 더 많은 물질과 권력을 추구한다. 물

▲ 비슷한 키

▲ 한 사람이 자라남

질과 권력을 얻어서 궁극적으로는 다른 사람의 관심과 사랑을 얻고자 한다. 물질과 권력을 얻지 못하면 관심을 받지 못한다고 생각한다. 결국 사람의 불안은 다른 사람의 관심과 사랑을 받지 못하는 것에 기인한다. 저자는 사람들이 타인에게 어떤 평가를 받고 있는지 늘 걱정하며, 사회적 지위 상승을 위해 전전긍긍한다는 것을 지적한다. 하지만 더 많은 자본과 더 높은 권력을 향한 인간의 기대는 결국 인간을 불행으로 이끈다. 인간이 부에 대한 상대적 개념에서 자유로워진다면 불안의 원천이 차단될 수 있다는 결론에 도달한다.

당신은 이와 같은 저자의 생각에 동의하는가? 당신의 불안에는 이러한 요소들이 얼마나 작용하고 있는가?

1 청년기의 불안

불안(anxiety)이라는 단어는 라틴어로 'anxietas(정서적 불완전성)'와 'angor(일시적인 신체적 현상)'에서 유래되었다. 단어의 의미에서 알 수 있듯이 불안은 정서적인 면, 신체적인 면, 생리적인 면을 모두 포함하는 경험이다. 살다 보면 여러 가지 위협적이라고 판단되거나 걱정스러운 상황을 경험하기 마련이고, 이럴 때 자연스럽게 경험되는 상태가 불안이다. 불안은 생체가 친숙하지 않은 환경에 적응하고자 할 때 나타내는 가장 기본적인 반응양상이다. 불안은 위험한 일에 실제적으로 대비하도록 하는 일종의 경고음과 같이 '예상되는' 일들에 대해 준비할 수 있도록 하는 심리적 상태로 적응적인 기능을 가지고 있다(Kring et al., 2012). 가령 중요한 시험을 앞두고 있는 수험생이나 취업 면접을 목전에 두고 있는 취업준비생에게 불안이 없다면 자신이 준비해야 할 과제들을 소

흔히 하게 될 수 있다. 실제로 적절한 불안은 수행에 도움이 된다. 높은 곳에 올라가거나 산에서 위험한 동물을 만나면 불안을 경험하게 되는데, 이때의 불안은 생존을 위한 전략을 세우게 하는 신호가 된다는 측면에서 매우 적응적이다. 하지만 불안이 지속적이거나 과도하여 심리적인 불편과 고통이 심각하며, 이로 인해 오히려 관계나 업무수행에 지장을 받는다면 불안장애가 된다. **불안장애**는 많은 사람들이 흔하게 경험하는 심리장애 중 하나로 전체 인구의 약 15%가 평생을 살아가면서 한 번 이상 불안장애를 경험한다(고영건 외, 2008).

대학생 시기는 새로운 사회적 환경의 변화에 대한 적응, 학업문제, 진로 및 취업에 대한 선택과 책임, 역동적인 대인관계 및 연애, 경제적 능력의 불균형, 정체감에 대한 고민 등 다양한 영역에서 불안을 경험하는 시기이다. 최근 경제 불황과 취업난이라는 환경적 요인과 흥미와 적성에 대한 고민이라는 개인적 요인 속에서 대학생의 혼란과 갈등은 증폭하고 있다. 이명준과 조영채(2013)가 대학생 551명을 대상으로 대학생의 불안을 살펴본 결과, 정상군이 53.2%. 경계선 불안군이 31.2%, 불안군(불안에 대한 상담이나 치료가 필요한 상태)이 15.6%로 나타났다. 불안에 영향을 미치는 변인으로는 개인속성(성별, 신장, 체중, 종교 유무, 거주상태) 중 성별이, 가정생활 특성(부모결손여부, 가정의 경제상태, 등록금조달원, 고민거리 및 가정생활 만족도) 중 가정의 경제상태 및 가정생활의 만족도가 있었다. 남학생보다 여학생이, 가정의 경제상태가 좋다는 군보다는 좋지 않다는 군에서, 가정생활에 만족한다는 군보다는 만족하지 못한다는 군에서 불안 수준이 높은 것으로 나타났다. 학교생활 특성(전공학과, 학년, 학교성적, 1일 평균 공부시간, 교우관계, 학교생활에 대한 만족도) 중에서는 학교생활에 만족한다는 군보다 만족하지 못한다는 군에서 불안수준이 높았다. 건강관련행위 특성(흡연여부, 음주여부, 규칙적인 식사여부, 규칙적인 운동여부, 주관적인 수면의 질, 주관적인 건강상태) 중에서는 스스로 건강상태가 좋다고 지각하는 군이 좋지 않다고 지각하는 군보다 불안 수준이 높은 것으로 나타났다. 전반적으로 불안은 사회심리적 스트레스가 증가할 때 특히 고조되는 것으로 나타났다. 자신의 불안 경험을 [셀프 워크 13-1]과 [그룹 워크 13-1]을 통해 정리해 보자.

불안을 주요 특징으로 하는 심리장애에는 여러 가지가 있다. DSM-5에 소개되는 장애 중 불안을 주요 특징으로 하는 장애에는 불안장애, 강박관련장애, 외상 및 스트레스 관련 장애가 있다. 이 장애들은 과도한 두려움과 행동장애를 동반하는 불안이라는 특징을 공유한다는 측면에서 유사성을 지니며, 이전 진단체계에서 불안장애라는 하나의 범주로 묶였었다. 이 중에서 외상 및 스트레스 관련장애는 스트레스 단원에서 어느 정도 다루었기 때문에 여기서는 외상 및 스트레스 관련장애를 제외하고 대학생들이 많이 노출되는 불안관련장애 중심으로 살펴보고자 한다. 불안장애의 하위유형인 **특정공포증**, **사회불안장애**, **공황장애**와 강박관련장애의 하위유형인 **강박장애**를 중심으로 그 특징을 구별하고 각각의 원인과 치료를 논하도록 하겠다.

2 특정공포증

여러분은 특정한 대상이나 상황에 대해 지나칠 정도로 두려웠던 적이 있는가? 대부분의 사람은 특별히 두려움을 느끼는 대상이나 상황이 있다. 쥐를 갑자기 발견하게 될 때, 번개가 있을 때, 비행기 여행을 해야 할 때, 비둘기를 볼 때, 혈액검사를 해야 할 때 등 사람은 각자의 심리적 상태에 따라 특정 대상이나 상황을 대면할 때 크고 작은 불안을 경험한다. 대부분의 사람은 이러한 대상이나 상황에 대해 어느 정도 불안을 경험하지만 그 괴로움은 일시적이고 생활에 큰 지장을 받지는 않는 편이다. 그런데 때로는 그 불안과 공포가 너무 심해서 일상생활에 지장을 줄 정도로 고통을 받는 경우가 있다. 특정공포증은 특정한 대상이나 상황에 대한 비합리적인 두려움과 회피행동이 지속적으로 나타나서 일상적인 기능에 문제가 생길 때 진단된다.

그림 13-1 다양한 공포의 대상

1) 특정공포증의 특징

특정공포증을 겪는 사람은 공포자극에 노출되면 예외 없이 즉각적으로 불안반응을 경험하는데, 개인은 자신의 두려움이 과도하거나 비합리적이라는 것을 잘 알고 있다. 이

표 13-1	엘리베이터공포증 환자의 사고 기록

공포 상황 : 엘리베이터	
공포 상황 관련 사고	• 문이 안 열릴지도 몰라. • 엘리베이터 줄이 끊기면 어떡하지? • 엘리베이터가 낡아서 고장날 것만 같아. • 엘리베이터 점검을 한 지 오래돼서 작동하지 않을 수 있어. • 엘리베이터 안에 갇혀서 사람들이 나를 찾지 못할 수 있어. • 내가 엘리베이터 안에 있는 동안 지진이 날지도 몰라.
공포 상황 관련 사고에서 파생된 생각	• 공기가 충분치 않아 숨이 멎을지도 몰라. • 머리가 너무 아파서 기절할 것만 같아. • 너무 불안해져서 통제력을 잃고 비명을 지르게 될 것 같아. • 너무 나가고 싶어서 문을 부술지도 몰라. • 내가 불안해하는 것을 다른 사람에게 들키면 나약한 사람으로 찍힐지도 몰라.

(김은정, 김지훈, 2000)

들 공포의 초점은 그러한 대상이나 상황으로부터 상해를 입게 될 것이라는 데 있다. 예전에 TV 프로그램에서 한 연예인이 풍선공포증을 고백하여 화제가 되었다. 그는 풍선을 보면 "터질 것 같아 두렵다."라고 말했다. 특정공포증을 경험하는 사람은 그 공포자극에 대해 지나칠 정도로 위험을 과대평가하곤 하는데, 그 생각은 매우 자동적으로 일어나기 때문에 스스로 충분히 인식하지 못할 수도 있다. 〈표 13-1〉은 엘리베이터공포증이 있는 사람이 의식적으로 또는 무의식적으로 떠올리는 사고를 기록한 것이다.

특정공포증은 공포유발 자극에 따라 유형이 세분화된다. 첫 번째는 **동물형**으로, 공포대상이 동물이나 곤충이다. 거미, 벌레, 개가 그 대표적인 예가 된다. 두 번째는 **자연환경형**이다. 이 유형은 천둥, 번개, 높은 장소, 물이 있는 강이나 바다와 같이 자연에 대한 공포를 나타낸다. 세 번째는 **혈액-주사-상해형**으로 혈액이나 부상을 보거나 주사를 맞거나 기타 의학적 처치를 받을 때 나타나는 공포증이다. 네 번째는 **상황형**으로 지하철이나 버스와 같은 대중교통수단, 터널, 다리, 엘리베이터, 비행기, 폐쇄된 공간과 같은 상황을 두려워하고 피하는 경우이다. 그 밖에도 큰 소리나 전설적 인물과 같은 것을 두려워하는 **기타형**도 존재한다. 특정공포증을 경험하는 사람은 보통 여러 개의 대상이나 상황에 대한 공포를 경험하는데 공포의 대상은 평균 3개 정도이다(APA, 2015).

어린아이가 보이는 비합리적인 공포는 일반적인 편이다. 아이들은 뱀, 어두움, 피, 주사 등을 무서워하는데, 이는 자연스러운 현상이다. 대부분 성인이 되면서 자연스럽게 공포를 극복하여 별다른 치료를 받지 않아도 된다. 성인이 된 후에도 비합리적인 공포의 대상이나 상황을 보고하는 사람들이 더러 있는데 그렇다고 그런 사람이 모두 특정공포증 진단을 받는 것은 아니다. 그 공포가 지속되고 개인에게 고통을 주며 일상생활에 지장을 줄 때 특정공포증으로 진단된다(그룹 워크 13-2).

2) 특정공포증의 원인과 치료

정신분석 이론에 따르면 불안을 감소시키기 위해 특정한 방어기제를 사용하게 되면서 특정 형태의 장애로 발전하게 된다. 특정공포증은 추동이나 행동의 방향을 원래의 대상 대신 덜 위험한 대상에게로 옮기는 대치를 주로 사용한 경우이다. 예를 들어 자신이 성적인 감정을 느껴서는 안 된다고 생각하는 사람에게 성적 추동을 느끼는 경우 투사나 전치에 의해 뱀에 대한 공포 반응을 보이면서 특정공포증을 발전시킬 수 있다. 이러한 이해를 바탕으로 치료에 접근할 때는 증상을 직접 다루어 즉각적으로 완화시키려 하기보다는 증상의 의미를 탐색하며 그 증상이 인생 전반에서 어떤 기능이나 역할을 하는지를 인식하도록 하는 데 초점을 둔다.

특정공포증의 경우 어린 시절 경험한 현실적인 강한 두려움에서 비롯되는 경우도 많다. 예를 들어 수영을 배워 본 적이 없는 아이가 물놀이를 하다가 물에 떠 있기 위해 절박한 시도를 하게 되었을 수 있다. 그 경험이 생생하면 아이는 어른이 되어서 얕은 물을 보더라도 계속적으로 공포를 느낄 수 있다. 이것은 행동주의적 입장에서 설명될 수 있다. 처음에는 물과 공포반응이 고전적 조건형성에 의해 특정단서와 불안반응이 연합되는 것이다. 다양한 경로를 통해 형성된 공포증은 회피반응에 의해 유지되고 강화된다. 회피행동을 하면 안심하는 결과를 얻게 되기 때문에 사람들은 회피행동을 지속하게 된다. 이는 조작적 조건형성의 원리에 의해 설명된다. 타인의 공포를 관찰하는 관찰학습도 공포를 학습하는 기제로 작용할 수 있다.

특정공포증의 치료에 가장 효과적인 방법으로 알려진 것은 행동주의 원리에 따른 노출기반치료이다. 대표적인 노출기반치료에는 노출치료와 체계적 둔감화가 있다. 노출치료는 사람들이 무서워하고 피하려는 대상에 노출시킴으로써 불안을 치료하는 방법이다. 엘리베이터를 무서워하는 사람의 경우 매일 30번씩 엘리베이터를 타보라는 처방을 줄 수 있다. 처음에는 공포스러울 수 있지만, 여러 번 엘리베이터를 타면서 자신이 두려워하는 일(예 : 갇힘)이 일어나지 않음을 경험하면 공포반응이 소거될 수 있다. 또 다른 노출기반치료로는 체계적 둔감화가 있다. 이는 내담자가 별로 공포를 느끼지 않는 대상에서 시작하여 차츰 공포의 대상을 경험해 보도록 돕는 기법이다. 치료자는 내담자와 함께 공포의 목록을 작성하고, 그중에서 가장 공포심이 덜 드는 자극에서 차근차근 원래 두려워하는 대상을 마주하는 데까지 나아갈 수 있다. 각 대상을 경험하는 데 있어서 충분히 노출하고 충분히 이완하도록 조력하면서 내담자가 공포반응을 덜 보일 수 있도록 도울 수 있다. 그 과정에서 치료자가 시연을 할 수도 있다.

특정공포증의 치료에서 약물치료는 권장하지 않는다. 다만 불안이 지나칠 경우, 불안을 완화시키기 위해 단기간 동안 벤조디아제핀 약물을 활용하기도 한다. 하지만 약물이 공포증 자체를 치료하는 것은 아니기 때문에 실제 공포를 대면할 수 있는 능력을 기를 수 있도록 하는 것이 필요하다.

3 사회불안장애

낯선 사람을 보면 부끄러워하거나 꺼리는 것을 수줍음이라고 한다. 수줍음은 사회적으로 용인되는 자연스러운 정서반응이다. 우리나라 전통 문화 맥락에서 어느 정도의 수줍음을 보이는 것은 조신함과 같은 특성과 연관되어 긍정적으로 묘사되기도 한다. 그런데 수줍음이 지나쳐서 남의 시선이 두렵고 다른 사람 앞에 나서기를 무척 꺼리는 사회적인 기능장애로까지 이어지면 이를 사회불안장애라고 한다(셀프 워크 13-2).

1) 사회불안장애의 특징

사회불안장애는 한 가지 또는 그 이상의 사회적 상황이나 활동에 대한 현저하고 지속적인 두려움, 즉 개인이 친숙하지 못한 사람이나 타인에 의해 주시되는 상황에 대한 두려움을 특징으로 한다. 사회불안장애를 지닌 사람은 다른 사람에게 관찰되는 것, 부정적 평가를 받는 것, 모욕당하는 것, 당황하게 되는 것을 두려워한다. 이들은 사회적 상황에 노출되면 거의 예외 없이 즉각적인 불안반응을 보인다. 얼굴이 붉어지고, 근육이 긴장되고, 심장박동은 빨라지며, 손발이 떨린다. 진땀이 흐르고, 배가 아프거나 설사를 하

그림 13-2 사회불안

며, 정신이 혼미해진다. 이러한 생리적 증상들은 개인이 경험하는 불편감과 불안을 더욱 고조시킨다. 그 상황에 대해 그렇게까지 두려워할 만한 현실적 이유가 없다는 것을 알고 있지만 두려움을 떨쳐 버릴 수 없다고 느끼고, 이로 인해 사회적 상황이나 수행을 회피하는 행동을 지속적으로 보이게 된다.

일상에서 사회불안이 유발되는 상황으로는 사람들 앞에서 발표를 할 때, 다른 사람들이 지켜보는 상황에서 무엇을 해야 할 때, 낯선 사람들과 이야기할 때, 이성과 이야기할 때, 권위자와 이야기할 때, 여러 사람과 어울려서 이야기할 때, 식당에서 식사를 할 때, 다른 사람들 앞에서 글씨를 쓸 때, 공중화장실을 이용할 때 등이 있다(김은정, 2000). 사회적으로 불안한 사람은 타인으로부터 오는 위협적인 정보(예 : 부정적 단서, 화, 비난)에 선택적으로 주의를 기울이는 특징을 보인다. 그들은 타인이 자신을 부정적으로 볼 것이라고 믿으며, 조금이라도 타인이 자신을 부정적으로 평가한 것 같으면 항상 자기를 비난한다. 그러다 보니 상대방의 반응에 더욱 예민해지고, 아무런 반응이 없으면 부정적인 반응인 것으로 해석한다. 타인에 대해 지나치게 신경을 쓰다 보면 수행에 방해를 받아 그들의 부정적 기대가 충족되는 경험을 하게 되기도 한다. 대인관계에서 다른 사람에게 맞추는 행동을 주로 보이며 자신이 실수를 했다고 지각할 때 지나치게 사과하는 모습을 보일 수 있다. 경우에 따라 친구관계나 발표상황 같은 특정 상황에 한정하여 사회불안을 보이기도 한다(Reichenberg & Seligman, 2016).

사회불안장애가 있는 사람의 두 가지 요건으로 바람직한 인상을 만들려는 욕구와 그렇게 할 수 있는 자신의 능력에 대한 불안정감이 꼽힌다(김은정, 2000). 대학생들은 대체로 타인의 인정에 대한 욕구가 고조되어 있으며 낯선 사람들과 어울리고 발표하는 과제를 수행할 필요가 있다. 따라서 이 시기에 사회불안장애의 위험성이 높아질 수 있다.

2) 사회불안장애의 원인과 치료

사회불안장애의 정확한 원인에 대해서는 알려진 바가 별로 없다. 하지만 기질적인 수줍음이 많이 기여하는 것으로 본다. 가족력도 고려될 수 있으며, 아동기 학대나 친구들 사이에 놀림당한 경험 등도 위험요인으로 꼽힌다(APA, 2015).

노출치료와 인지적 재구성이 사회불안장애 치료에 주로 쓰이는 방법인데, 이들을 함께 사용하는 것이 효과적이라고 보고된다. 노출치료는 두려움을 유발하는 상황을 마주하도록 하는 것이고, 인지적 재구성에서는 문제가 되는 생각을 인식하고 스스로 그러한 생각을 다스려 가는 것이다. 인지적 재구성을 위해 개인이 가지고 있는 역기능적 신념을 자동적 사고기록지에 적어 보고 이것을 충분히 검토해 보면서 보다 타당한 신념으로 바꾸는 작업을 하게 된다. 개인 스스로가 자신이 가지고 있는 신념이 타당한지를 다각적으로 살펴보면서 타당한 신념을 찾아가는 과정이 중요하다. 〈표 13-2〉를 통해 역기능적 신념과 타당한 신념을 비교해 보자.

회기 중에 이러한 역기능적 신념을 검토하고 타당한 신념으로 바꾸어 가는 작업을 한다면, 상담회기 사이에는 과제를 통해 실제생활에 대한 적용을 촉진한다(Ougrin, 2011). 과제는 치료자와 내담자 간에 의논하여 결정하는데, 실천 가능한 것으로부터 시작하는 것이 중요하다. 같은 수업을 듣는 친구에게 먼저 인사하기, 친구에게 먼저 연락해서 점심식사 약속하고 같이하기, 강의 도중 질문하기, 사교적 모임에서 농담 한번 해 보기, 식당에서 혼자 밥 먹기와 같은 것이 과제의 예가 될 수 있다. 사회불안장애의 치료 목표를 설정할 때 중요한 부분 중 하나는 얼굴 붉히지 않기, 떨지 않기와 같이 심리내적 혹은 신체생리적인 부분을 목표로 삼아서는 안 된다는 것이다. 그러한 내적 반응은 자동적인 신체반응으로 의식적 노력으로 바꿀 수 있는 부분이 아니다. 불편한 신체생리적 반응을 감수하고 행동적 방향을 구체적으로 잡아가는 것이 중요하다. 예를 들어 목소리가 좀 떨리더라도 발표를 해보기와 같이 기능적인 행동에 초점을 두도록 한다. 실제 행동에서 변화를 보이고 이로 인한 긍정적 피드백이 축적되면 자동적인 신체생리적 반응도 서서히 변화될 수 있다.

사회불안장애의 경우 인지행동 집단치료의 형태가 특히 효과적인 것으로 알려져 있다. 사회적 상황에서 갖게 되는 부정적 사고와 신념을 수정하는 인지적 재구성, 두려운 사회적 상황에의 반복적 노출(예 : 여러 집단 구성원 앞에서 발표), 발표자와 청중의 역할을 번갈아 하는 역할 연습, 불안을 이완시키는 긴장이완 훈련으로 치료를 구성

표 13-2　　사회적 상황에서의 역기능적 신념과 타당한 신념

	역기능적 신념	타당한 신념
부정적 자기개념	난 잘하는 게 없어. 나는 부족해.	내가 노래는 잘 못하지만, 청소 등 잘하는 것도 있어. 나 자신에 대해 어느 정도 자신감을 갖고 있어.
	난 남들과 잘 어울리지 못해.	많은 사람하고는 아니지만 몇몇 마음이 맞는 소수의 사람하고는 친하게 잘 지내.
	나의 발표 불안은 구제불능이야.	하나씩 배워 가고 있어서 이제는 가망성이 보여. 좀 더 노력하면 더 나은 발표가 될 수 있을 거야.
	나는 못생겼어.	내 외모의 결점도 자연스럽게 받아들이고 즐겁게 살아야지.
타인의 인정에 대한 과도한 욕구	사람들에게 항상 좋은 평가를 받아야 해. 모든 사람에게 인정받아야 해. 그렇지 않으면 나는 가치가 없는 사람이야.	다른 사람에게 좋은 평가와 인정을 받는 것은 매우 좋은 일이지만, 반드시 그래야 하는 것은 아니야. 더구나 모든 사람에게 인정을 받는다는 것은 비현실적이야. 나를 인정해 주는 사람이 내 주변에 몇 명이라도 있으면 그것으로 만족해.
	나보다는 남을 먼저 배려해야 좋은 사람이야.	그럴 수 있으면 좋지만, 나 자신이 상처를 입으면서까지 남을 배려할 의무는 없어. 나 자신을 잘 돌보는 것도 중요한 부분이야.
완벽주의/ 타인 및 대인관계 관련 경직된 신념	항상 완벽해야 해.	완벽을 추구하다 보면 더 주눅이 들고 실수가 많아지기 마련이야. 그보다는 나 자신의 부족함을 인정하고 오히려 솔직한 마음으로 최선을 다하면 좋은 결과가 있을 거야.
	남들 앞에서 불안해하는 모습이나 부족한 점을 보여서는 안 돼.	불안하면 불안한 대로, 부족하면 부족한 대로 내가 할 수 있는 데까지 해보는 것이 더 중요하지.
	말을 유창하게 잘해야 해.	어떤 상황에서든 말을 유창하게 잘하면 좋을 수 있지만, 반드시 그래야 하는 것은 아니야. 또 그렇지 못한다고 해서 큰일이 나는 것도 아니지 않나? 경우에 따라서는 말을 좀 못하더라도 그게 매력이 될 수도 있어.

(김은정, 2000)

할 수 있다. 사회불안장애를 치료하는 데 주로 사용되는 약물은 삼환계 항우울제, 선택적 세로토닌 재흡수억제제(SSRI), 모노아민 산화효소 억제제(MAOI) 등이 있다(권석만, 2013).

4 ▶ 공황장애

많은 연예인이 TV에서 자신의 공황장애를 고백하면서 '공황장애'라는 말이 유행한 적이 있다. 공황장애는 '갑자기 엄습하는 강렬한 불안'을 특징으로 하는 불안장애이다. 공황장애는 대체로 청소년 후기나 성인기 초기에 시작된다는 면에서 대학생과 밀접한 관련이 있다.

1) 공황장애의 특징

공황장애의 핵심적인 특징은 반복적이며, 예기치 못한 공황발작의 실제이다. 공황발작이 오면 불안은 급속도로 최고조에 도달하는데 일반적으로 10초 이내에 곧 죽을 것 같은 위급감, 그 자리에서 도피하고 싶은 마음, 강한 두려움, 심장마비나 뇌출혈을 일으킬 것 같은 미칠 듯한 생각이 절정을 이룬다. DSM-5의 진단기준으로 **공황발작**으로 진단되기 위해서는 극심한 공포와 고통이 갑작스럽게 발생하여 수분 이내에 최고조에 이르러야 하며, 다음의 13개 증상 중 4개 이상이 나타나야 한다.

① 심장 두근거림 또는 심장박동이 빨라짐
② 땀 흘림
③ 몸 떨림
④ 숨이 차거나 숨이 막히는 느낌
⑤ 질식할 것 같은 느낌
⑥ 가슴 통증이나 불편감
⑦ 메스꺼움이나 복부 불편감
⑧ 어지럽거나, 불안정하거나, 멍한 느낌, 또는
　 기절할 것 같음
⑨ 춥거나 더운 느낌
⑩ 감각이상(마비감이나 찌릿한 느낌)
⑪ 비현실감이나 이인증
⑫ 통제감 상실 혹은 '미칠 것 같은' 두려움
⑬ 죽을 것 같은 두려움

그림 13-3 공황발작

요약하면 신체적 증상으로 흥분, 떨림, 복부 불편감, 손바닥의 발한, 침마름, 심장박동의 증가, 얼굴이 화끈 달아오름, 마비감, 현기증 등이 있고, 인지적 증상으로 걱정, 통제력 상실에 대한 두려움, 집중 곤란, 죽을 것 같다는 생각, 떨칠 수 없는 부정적 생각들, 자신의 문제에 대처할 수 없을 것 같은 두려움 등이 있다.

공황발작이 있으면 적어도 한 달 동안 지속적으로 추가발작에 대해 걱정하며, 공황발작 때문에 생길 수 있는 다른 문제나 그 결과에 대해 근심걱정하거나 발작과 관련된 뚜렷한 행동 변화를 보인다. 때로는 또 다시 공황발작을 경험할까 봐 외출을 피하고 혼자 있기를 두려워하고, 외출할 때는 누군가와 꼭 동행하려는 모습을 보이기도 한다. 이러한 증상은 '혼자서 다른 장소에 있을 수 없는' 불안을 특징으로 하는 **광장공포증**으로, 공황장애가 있는 사람들은 흔히 광장공포증을 동반한다. 공황발작 경험이나 다시 공황발작을 경험하게 될까 봐 걱정하는 것으로 인해 일상생활 기능에 문제가 생기면 공황장애로 진단한다.

공황발작을 경험하는 빈도는 사람마다 다르다. 매일 경험하는 사람, 일주일에 한 번 정도 경험하는 사람, 한 달에 두 번 정도 경험하는 사람 등 각자 다르다. 처음 공황발작이 나타나기 전에 커다란 스트레스 사건을 경험하는 경향이 있는데, 전체 환자 중 약 86%가 이에 해당되었다(권석만, 2013). 이들 중 약 69%는 건강과 관련된 사건을 경험했으며, 39%는 대인관계 갈등을 경험한 것으로 보고되었다. 32%는 분리 혹은 상실 경험 등 주요생활사건 관련 스트레스 경험을 한 것으로 나타났다. 공황장애는 주로 청소년기 후반에서 30대 중반에 발병한다. 경과는 개인마다 다양하지만 만성적인 경향을 보이는 경우가 흔한 것으로 알려져 있다.

2) 공황장애의 원인과 치료

공황증상을 진단하려면 흉통, 호흡곤란, 현기증을 일으킬 수 있는 다른 내과적인 질병이 없다는 것을 확인하기 위한 철저한 내과적인 검사가 선행되어야 한다. 공황장애는 극심한 불안과 함께 다양한 신체증상을 동반하기 때문에 원인에 있어서도 생물학적 요인이 깊이 관여할 수 있다. **생물학적 관점**에서 공황장애를 설명하는 대표적인 이론으로 과잉호흡 이론과 질식오경보 이론이 있다. 과잉호흡 이론에 따르면 공황장애를 겪는 사람들은 호흡과 관련된 자율신경계의 생물학적 결함으로 혈액 속의 이산화탄소(CO_2) 수준을 보통 사람들보다 낮게 유지하려는 경향이 있다. 이로 인해 깊은 호흡이 빨라지는 식의 과잉호흡을 하게 되어 공황발작이 유발된다고 본다(권석만, 2013). 그런가 하면 질식오경보이론(Klein, 1981, 1993)에서는 공황장애를 겪는 사람들은 혈액 속의 이산화탄소 수준에 지나치게 예민하게 반응하는 경향이 있다고 설명한다. 따라서 어느 정도 이산화탄소가 차면 뇌중추에 있는 회로가 잘못된 질식경보를 내려 순간적으로 호흡곤란을 느끼고 과잉호흡을 하게 되면서 공황발작이 나타난다고 본다. 그 밖에도 유전적 영향, 뇌의 청반과의 관련성, 노르에피네프린이나 세로토닌과 같은 신경전달물질의 관여, GABA-벤조디아제핀(gamma-aminobutyric acid benzodiazepine) 체계의 이상도 보고되고 있다.

정신분석적 접근에서는 분리불안이나 상실과 관련된 경험을 원인으로 본다. 부쉬 외(Busch et al., 1991)의 연구에 의하면 공황장애 환자 대부분은 공황발작을 경험하기 전에 상실과 관련한 심리사회적 스트레스를 경험한다고 한다. 인지적 접근에서는 신체감각에 대한 잘못된 해석, 즉 파국적 오해석(catastrophic misinterpretation)에 의해 공황장애가 발생한다고 본다(Clark, 1986). 심장박동이 빨라지거나 가슴에 통증을 경험하면, 이들은 심장마비가 곧 나타날 것을 기대하거나, 질식하여 죽을 수 있다는 생각을 한다는 것이다. 이러한 파국적 사고가 오히려 개인을 더욱 불안에 빠뜨리고 결국 공황발작이 나타나게 한다는 것이다.

공황장애의 치료에는 벤조디아제핀 계열의 약물과 삼환계 항우울제, 선택적 세로토닌 재흡수억제제(SSRI) 등이 사용된다. 인지행동치료는 공황장애에 탁월한 효과를 보이는 것으로 알려져 있다. 인지행동치료는 불안을 조절하는 복식호흡 훈련과 긴장이완 훈련, 신체감각에 대한 해석의 인지적 수정, 공포 상황에 대한 점진적 노출과 같은 치료적 요소를 포함하여 구성한다(권석만, 2013). 특히 복식호흡은 불안과 관련된 증상을 가라앉히는 데 효과적이며, 익숙해지면 특별한 기구나 노력 없이 실시할 수 있기 때문에 평소에 충분히 익혀두는 것이 좋다. 〈표 13-3〉에서 복식호흡 방법을 소개하였다.

처음에는 복식호흡을 하는 데 의도적 노력이 필요할 수 있다. 하지만 매일 꾸준히 연습하면 복습호흡은 하나의 습관처럼 익숙해지고, 필요할 때 편하게 사용할 수 있는 도구가 된다. 처음에 습관을 형성할 때는 하루에 두 번 정도 5분에서 10분가량 복식호흡을 꾸준히 연습하는 것을 권장한다. 초반에는 어색하고 의식적 노력이 필요했던 것이 시간이 지날수록 자연스러워지고 자신이 자주 쓰는 근육처럼 편안하게 사용하게 될 것이다. 공황발작이 오는 순간 복식호흡을 하면 공포반응을 불러일으키는 과호흡을 차단

표 13-3 복식호흡 방법

1. 복장(허리띠, 꼭 끼는 옷, 스타킹 밴드 등)을 느슨하게 하고, 침대나 소파 또는 바닥에 눕는다.
2. 편안한 자세로 누워 몇 초 동안 숨을 고른다.
3. 가슴을 고정시키고 배로 숨을 쉰다. 숫자를 1~4까지 마음으로 세면서 배를 부풀리면서 숨을 들이마시고, 숫자를 1~8까지 마음으로 세면서 배를 낮추면서 천천히 숨을 내쉰다(배 위에 책을 놓고 책이 오르내리는 것에 집중하면서 연습하는 것이 도움이 된다).
4. 책을 내려 놓고 3번 같은 방법으로 하되, 왼손은 가슴에 오른손은 배에 얹고 숨을 쉰다. 이때 왼손은 가만히 있고 오른손만 오르내리도록 숨을 쉰다.
5. 숨을 들이마시면서 배가 풍선처럼 부풀었다가 공기를 천천히 밀어내듯 숨을 내쉬도록 한다.
6. 천천히 부드럽게 숨을 쉬면서 들이쉬는 숨보다 내쉬는 숨이 더 길도록 한다.
7. 들이쉬는 숨은 코로 하고, 내쉬는 숨은 코와 입을 이용한다. 내쉬면서 '하' 하고 입으로 소리를 내며 이완할 수 있다.
8. 익숙해지면 앉은 자세와 일어선 자세에서 반복해 본다.

(박현순, 2000)

하는 효과를 얻게 된다. 평소에도 복식호흡을 통해 마음의 평화를 유지하는 데 도움을 받을 수 있다. 불안의 어떤 순간에도 개인의 호흡은 자신과 함께하기 때문에 복식호흡은 불안을 다스리는 매우 강력한 도구가 될 수 있다.

5 강박장애

규칙, 질서, 청결에 과도하게 몰두하는 사람에 대해 우리는 '강박적'이라는 표현을 사용한다. 강박이란 '강한 압박'을 의미하는 말로 심리적으로 무언가에 집착되어 어찌할 수 없는 상태를 일컫는다(권석만, 2013). 개인의 의지와 상관없이 어떤 생각이 자꾸 떠오르거나 어떤 행동을 계속하게 되고 그 생각과 행동에 집착하는 삶을 살면 인생이 피곤해진다. 무언가에 강박적으로 사로잡히게 되면 삶의 순간순간을 충분히 즐길 수 없다. 자신의 삶에 강박적으로 메여 있는 부분은 없는지 돌아볼 필요가 있다(셀프 워크 13-3).

1) 강박장애의 특징

강박장애는 강박사고와 강박행동을 주된 증상으로 하며, 이로 인해 심한 심리적 고통과 현실 적응에 어려움이 초래될 때 진단된다. 강박사고는 반복적으로 의식에 침투하는 사고, 이미지, 충동을 의미한다. 강박사고는 일반적으로 상당한 불안을 일으킬 수 있는 내용, 즉 비도덕적이거나 불법적이거나 불쾌하거나 당황스러운 내용으로 구성된다. 예를 들어 음란하거나 근친상간적인 생각, 공격적이거나 신성모독적인 생각, 오염에 대한 생각, 의심하는 생각, 물건을 순서대로 정리하고 싶은 충동이 여기에 해당한다. 이러한 생각들은 자신은 하고 싶지 않은데 자꾸 의식에 떠오르기 때문에 상당한 불편감을 초래한다. 강박행동은 불안을 감소시키거나 두려운 상황을 피하기 위한 목적으로 하는 반복적이고 의도적인 행위 또는 정신적 행위를 의미한다. 강박행동은 실제 반복적으로 행해지는 행동일 수도 있고 심리내적인 활동일 수도 있다. 강박사고로부터 안도감을 얻기 위해 강박행동을 하게 된다. 강박장애로 진단되는 사람은 강박사고를 보이거나 강박행동을 보일 수 있으며, 때로는 둘 다 보이기도 한다. DSM-5(APA, 2015)에 따른 진단기준은 다음과 같다.

A. 강박사고나 강박행동 혹은 둘 다 존재하며, 강박사고는 다음의 (1)과 (2)로 정의한다.
   (1) 반복적이고 지속적인 사고, 충동 또는 심상으로서 이러한 증상은 장애가 진행되는 어느 시점에서 침투적이고 원치 않는 것으로 경험되며 대부분의 개인에게 현저한 불안이나 괴로움을 유발함
   (2) 이러한 생각, 충동 또는 심상을 경험하는 사람은 이를 무시하거나 억압하려고 시도하거나, 다른 생각이나 행동을 통해 이를 중화시키려고 노력함(즉, 강박행동을 함으로써)

   강박행동은 (1)과 (2)로 정의된다.

   (1) 예를 들어 손씻기나 정리정돈하기, 확인하기와 같은 반복적 행동과 기도하기, 숫자세기, 속으로 단어 반복하기 등과 같은 심리내적인 행위를 개인이 경험하는 강박사고에 대한 반응으로 수행하거나 엄격한 규칙에 따라 수행함
   (2) 행동이나 심리내적인 행위는 불안감이나 괴로움을 예방하거나 감소시키거나, 두려운 사건이나 상황의 발생을 방지하려는 목적으로 수행됨. 이러한 행동이나 행위는 그 행위의 대상과 현실적인 방식으로 연결되지 않거나 명백하게 과도한 것임
   주의 : 어린 아동의 경우 이런 행동이나 심리내적인 행위에 대해 인식하지 못할 수도 있다.

B. 강박사고나 강박행동은 시간을 소모하게 만들어(예 : 하루에 1시간 이상), 사회적·직업적 기능 또는 다른 중요한 기능 영역에서 임상적으로 현저한 고통이나 손상을 초래한다.
C. 강박증상은 물질(예 : 남용물질, 치료약물)의 생리적 효과나 다른 의학적 상태로 인한 것이 아니다.
D. 장애가 다른 정신질환으로 더 잘 설명되지 않는다.

강박장애를 겪는 사람은 윤리적으로 경직되어 있고, 죄책감과 후회감을 잘 느끼는 성격적 특징을 보인다. 그들은 압박감을 잘 느끼고, 지난 일에 대해 지나칠 정도로 반추하며, 자신에 대해 의심하고, 통제와 관련된 문제에 예민하며, 높은 수준의 확신을 갖고자 하고, 우유부단하며, 완벽주의를 추구한다. 강박장애는 청소년기나 성인 초기에 시작되는 경우가 흔한데, 남성은 대부분 10대 후반에 여성은 20대 초반에 진단된다(Reichenberg & Seligman, 2016). 대부분 서서히 발생하여 만성적인 경과를 보이며, 스트레스가 누적되면 증상이 심해지고 그렇지 않으면 호전되는 양상을 보인다. 따라서 대학생 시기에 강박적인 증상이 없는지 살펴보고 관리하는 것이 필요하다.

2) 강박장애의 원인과 치료

정신분석적 접근에서는 강박장애와 관련하여 프로이트의 심리성적 발달단계 중 항문기에 고착되었을 가능성을 제기한다. 또한 강박증상을 무의식적 갈등으로 인한 불안을 반동 형성, 격리, 대치, 취소와 같은 방어기제를 통해 대처하는 것으로 이해한다(권석만, 2013). 반동형성은 자신의 실제욕구와 반대되는 방식으로 행동하는 것이고, 격리는 사고와 그에 수반되는 감정을 차단하는 것이다. 대치는 본래의 욕구를 다른 대상에게로 옮겨놓는 것이고, 취소는 이미 일어난 일을 무효화하려는 시도를 하는 행위이다. 이러한 이해를 기반으로 방어기제에 대한 인식과 해석을 제공하고 억압된 욕구를 인정하게 하면 강박증상이 완화될 수 있다.

인지행동적 접근에서는 심리학자 살코비스키스(Salkovskis, 1985)가 '침투적 사고'와 '자동적 사고' 개념을 통하여 강박장애의 형성과정을 설명하였다. **침투적 사고**는 우연히 의식에 떠오르는 원치 않는 불유쾌한 사고이고, **자동적 사고**는 침투적 사고에 대해 자동적으로 떠오르는 잘 의식되지 않는 생각이다. 자동적 사고는 침투적 사고에 대해 무의식적이고 자동적인 해석에 해당한다. 이를테면 친구와 다툼이 있은 후 친구에게 나쁜 일이 일어나는 침투적 사고가 떠올랐을 때, 이런 생각은 해서는 안 되며 자신이야말로 이기적인 사람이라는 생각이 들면 이 부분이 자동적 사고에 해당하는 것이다. 자동적 사고는 침투적 사고를 억제하는 원동력이 되는데, 오히려 자동적 사고 때문에 침투적 사고가 더 떠오르게 되는 역효과가 발생한다. 이를 '사고억제의 역설적 효과'라 한다.

강박인지 연구그룹(Obsessive Compulsive Cognition Working Group, 1997)은 강박

장애의 기저에 작동하는 인지적 특성을 제시하였는데, 그중 하나로 사고-행위 융합이라는 인지적 오류가 개입한다고 설명한다. **사고-행위 융합**은 "생각한 것이 곧 행위한 것이나 마찬가지다."라는 믿음이다. 이는 다시 도덕성 융합과 발생가능성 융합으로 구분된다. **도덕성 융합**은 비윤리적인 생각을 하는 것은 그러한 행위를 한 것과 다르지 않다고 보는 사고이다. **발생가능성 융합**은 비윤리적인 생각을 하면 실제로 그러한 행위를 하게 될 가능성이 증가하는 것으로 여기는 사고이다. 인지행동적으로 강박장애의 치료에 접근하게 되면 치료자는 침투적 사고는 위험하지도 중요하지도 않은 정상적인 경험이라는 점을 설명하면서 치료를 시작할 수 있다. 그런 다음 자동적 사고가 강박증상에 기여하는 바를 이해하면서 자동적 사고를 찾아내어 변화시키는 것을 통해 강박증상을 감소시킬 수 있다.

성인의 강박장애치료에 가장 효과적인 것으로 알려진 방법이 **노출 및 반응방지 기법**이다(Reichenberg & Seligman, 2016). 가령 하루에 수백 번씩 문이 잠기었는지 확인해야 하는 강박행동을 보이는 내담자가 있다면, 그렇게까지 확인하지 않아도 자신이 걱정하고 두려워하는 일(예 : 도둑 침입)이 일어나지 않는다는 것을 충분히 경험하도록 하는 것이다. 이러한 경험은 강박사고와 강박행동을 감소시킨다. 내담자가 보이는 강박사고, 강박행동, 불안의 속성, 그 빈도 및 심각도에 대해서 명확한 이해를 갖추는 것이 중요하다. 노출은 낮은 불안 상황에서 시작하며 내담자가 익숙해졌을 때 점차적으로 더 높은 불안유발 자극으로 진행해야 한다. 이 방법이 효과적이긴 하지만 강박장애로 진단받는 사람 중 25%까지는 이러한 접근을 거부할 수 있기 때문에 다양한 대안을 살펴볼 필요가 있다.

생물학적 접근에서는 뇌의 구조적 이상으로 인한 기능이상이 강박장애의 원인이 된다고 본다. 학자에 따라서는 뇌의 강박장애를 유발하는 손상 위치를 전두엽 혹은 기저핵(basal ganglia)으로 보기도 하며, 세로토닌과의 관련성, 뇌의 신경화학적 이상도 원인으로 보고 있다(권석만, 2013). 강박장애에 대한 약물치료에는 선택적 세로토닌 재흡수억제제(SSRI)가 주로 사용되는데, 클로미프라민(clomipramine)은 대표적인 강박장애 치료약물이다. 강박장애를 약물치료만으로 치료할 때는 호전이 별로 없거나 부분적인 호전만 있기 때문에 노출 및 반응방지와 같은 인지행동적 치료를 추가적으로 병행하는 것이 치료 효과를 높일 수 있다(Simpson et al., 2013). 청년들은 다양한 가능성과 여러 가지 인생의 중요한 선택 속에서 불안이 고조되기 쉬운 시기를 지나고 있음을 인식하고, 자신이 경험하는 불안증상에 대해 충분히 이해하고 불안을 다스리며 마음이 건강한 생활을 하기 위해 힘써야 할 것이다.

핵심요약

- 불안은 적응적인 측면을 가지고 있으나, 지속적이거나 과도하여 일상생활에 지장을 초래하면 불안장애로 본다.
- 특정공포증은 특정한 대상이나 상황에 대해 비합리적인 두려움과 회피행동이 지속적으로 나타나서 일상적인 기능에 문제가 생길 때 진단된다. 공포유발 자극에 따라 동물형, 자연환경형, 혈액-주사-상해형, 상황형 등으로 세분화된다. 특정공포증의 경우 어린 시절 경험한 현실적인 강한 두려움에서 비롯되는 경우가 많으며, 노출기반치료가 가장 효과적이다.
- 사회불안장애는 한 가지 또는 그 이상의 사회적 상황이나 활동 상황에 대한 현저하고 지속적인 두려움, 즉 개인이 친숙하지 못한 사람들이나 타인에 의해 주시되는 상황에 대한 두려움을 특징으로 한다. 기질적인 수줍음, 가족력, 아동기 학대나 친구들 사이에 놀림당한 경험 등이 위험요인이며, 치료에는 주로 노출치료와 인지적 재구성이 사용된다.
- 공황장애의 핵심적인 특징은 반복적이며, 예기치 못한 공황발작의 실제이다. 공황장애의 치료에는 벤조디아제핀 계열의 약물과 삼환계 항우울제, 선택적 세로토닌 재흡수억제제(SSRI)가 주로 사용되며, 인지행동치료도 효과적인 것으로 알려져 있다.
- 강박사고는 반복적으로 의식에 침투하는 사고, 이미지, 충동을 의미하며, 강박행동은 불안을 감소시키거나 두려운 상황을 피하기 위한 목적으로 하는 반복적이고 의도적인 행위 또는 정신적 행위를 의미한다. 강박장애는 강박사고와 강박행동을 주된 증상으로 하며, 이로 인해 심한 심리적 고통과 현실 적응에 어려움이 있을 때 진단된다. 성인의 강박장애의 치료에 가장 효과적인 것으로 알려진 방법은 노출 및 반응방지 기법이다.

참고문헌

고영건, 김지혜, 김진영 외(2008). 이상심리학. 서울 : 학지사.

권석만(2013). 현대 이상심리학. 서울 : 학지사.

김은정(2000). 사회공포증 : 남 앞에 나서기가 힘들어요. 서울 : 학지사.

김은정, 김지훈(2000). 특정공포증 : 별것도 아닌데 왜 이렇게 두려울까. 서울 : 학지사.

박현순(2000). 공황장애 : 공황, 그 숨막히는 공포. 서울 : 학지사.

이명준, 조영채(2013). 일부 대학생들의 사회심리적 스트레스, 불안 및 우울수준과 그의 관련 요인. 한국산학기술학회논문지. 14(6), 2828-2838.

이용승, 이한주(2000). 강박장애 : 헤어날 수 없는 반복의 굴레. 서울 : 학지사.

이주영, 이정애, 오강섭(2008). 한국판 사회적 걱정에 대한 질문지(K-ASC) 타당화 연구 : 대학생 및 사회공포증 환자집단을 중심으로. 한국심리학회지 : 임상. 27, 253-275.

APA(2015). DSM-5 : 정신질환의 진단 및 통계편람 제5판 (권준수 외 역). 서울 : 학지사.

Botton, A. de(2011). 불안 (정영목 역). 서울 : 은행나무.

Busch, F. N., Cooper, A. M., & Klerman, G. L.(1991). Neurophysiological, cognitive-behavioral, and psychoanalytic approaches to panic disorder : Toward an integration. *Psychoanalytic Inquiry, 11*, 316-332.

Clark, D. M.(1986). A cognitive approach to panic. *Behavior Research and Therapy, 24*, 461-470.

Klein, D. F.(1981). Anxiety reconceptualized. In D. F. Klein & J. Rabkin (Eds.) *Anxiety : New research and changing concepts.* New York, NY : Raven.

Klein, D. F.(1993). False suffocation alarms, spontaneous panics, and related conditions : An integrative hypothesis. *Archives of General Psychiatry, 50*, 306-317.

Kring, A. M., Johnson, S. L., Davison, G. C., & Neale, J. M.(2012). *Abnormal psychology.* Hoboken, NJ : John Wiley & Sons.

Obsessive Compulsive Cognition Working Group.(1997). Cognitive assessment of obsessive-compulsive disorder. *Behavior Research & Therapy, 35*, 667-681.

Ougrin, D.(2011). Efficacy of exposure versus cognitive therapy in anxiety disorders. *BMC Psychiatry, 11*, 200.

Reichenberg, L. W. & Seligman, L.(2016). *Selecting effective treatments : A comprehensive systematic guide to treating mental disorders, (5th ed).* Hoboken, NJ : John Wiley & Sons.

Salkovskis, P. M.(1985). Obsessional-compulsive problem : A cognitive-behavioral analysis. *Behavior Research and Therapy, 23*, 571-583.

Simpson, H. B., Foa, E. B., Liebowitz, M. R., Huppert, J. D., Cahill, S. Maher, M. J., Campeas, R. (2013). Cognitive-behavioral therapy vs risperidone for augmenting serotonin reuptake inhibitors in obsessive-compulsive disorder : A randomized clinical trial. *Journal of the American Medical Association Psychiatry, 70,* 1190-1199.

[13-1] **불안 일지** 앞으로 일주일 동안 닥칠 불안한 상황을 적어 보고, 그 상황과 관련하여 떠오르는 생각과 가능성 및 예상 불안점수를 적어 보자. 일주일을 지내면서 실제 일어난 일과 실제 불안점수를 적어 보자. 이를 통해 알게 된 자신의 불안의 특징을 정리해 보자.

요일	일어날 것 같은 불안한 상황	상황이 어떤 식으로 전개될지 떠오르는 생각	상황이 일어날 가능성(%)/ 예상 불안점수 (0~10)	실제 일어난 일/ 실제 불안점수 (0~10)
월				
화				
수				
목				
금				
토				
일				

[13-2] **사회불안 진단** 다음은 사회적 상황에 처했을 때 당신에게 일어날 수 있는 일이라고 여겨지는 반응들이다. 주의 깊게 읽은 후 당신이 이러한 상황에 처했을 때 일어날 것 같아 '걱정되는 정도'를 점수로 적어 보자(0에서 100 사이에서 10점 단위로 적는다).

문항	전혀 걱정하지 않는다(0) 조금 걱정한다(20~30) 보통으로 걱정한다(50) 매우 걱정한다(70~80) 매우 많이 걱정한다(100)
1. 떨린다.	
2. 바보같이 보이는 것 같다.	
3. 사람들이 나를 보고 웃는다.	
4. 얼굴이 붉어진다.	

(계속)

5. 사람들이 나를 무시한다.	
6. 사람들이 나를 주목한다.	
7. 근육 등에 경련이 일어난다.	
8. 목이 쉬거나 말을 더듬는 등 목소리가 달라진다.	
9. 무능력해 보인다.	
10. 우왕좌왕한다.	
11. 소리 지르거나 뛰쳐나가는 등 통제력을 잃을 것 같다.	
12. 적절하게 행동하지 않는다.	
13. 긴장된다.	
14. 이상해 보이는 것 같다.	
15. 사람들이 나를 조롱한다.	
16. 아무런 생각도 할 수 없다.	
17. 추해 보인다.	
18. 약해 보인다.	
19. 사람들이 나를 거부한다.	
20. 땀을 흘린다.	

(이주영 외, 2008)

이는 사회적 걱정에 대한 질문지(한국판)(K-ASC)로 사회불안 정도를 보여준다. 채점은 다음의 항목들의 평균을 구해 본다.

- 부정적 평가 및 거절에 대한 걱정 : 2, 3, 5, 8, 9, 11, 12, 14, 15, 16, 17, 18, 19문항의 평균
- 신체적 증상에 대한 걱정 : 1, 4, 6, 7, 8, 13, 20문항의 평균

평균이 부정적 평가 및 거절에 대한 걱정의 경우 56점 이상, 신체적 증상에 대한 걱정의 경우 52점 이상, 총점평균이 53점 이상이면 임상적으로 유의미한 사회불안증상이 있다고 본다.

[13-3] 강박장애 자가진단 다음의 자가진단 질문지를 통해 자신을 괴롭히는 강박적인 문제에는 어떠한 것이 있는지 점검해 보자.

다음 중 자신에게 해당하는 항목에 체크(✓)하시오.			
청결행동	1	오염될까 봐 만지지 않으려는 물건이 있다.	
	2	바닥에 떨어졌던 물건을 다시 집기가 꺼려진다.	
	3	집안 청소를 지나칠 정도로 하는 경향이 있다.	
	4	손을 과도하게 자주 씻는다.	
	5	샤워나 목욕을 하는 데 너무 오랜 시간을 보낸다.	
	6	병균이나 병에 대해서 걱정을 매우 많이 한다.	
확인 및 반복행동	1	어떤 일을 반복해서 확인하는 경향이 있다.	
	2	자꾸 반복해서 확인하느라 일을 끝내기가 어렵다.	
	3	무언가 나쁜 일이 일어날 것 같아서 반복해서 확인하게 된다.	
	4	실수를 하게 될까 봐 과도하게 걱정한다.	
	5	나로 인해 다른 사람이 피해를 입게 될까 봐 지나치게 걱정한다.	
	6	어떤 생각이 떠올라서 무언가를 반복적으로 하게 된다.	
정리행동	1	내 주변의 물건을 특정한 방식으로 정리해야 한다.	
	2	물건이 제자리에 있는지 확인하느라 많은 시간을 보낸다.	
	3	내 물건이 제자리에 없으면 즉시 알아차린다.	
	4	침대보에는 구김이 없어야 한다.	
	5	물건을 특정한 방식으로 배열해야 한다.	
	6	남들이 내 물건을 건드리면 매우 화가 난다.	
수집행동	1	물건을 쉽게 버리지 못한다.	
	2	겉보기에는 쓸모없어 보이는 물건도 수집하곤 한다.	
	3	몇 년간 수집물이 집 안에 쌓여 있다.	
	4	남들이 내 수집물에 손을 대는 것이 싫다.	
	5	수집물을 처분할 수가 없다.	
	6	남들은 내가 수집한 물건을 쓸모없는 것이라고 한다.	
내적 강박행동	1	어떤 단어나 숫자를 반복하면 기분이 고양된다.	
	2	불안할 때는 속으로 무엇인가를 되뇌이게 된다.	
	3	신앙과 상관없이 기도하는 데 오랜 시간을 보낸다.	

(계속)

	4	'나쁜' 생각이 떠오르면 '좋은' 생각을 떠올려야만 한다.	
내적 강박행동	5	어떤 일을 매우 자세하게 기억하거나 속으로 부정적 결과를 예방하기 위한 목록을 만든다.	
	6	종종 안정을 유지하기 위한 유일한 방법은 옳은 일을 생각하는 것이라고 느낀다.	
순수 강박사고	1	의지와 상관없이 떠오르는 불쾌한 생각 때문에 혼란스럽다.	
	2	내가 하는 일상적이고 간단한 일조차도 의심스럽다.	
	3	내 생각을 다스릴 수가 없다.	
	4	수치스럽거나 위협적이거나 난폭하거나 기괴한 내용의 생각이 자주 떠오른다.	
	5	나쁜 생각이 그대로 실현될까 봐 두렵다.	
	6	일단 무언가 걱정을 시작하면 멈출 수가 없다.	
	7	사소한 일에도 지나치게 걱정하는 편이다.	

지난 몇 달간 이러한 행동으로 인해 하루 평균 어느 정도의 시간을 소모하였는지 아래에 적어 보시오.

소모 시간 (__시간 __분)	청결행동 _____
	확인 및 반복행동 _____
	정리행동 _____
	수집행동 _____
	내적 강박행동 _____
	순수 강박사고 _____

※ 기입된 시간을 모두 더한다. 만일 하루에 특정 유형에 두 시간 이상을 소모하고 있다면 자신의 강박성향에 대해 진지하게 생각해 볼 필요가 있다.

(Foa & Wilson, 1991; 이용승, 이한주, 2000 재인용)

[13-1] 불안경험과 대처 본문의 내용을 바탕으로 본인은 평소에 어떤 종류의 불안을 경험하고 있는지 이야기해 보자. 어떤 식으로 그 불안에 대해 대처하고 있는지도 나누어 보자.

토론 주제	도출된 결론
내가 주로 경험하는 불안은?	
불안에 대한 나의 대처는?	

[13-2] 불안 극복 예전에는 불안이 높았으나 나름대로 극복했다고 여겨지는 특정 상황이나 대상이 있는가? 어떤 노력이 특히 효과적이었는가? 자신의 불안 극복 사례를 나누어 보자.

토론 주제	도출된 결론
나의 불안 극복 사례는?	
불안(또는 불안 극복)에 대해 새롭게 깨닫게 된 점이 있다면?	

14 섭식과 수면

인간은 잠이 부족하거나 음식을 먹지 못하면 그 아무리 많은 부와 재능을 가지고 있고 큰 성취를 이룬다 해도 결코 행복해질 수 없다. 2009년에 세기의 가수 마이클 잭슨이 젊은 나이에 갑자기 세상을 떠나서 모든 사람이 충격에 빠진 적이 있다. 팝의 황제로서 세계적으로 큰 인기와 부를 이룬 그를 괴롭혔던 것은 다름 아닌 밤에 잠을 이루지 못하는 것이었다. 불면의 고통은 경험하지 않은 사람은 이해하기 힘들다. 큰 공연을 앞두고 불면증에 잠이 들지 못하던 그는 자신의 주치의에게서 수면제와 진정제를 투여받았지만 여전히 잠을 이루지 못하여 위험한 줄 알면서도 계속적으로 의사에게 잠을 자게 해달라는 요구를 하였고, 의사는 결국 강력

▲ 건강한 생활 습관

웰빙시대에 충분한 수면과 적당한 음식섭취는 인간의 행복에 중요한 요소이다.

한 수면제인 프로포폴을 치사량으로 투여하게 되었다.

섭식과 수면은 인간의 생존뿐 아니라 인간의 삶의 질에 큰 영향을 미친다. 섭식과 수면이 적절히 이루어지지 않으면 면역체계가 약해져 모든 질병의 근원이 될 수 있고 정신적으로도 약해지기 쉽다. 하지만 때로 우리는 눈앞의 성공을 위해서 가장 중요한 것을 희생할 경우가 있고, 그것을 잃고 나서야 후회하는 경우가 많다. 당장의 성공보다 더 큰 성공을 이루는 삶이 되려면 멀리 바라보고 자신의 건강을 챙기고 체력을 다지는 지혜로운 행동이 필요하다.

1 다이어트

어느 문화권에서나 음식은 에너지와 즐거움을 주는 수단이다. 좋은 사람과 만나서 좋은 음식을 먹으며 대화를 나눈다는 것은 행복한 일일 것이다. 하지만 넘치는 것은 모자람만 못하다는 말이 있다. 아무리 좋은 음식도 적절하지 못한 섭취는 오히려 우리에게 해를 끼친다. 영국의 이코노미스트의 발표에 따르면, 2008년에 이미 전 세계에 비만 인구가 굶주리는 인구보다 많아졌다. 한국의 비만율은 세계에서 높은 편이 아니다. 오히려 OECD 국가 중 비만율이 일본 다음으로 가장 낮다(동아일보, 2017). 그럼에도 불구하고 한국은 비만의 기준이 엄격해서 많은 한국 여성들이 자신의 체중에 만족하지 못하고 때로는 심한 다이어트로 목숨을 잃게 되는 경우도 보고되고 있다. 적절한 다이어트는 성인병 예방과 건강에 도움이 되지만 과한 다이어트는 오히려 해를 줄 수 있다.

청년기에는 남의 이목에 신경을 많이 쓰고 친구, 이성 간의 교제가 활발해지는 시기이므로 건강보다는 눈에 보이는 체중감소를 위주로 다이어트를 할 가능성이 크다. 청년기에 너무 다이어트에 집착하면 건강, 업무수행, 정서 및 인간관계에 악영향을 줄 수 있다. 적절한 다이어트 법을 습득하여 건강한 생활습관을 갖는 것이 중요하다.

1) 개념

다이어트는 음식조절을 의미하는 것으로서 자신의 체중감소를 위해 혹은 건강유지를 위해 식사를 제한하는 행동이다. 음식을 조절한다는 것은 양과, 칼로리, 그리고 특정음식을 제한하는 것을 포함한다. 한국인의 식사습관은 1일 3식이지만 최근엔 건강을 위해 1일 1식 아니면 적은 양으로 1일 다식을 하는 경우도 늘고 있다.

2) 유형

다이어트의 목적에 따라서 다이어트의 유형, 시기, 방법 등이 달라진다. 여기서는 목적에 따른 다이어트 유형을 살펴보고 자신은 어떤 목적으로 다이어트를 하고 있는지 생각해 보도록 하자.

(1) 질병 회복과 예방을 위한 다이어트

나이가 들수록 식습관은 성인병과 직결된다. 평소 식습관과 가족력, 스트레스 정도, 안 좋은 습관, 운동 여부 등에 따라 당뇨, 고혈압, 암, 고지혈증과 같은 성인병이 나타나게 된다. 성인병이 나타나면 음식으로 조절해야 하는데 육류나 고지방 등의 섭취를 제한하는 대신, 신선한 채소 및 과일과 같이 질병에 도움이 되는 음식들의 섭취를 해야 한다. 각 질병에 따른 음식의 제한은 어떤 질병인지에 따라 달라진다. 젊어서부터 평소에 패스트푸드, 고지방, 고탄수화물 등 몸에 해로운 음식은 지양하고 건강한 섭식을 하도록 습관화할 때 성인병을 예방하고 건강한 미래를 맞이할 수 있다.

(2) 직업 혹은 업무수행을 위한 다이어트

운동선수들은 몸을 만들기 위해 또는 경기 규정을 지키기 위해 필수적으로 다이어트를 해야 한다. 권투나 유도를 하는 선수들은 계체량을 통과하기 위해 단기간에 집중적으로 다이어트를 하기도 한다. 연예인이나 배우들은 자신이 맡은 역할을 연기하기 위해 단기간에 체중을 증가시키거나 감소시키기도 한다. 한 영화배우는 불치병 환자의 역할을 연기하기 위해 체중을 20kg 감량하여 완벽한 변신을 꾀하였지만 영화 촬영 후 내장기관에 이상이 생겨 후유증을 앓기도 했다. 이 외에 패션모델들도 일반인보다 큰 키와 현저히 낮은 체중으로 마른 몸매를 유지하기 위해 다이어트를 심하게 하기도 한다. 하지만 최근 유럽에서는 신체적 가학과 같은 섭식행동을 막기 위해 마른 모델이 패션쇼 런웨이에 설 수 없도록 입법화하는 추세에 있으며, 프랑스에서는 이미 지나치게 마른 몸매의 모델을 활동할 수 없도록 하는 법안이 통과됐다(중앙일보, 2017).

(3) 외모를 가꾸기 위한 다이어트

건강한 몸매를 유지하기 위해서는 다이어트와 운동을 적절하게 병행하는 것이 정석이다. 하지만 외모에 치중하여 무리하게 체중을 감소하려 한다면 섭식장애를 초래할 수도 있다. 건강하지 않은 방법으로 하는 다이어트는 영양의 불균형뿐만 아니라 자신의 기분에도 부정적인 영향을 미친다. 다이어트를 하려는 사람들은 계속 늘어나고 있지만 최근 몇 년 동안 건강하고 현명한 다이어트를 하는 여성들은 계속 감소하고 있으며 성인 여성 10명 중 6명 이상이 단식, 결식, 원푸드 다이어트, 약물복용 등 건강하지 않은 방법을 택하고 있다(이데일리, 2017). 이런 경우 일일 필요 권장량의 필수영양소가 부족하여 장기간 다이어트를 할 경우에 건강을 해치게 될 수도 있고, 빈혈, 영양실조, 골다공증과 같은 질병이 생길 수도 있다. 특히 임산부의 경우 태아의 성장촉진과 자신의 건강을 저해하는 부정적인 결과를 낳게 된다.

(4) 경제적 빈곤이나 시간의 제약으로 인한 다이어트

때로는 자의가 아닌 경제적, 개인적 상황에 의해 다이어트를 하는 경우가 있다. 실직이나 경제적 어려움 등으로 인하여 섭식을 하고 싶어도 못하는 경우가 그렇다. 또한 장시간 고객을 대해야 하는 서비스업에 종사하는 경우, 손님을 응대하기 위해서 식사 시간을 놓치거나 끼니를 거르게 됨으로 본의 아닌 다이어트를 할 수도 있다. 이러한 경우에도 지속적으로 불규칙한 식사 혹은 지속적인 음식의 섭취 제한이 있게 되면, 결국에는 건강을 해치게 되고, 질병의 치료로 인한 더 많은 경제적 손실이 생길 수 있다. 그렇기 때문에 경제적인 어려움에도 불구하고 규칙적이고 균형 잡힌 식사를 하는 것이 필요하다.

(5) 자신의 신념을 위한 다이어트

이슬람에서는 라마단 기간 1개월 동안 해가 뜰 때부터 질 때까지 아무것도 먹지 않는 금식을 의무로 한다. 기독교에서도 예수가 먼저 빈 들에서 40일간의 금식 기도를 한 후에 자신의 사역을 시작하였다. 이와 같이 사람들은 때론 자신의 종교적인 신념 혹은 종교적 수행을 위해 다이어트를 한다. 그 기간은 종교마다 다르며 1일, 1주일, 혹은 40일 동안 금식을 하는 경우도 있다. 또한 사회적·정치적 문제를 해결하기 위해 단식을 하는 경우에는 자신의 확고한 신념을 알리기 위해서이다. 이때에는 금식의 원인이 되었던 문제의 해결 여부에 따라 단식 기간이 결정된다. 인도의 간디는 금식을 통해 자신의 정치적인

목적을 달성하였다. 한국에서도 정치적으로 세월호 특별법 제정을 요구하며 세월호에서
희생된 한 학생의 아버지가 45일간 단식을 한 적도 있다.

　이러한 다이어트의 경우에 자신의 건강을 해치지 않는 선에서 다이어트를 하는 것이
필요하다. 부득이하게 위의 이유들로 단식을 한다면, 보양식이 중요하다. 처음에는 위
의 부담을 주지 않는 음식을 시작으로 서서히 음식을 섭취하도록 해야 한다. 특히 기름
진 음식이나, 육류보다는 며칠 동안 죽, 혹은 유동식을 먹으면서 위를 보호하도록 해야
한다.

3) 적절한 다이어트

다이어트 자체는 긍정적인 것도, 부정적인 것도 아닌 중립적인 것이다. 자신의 상황에
맞게 적절하게 사용한다면 자신에게 이로울 수도 있고 과도하게 하면 자신의 건강을 해
칠 수 있기 때문에, 적정선을 찾는 것이 필요하다. 개인의 왜곡된 자아상, 가족의 역기
능적인 역동성, 사회에서의 지나친 외모지상주의는 건강을 해치는 다이어트를 조장한
다. 몸과 마음이 건강한 자기 자신을 만들어 가기 위해서는 자신의 건강을 주기적으로
체크하고 개선할 점들을 발견하는 것이 필요하다.

　다이어트를 시작하기 전에 다음의 질문을 먼저 생각해 보는 것이 필요하다.

- 다이어트의 목적은 무엇인가?
- 다이어트를 통해서 얻고자 하는 것은 무엇인가?
- 다이어트는 나에게 궁극적으로 도움이 되는가 아니면 해를 끼치는가?
- 다이어트를 하기 원하는 나의 자아상은 어떠한가?
- 내가 바라보는 나의 신체 이미지는 무엇이고 다른 사람들이 바라보는 나의 신체 이미
  지는 무엇인가?
- 내가 보는 나의 신체 이미지와 타인이 바라보는 나의 신체 이미지 사이에 어떤 차이
  가 있는가?

　위의 질문에 답해 보면서 자신이 다이어트를 하는 목적과 동기를 점검해 볼 수 있을
것이다. 단순히 다른 사람들이 다이어트를 하기 때문에 혹은 시대의 흐름이기 때문에 다
이어트를 하는 것은 아닌지 돌아볼 필요가 있다. 다이어트가 자신에게 어떤 도움이 되는

지를 생각해 보면서 섭식행동을 돌아본다면 활력 있는 청년기를 보낼 수 있을 것이다.

2 섭식장애

섭식장애는 비현실적인 신체 이미지 및 체중에 강박적으로 집착하여 비정상적인 섭식 행동을 하는 것에서 비롯된다. 음식과 체중에 대한 집착은 폭식, 굶는 것, 구토, 과도한 운동, 약 복용 등으로 나타난다. 그러나 섭식장애는 단순히 음식에 관련된 것이라기보다는 심리적 장애이고 내면에 의한 문제가 포함되어 있다(Siegel et al., 2009). 한국에서 섭식장애가 관심을 받기 시작한 때는 1980년대 후반에 접어들면서부터였다(한오수 외, 1990). 급속한 경제적인 성장과 더불어 경제적인 안정을 누리는 사회적 분위기로 인해 사회생활 전반의 수준이 향상되고 섭식의 문제가 더 이상 생존의 문제가 되지 않으면서, 사람들은 날씬함을 추구하게 되었다. 이러한 사회문화적 변화는 섭식장애에 많은 영향을 미쳤다.

최근의 패션, 광고, 예술, 대중매체 등에서는 극소수의 여성만이 가지고 있는 몸매를 이상적인 몸매라고 강조하고 있다. 그 기준을 따르기 위해 많은 사람들이 자신의 신체에 대해 불만을 가지고 강박적으로 체중감소를 위해 수단, 방법을 가리지 않는 경우도 많다. 프랑스에서 마른 모델 퇴치 법안이 만들어진 계기도 모델인 이사벨 카로가 거식증을 겪다가 사망하였기 때문이다. 젊은 여성들이나 청소년들은 이상적인 몸매를 선망하며 무분별한 체중감소와 음식섭취를 통해 섭식장애를 겪기가 쉽기 때문에 주의가 요구된다. 사회 분위기에 맞춰 섭식을 조절하다가 자신이 섭식장애인지 자각하지 못하는 경우도 많고, 자신이 섭식장애라는 것을 알지만 어떻게 해야 할지 모르는 청년들도 많이 있다. 여기서는 섭식장애의 정의와 진단기준, 그리고 원인과 대처법을 알아보고자 한다.

1) 개념

섭식장애는 섭식과 체중에 대한 태도가 정상 범위를 벗어난 경우를 말한다(Siegel et al., 2009). 자신이 보는 신체 이미지가 왜곡되어 과도하게 다이어트에 집착하게 될 때 허약한 신체가 되거나 그런 상태가 계속되면 죽음에 이를 수도 있다. 섭식장애는 17세기에 모턴(Morton, 1694)이 거식증을 식욕부진, 생리불순, 음식거부 등으로 설명하는 책을 출간하면서 알려지기 시작했다. 폭식증은 고대 문헌에 여러 차례 기술되었는데, 14세기에도 폭식을 '개 같은 식욕'으로 표현하였다. 원래 신경성 폭식증(blumia nervosa)이라는 단어 자체가 황소와 굶주림의 합성어이기 때문에 황소와 같은 식탐 혹은, 황소까지 섭식할 수 있는 것을 나타내기도 한다(김정욱, 2000). 한편 거식증으로도 알려진 신경성 식욕부진증(anorexia)은 '식욕 감소'라는 그리스어에서 유래했다. 그런데 신경성 식욕부진증은 단순한 식욕부진이 아닌 체중이 증가하는 것에 대한 심리적인 불안과 공포로 스스로 섭식을 감소시키는 것이므로 명칭 자체가 적절하지 않다는 의견도 있다(고영건 외, 2008). 신경성 식욕부진증의 경우 이 환자의 5~15%가 사망에 이르기 때문에 매우 위험한 장애로 볼 수 있다(Patton, 1988).

섭식장애는 음식의 유형과 양을 제한하기 때문에 사람들과의 대인관계에도 영향을 미쳐서 고립감을 가져올 수 있으며, 음식의 섭취가 제대로 이루어지지 않을 때의 감정과 생각이 업무에도 부정적인 영향을 미칠 수 있다. 식전 공복에 짜증이 쉽게 난다든지 밤에 잠들기 전에 배가 고프면 잠을 쉽게 이룰 수 없는 것처럼 음식의 섭취는 사람에게 다양한 영향을 끼친다.

2) 섭식장애의 임상적 기준

DSM-5에서는 섭식장애에 8개의 하위유형이 있다. 그중에서도 신경성 식욕부진증과 신경성 폭식증은 20대에 자주 발병하는 장애이다. 섭식장애는 일반적으로 여성과 남성의 비율이 10 : 1일 정도로 여성에게 주로 많이 발병하며, 사회경제적 수준도 하층보다는 중류층 이상에서 나타난다(고영건 외, 2008). 과거에는 청소년기에 많이 발병하였는데, 근래에는 청소년, 청년층뿐만 아니라 다양한 연령층의 문제로 확대되고 있다. 섭식장애가 관심을 받기 시작한 1980년대는 한국의 상황이 급속한 경제성장과 사회생활 전반의 생활수준의 상승으로 인해서였다. 경제적으로 풍요할수록 섭식장애가 늘어나는 것은 세계적인 추세이다.

같은 신체조건이라고 하더라도 한국과 미국에서의 비만 기준은 다르다. 가령 우리나라의 경우 신장 160cm에 60kg 체중의 여대생은 스스로를 비만이라고 생각하는 반면,

같은 조건이라도 미국에서는 그렇게 생각하지 않을 수 있다. 실제로 BMI(체질량) 지수로는 과체중에 속하지만 비만이 아니라고 생각할 수 있고, 저체중이면서 비만이라고 생각할 수 있다. 그러므로 비만의 기준은 사회문화적 영향을 받는다. 비만의 기준은 섭식과도 관련이 깊다. 미국인은 햄버거, 육류, 피자 등과 같은 고지방 고칼로리 음식을 많이 섭취하다 보니 고도비만이 될 확률이 높은 반면, 한국인은 주로 채식과 생선, 간헐적인 육류 섭취를 하기 때문에 미국인에 비해 고도비만이 발병할 확률은 낮은 편이다.

　비만에 대한 문화적 기준은 다르지만 일관된 기준으로 비만도를 측정해 볼 수 있다. 연령과 신장 대비 정상체중을 알기 위해 여러 가지 기준이 사용될 수 있으나 요즘은 체질량지수(body mass index, BMI)를 통해 자신의 비만도를 알 수 있다. 일반적으로 BMI가 18.5 미만인 경우 저체중에 속하고, 23까지는 정상체중, 24가 넘을 때는 과체중으로 볼 수 있다. BMI를 계산하는 방식은 다음과 같다.

$$\text{BMI(체질량지수)} = \frac{\text{체중(kg)} \div \text{신장(cm)}}{\text{신장(cm)}}$$

(1) 신경성 식욕부진증

DSM-5에 따르면 신경성 식욕부진증(Anorexia nervosa)에는 세 가지 핵심적인 증상이 있는데, 지속적인 음식섭취 거부, 체중증가와 비만에 대한 극도의 공포, 그리고 체중과 체형에 대한 자기인식의 결여이다. 신경성 식욕부진증 환자는 자신의 모습을 거울로 바라볼 때 표준화된 수치로 저체중임에도 불구하고 자신이 과체중이라고 왜곡해서 인지하기 때문에 음식을 절제하거나 거부한다. 심한 경우에는 죽음에 이를 때까지도 음식을 거부하는 경우도 있다. 자신의 신체 이미지에 관심을 많이 가지는 청소년기와 청년기에서는 더욱 자신의 체중에 민감해진다. 과도하게 음식을 절제함으로써 무월경 상태에 이르거나 뼈가 앙상하게 드러나는 경우에도 자신이 과체중이라고 믿는 인지적 오류가 나타나고 우울과 불안이 동반되기도 한다. 자신의 실제 체중과 이상적인 체중의 차이가 많이 나고 자신을 바라보는 관점이 비현실적이다(셀프 워크 14-1). 또한 섭식을 제한하다가 갑자기 폭식을 하게 되는 경향도 생겨서 신경성 폭식증 증상을 나타내기도 한다. 이들은 자신이 먹는 음식이 바로 체중증가와 연결되어 살이 찔 것이라는 극심한 공포가 있다. 일반적으로 여성과 남성의 신경성 식욕부진증의 유병률은 10 : 1 정도이다. 또한 신경성 식욕부진증을 나타내는 사람들의 경우 2년 이내에 신경성 폭식증을 나타낼 확률이

40% 정도 된다(Crisp, 1980).

(2) 신경성 폭식증

신경성 폭식증 환자는 앉은 자리에서 음식을 과다하게 많이 섭취하고 그 섭취한 음식 때문에 자책감을 느껴서 인위적인 방법으로 몸무게를 조절한다. 일반적으로 여성은 스트레스를 많이 받을 경우 스트레스 해소 방법으로 음식섭취를 하는 경향이 있다. 신경성 폭식증 환자는 짧은 시간에 많은 양의 음식을 섭취한 후 건강을 해치면서까지 체중 조절에 과도히 힘쓰는 경향이 있다. 이들의 몸무게는 보통 정상체중이거나 약간 과체중이다.

신경성 폭식증(Bulimia nervous)의 세 가지의 주요 특징은 반복되는 폭식삽화, 체중증가를 막기 위한 부적절한 보상행동, 그리고 자기평가에 체중과 체형이 주는 과도한 영향이다(APA, 2013). 폭식을 할 때 폭식삽화로 간주되기 위해서는 음식을 먹기 시작하면 멈출 수 없게 되는 조절능력의 상실이 있어야 한다. 청년기에 학업, 외로움, 관계 등에서 스트레스를 받을 때 앉은 자리에서 피자 한판, 치킨 한 마리, 족발과 탕수육 등의 고칼로리 음식을 폭식할 때가 있다. 하지만 먹고 나면 후회가 밀려들고, 자기 자신이 역겹고, 먹은 음식이 다 체중으로 가지 않을까 두려움이 생겨서 구토와 간헐적 단식을 통해 체중 조절을 한다. 이뇨제, 설사제와 같이 인체에 해로울 수 있는 약물을 써가면서까지 자신의 체중을 통제하기도 한다. 폭식과 구토를 반복하는 경우 식도에 문제가 생기거나 불규칙한 식사와 단식으로 인해서 위에 염증이 생기는 경우도 많다.

이 외에도 DSM-5에서 섭식장애의 하위유형으로 30~40대에 주로 발병하는 **폭식장애**(Binge-eating disorder)도 있다. 폭식장애를 가진 사람은 폭식을 하면서 그에 따른 고통을 경험하지만 음식을 토하는 등의 보상행동은 나타나지 않으며 과체중이거나 비만인 경우가 많다. 전반적으로 섭식장애를 겪는 사람들은 대개 자존감이 낮으며 자신에 대한 부정적인 이미지를 가지고 있고, 경계선이 없는 밀착된 가족에서 자라난 경험이 있다. 밀착된 가족에서의 양육경험 속에서 체중은 자신이 통제할 수 있는 단 한 가지 요소로 인식되어 체중감소를 통해 자신에게 만족감을 주는 경향이 있다. 섭식장애가 있는 사람들은 기분장애, 불안장애 등이 동반되는 경우가 흔하다.

3) 섭식장애의 원인과 치료

섭식장애는 표면적으로 음식과 외모에 대해 과도하게 관심을 기울이지만, 아이러니하게도 자신의 건강을 더 해치게 되는 결과를 낳는다. 섭식장애의 원인은 음식이나 체중에 대한 관심보다 뿌리 깊은 마음의 상처와 가족 간의 과도한 간섭 및 통제, 자신에 대한 불안감 등일 수 있다. 섭식장애를 겪는 사람은 자신의 근원적인 문제를 해결하기보다는 눈에 보이는 체중과 외모에 신경을 쓰므로 허위적인 안정감을 가지고, 외적인 만족감으로 자신을 채워 나가려고 하는 경향이 있다. 섭식장애는 건강과도 아주 직접적인 연관이 있으므로, 치료를 해나갈 때는 어느 정도의 체중 조절을 우선시하고, 그 이후에 심리치료를 병행하는 것이 효과적이다(Garner, Garfinkel, & Irvin, 1986). 심리치료를 위해 각 심리치료 이론에 따른 원인을 먼저 살펴보고자 한다.

(1) 생물학적 접근

생물학적 접근에서는 신경성 식욕부진증의 원인을 기아 및 성적 행동에 관여하는 뇌의 시상하부의 기능상 문제로 인식하는데, 이는 동물을 대상으로 한 시상하부 절제 실험을 통해서도 지지되었다(권석만, 2003). 일란성 쌍둥이 연구에서는 신경성 식욕부진증에 있어서 유전적인 요인이 환경적인 요인보다 훨씬 높음이 밝혀졌다(Bulk et al., 2006). 일반적으로 신경성 식욕부진증에는 식욕자극제(cyproheptadine hydrochloride)의 복용이, 신경성 폭식증의 경우에는 항우울제를 통한 시상하부의 호르몬 조절이 효과적이다(권석만, 2003).

(2) 사회문화적 접근

사회마다 미의 기준도 다르고 '균형 잡히고 건강한 몸매'에 대한 기준도 다르다. 성별도 자신을 바라보는 이미지에 영향을 미친다. 실제로 남성은 자신의 실제 몸매나 외모보다 자신을 훨씬 긍정적으로 바라보는 경향이 있고, 여성은 자신의 실제 몸매나 외모보다 자신을 훨씬 부정적으로 바라보는 경향이 있다. 문화에 따라서 자신의 이미지에 대해 다른 사람들의 시선이 미치는 영향도 다를 수 있다. 서구에서의 비만 기준과 한국에서의 비만 기준이 현저히 다르다.

여성주의적 관점에서 볼 때 한국에서는 많은 여성이 정상체중임에도 불구하고 공동체 안에서 다른 사람들과 비교를 통해 자신이 뚱뚱하다는 인식을 가지고 있다. 한국 같이 외모지상주의가 팽배한 사회에서는 빼어난 외모와 몸매는 하나의 스펙으로 인식이 되어서 더 많은 사람들이 외모에 집착하게 되는 경향이 있다. 대중매체는 섭식장애에 가장 강력한 영향을 준다. 많은 청소년들이 대중매체를 통해서 날씬해지고 싶다는 소망을 가질 뿐 아니라 날씬함이 미와 성공을 가져다줄 것이라는 환상을 품게 된다.

(3) 정신분석 및 정신역동적 접근

정신역동적 접근에서는 어렸을 적 부모와 같은 중요한 사람들과의 관계가 일생에 걸쳐 영향을 미친다고 보고, 그 대상의 표상이 한 사람의 삶을 지탱하기도 하고, 지속적인 상처를 남긴다고 주장한다. 즉, 성장과정에 어린 시절의 부모, 특히 주양육자인 어머니와의 애착관계에서 섭식장애의 원인을 찾을 수 있다. 많은 경우 어머니와의 관계에서 정서적인 안정감을 누리지 못하고 비정상적으로 밀착됨으로써 건강한 분리가 이루어지지 않아 발생한다(최정윤 외, 2006). 그들은 자신을 어머니의 한 부분으로 인지하기 때문에 자신의 존재를 인정받기 위해 여러 가지 방법으로 노력하게 된다. 그리고 독립적인 주체로 살기 어려운 역기능적인 가정환경으로 말미암아 자신이 통제할 수 있는 부분으로 자신의 체중조절을 선택하는 경향이 있다.

정신분석적 접근에서 볼 때 섭식장애는 특별하고 독특한 존재임을 나타내고 싶어 하는 시도, 부모의 기대에 순응하고 싶은 자신에 대한 공격, 부모에 대한 무의식적인 공격의 표출, 탐욕에 대한 방어 등 다양한 무의식적인 동기들에 기인한 것으로 설명된다(권석만, 2012). 그들의 음식섭취는 어머니와 연결되고 싶은 소망을 나타내는 것이고, 구토하는 것은 어머니와 분리하려는 노력을 나타낸다.

치료 관점에서는 섭식장애를 겪는 사람들의 경우 변화하기보다 자신의 상태에 머물기를 원하기 때문에 상당한 시간이 필요하다. 신경성 식욕부진증이 있는 사람들의 경우 섭식행동을 단기간에 변화시키고자 하는 태도는 지양해야 한다. 상담자와 내담자의 안정적이고 신뢰하는 관계를 형성하여 저항을 해제시키는 것이 치료의 관건이 된다. 상담가는 내담자가 체중회복을 위해 조바심을 내며 불안해하지 않도록 신경 써야 한다. 그 과정에서 일어나는 역전이의 역동을 세밀하게 관찰하며 내담자가 상담자를 부모님과 동일시하지 않도록 노력해야 한다(최정윤 외, 2006). 가족과 같이 치료를 받는 것은 가장 효과적인 치료법의 하나이다.

(4) 인지행동적 접근

신경성 식욕부진증을 행동적 관점에서는 체중공포증이라고 본다(권석만 2013). 현대 사회에서는 각종 대중매체를 통하여 날씬하고 근육질의 몸매가 매력적이라는 메시지를 반복적으로 접하게 되면서 이상적인 몸매를 선망하게 된다. 이러한 사회에서는 날씬한 몸매에 대해서는 취직이 잘된다거나 좋은 이미지로 남는 등의 강화물이 주어지는 반면, 뚱뚱한 신체에 대해서는 처벌이 주어진다. 그러므로 사람들은 살이 찌는 것과 음식 섭취에 대해 공포를 가지게 된다. 공포를 없애는 확실한 방법은 음식을 먹지 않는 것이며, 섭식제한으로 공포가 감소되면 부적으로 강화가 되어 음식거부가 점점 더 심해진다.

인지적 접근에서 볼 때 섭식장애의 근원적인 문제는 자신을 바라보는 관점이 왜곡되어 있고 부정적이라는 데 있다. 자신의 체중이 정상 혹은 저체중임에도 불구하고 거울 속에 비친 자신의 몸매나 몸의 일부를 과도하게 왜곡하여 뚱뚱하다고 지각한다. 그렇기 때문에 자신의 외모를 바꾸는 것보다 생각의 패턴을 바꾸는 것이 중요하다. 신경성 식욕부진증이 있는 사람들은 타인의 반응에 민감하며, 타인이 보이는 자신의 신체에 대한 반응을 부정적으로 해석하며, 지나치게 날씬한 몸매를 지향하는 인지적 특징을 보인다(권석만, 2013). 자신의 비현실적이고 부정적인 생각을 바꾸는 것을 목표로 하는 인지행동치료는 섭식장애를 치료하는 데에 효과적이다.

치료법으로 섭식장애 환자에게 매일 식사량을 점검하는 식사일지를 작성하도록 할 수 있다(셀프 워크 14-2, 14-3). 식후에 자신이 먹은 음식을 기록하고 왜 폭식을 하고 보상행동을 했는지 생각해 보도록 한다. 또 자신에 대한 기본적이고 자동적인 생각(예 : 나는 뚱뚱하다)을 정해서, 그 생각이 옳은 것인지를 점검하고, 객관적인 관점을 취할 수 있도록 자신이 자신의 변호사가 된 것처럼 자신의 고정적인 생각에 반대되는 의견(예 : 나의 BMI 지수는 22이므로 뚱뚱하지 않다)을 제시하도록 할 수 있다(그룹 워크 14-1). 연구에 의하면 신경성 폭식증 환자 집단의 33% 이상이 인지행동치료를 통해 효과를 나타냈다(Johnson & Connors, 1987).

4) 섭식장애를 위한 대처법

섭식장애는 자신을 바라보는 왜곡된 관점에서 출발하는데 자신을 객관적으로 바라보며, 현실을 직면하고 대처하는 것이 필요하다. 다음의 질문을 통해 자신에 대해 생각해 볼 수 있다(그룹 워크 14-2).

- 나의 장점과 내면적 아름다움을 생각해 보고 적어 본다.
- 내가 다른 사람들을 바라볼 때 중요하게 생각하는 것이 무엇인지 곰곰이 생각해보고 적어 본다.
- 다른 사람들이 나를 바라볼 때 무엇을 중요하게 생각할지에 대해서 적어 본다.
- 체질량지수(BMI)를 통해 나의 비만 정도를 객관적으로 바라본다.
- 거울 속의 자신을 바라보며 나를 사랑해 주는 사람들의 관점으로 나를 바라보도록 한다.

3 ▶ 수면의 기능

수면은 섭식과 마찬가지로 인간의 가장 기본적인 욕구 중 하나이며, 적당한 수면은 인간의 생존과 건강, 그리고 삶의 질의 척도가 된다. 적절한 수면시간은 개인에 따라 다르나 미국 수면의학회(AASM)와 수면재단 등은 성인의 경우 하루에 최소 7시간 이상의 수면을 취할 것을 공식적으로 권고하고 있다. OECD가 지정한 적정 수면시간은 성인 하루 8시간이다. 수면이 인간의 생존과 안녕에 매우 중요함에도 불구하고, 전체 인구의 12%의 성인이 불면증에 시달리는 것으로 밝혀졌다(조선 pub, 2017). 국민건강보험공단 자료에 의하면 한국에서 2011년부터 2015년 사이에 불면증으로 진료를 받은 환자는 193만 명을 넘어선 것으로 나타났다. 또한 한국은 하루 평균 수면시간이 7시간 41분으로 OECD 국가 중 최하위에 속한다.

현대에 오면서 수면의 부족은 많은 사람들이 잠을 덜 자는 만큼 성공하는 것으로 생각하고, 잠을 많이 자는 것은 사치, 게으름, 아니면 아까운 시간낭비로 여기는 경향으로 기인한다. 많은 사람들이 밤에도 많은 활동을 하며 바쁘게 살아가다 보니 수면이 부족해지기도 하고, 불규칙적인 생활 습관이나 스트레스로 인해 불면증과 같은 수면장애를 겪는 사람이 늘어가고 있다(셀프 워크 14-4). 잠을 자는 동안 의식은 없지만 의식이 있는 시간 이상으로 중요한 일들을 하고 있다. 즉, 잠을 자는 동안에도 우리의 뇌는 반응하고 무의식적으로 자극에 반응하고 있는 것이 과학적으로 밝혀지고 있다.

대부분의 20대들은 아침에서 저녁이 되어 갈수록 활기가 점점 생겨 활동을 많이 하는 올빼미형이 많고 연령이 증가하면서 아침형 인간으로 바뀌어 간다(May & Hasher,

1998). 올빼미형 청년은 똑똑하고 창의적인 경향이 있으며(Giampietro & Cavallera, 2007), 아침형 청년은 학업성적이 우수하고, 더 주도적이며, 우울에도 잘 견디는 경향이 있다고 한다(Preckel et al., 2013). 어떤 유형이든 잠을 충분히 자는 것은 뇌의 활동과 신체적·정신적 안녕에 매우 중요하다(셀프 워크 14-5, 14-6).

1) 수면의 기능

과학 문명이 발달하기 전에는 어둠이 오면 인간은 자연스럽게 수면을 취하였다. 수면은 어두워진 후에 생길 수 있는 위험을 겪지 않게 해주는 보호기능을 해주었다(Myers, 2016). 일반적으로 수면은 몸의 생체리듬을 유지하게 도와주고 신체의 회복기능을 높인다. 하지만 수면의 유형은 개인에 따라 그리고 문화에 따라 다르게 나타난다. 수면의 기능에 대해 좀 더 알아보기로 하자.

(1) 신체회복 기능

수면은 신체의 면역력과 밀접한 관계가 있다. 수면부족 상태가 지속되면 생체리듬이 깨지면서 면역력이 약화되기 쉽다. 청년의 경우 학업이나 일의 집중력이 떨어지고 만성피로, 불안, 우울증이 생길 수 있다. 수면은 또한 뇌세포를 회복할 수 있는 시간을 제공하여 두뇌의 조직을 복구하는 역할도 한다(Gilestro et al., 2009; Tononi & Cirelli, 2013). 그리고 수면은 두뇌에서 발생한 해로운 신진대사 잔해물들을 정리해 주므로 숙면을 취하는 것이 삶의 안녕을 위해 반드시 필요하다(Xie et al., 2013).

(2) 기억의 재생

수면을 충분히 취할 때 집중력이 높아지고 기억력이 증진한다. 우리의 뇌에 있는 해마는 낮에 입력된 정보와 기억을 정리, 저장하고 필요할 때 생각나게 하는 역할을 한다. 최근에 겪은 경험은 해마에 저장되고 필요할 때 재활성화되어 피질 다른 곳에 전이되어 영구히 저장된다(Diekelmann & Born, 2010). 따라서 어떤 일을 회상할 때는 숙면을 취한 후에 훨씬 더 잘 회상하게 된다(Kurdziel et al., 2013). 공부를 하느라 밤을 새면 새로운 기억자료가 뒤섞이거나 사라질 수도 있어 효율을 떨어뜨리며 나중에 되살릴 수도 없게 된다. 특히 잠을 쫓기 위해 카페인 등을 먹고 공부하는 것은 두통이나 불면증, 중독

등을 유발할 수 있으므로 더욱 위험하다.

(3) 창의적 사고의 증진

하루저녁의 충분한 숙면은 사고와 학습의 능력을 증진시킨다. 예로부터 많은 사람이 꿈을 통해 영감을 얻고, 글이나 그림 등의 예술 분야에서 주목받을 만한 성취를 이루기도 했다. 과학적으로 밝혀진 바에 의하면 꿈에서도 뇌는 계속적으로 활동을 하고 깨어난 후에는 숙면을 취하지 못한 사람들보다 더 통찰력 있게 문제를 해결한다(Barrett, 2011). 특히 잠자리에 들기 전에 어떤 문제에 집중하거나 생각을 하면서 잠을 자면 뇌는 계속적으로 활동하며 그 문제를 해결하려고 하므로 잠들기 30분 전쯤에 생각을 하고 자는 것도 기억에 도움이 된다.

(4) 성장에 도움

깊은 잠을 자는 동안에 뇌하수체는 근육 발달에 필요한 성장 호르몬을 분비한다. 인간의 뇌에서 멜라토닌이라는 호르몬이 나오는데 이 호르몬은 항산화 작용, 노화방지 등의 역할을 한다. 나이가 들어감에 따라서 멜라토닌은 적게 분비되며, 깊은 잠을 자는 수면 시간이 줄어들게 되며 노화가 진행된다. 청년 시기에는 신체적으로도 계속 성장하는 때인 만큼 잠을 충분히 자는 것이 신체적·정신적 성장에 도움이 된다.

2) 수면과 꿈

잠이 들고 난 후에 꿈은 언제부터 꾸게 될까? 꿈을 꾸는 이유는 무엇인가? 그리고 꿈은 과연 무엇을 의미하는 것일까? 꿈은 예로부터 우리가 알 수 없는 미스터리의 영역이었다. 지금부터는 꿈의 단계적 특징을 살펴보고 다양한 꿈의 이론에 대해 알아보기로 한다.

(1) 수면의 단계

꿈은 모두 5단계에 걸쳐 진행된다(그림 14-1). 한 주기가 대략 90분 정도이며, 8시간의 수면 동안 5회 정도의 수면주기가 반복된다. 1~2단계는 10분, 3~4단계는 30~50분, 5단계(렘수면)는 30~50분 정도로 이루어진다. 처음 첫 두 단계는 가수면 혹은 얕은 수면 상태이고, 그다음 두 단계는 깊은 수면 상태이며 4단계는 가장 깊은 숙면단계라고 할

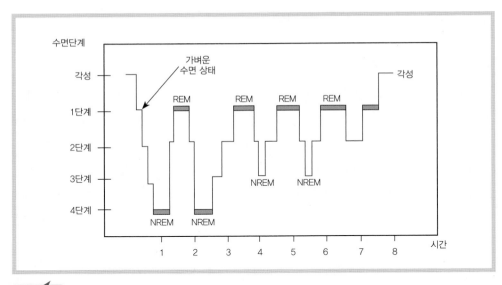

그림 14-1 **수면의 5단계** 수면시간 동안 렘수면과 비렘수면을 반복한다

수 있다. 4단계까지 이르는 수면을 취하지 못하면 얕은 잠만 자다가 깨므로 숙면을 취했다고 볼 수 없다. 꿈을 꾸게 되는 5번째 단계는 신체는 잠들었지만 뇌는 깨어서 활발히 활동하는 단계로서 렘(REM)수면 상태라고 하고 나머지 네 단계는 비렘(NREM)수면상태라고 한다. 렘수면단계가 지나면 다시 1단계로 돌아가게 된다. 렘수면단계에서는 신체가 휴식하는 상태이고 비렘수면단계 동안은 정신기능이 휴식하는 상태이다. 즉, 신체와 정신이 번갈아 가며 휴식을 취하므로 모든 주기가 다 중요하다. 만약 수면시간은 길지만 피곤을 느낀다면 얕은 수면만 계속되어 피로가 풀리지 않은 것일 수 있다. 잠이 안 올 때는 천연수면제인 따뜻한 라벤더나 캐모마일 차를 마시거나, 입욕을 하고, 잠들기 전에 운동은 하지 않는 것이 좋다.

(2) 꿈의 기능

수면의 기능은 이미 설명되었듯이 기억의 정리와 저장, 창의력의 증진, 육체의 휴식, 면역기능의 강화 등이다. 꿈의 기능은 고전 심리학에서부터 현재에 이르기까지 다양한 이론으로 전개되어 왔다.

정신분석학의 창시자인 프로이트는 꿈의 **소망충족이론**을 제시하였다. 즉, 꿈은 소망을 충족시켜 주며 현실에서 직접적으로 표출하기에는 위협적일 수 있는 무의식적 추동과 욕망과 관련된 감정을 안전하게 배출시켜 준다고 믿었다. 프로이트는 자신의 심리치료에서 꿈을 통해 개인의 내적 갈등을 이해하려 했으므로 꿈의 해석을 중요하게 여겼다. 프로이트의 꿈 이론은 현대에 살고 있는 우리에게도 많은 통찰을 제공해 준다(그룹 워크 14-4). 하지만 프로이트의 이론은 이 후에 대부분 다른 이론으로 대체되었다. 그 이유는 프로이트가 주장하는 억압된 욕망의 대부분이 성적인 욕망으로 귀결되는 제한점 때문이기도 하며, 또한 뇌과학의 발달로 인한 뇌의 기능이 밝혀졌기 때문이기도 하다.

두 번째는 꿈의 정보처리 기능이다. 이 이론은 개인이 꿈을 꾸면서 그날의 경험을 솎아내고 분류하여 기억에 자리 잡게 하는 도움을 준다고 본다. 이미 설명했듯이 렘수면은 기억을 촉진시키는 역할을 한다. 하지만 잠을 자주 깨는 사람은 렘수면이 박탈당하게 되면서 새로운 학습을 잘 수행할 수 없게 된다. 이 사실은 쥐의 실험을 통해서도 밝혀졌다. 쥐가 미로를 활발히 다닐 때 활발하게 활동하는 뇌의 영역이 렘수면에서도 활발하게 활동하는 것을 관찰하였다(Louie & Wilson, 2001). 이와 같이 사람에게서도 렘수면단계에서 뇌가 활발하게 활동하는 것이 관측된다. 사람이 깨어 있을 때 학습한 내용의 기억이 먼저 느린 뇌파의 깊은 수면에 의해 안정화되고 그 후에 렘수면에 의해 장기기억으로 변환된다(Myers, 2016). 특히 10대와 대학생들은 효과적인 학업이 중요한 시기인데, 아무리 공부를 많이 해도 학습 후에 숙면을 취하지 않으면 그 내용을 기억에 효과적으로 통합시킬 수 없게 된다(Wolfson & Carskadon, 1998). 한 연구에 의하면 학업성적이 좋은 중학생이 좋지 않은 학생들보다 평균적으로 밤에 25분 일찍 잠들고 40분 일찍 기상한다고 한다(Wolfson & Carskadon, 1998; 11판).

또한 꿈은 생리적 기능으로서 신경통로를 발달시키고 유지하는 기능을 한다. 잠을 많이 잘수록 신경세포인 뉴런의 수가 증가한다. 유아의 경우에는 신경망이 급속도를 발달하고 있어 잠을 자는 시간이 많다. 꿈의 또 다른 기능은 신경의 전기활동을 의미 있는 것으로 만들어 주는 것이다. 꿈을 꾸는 동안은 논리적 사고를 담당하고 있는 전두엽 영역의 활동은 감소하고 변연계의 정서적 활동은 증가하는데, 이러한 이유로 꿈을 꾸는 동안 억제나 방어를 덜 사용하게 되는 것이다. 변연계의 정서적 표현이 두뇌의 시각 활동과 조합되어 꿈을 꾸게 되는 것이다(Myers, 2016).

마지막으로 꿈을 두뇌성숙과 인지발달의 한 부분으로 보는 이론이 있다. 이 이론은 위의 이론들을 모두 배격하고 단지 꿈은 깨어 있을 때의 인지과정과 언어와 중첩되어 실제를 시뮬레이션한다고 여긴다. 즉, 꿈은 시각 심상을 증진시켜 증폭된 마음의 방황

표 14-1 꿈이론

이론	설명	결정적 문제점
프로이트의 소망충족	꿈은 다른 방법으로는 용인될 수 없는 감정을 표현하는 정신적 안전밸브를 제공한다. 표출된 내용과 깊은 곳의 잠재내용(숨겨진 의미)을 담고 있다.	과학적 증거가 결여되어 있다. 꿈을 여러 가지 방식으로 해석할 소지가 있다.
정보처리	꿈은 그날의 사건을 분류하고 기억을 공고한 것으로 만드는 데 도움을 준다.	그렇다면 경험하지도 않은 사건에 대한 꿈을 꾸기도 하는 이유는 무엇인가?
생리적 기능	렘수면의 규칙적인 두뇌자극은 신경통로의 발달과 유지에 도움을 준다	사실일지 모르나 의미 있는 꿈을 꾸는 이유를 설명하지 못한다.
신경활성화	렘수면은 무선적 시각기억을 유발하는 신경활동을 촉발시키는데, 두뇌가 이것을 이야기로 엮는다.	개인의 두뇌가 이야기를 엮는 것인데 그 이야기는 꿈꾸는 사람과 관련된 이야기다.
인지발달	꿈 내용은 꿈꾸는 사람의 인지발달, 즉 지식과 이해를 반영한다.	꿈의 신경과학을 다루지 않는다.

(Myers, 2016)

이라고 주장한다. 〈표 14-1〉은 지금까지의 이론을 정리한 것이다.

4 수면장애

잠이 들고 난 이후엔 어떤 일들이 일어날까에 대한 궁금증을 수면과학의 발달로 인해 풀 수 있게 되었다. 우리의 뇌의 여러 영역은 잠이 들고 난 후에도 아주 바쁘게 활동하고 있으며, 특히 꿈을 통해서 우리는 많은 일들을 하고 있는 것이 밝혀졌다. 대표적인 수면장애는 불면증이며 그 외에도 다양한 수면장애가 있다.

1) 불면증

현대에 오면서 심리적 스트레스 등의 이유로 수면장애를 겪는 사람들이 점점 늘고 있으며, 그중 15%는 불면증(insomnia)을 겪고 있다(Myers, 2016). 2008년 건강보험심사평가원에서 한국의 불면증 환자를 조사한 결과에 의하면 당시에는 불면증 환자가 2만 명 수준이었는데 2016년에는 54만 2,939명을 넘어선 것으로 집계되었다. 또한 2016년 한국인의 평균 수면시간은 OECD 국가 중에서 최하위를 기록했다. 이러한 높은 불면율은 한국의 취업난, 경제 양극화 등 시대적·문화적 환경의 영향을 반영한다. 많은 사람이 불면의 고통에서 벗어나기 위해 가장 많이 사용하는 것이 수면제이다. 하지만 수면제는 일시적인 대안일 뿐 장기 복용 시 내성이 생겨 효과를 보기 어렵다. 또한 수면제를 복용하면 다음날 정신이 혼미하고 무기력해지는 등의 부작용도 있어서 수면 전문가들은 수면제 복용보다는 다른 대체방안을 강구하는 것을 추천한다(그룹 워크 14-3). 대체방안은 다음과 같다(Myers, 2016).

- 잠자리에 들기 전에 강한 불빛을 피하고 약한 불빛으로 긴장을 푼다.
- 늦은 오후부터 카페인을 피하고 잠들기 직전에는 칼로리가 많은 음식을 피한다.
- 규칙적으로 잠을 자고 잠이 안 들더라도 동일한 시간에 일어나고 낮잠은 피한다.
- 규칙적으로 운동을 하되 늦은 저녁에는 하지 않는다.
- 일시적으로 잠을 못 자는 것은 별다른 해가 없다는 것을 인식시킨다. 수면을 너무 열정적으로 추구하게 되면 수면이 여러분을 버리고 달아난다.
- 시계를 치워 버려서 반복적으로 확인하려는 유혹을 버린다.
- 아무것도 효과가 없다면 잠을 적게 자는 것에 목표를 맞춘다.

2) 기타 수면장애

불면증 외에도 여러 수면장애가 있다. **수면무호흡증**은 수면 중에 간헐적으로 호흡을 멈추는 증상으로 1분 정도 호흡이 정지된다. 그 후에 혈중 산소의 감소로 인해 잠을 깨게 되고 몇 초 동안 숨을 헐떡인다. 이 증상은 같이 자는 사람에게 두려움을 주고 힘들게 하지만 정작 자신은 모르는 경우가 많다. 낮에 피로를 느끼거나 혈압이 높은 경우에도 잘 나타난다(Myers, 2016). 수면무호흡증을 치료하지 않으면 깊은 수면을 취하지 못해 자다가 깨다 보면 정보 정리가 제대로 진행되지 않고 체내 산소 농도도 떨어져 뇌세포가 손상되어 기억력이 저하된다. 심한 경우에는 치매를 일으킬 수도 있다. 심하지 않은 수면무호흡증은 잠을 자는 위치를 바꾸거나 호흡기능을 억제하는 요인을 제거하여 치료할 수 있다(서수균, 2000).

기면발작증은 갑자기 수면에 빠지는 증상을 말한다. 이 증상으로 고생하는 사람은 주기적이고 불가항력적인 수면을 경험하는데 일반적으로 5분 미만의 짧은 시간 동안 지속되지만 때로는 부적절한 시간에 나타나기 때문에 골치 아픈 장애라고 할 수 있다. 잠들지 않으려고 하는 어떤 노력을 해도 수면발작을 피할 수 없다(서수균, 2000). 운동을 하다가 밥을 먹다가 또는 길을 가다가도 증상이 나타나기 때문에 이 증상이 있는 사람은 극도로 조심하면서 생활해야 한다. 수면마비가 나타나기도 하는데 이는 잠들려고 할 때나 잠이 깨려고 할 때 소리를 낼 수 없을 정도로 전신근육이 마비되는 증상이다. 과학자들은 기면발작증이 마음의 문제라기보다는 기면발작증을 초래하는 유전자 때문인 것으로 밝혀냈다(Myers, 2016).

악몽장애는 수면 중에 안전이나 자존감에 위협이 되는 내용의 악몽을 꾸면서 반복적으로 자주 깨는 증상을 보인다. 주로 수면 후반부에 많이 깨며, 깨어난 후에는 곧 정신을 차린다.

수면보행장애는 몽유병이라고도 알려져 있으며 수면 중에 잠자리에서 일어나 돌아다니는 증상으로 스스로 다시 잠자리로 돌아가며 해가 없다. 이는 3~4단계 수면에서 주로 발생하고, 잠이 든 후 한두 시간 내에 일어난다(서수균, 2000). 이들은 신경생리학적으로 뇌간은 깨어 있으나 대뇌피질은 계속 잠들고 있는 분리 상태이며 낮에 깨어 있을 때처럼 주의를 기울일 수 없기 때문에 위험을 인지하지 못하다. 그리고 깨어난 후에는 수면 중에 있었던 일을 전혀 기억하지 못한다.

현대인들이 점차 수면의 중요성을 깨닫고 관심을 가지게 되면서 국내에서도 수면산업이 활성화되고 있다. 편안한 베개나 침대, 아로마 향초, 잠을 잘 오게 하는 음료 등이 상품화되어 잠이 부족한 현대인의 마음을 사로잡고 있다. 2016년 한국수면산업협회가 국내 관련 시장 규모를 2조 원대로 추산했을 정도로 수면산업시장은 큰 시장이 되었다. 이 밖에도 카카오톡의 꿀잠 선물이라든가 마보앱 등은 잠들기 어려울 때 들어가서 여러 가지 방법으로 도움을 받을 수 있게 되어 있다. 최근에는 사무실이 몰려 있는 도심에 낮잠 카페도 등장해서 잠이 부족한 직장인들이나 바쁜 현대인들을 위해 점심시간 동안 잠시 들어가서 잠을 잘 수 있도록 돕고 있다. 아예 며칠 동안 수면을 취하며 쉴 수 있도록 해 주는 수면방들도 속속 생기고 있다.

청년기에는 미래를 위해 잠을 줄여 공부를 하기도 하고, 친구, 선후배, 연인과 밤에 만나 유흥을 즐기기도 한다. 하지만 수면은 우리의 건강을 유지하게 도와주고, 일의 집중력을 높이며, 스트레스를 풀어주는 역할을 비롯하여, 우리도 모르게 우리 자신의 더 깊은 곳과 연결되어 새로운 영감을 얻게 해주는 역할을 하기 때문에 수면의 우선순위를 낮춰서는 안 될 것이다(Ariana, 2016). 잠을 잘 자고 일어나면 새로운 눈과 새로운 정신으로 세상을 달리 보게 되고, 힘을 얻고 하루를 시작하게 된다. 수면의 위기를 겪고 있거나 이제까지는 위기를 의식하지 못했더라도 수면의 가치를 새롭게 인식해서 수면이 주는 혜택을 누릴 수 있도록 해보자.

핵심요약

- 다이어트는 자신의 상황에 맞게 적절하게 사용한다면 자신에게 이로울 수 있으나 과도한 다이어트는 해로울 수 있다.
- 섭식장애에는 신경성 식욕부진증과 신경성 폭식증이 포함되며 생리적 관점, 심리적 관점, 사회적 관점에서 원인을 찾고 대처법을 강구할 수 있다.
- 수면은 신체의 회복, 기억의 재생, 창의적 사고의 증진, 성장 촉진 등 여러 가지 중요한 기능을 한다.
- 수면은 5단계로 이루어지며 한 주기가 대략 90분 정도이다.
- 꿈의 기능으로는 무의식적 소망 충족, 정보처리를 통한 기억력 증진, 신경통로의 발달과 유지, 그리고 두뇌성숙과 인지발달 등이 있다.
- 가장 대표적인 수면장애로는 불면증이 있고, 그 외에 수면무호흡증, 기면발작증, 악몽장애, 수면보행장애 등이 있다.

참고문헌

김정욱(2000). 날씬한 몸매를 위한 처절한 투쟁 섭식장애 : 이상심리학시리즈 13. 서울 : 학지사.
고영건 외.(2008). 이상심리학. 서울 : 학지사.
권석만(2012). 현대 심리치료와 상담이론 : 마음의 치유와 성장으로 가는 길. 서울 : 학지사.
동아일보(2017. 5. 22). http://news.donga.com/East/MainNews/3/all/20170522/84491110/1
서수균(2000). 불면증 : 잠 못 이루는 밤의 불청객. 서울 : 학지사.

여성신문(2017. 1. 25). http://www.womennews.co.kr/news/view.asp?num=111364

중앙일보(2017. 5. 6).

조선일보(2014. 1. 30). http://news.chosun.com/site/data/html_ dir/2014/01/30/2014 0130 00638.html?rsMobile=false)

조선 Pub(2017. 2. 17). http://pub.chosun.com/client/news/viw.asp?cate=C01&mcate=M 1003&nNewsNumb=20170223530&nidx=23532.

최정윤, 박경, 서혜희(2006). 이상심리학. 서울 : 학지사.

한오수, 유희정, 김창윤, 이철, 민병근, 박인호(1990). 한국인의 식이장애의 역학 및 성격 특성. 정신의학. 15, 270-287.

Ariana, H.(2016). 수면혁명 : 매일 밤 조금씩 인생을 바꾸는 숙면의 힘[*Transforming your life, one night at a time*] (정준희 역). 서울 : 민음사.

Crisp, A. H., Hsu, L. K. G., Hardng, B., & Hartshorn, J.(1980). Clinical features of anorexa nervosa. *Journal of Psychosomatic Research, 24*, 179-191.

Garner, D. M.(1991). *Eating Disorder Inventory-2 Professional manual*. Odessa, Psychological Assessment Resources.

Garner, D. M., Garfinkel, P.E., & Irvine, M. J.(1986). *Anorexia Nervosa. A Multidimension Perspective*. New York : Brunner/Mazel.

Johnson, C., Connors, M. E., & Tobin, D.(1987). Symptom Management of Bulimia. *Journal of Counseling and Clinical Psychology, 55*, 668-676.

Morton, R.(1694). *Phthisiologia : or a treatise of consumptions*. London : Smith and Walford.

Myers,(2016). 마이어스의 심리학 개론[*Psychology*]. (신현정, 김비아 역). 서울 : 시그마프레스.

Patton, G. C.(1988). Mortality in eating disorders. *Psychological Medicine, 18*, 947-951.

Siegel, M., Brisman, J., Weinsher, M.(2009). 거식증과 폭식증 극복하기 : 식사장애[*Surviving an eating disorder*] (이영호 외 역). 서울 : 학지사.

[14-1] 섭식장애 척도

각 질문을 읽고 자신과 가장 가깝다고 생각되는 정도를 선택하여 해당하는 번호에 동그라미 표시를 하십시오.	전혀 그렇지 않다 ←				→ 항상 그렇다	
1. 별로 신경쓰지 않고 단 음식과 탄수화물을 먹는다.	1	2	3	4	5	6
2. 내 위가 너무 크다고 생각한다.	1	2	3	4	5	6
3. 기분이 상하고 언짢을 때 먹는다.	1	2	3	4	5	6
4. 과식을 하는 편이다.	1	2	3	4	5	6
5. 다이어트에 대해서 생각한다.	1	2	3	4	5	6
6. 내 허벅지가 너무 굵다고 생각한다.	1	2	3	4	5	6
7. 과식 후에는 심한 죄책감을 느낀다.	1	2	3	4	5	6
8. 내 위는 적당한 크기라고 생각한다.	1	2	3	4	5	6
9. 체중이 느는 것이 두렵다.	1	2	3	4	5	6
10. 내 몸매에 만족한다.	1	2	3	4	5	6
11. 체중에 대해 지나치게 신경을 많이 쓰게 된다.	1	2	3	4	5	6
12. 멈출 수 없을 것이라고 느낄 때까지 폭식을 한 적이 있다.	1	2	3	4	5	6
13. 내 엉덩이 모양에 만족한다.	1	2	3	4	5	6
14. 날씬해지고 싶은 욕구에 사로잡혀 있다.	1	2	3	4	5	6
15. 과식(폭식)에 대해서 생각한다.	1	2	3	4	5	6
16. (여성인 경우) 내 허리가 너무 굵다고 생각한다. (남성인 경우) 내 어깨가 너무 빈약하다고 생각한다.	1	2	3	4	5	6
17. 남 앞에서는 적당히 먹지만 그들이 가면 잔뜩 먹는다.	1	2	3	4	5	6
18. 체중이 0.5kg만 늘어도 계속 체중이 증가하지 않을까 걱정이 된다.	1	2	3	4	5	6
19. 체중을 줄이기 위해 토하려고 생각한 적이 있다.	1	2	3	4	5	6
20. 내 허벅지 굵기는 적당하다고 생각한다.	1	2	3	4	5	6
21. 내 엉덩이는 너무 크다고 생각한다.	1	2	3	4	5	6

(계속)

22. 몰래 먹거나 마신다.	1	2	3	4	5	6
23. (여성인 경우) 내 허리는 적당한 굵기라고 생각한다. (남성인 경우) 내 어깨는 적당한 크기라고 생각한다.	1	2	3	4	5	6

(Garner, 1991)

나의 전체 총점은? _____점

[채점기준]

점수가 높을수록 체중증가에 대한 두려움이 높고 섭식장애 정도가 심각하다.

점수가 80점이 넘을 경우는 섭식장애가 있는지 점검이 필요하다.

[14-2] 식사일지 건강한 생활을 위한 나의 현재 습관과 개선해야 할 점은?

항목	현재의 생활습관	바람직한 생활습관
나는 하루에 몇 끼를 먹는가? (예 : 어제 몇 끼를 먹었는가?)		
보통 한 끼 식사량과 칼로리는? [예 : 오늘 아침에 내가 먹은 것은? 식빵 두 조각(220kcal)과 사과 1개 (100kcal), 우유 한 잔(140kcal)]		
하루에 몇 번 간식을 먹고, 그 간식의 종류와 칼로리는?		
나는 한 달에 몇 번 패스트푸드(햄버거, 라면 등)를 먹고 있는가?		
나는 일주일에 몇 번 운동을 하며, 그 시간과 운동의 유형은 무엇인가?(예 : 1주일에 2번, 30분씩, 수영을 함)		
오늘 나의 적용점은?		

[14-3] 폭식행동일지

상황 : 폭식을 하게 되었던 상황(무엇을, 어디서, 언제, 그리고 누구와 먹었는가?)	
생각 : 당신에게 떠오른 생각은 무엇인가?	
감정 : 당신이 느꼈던 감정은 무엇인가?	

[14-4] **불면증 진단** 다음 중 그렇다고 생각되는 문항에 표시해 보자.

1. 잠이 들기까지 30분 이상 걸린다.	
2. 잠을 잘 자기 위해서 노력한다.	
3. 잠들기 위해 술이나 수면 유도제를 먹어 본 적이 있다.	
4. 휴일에는 실컷 잔다.	
5. 잠자리가 바뀌면 더 잘 잔다.	
6. 자는 도중에 두세 차례 이상 잠이 깨고 다시 잠들기 어렵다.	
7. 중간에 깨서 시계를 본다.	
8. 낮에 항상 졸리고 점심 직후는 특히 더 졸리다.	
9. 꿈을 많이 꾸고 대개 기억한다.	
10. 너무 일찍 깨서 다시 잠들기 어렵다.	

표시된 문항의 개수는? _____개

[결과]
4개 이상인 경우 : 불면증일 가능성이 있음

(서울 아산병원 홈페이지)

셀프
워크
14

[14-5] 수면상태 지표 지난 한 달 동안의 전형적인 밤을 생각하면서 각각의 질문에 가장 알맞은 답을 찾아 동그라미로 표시해 보자.

---

1. 잠들기까지 시간이 얼마나 걸리는가?

   1~15분 : 4점   16~30분 : 3점   31~45분 : 2점   46~60분 : 1점

2. 밤사이 한 번 이상 깬다면, 몇 분이나 깨어 있는가?(깨어 있는 시간을 모두 더하라)

   0~15분 : 4점   16~30분 : 3점   31~45분 : 2점   46~60분 : 1점   60분 초과 : 0점

3. 마지막으로 눈을 뜨게 된 시간이 원래 일어나려 했던 시간보다 이른 시간이었다면, 몇 분이나 이른가?

   16~30분 일찍 : 3점   31~45분 일찍 : 2점   46~60분 일찍 : 1점   60분 초과 : 0점

4. 일주일에 며칠 정도 잠자는 데 어려움을 겪는가?

   0~1일 : 4점   2일 : 3점   3일 : 2점   4일 : 1점   5~7일 : 0점

5. 당신은 자신의 수면의 질을 어떻게 평가하는가?

   매우 우수하다 : 4점   우수하다 : 3점   보통이다 : 2점   나쁘다 : 1점   매우 나쁘다 : 0점

6. 지난달 동안 수면부족이 당신의 기분, 체력, 혹은 인간관계에 영향을 주었는가?

   전혀 주지 않았다 : 4점   약간 주었다 : 3점   일정 정도 주었다 : 2점

   많이 주었다 : 1점   매우 많이 주었다 : 0점

7. 수면부족이 당신의 집중력, 생산성, 혹은 각성력에 영향을 주었는가?

   전혀 주지 않았다 : 4점   약간 주었다 : 3점   일정 정도 주었다 : 2점

   많이 주었다 : 1점   매우 많이 주었다 : 0점

8. 수면부족이 전반적으로 당신을 힘들게 하는가?

   전혀 힘들게 하지 않는다 : 4점   약간 힘들게 한다 : 3점   일정 정도 힘들게 한다 : 2점

   많이 힘들게 한다 : 1점   매우 많이 힘들게 한다 : 0점

9. 잠자는 데 어려움을 겪은 지 얼마나 오래되었는가?

   잠자는 데 어려움이 없다/1개월 미만 : 4점   1~2개월 : 3점

   3~6개월 : 2점   7~12개월 : 1점   1년 초과 : 0점

내 점수의 합은? _____점

[해석]

 0 ~ 9점   심각한 수면문제가 있는 상태. 반드시 도움이 필요하다.

10~18점   약간의 수면문제가 있음. 자신의 수면습관을 되돌아보고, 어떻게 바꿔야 할지 알아본다.

19~27점   양호한 수면상태. 하지만 좀 더 숙면을 취하기 위해 해야 할 일들이 있다.

28~36점   매우 양호한 수면상태. 현재의 수면습관을 유지하기 위해 노력하고 다른 사람들과 공유하라.

〈Ariana Huffington, 2016〉

[14-6] 수면일지 적기 매일 아침에 일어나자마자 수면일지를 작성하는 습관을 통해 자신의 구체적인 수면 양상에 대해 정보를 수집해 보자. 예를 들어 수요일 아침에 일어나면 화요일 란에 기록한다. 기록의 정확성에 너무 신경 쓰지 말고 비교적 근접한 추정치를 적으면 된다.

	기간 : 월 일 ~ 월 일

1. 낮잠 잔 시간(2 : 00~2 : 45pm)

월	화	수	목	금	토	일

2. 수면을 위해 복용한 약이나 술(맥주 1병, 수면제 1정)

월	화	수	목	금	토	일

3. 잠자리에 든 시간(11 : 00pm)

월	화	수	목	금	토	일

4. 불을 끄고 잠들기까지의 시간(분)

월	화	수	목	금	토	일

5. 밤중에 깬 횟수

월	화	수	목	금	토	일

6. 밤중에 깨서 다시 잠들기까지의 시간

월	화	수	목	금	토	일

7. 아침에 잠을 깬 시간(눈을 뜬 시간)

월	화	수	목	금	토	일

8. 아침에 잠자리에서 나온 시간(11：00pm)

월	화	수	목	금	토	일

9. 아침에 일어났을 때의 상태 (1 : 매우 피곤, 2 : 개운치 않음, 3 : 그저 그렇다, 4 : 약간 개운, 5 : 아주 상쾌)

월	화	수	목	금	토	일

10. 전반적인 수면의 상태(1 : 자는 둥 마는 둥, 2 : 깊이 못 잠, 3 : 그저 그랬다, 4 : 깊이 잠, 5 : 매우 깊이 잠)

월	화	수	목	금	토	일

(서수균, 2000)

[14-1] 나의 신체 이미지에 대한 관점

토론 주제	내용
거울을 봤을 때 나에 대해 드는 생각은?	
당신의 생각을 지지하는 증거를 제시한다면?	
당신의 생각들을 지지하지 않는 증거를 제시한다면?	
좀 더 객관적인 관점은 무엇인가?	
당신은 얼마만큼 그것을 마음으로 믿는가?	
오늘 나의 적용점은?	

[14-2] 다이어트 경험 나누기

토론 주제	내용
내가 추구하는 신체 이미지는?	
그것이 가능하려면 어떻게 해야 하는가?	
나의 다이어트 경험은? 그 경험의 장점과 단점은?	
정서적 섭취의 경험은? 가령 나는 이럴 때 폭식을 하게 된다.	
자신의 주변의 다이어트 성공사례는?	
오늘 나의 적용점은?	

[14-3] 수면습관 나누기

토론 주제	내용
나의 수면시간은?	
안 좋은 수면습관이 있다면 무엇인가?	
수면을 방해하는 요소는 무엇인가?	
개선방법을 생각해 보자.	

[14-4] **꿈의 해석** 최근이나 과거에 꾸었던 인상 깊은 꿈이 있다면 나누어 보고 프로이트의 소망충족 이론에 따라 해석해 보자.

저자소개

심은정

미국 Rosemead School of Psychology, 임상심리 박사

숭실대학교 베어드학부 교수

숭실대학교 상담센터 상담교수

상담 및 임상심리 전문가

조인효

미국 Claremont School of Theology, 목회상담 박사

숭실대학교 초빙교수

위드미심리상담센터장

기독교상담 수련감독 및 건강증진상담사 1급